渡部昇一
小論集成【上】

渡部昇一 著

大修館書店

まえがき

大学院の西洋文化研究科の助手にしていただいたのは昭和二十九年（一九五四）の四月のことだった。この時から二度の留学、一度の海外客員教授の期間を含めると、約半世紀にわたって上智大学のお世話になってきた。当時、各学科に助手制度はなく、昭和二十九年にはじめて大学院では哲学研究科、西洋文化研究科、経済研究科に一人ずつ助手がつくことになった。わたしは上智大学の最初の助手になった三人の一人である。助手の仕事といってもこれというものはなく、専門の新刊書を読んでロゲンドルフ先生が編集しておられた季刊誌『ソフィア』に寄稿するくらいのことであった。こうして書いた書評の中には、その分野の最重要文献の一つに対する最初にして唯一のものもある。大学に入学以来はじめて、乏しいながらも生活の安定を得て張り切っていた頃のことを憶い出す。

その後も専門書の書評や、小論文や論争文などを専門誌にいろいろ書いた。その中にはまとまって本になっていないものがかなりあることに気付いてはいたが、そのうちまとめようと思って果たさないでいるうちに古稀を迎えてしまった。ところが英文法史の分野で重要な研究成果を挙げられておられる若き俊秀の池田真氏（上智大学講師）が、古い雑誌などを丹念に調べられて、小論集を編んで下さった。その御好意と御熱意に感謝することとした。若い研究者のヒントになるような発言がこの中に含まれていることを願うばかりである。

また、この小論集の出版に当っては三十年間もお付き合いを願っている大修館書店の藤田侊一郎氏のお世話になった。厚く御礼申し上げる次第である。

平成十三年五月

渡部昇一

渡部昇一小論集成　上巻

目次

II 言語学 207

III　英語教育　379

Ⅳ 文化 445

[下巻目次]

V　書物　3

VI 書評　135

VII 対談・座談会 291

VIII 論争・講演 533

渡部昇一小論集成

上巻

［序にかえて］

中島文雄『英語学とは何か』——解題にかえての回想

文科で学問に志した人間、特に外国語の文科の学問に志した人間には、最初の研究に一くぎりがついた時、「この調子でいいのかな」という疑念が生ずるはずである。生じなければおかしい。問題点をわかりやすくするために、多少戯画的な例をあげてみよう。

英文科に志した青年がいるとする。これは英語で書かれた文学という意味だから、アメリカ文学も入る。しかし学者となるためにはイギリス文学とアメリカ文学の両方を一度にやるわけにはいかないであろうから、まずイギリス文学に専心することにする。とは言っても、英文学にも日本で『万葉集』ができた頃から現代に至るまで、千年以上の歴史があるわけだから、どこかに「専門」をきめなければならない。そこで一応チュードル王朝の英文学とする。しかしこの王朝も約百二十年あるから、その末期のエリザベス女王の時代にする。しかしエリザベス朝はイギリス文学の花が爛漫と咲き乱れた感じのする時代である。大小多数の詩人や劇作家がいるが、たとえばスペンサーやシェイクスピアなど、一人の詩人を取り上げただけでも大変である。そこでシェイクスピアということにする。ところがこれがまた大変な代物なのだ。まず英語が今のものとは相当違うから、語学的アプローチもある。それで「シェイクスピアの英語」の分野の参考書を見るとフランツというドイツ人の大研究があったりして驚き、語学面は一応敬遠して文学面に向かうことにする。ところがシェイクスピアの作品のそれぞれには山のような研究がついていて、全作品の研究にはじめから手出しはできない。そこで悲劇に限ることにする。ところがシェイクスピアの悲劇と言っても十篇もある。一度にやるわけにはいかないから四大悲劇——『ハムレット』『オセロ』『リア王』『マクベス』——からはじめることにしよう。ところがどの作品にも注釈や研究書が多く、とても手が廻らないから『ハムレット』にする。それで『ハムレット』となると、これまた研究書が汗牛充棟も啻《ただ》ならぬ。ここでうんとテーマをしぼることにしよう。それで「ハムレットと幽霊」にするとする。ところがハムレットに出てくる幽霊を研究した人がこれまで何と多かったことか、ということにすぐに気づく。それでまず、ハムレットの幽霊についての研究を概観しなければならない……といったようなわけで、二十代は暮れてしまうということにもなりかねないのである。

それでもハムレットの幽霊をそこまで追いつめればたいしたものである。シェイクスピアの他の作品の幽霊との比較もできよう。さらにエリザベス朝の幽霊の出る作品を数多く研究し、『エリザベス朝演劇の幽霊』などという立派な著作になり得る（実際そういう本がすでに出ているかも知れない）。そこまでいけばもう押しも押されもせぬ専門家であり、英文学の大家という呼び方をする人も出てくるであろう。

これはこれで立派なのだ。学者というのは徹底的に専門をせばめ、ハムレットの幽霊のために二十代の何年間を使ってよいのだ。それが学問の本質である。はたの者から見れば馬鹿らしいようなことに専心集中することこそ、学者の使命であり、学問の進歩のもとでもある。自然科学でも「みみずの剛毛」の研究を一生やる人だってあるだろう。それでいいではないか。

それでいいと思う。しかし外国文学をやっている人間はその時心の底で「こんなことでいいのかな」という声がつぶやくのを感ずるであろう。日本人が日本文学をやる時とは違う。日本人の学者なら芭蕉の『奥の細道』だけを研究していても心に晏如《あんじょ》たるものがあるだろう。しかし日本人の英文学者がハムレットの幽霊で青春がすぎ、その後もそこらあたりの「専門家」となりすましてもよいのだろうか。エリザベス朝には英文学だけがあったわけではない。宗教改革という大変革があり、英国教会が設立され、女王が教会の首長でもあるという、とてつもない制度ができた時代でもあるのだ。その英国教会を設立した人の名前すらも『ハムレット』の幽霊研究家は知らないであろう。それよりも英国教会がその頃できたことにも無関心かも知れない。イギリス人で『ハムレット』の幽霊を研究するくらいの人はそんなことは百も承知である。ちょうど、日本人で『奥の細道』を研究する人が、それが元禄時代の作品であること、元禄と言えば五代将軍の時代で、生類憐みの令などという珍令が出された頃だと何となくわかっている。そして日本人の『奥の細道』の研究者は、元禄は徳川時代であることも、日露戦争は徳川時代が終ってからの話であることも、対米戦争が勃発した時の首相が東条英機であったことも知っている。しかし日本人の『ハムレット』の幽霊の研究者は、英国教会の創立者を知らず、アメリカが独立した時の王様も首相も知らず、第一次大戦や第二次大戦に突入した時のイギリスの王様も首相の名前も知らない可能性がすこぶる高いのだ。それでもその肩書きは「英文学者」であり、ひょっとしたら博士の称号をも持っているかも知れない。博《ひろ》く物を知っているから博士という名称が生じたはずなのに、今では博く物を知らないから博士という、語源学で言う反進的説明（progressio in contrarium）になっているのだ。外国の文学を志してこの矛盾に悩まなかったことのない人はまずいないのではないか。問題はそこを悩み抜かないでいい加減にしてしまい、ひたすらテーマを細かく、さらに細かくわけていくことで専門家として安心してしまうか、あるいは外国語の人文系の学問では、ひたすらテーマを細分することに専念することは、ますます無意味に近づくことだと何となく感じ、それは途中でやめて、いつの間にか英文学的ディレッタントになるかしてしまう。英文学者ということで、素人に英文学やアメリカ文学や、あるいはイギリスのことを聞かれたら、「そこは専門でないので」といつでも立派に逃げることができる。

一九四九年（昭和二十四）に英文科に入ってから、わたしには常に「ハムレットの幽霊」の問題があった。しかし在学中の悩みはそれほど深刻ではない。当時の上智大学は教養課程の理念を本当に真面目に実現しようと努力していたらしく、英文学史も米文学史も英文法も英語史もすべて必修であった上に、国語学や日本文学、それに漢文学まで、さらにその上に近代物理学の諸概念や化学ではエントロピーまで必修だった。専門が狭くならないでしまう心配こそあれ、狭くなりすぎる心配はあまりなかった。しかし大学院に進むとだいぶ違う。「ハムレットの幽霊」の問題が時々頭をかすめる。しかし修士論文ではテーマをきっちりと狭く限らざるを得ないからその点でゆっくり悩む暇はない。引き続きドイツのミュンスターに留学した二年数カ月は、とにかくテーマを徹底的《グリュントリッヒ》に扱うことに没頭した。狭いテーマでも徹底的にやると奥行きも広がりもあることを実感した。特に近代語の文法の起源をしらべるというテーマだったから、ルネサンスから中世、さらには古代までたどることになり、狭さと広さが一致した感じがあり、しかも指導教授が文字通りの博学の人だったから、この期間は「ハムレットの幽霊」を考える必要はなかった。ところがドイツからそのままイギリスのオックスフォードに行ったとたんに「ハムレットの幽霊」が顔を出してきた。三百頁の学位論文をドイツで出版してもらった時、二十八歳のわたしは何だか自分の学問が一応まとまったような気になっていた。だからオックスフォードには気軽に行ったのである。そして気が軽くなっていたせいか、これからの自分の問題がはっきり見えたと言えるかも知れない。

古本屋に入る。見事な本——近代の研究書や参考文献でない——が高い天井までぎっしりあり、しかも二階も三階もある。昼から酒気のある店の老人に試みに「ファーステガンの本はありますか」と聞いたら、その老人はすぐに「レステチューション・オブ……だね」と言って二冊取り出した。一冊は初版でもう一冊は何版か後のものである。まず値段に驚く。初版の方は一月分の滞在費よりも高い。後の版だって当時の留学生が買えるようなものではない。わたしは日本では大学図書館の中に住んでいたこともあり、またドイツにおいては文字通りいかなる参考文献にも簡単に触れることができるといっても過言でなかった。オックスフォードに来てからもボードリアン図書館のハンフリー読書室で古書に囲まれて勉強していた。古い本に恐れをなす、ということはない。しかしそういう大学の図書館にいる時にはあまりはっきり感じない一種の懼《おそ》れを古書店の中で感じたのである。

それは今から考えると、個人として外国語の人文学研究をやることの将来についてではなかったろうか。古本屋の中に立ち、古本を見つける。値段を聞く。そうすると買うか、買わないか、あるいは買えるか買えないか、というすこぶる個人的な問題が起る。昔から人文学をやった人は、こうした個人的なことを中心にして自分の学問を作り上げていった。ところが現代ではマックス・ウェーバーが第一次大戦の後、間もない頃にすでに指摘したように、大学の研究が「国家資本主義的」になってきている。医学や自然科学においては百年以上も前から、研究者が自費で研究設備を持つことができないので、研究を公的資金と公的設備でやるのが当然になっていた。（自然科学の分野で自分の個人的に持つ資料で大きな業績を上げた最後の方の例としてダーウィンをあげてよいだろう。その彼ですら研究の基礎になった標本蒐集のために乗せてもらった航海は公費のものであった。）社会学や人文学の方では「国家資本主義化」は遅れた。マックス・ウェーバーの頃も、学者は自分の労働手段たる図書類をだいたい自ら所有していると言っている。しかしウェーバー以後、学者の研究の「国家資本主義化」は着実に進行し、それは大幅に人文学にも及ぶようになってきている。それとともに人文学の研究も自然科学に似てきた。それどころか自然科学の方法論に劣等意識のようなものを持つ傾向さえないわけではない。自然科学の方法論の一つの特徴は、研究分野を細かく、さらに細かくしていくことである。そうしなければ業績は上がらない。この方法論が人文学に入ってくると「ハムレットの幽霊」問題になるのだ。自分が大学の図書館や研究室の図書に囲まれ、必要な文献は何でも取り出せる時は、いわば国家資本主義的制度のまっただ中にいたので、方法論とその成果に疑念がなかった。ところが当時の留学生ではとても手が出ないような本の山とも言うべき古本屋の店頭に立った時、「個人として人文学をやっている自分」というものの感覚が出てきたものらしい。今の大学の制度では細かく、さらに細かいテーマを追っていけばよい。それなりの業績は上がるであろう。それで満足してもよいはずだ。それが研究者としての姿だ……と思い続けることができる。世界中の大学が共通で持つ学問の貯蔵庫に、ハムレットの幽霊であろうが、マクベスの幽霊であろうがヴェニスの商人の裁判の法的問題の研究であろうが、そのほかどんな細かい、そして普通の意味では価値のないような「研究」をも送りこむことによって、「学者」として生きることができる。ところが自然科学者ならそれでよいかも知れないが、人文学者、特に外国語の人文学をやる人間がそれだけでよいのだろうか。

　膨大なストックを持つ英国の古本屋の店頭で、わたしは個人になり、個人の人文学者としての感覚を取り戻したような気がした。自分が専門とするイギリスの文学、歴史、言語などについて、何と多くの知らないことがあることだろう。しかも自分が専門として論文を書いてきた分野よりもずっと重要そうなイギリスに関する知識の分野があるのではないか。こういうことにいっさい目をふさいで、自分の「専門」をますます狭くすることに満足してよいのか。明らかに専門と博学は矛盾するようである。しかし日本人として英語英文学をやる人間に、自分の将来の学生たちが、あるいは同胞たちが期待するのはハムレットの幽霊だけでよいのであろうか。それよりもまず専門をどんどん狭くすることだけに自分自身が満足できるだろうか。第一わたしが英文科を選んだのは中学・高校の恩師佐藤順太先生の和漢洋にまたがる博識に魅了され、自分もあのような老人になりたいと思ったからだったのではないか。

日本に帰ってからもこの問題は頭をはなれなかった。しかし一応、英語学の本場で博士論文をまとめ、それを出版してきたという御利益で、専門の業績については他人の評価を気にする必要はあまりなかった。だから「専門」の仕事をやるかたわら、専門に直接結びつかなくても、自分の関心のある分野を広げるような読書や研究を勝手にやった。しかし心の底では、「これでよいのかな」という疑念が時に首を出すことがあった。

人生は一見ささいな偶然事で大きく変わることがある。イギリスから帰って翌年の一九五九年(昭和三十四)四月八日、神田の北沢書店で京城帝国大学法文学会編『言語・文学論纂』(刀江書院、一九三二年)が目にとまった。開いてみると中島文雄先生の「英語学とは何か」という百頁に近い大論文が載っている。中島先生には留学前に短期間ではあったが古英語の手ほどきをしていただいたことがある上に、『意味論』や『英語学辞典』に寄せられた論文などを精読して尊敬していたからすぐ買い求めた。それに「英語学とは何か」という論文のテーマ自体がビーンと心に響くものがあったのである。(京城《けいじょう》大学はソウル大学の前身である。戦前の日本政府は朝鮮は日韓併合条約によって日本になったのであり、欧米の意味での植民地ではないことを示すためもあってか、大阪に帝国大学を創るに先んじて京城《ソウル》に帝国大学を創り、最も前途有望な新進の学者を派遣したのである。当時の日本の財力では新しい帝国大学を作ることは一大事業であった。)

この中島先生の論文を読み終った時、わたしの人生に今まで起ったうちで最も大きな感激の一つとして記憶しているものが起った。そして研究分野を狭くしていく近代的学問の必然的運命と、博学という人文学の本質にかかわる要請という相反する方向に働くかのごとく思われたものが、見事に解決されているのを知ったのである。何にもまして中島先生御自身がわたしが生まれた頃にすでにその問題を考え抜かれていた、という事実に感動した。中島先生もお若い頃にわたしが感じていた問題を鋭く感じておられたのだ、ということがわたしを感激させたのである。そして幸福な気分になった。また、この人文学が近代において直面せざるを得なかった本質的な問題を、それまでのわたしのように単に問題として感じたり、悩んだりするだけでなく、それに真正面から取り組まれて、外国語の人文学徒のあるべき姿を示されたことに敬服した。幕末以来、欧米の人文学を研究した日本人の学者は多いが、中島先生のように問題の本質を直視して、これに解決の道を示された人は寡聞にして知らない。わたしはドイツの大学で優れた先生たちに指導していただき、また副手みたいな仕事をして給料をもらっていたから、日本人の英語学者としてはドイツの文献には格別によく通じているという若気の自信みたいなものがあった。しかし中島先生はベックやエルツェなど、わたしの知らなかった学者の著作をも自家薬籠中のものとされている感じである。中島先生が特別にドイツ語ができる英語学者であることは処女作（？）『意味論』の時から知っていたが、今更その学問の博洽《はっこう》に「参った」と思った。（戦前はドイツの英語学は比較言語学の本場という関係もあって質量ともに極めてすぐれていたので、日本の英語学者でもドイツ語の文献が読める人が一流で、そうでない人は二流、あるいは通俗と思われる傾向があった。市河三喜博士とその門弟の俊秀たちはドイツ語の文献を読みこなせるので一流であり、そういう方々は主として東京帝大など官立大学におられた。戦前の私立大学に著明な英語学者の名前が稀なのは、英語はできてもドイツ語文献を読む人が少なかったからである。戦後は英米の英語学も盛んであり、またアメリカからの新言語学も盛んで、ドイツ語をそれほど知らなくても英語学者として通用する分野が拡大している。）

中島先生はベックをはじめドイツのフィロロジストの説を紹介することからはじめておられる。わたしはこれによって十九世紀以来、世界の文献学《フィロロギー》の牽引車のような働きをしてきたドイツの学者たちも、二十世紀の後半にわたしが問題と感じたことをすでに問題として感じて、それを解決しようと努力していたことを知った。こうしたドイツのフィロロギーの大家たちがかつて悩んだことを、一九二〇年代から三〇年代にかけて中島先生が悩まれていたのである。その悩みをわたしも鋭く感じていたのだ、という自覚は三十歳になるかならずのわたしには非常に嬉しかった。「この問題に悩まない人の方が外国のフィロロギーをやる資格がないんだ」とさえ思われてきた。中島先生はこの論文の中でこう書いておられる。

フィロローグ〔文献学者〕は皆自己の専門学科においては一流であり、他の学問においても二流即ち Beta《ベータ》 でなければならぬということが含まれていた。

（『英語学とは何か』四六頁）

この箇所を読んだ時のことは今もよく覚えている。目の前がぱあーと明るくなった感じであった。「そうだったのか、それでいいんだ」という確信が生じたのである。

さっそくわたしはこの中島先生の論文を用いて「文献学の理念と実践」（本書所収）を書いた。「文献学とは人間の精神によって生み出されたもの、すなわち認識されたものの認識」というアウグスト・ベックの言葉を、彼の浩瀚な著作から発見されて紹介された中島先生の炯眼はまさに驚くべきものであった。わたしも先生の論文に刺戟されて、ベックの本もエルツェの本も後で手に入れたが、今読んでも、中島先生のように本質的なものをその中から取り出す自信はあまりない。人間の精神が認識したものを、自分がもう一度、文献を通じて認識することに人文学の本領があるということを教えられ、そこから得た自信がわたしにこの小論を書かせるもとになった。事実上、これはわたしの生涯のモットーとなって今日に至っている。

この小論の抜刷を中島先生にお送りしたら葉書でお返事を下さった。七月二十九日（昭和三十七年）の日付であり、

「双紅堂文庫本伝奇二種（新鐫）二胥記」という漢籍の一部を写真にした絵葉書である。ここに引用させていただく。

文献学の理念と実践、多大の興味をもって読了しました。学問が益〻専門化していく今日、全体のパースペクティヴがたしかに必要です。特に日本人の場合、専門のちがう人には通じないことが多く、その方が学者的であるというような主張がつよいようです（以下略）。

中島先生は拙論を諒として下さった。そして人文学の研究には、小さいテーマの研究のほかに、ベックが提唱しているような、関連分野をふくめてのパースペクティヴが必要だと言っておられるのだ。そして中島先生の業績を見ても、意味論や文法論からシェイクスピアやブラウニングの語学的、文学的研究を含み、イギリス文化や西欧文化に及び、さらに東西文化の比較論も展開しておられる。中島先生は京城大学時代に出された結論を実践してこられているのである。それはわたしにとって大きなインスピレーションであった。

もう四分の一世紀も前のことになるが、比較的近いところに東大の宮部菊男教授が住んでおられた。そこで月一回くらい、古英語の輪読会をやるから出ないか、というお誘いを受けた。メンバーは山川喜久男氏（一橋大学）、藤原博氏（埼玉大学）、小野茂氏（都立大学）とのことであった。宮部先生は包容力の大きい感じの方で、輪読以外の方に談論風発ということになることがしばしばあった。また夏休みや正月などには、輪読なしで集ったこともある。そのような折に、研究の方法論ということも話題になった。わたしは例の「文献学の理念と実践」の抜刷を各先生方に送ってあった手前、「フィロロギーでなければパースペクティヴを得ることができない」という中島先生の言葉の受売りをしていた。その頃はまだ最新の言語学説が最も進んだ言語学という、自然科学の類推から来る思いこみ、あるいは先入観が強かった。だから古英語のテキストを読むという文献学的なことをやっておりながらも、新言語学の新学説をフォローしてないといけないという雰囲気であった。宮部先生も藤原氏も小野氏も、そのために随分と時間とエネルギーを割いておられる御様子だった。そうしたグループにわたしが加えていただいた。若くて十分に生意気だったわたしは、新言語学を好きな人がやるのは結構だが、それをやらなければならないというわけでもないという意見を振り廻した。だいたい「意味」を取り扱えない言語学は無意味だ、などという下手な洒落まで言った。小野氏なども当時まだ、言語研究の目的は共時的な記述にある、と断言しておられた。

しかしそのうち宮部先生もパースペクティヴということを方々で口にされるようになった。新言語学の新しい研究書をフォローし続けねばならぬ、というような強迫観念的なものから自由になられてきたように思われた。そして晩年は写本の写真版を蒐集され、古い英語のテキストの編纂をされたり、文献学的な研究所や学会を作ることに熱意を持つようになられた。藤原氏も小野氏も文献学的な分野で続々と立派な業績を上げておられる。特に小野氏は研究者としての自叙伝の表題を『フィロロジーへの道』(研究社選書、一九八一年)とされた。その最終章の最終節では例のベックの言葉――フィロロギーの本来の課題を「人間精神によって生産されたものの、すなわち認識されたものの、認識」――を引いて、御自分のやってきた研究は「リングウィスティックであるよりはフィロロジカルである」と言っておられる。宮部先生のところで最初にお会いした頃、小野氏はフィロロギーの理念にも、アウグスト・ベックにも無縁であるようであったから、小野氏は直接的には拙論の、しかし結局は中島先生の影響によって御自分の立場を確立するに至られた、と言ってもよいであろう。近頃の若い英語史分野の研究者たちは、三十年前の宮部先生たちのように、新言語学を必ずしもより進んだ学問であるとは見ず、ただ違った方法論と目的を持つ学問として見るようになってきていると思う。その背景には中島先生の紹介されたフィロロギーの考え方が知らず知らずのうちに浸透しているからではないだろうか。一昨年もわたしの大学で文献学的なテーマで博士修了論文を書いた学生がいたが、そこにもベックの例の言葉が引用されているのを見て微笑せざるを得なかった。この学生には——そしてその他の学生にも——わたしは中島先生の「英語学とは何か」を貸して精読するようにすすめていた。そしてこれを読んだ若い学徒はいずれも一種の安心立命を得て自分の専門分野に専心するようである。

繰り返しになるがもう一度言っておきたい。明治以来、英語英文学をやった人の数は決して少ないものでない。しかしやっている途中で心に浮ぶ時があったに違いない方法論的疑念に対し、中島先生のように正面より取り組んでその道を示された論文はほかにない。しかもそれは十九世紀後半というドイツの文献学の最もよき時代の最もよき学者たちの方法論に対する反省の精髄を伝えてくれるものでもあった。その意味で中島先生の論文は英語英文学、つまりエングリッシェ・フィロロギーに志した者、またこれから志そうとする者にとって必読の文章である。

I 英語学

英文法史

英文法の基盤

イギリスにおいて文法教育がはじまったのはキリスト教の渡来と同じであると言ってもよいであろう。すなわち五九八年に聖アウグスティヌス（St. Augustine）が教皇グレゴリウス一世（Gregory I）の要請を受けてカンタベリーに来た時である。この場合の布教は単に宗教のみならず、西ヨーロッパの学芸の伝統を伝えることでもあった。文献上で「文法」（litterae）に最初に言及があるのは、六三一年に東アングリアの王シゲベルト（Sigebert）が学校を建て、少年に「文法」を教えるようにしたという尊者ビード（Venerable Bede）の *Historia Ecclesiastica Gentis Anglorum*（『英国民の教会史』）であるが、これはカンタベリーですでに行われていた方法に準拠したものである。

この場合の文法教育はＡＢＣを教える幼稚なものでも、単なる文学研究でもなく、「文法学を以ってはじまるギリシャ・ラテンの古典研究」と言うべきものであった。この場合、こうした学校で用いられた文法書はドナトゥス

(Donatus) 及びプリスキアヌス (Priscianus) である。ドナトゥスは紀元四世紀中頃のローマの文法家であり、彼の文法書 *Ars minor* (または *Donatus minor*) は主としてギリシャ以来発達してきた八品詞を教えることを中心としていた。極めて広く用いられ、そのため donat とか donet という彼の名前が grammar の別名となり、さらに分野を問わず lesson の意味にさえ用いられるようになったほどである。プリスキアヌスは紀元六世紀頃にアルジェリアに生まれコンスタンティノープルでギリシャ語教師をしていた人だが、彼は十八巻の堂々たるラテン文法書を書いた。最初の統辞論 (syntax) を含まない十六巻が *Priscianus major* と呼ばれ、統辞論の二巻が *Priscianus minor* と呼ばれ、ともに全欧的に人気があった。これはドナトゥスの後に読む文法書ということになっていた。

　このようにして紀元一世紀前にアレキサンドリア学派によってほぼ完成された八品詞中心の文法書の伝統の中に、はじめからイギリスの文法教育は連なっていたのである。そして古典語を教える時には Saxonica lingua (英語) も併列的に教えていたことが知られている。このことはアルフレッド大王 (King Alfred, 849-99) の場合にはさらにはっきりと現れる。この線に沿って具体的な英文法書を書いたのがベネディクト会士エルフリック (Ælfric, *fl.* 955-1010) である。彼は Grammaticus という綽名《あだな》を受けたほどで、その影響力も大きかったと考えられるが、方式としては、それまで行われてきたものを、はっきり書き残したということである。彼は自分の文法書はドナトゥスの初等ラテン文典で八品詞をマスターした人にプリスキアヌスの抜粋の英訳を与えるものであることを明らかにし、しかもこの一冊でラテン語と英語をいっしょに教えようとするものであるという自分の意図を述べている。彼ははっきりと自分は「ラテン文法を英語に押しつける」つもりだと言っているのである。いろいろの点で、特に韻律の点でラテン文法が英語にあてはまらないことは確かだが、しかしこのラテン文典の英訳が、とりもなおさず英語の文法として有用であることを彼は疑わなかった。

エルフリックのこの文法に対する態度は近代まで続いている。アレキサンドリア学派のデオニュシオス・トラクス（Dionysius Thrax, *fl.* 100B.C.）はギリシャ語を八品詞に分類したのであるが、その分類法は冠詞のないラテン語にもうまく「押しつけられて」ドナトゥスやプリスキアヌスの成功したラテン文法書が生まれた。そのラテン語の八品詞は、今度は冠詞のある英語に「押しつけられて」結構うまくゆく。こういう試みがその後も何度もなされるのであるが、印欧語とは八個前後の品詞に分類すると最もよく理解できる言語群のことではないかという視点も成り立つであろう。これは英文法書の歴史を一貫している問題であって、今日にも及んでいるのである。

その後ノルマン人による英国征服（Norman Conquest）が一〇六六年にあって、英語は法廷や議会などの公式の場から姿を消す。そしてようやく約三百年後の一三六二年に再び議会の開会式や法廷で訴える時に用いられるようになる。英語が法廷文書にも用いられるようになったのは一四八八年であった。その間、最初は話し言葉まで上流階級ではフランス語であり、書き言葉はフランス語およびラテン語であった。この期間、英文法書は一冊もないが、十三世紀後半からはフランス語用の文法書が出はじめる。こうしたものをドネ・フランソワ（Donet François）と言ったが、ドネ（Donet）はドナトゥス（Donatus）からきており、これは八品詞を中心としたフランス語教育が行われていたことを示す。

狭義の英文法書の出発

中世までは grammar と言えば Latin grammar のことであり、「ラテン文法」を言う時にわざわざ Latin grammar と言わなければならなくなったのは十七世紀以降であるとＯＥＤは指摘しているが、このこと自体、English grammar が十六世紀から出はじめたことを示している。事実、ヨーロッパの各民族がそれぞれ自分の国の言葉の文法を持つようになったのは宗教改革のためである。宗教改革は中世の西欧全体に一枚岩のようになっていたローマ・カトリック教会に対する民族的な反抗という面が強いのであるが、この宗教的な独立は、国語の独立ということに連なったのである。カトリック教会の言葉はラテン語であったから、その向こうを張って「自分の国の言葉にも文法を」という要請になった。英語の文法書が生じたのもそうした背景からである。イギリスでは十六世紀後半に二冊の英文法書が出たが、たまたまその二冊は、その後の英文法書の二つの流れのそれぞれの起源になっている。

その第一はウイリアム・ブロカー(William Bullokar)の *Bref Grammar for English* (1586)である。これはエルフリックの文法の伝統の中にあると言ってよい。というのは当時欽定ラテン文法書であったウイリアム・リリーとジョン・コレット(William Lily & John Colet)のいわゆる *The Royal Grammar* (1527, etc.)の interpretamenta(ラテン文法の英語の部分)にもとづいていたからである。このラテン文法自体が、当時まで無数にあったドナトゥスの簡約版の一つであったのであるから、その英語部分にもとづいたブロカーはドナトゥス直系と言ってもよい。つまり「ラテン文法を英語に押しつけ」て英文法を書いたのである。八品詞系統のものであり、統辞論(syntax)はおざなりである。主としてこれはイギリス国教会系統の学校で用いられていたと思われる。そこには新工夫の英語の綴り字を用いている。

その第二は P. Gr. (Paul Greaves?), *Grammatica Anglicana* (1594)である。これはラテン語で書かれた最初の英文法書であり、ペトルス・ラムス(Petrus Ramus, 1515-72)の影響を受けた最初の英文法書でもある。主としてピューリタン系統の学校で用いられたようであり、英文法の一つの流れをなしている。ラムス文法の特徴は八品詞を併列せず二分法を徹底的に用いたことである。この分類法は多少の変化はあるが、その後多くの英文法書に用いられた。

例えば品詞は次のようになる。

- vox（語）
  - vox numeri（有数語）
    - nomen
      - nomen
        - substantivum
        - adjectivum
      - pronomen
    - verbum
  - vox sine numero（無数語）
    - adverbium（praepositio et interiectio）
    - coniunctio

品詞の数ではほとんど変わらないが、その分類の根拠を二分法にしようとするところが特色である。

十七世紀の前半に出版された英文法書には次の四点があるが、いずれも二分法を重んじ、品詞分類を形態的にのみ行おうとして品詞の定義から意味内容的要素（「名詞は物の名である」など）を排除しようというラムス主義の影響下にあるのは目ざましいことである。

Alexander Hume, *Of the Orthographie and Congruitie of the Britan Tongue* (1617)
Alexander Gill, *Logonomia Anglica* (1621)
Charles Butler, *English Grammar* (1634)
Ben Jonson, *English Grammar* (1640)

このうちジョンソンを除くほかの三人は多かれ少なかれ表音主義の綴り字法に賛成し、自己流の綴り字を用いている。ジョンソンがそうでなかったのは、彼の尊敬していたベーコン（Francis Bacon）が慣用的な綴り字を支持していたことによるものであろう。彼の英文法の中には経験論の礼賛があるが、これもベーコンのためであろう。

またギルやバトラーやジョンソンに見落し得ないのは当時のゲルマン純粋主義（Germanophilia）で、アングロ・

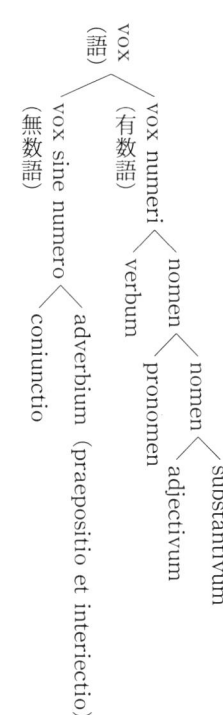

サクソン語を好む傾向である。ギルにおいて特にはなはだしく、外来語導入者としてチョーサー（Geoffrey Chaucer）を批判するところまでいっている。ラムス系の文法家に一種の国粋主義が見られ、それが文法書にもところどころ現れてくる。そのほかバトラーにはアリストテレス（Aristotle）、ジョンソンにはヴァロ（Varro）の影響もあり、この時代の英文法は外来の思想的影響をよく消化しないで取り込んでいるところがある。

十七世紀後半

十七世紀後半になるとラテン語との違いを意識した英文法書も現れる。数学者として有名なジョン・ウォリス（John Wallis）の *Grammatica Linguae Anglicanae*（1653）がそれである。しかし彼はすでにラテン語文法を前提として話を進めているのである。たとえば英語に法（mood）がないとウォリスが言う場合、それは語尾変化による法の区別が英語においてはラテン語ほどはっきりしていないということにすぎない。ウォリスは音声部門を除けば皮相的で、完全な形態主義になっていることが多い。

そのほか十七世紀後半ではクリストファー・クーパー（Christopher Cooper）の *Grammatica Linguae Anglicanae*（1685）がジョン・ウィルキンズ（John Wilkins）の言語哲学の応用編としての大きな英文法書であるという点で目ざましい。時代思潮的に十六世紀は「個」の時代であるが、十七世紀後半からはその反動として「普遍」への関心が復活し、哲学でも普遍語の問題がよく論じられた。この哲学性がクーパーに反映された。彼は法（mood）も二種類に整理し、また時制には相（aspect）を導入し、中世以来軽視されていた統辞論（syntax）の比重を復活するなど大功があった。その他、十七世紀後半の群小文法家にジョンソンの影響を受けたものが多いのは、彼の文名によるものであろう。

十八世紀

十八世紀の声を聞くとレイン（A. Lane）の *A Key to the Art of Letters*（1700）が出るが、彼はやはり哲学的基盤から出発して世界のカテゴリーを四分し、それに対応する四品詞――名詞（substantive）、形容詞（adjective）、動詞（verb）、不変化詞（particle）――にもとづいた文法書に仕立てている。これによって英語を学習すれば、ラテン語やフランス語も容易に学習できるようになるというのである。論理的な見地から主語（subject）、述語（predicate）、目的語（object）や節（clause）の用法を今日のように定着せしめたのも彼の功績である。レインの影響を受けたものにはブライトランド＝ギルドン（Brightland-Gildon）の *A Grammar of the English Tongue*（1711）のような、かなり広く用いられたものを含めて約四十種出ている。また術語でも noun の代わりに name を使うなどしたので、四品詞式のものは土着語方式（vernacular system）と呼ばれることがある（I. Michael, *English Grammatical Categories*, CUP, 1970, p. 254）。しかし一時は隆盛であったこの方式も十八世紀後半には消える。そして十八世紀後半には逆にジョン・アッシュ（John Ash）の *Grammatical Institutes*（1760）などの十品詞のものが現れ、これが流行して十八世紀まで五十三点にも及んでいる。これは明らかに四品詞論への反動である。品詞数を減らしすぎると、説明にはさらに下位文法概念が必要になる。それが初級者にはわずらわしいので、併記すると品詞数は十個になったということなのである。

ジョンソン博士（Dr. Samuel Johnson）は辞書で有名であるが、その辞書の本文の前に"A Grammar of the English Tongue" (1755) という短い英文法のスケッチをつけている。おざなりに近いものとも言えるが、冠詞を独立させ、分詞は品詞として数えず、形容詞を独立させている点で重要である。ジョンソン博士は特に独創性を示すつもりではなかったかもしれないが、ラテン文法の枠組みを受け継ぎながら、しかも英語の特性にもよく適応した叙述をしたとも言い得る。

ラウスからマレーへ

ジョンソン博士が英語辞書になした仕事にある程度匹敵する仕事を英文法の分野でやったのはロバート・ラウス (Robert Lowth) の *A Short Introduction to English Grammar* (1762) である。いわゆる規範文典 (prescriptive [normative] grammar) あるいは学校文典 (school grammar) の淵源でもあり、英語に対する学校文法的態度 (schoolroom attitude) もここからはじまる。彼はオックスフォード詩学教授、オックスフォード司教、ロンドン司教歴任という社会的権威もあったため、これによって十六世紀後半以来、試行錯誤的に書かれてきた英文法の主流はほぼ決定したと言ってよい。その特徴は、今日の英文法に普通な九品詞を用い、統辞論 (syntax) をも重視する点である。理性の時代を反映して「慣習」よりも「理性」を重視した。彼によれば文法には二つの機能がある。一つは正否を判定することを得せしめる law のような働きであり、他の一つは表現の手段や技術を教える art の働きである。ラウスは文法の規則には理性が反映されているとし、これを「最もすぐれた著者たち」の上に置き、有名な作家でも文法を学ぶべきであるという考えであった。彼自身は慎重な人で他人の文章のあら探しをやるタイプではなかったが、彼の主張する「文章を判断する基準としての文法」という考え方はまことに魅力的なものであり、文法の規則を盾にとって欽定訳聖書の英語でもミルトンの英語でも訂正したがるタイプの人を出現せしめた。これは学校文法として二十世紀前半まで英米の学校に見受けられた態度である。

ラウスの英文法にはジェイムズ・ハリス（James Harris）の文法哲学が基礎にあって、言語の普遍性を重んじた。そして自分の書いた英文法を学ぶことによって古典語でもヨーロッパ近代語でも学習が簡単になるであろうと考えた。また彼は漸進的改良主義者であって、英文法のようなものは一人で完全なものはできないから、多くの人が手を入れ続けて次第に完成すべきものとした。

この頃、酸素の発見者でもあり、偉大な宗教家でもあったジョウゼフ・プリーストリー（Joseph Priestley）の *The Rudiments of English Grammar*（1761）が出た。品詞分類などではラウスらと同じと言ってもよいが、十七世紀のウォリスのようにラテン語文法からの独立を主張した。そして観察が重要で規範は二の次であるとした。しかし一般の人々が英語は混乱していると感じていた時代のことゆえ、彼の考え方は時流に合わず、また法や時制の概念を抜きにして、助動詞が用いられている文の動詞の諸形を説明しようとするような無理があって内容的にもすっきりとせず、一般に人気が出なかった。

十八世紀にはラウスと似たような形をとったいろいろな英文法書が出たが、世紀の末に出てあの英文法書（*the* English Grammar）とも言うべき本になったのはリンドレー・マレー（Lindley Murray）の *English Grammar*（1795）である。著者は元来アメリカ生まれのクェーカー教徒の法律家で、イギリスに隠退していたところ、たまたま求められてフレンド派系の女学校用の英文法書を書くことになったのである。彼は英文法には野心はなく、有名な英文法書を読み、特にラウスを発展させたのである。彼は謙遜してこの本を著作（work）と呼ばず編集物（compilation）と呼び、自分をも著者（author）と呼ばず編集者（compiler）と呼んだ。彼によれば文法とは「論理」と「習慣」のからみ合いであり、その点で「法理」と「人情」のからみ合いである裁判と似ていると考えた。必要なのはバランスの感覚であり、無理のないこと、万人を納得させることである。この感覚においてマレーは抜群の才能を示し、たちまち英語圏は彼の文法一色となった。少なくとも数百版二百万部は出たろうと言われる。

この英文法は中世に成立したラテン文法書のごとく、正書法（orthography）・語形変化論（etymology＝accidence）・統辞論（syntax）・韻律論（prosody）の四部門に分かれ、品詞分類はラウスに従って九品詞、名詞の格は代名詞の格から類推して主格（nominative）・所有格（possessive）・目的格（objective）の三格とし、法もラウスに従い、また時制も三つの基本時制とそれぞれの完了時制を合わせ六つとした。また知能の高い人の文章に接続詞を用いた複文が多いのに注目して、学校英語における複文重視の傾向を開いた。かくしてマレーはフラスディーク（H. Flasdieck, *Der Gedanke einer englischen Sprachakademie in Vergangenheit und Gegenwart*, Frommann, 1928, p. 399）の言うように「それ以前のいかなる本にもまして英語の語形と構文に統一性と体系をもたらした」のである。

十九世紀から現代へ

マレー以後の学校文法には取り上げる価値のあるものはほとんどない。ただ十九世紀になって科学的文法が入るが、この場合の「科学的」とは主として「比較言語学的」「歴史的」ということであって、文法の体系そのものに大きな変化を与えるものはなかった。スウィート（Henry Sweet）やイェスペルセン（Otto Jespersen）など、偉大な英文法家が十九世紀後半から二十世紀前半に現れたが、規範文法の体系はほとんど変えることがなかった。ところが一九四〇年以降、構造言語学が英文法に導入され、知的理解よりもパターン・プラクティスが重んじられるようになると、マレー以来の学校文法、規範文法は急に軽視され、しばしば捨てられるようになった。しかし例えばフリーズ（C. C. Fries, *The Structure of English*, Harcourt, Brace & Co., 1952）が品詞を簡略化して四つの類語（Class Word）に分類したのはよいが、それでは説明に不十分なのでさらに機能語（Function Word）を考え、これに十五の下位分類を与えた。上位分類はやさしくても下位分類が複雑であれば学校で使いものにならないことは十七、八世紀の英文法史が示す通りであり、構造言語学の英文法は教室で生徒が学べるような文法にはなりそこねた。

その後に現れた生成変形文法は、伝統的品詞は廃止しなかったが、既知の言語の説明には便利でも、未知の言語の習得に有効という報告はまだないようである。マレーによって完成の域に達した学校文法は、元来が「ホメロスを正しく読みたい」というアレキサンドリア学派の要求から生じた品詞分類からはじまっているため、未知の言語の習得にも有力であり、特に印欧語系の他のどの言語を学ぶにも、第一義的な準備になることは証明されている。

最近、アメリカでもマレーらの伝統文法を見直す気運が生じてきているようにも見受けられ、また伝統文法は言語学的にも最もすぐれた英語の分析法の一つであるという認識も生じてきているようである。今後は言語学の分野の成果がいかに伝統文法に吸収されていくかが問題であろう。

〔英文法〕

『ブリタニカ百科事典』（初版）における Grammar について

序

初版 *Encyclopaedia Britannica* (Edinburgh, A. Bell and C. MacFarquhar, 1771) に記載された Grammar の項目 (Vol. 2, pp. 728-46) がジェイムズ・ハリス (James Harris, 1709-80) の *Hermes: or, a philosophical inquiry concerning language and universal grammar* (London: J. Nourse, 1751; Scolar Press Facsimile, 1967) に酷似していることに最近注目する人が出てきた。(1) ハリスの本自体が、スコラー・プレス版が出るまでは手に入れにくい物であったことと及び『ブリタニカ百科事典』の初版も、同百科事典発足二百年記念のリプリントが出るまでは稀覯本に属していたという事情があって、わが国において両者を比較することはできにくいことであった。幸い近年のリプリント出版のおかげで両方を手許に置き、詳しく比較する機会があったのでその際気づいたことをいくつか報告しておきたい。

1

『ブリタニカ』初版にあるGrammarの解説は、約二十頁あり、さらに折り込みの大きな表がついている。しかも細字二段組でぎっしり詰め込んであるから、大きな活字で普通に組めば、ちゃんとした本になるだけの量があるのであって、単に百科事典の説明記事として見るのは不適当であろう。『ブリタニカ』では著者名がたどり得るのは四、五、六版への補遺六巻（Edinburgh, 1824）以降であり、初版の筆者は不明である。しかし相当の学者であったことには間違いなく、文法に関する当時の代表的な著作と考えてさしつかえないであろう。

この著者（以下Aと略す）は本論に入る前に、文法の研究に二つの分野があるとする。それはartとしての文法とscienceとしての文法である。最初にAは文法を定義して

Grammar is the art of speaking or of writing any language with propriety.

と言っているが、これは当時の文法の定義の仕方としては普通のものであって、新しいところはまったくない。これより約四分の一世紀後に出て一世を風靡したリンドレー・マレー（Lindley Murray, 1745-1826）の *English Grammar* の定義も、Aの定義の“of speaking or of writing”のorをandにしただけで、あとは一字一句同じであるというようなことからもよくわかるであろう。

しかもこのartの意味について、Aは簡単であるが、見のがし得ないコメントをつける。その理由はAにはartとscienceとを対立させて考えようという計画があるからである。(2)

art として考えられた文法は必然に言語があらかじめ存在していることを予想する。というAの発言は、一見不可解であるが、彼は後に特定の言語の存在を前提としないような文法のことも考えているのだ、ということを知れば理解できるであろう。

ここから「art としての文法」はまだその言語を知らない人に教えるように構想され、その特定の言語の特質(the genius of that particular language)に合ったものでなければならない、とする。したがって「art としての文法」は「慣習」によってできている言語を前提として、それを変えようという試みはしないのだとも言っている。あるがままの慣習としての言語を見据えて、「観察」を下すので、これがとりもなおさず「規則」になり、この規則の集成を「文法」と言うのだとする。

Aが示している「art としての文法」には、ほとんど規範意識がない。normative というよりは descriptive である。別の言葉で言えば、一七六〇年代に出たジョウゼフ・プリーストリー(Joseph Priestley, 1773-1804)とロバート・ラウス(Robert Lowth, 1710-87)の文法のうち、Aは文法論としてプリーストリー的であるということである。また文法の諸分野について言えばAは伝統的な Orthography, Etymology, Syntax, Prosody という四分野を明快に打ち出している。これがそっくりそのままマレーに受け継がれていることは注目しておいてよいであろう。英文法の分野を Word とか Sentence という言い方でなく、Etymology, Syntax というような言い方で四分するのは、明らかに中世の伝統への復活である。一七六〇年代に書かれた文法書で、Etymology, Syntax 式の分類を示しているのはジェイムズ・ブキャナン(James Buchanan, *fl.* 1753-70)の *The British Grammar*(1762)である。このブキャナンがスコットランド生まれであり、晩年もスコットランド貴族の家に家庭教師として迎えられたことから考えても、

Etymology, Syntax 式の表示で文法分野を示すやり方は、スコットランドにおいてまず流行した、と考えてよいかも知れない。『ブリタニカ』はもちろんエディンバラの出版であったから、当時のスコットランドの知的状況を反映したのは当然である。そしてこれがマレーに受け継がれて、十九世紀の前半を通じて揺がない枠組みになった。

このような「art としての文法」に対して、Aは「science としての文法」(Grammar considered as a science) というもう一種類の文法があることを示している。Aの言葉によれば「science としての文法」は言語そのものを考える。つまり「言と事との間の類比や関係」(the analogy and relation between *words* and *things*) を考えるのだと言う。言語現象のうち、言語にとって本質的なものと、偶然的なものを区別するのもその仕事の一つである。こうすることによって、諸言語の優劣をも比較できるし、それぞれの特長と欠陥も示し得るとする。そしてこのような「science としての文法」は「哲学的、あるいは普遍的な文法」(philosophic or universal grammar) と呼ばれるとしている。

Aの考え方によれば、「art としての grammar」は目の前に与えられた与件としての言語現象を、あるがままに見つけて、そこから一般的に認められる規則を帰納的に引き出すのである。これに反して「science としての文法」ははじめから思弁的であることを志向するものである。現代の言葉の使い方から言えば、「art の文法」の方がむしろ、scientific と感じられる。そして「science としての文法」は今日の用語では speculative grammar である。

2

Aの記述の構成から言うと、まず Of Universal Grammar があって、簡明に言語諸観と、品詞分類の原理がのべられているのである。

まず人類は、いろいろな点で異なっていても、「言語の使用」ということにおいては共通である。したがって言語(language)は人間にとっては偶然的、恣意的なものでなく、本性に属するものであると考えられるから、この人類共通の基盤についての学問的（哲学的）な研究が重要であることを指摘する。しかしAはここではそれ以上立ち入らない。

また speech――右のパラグラフの language と違うことに注目されたい――の目的は心の考えたことや知覚したことを他に伝達することである。人間でも動物でも鋭く感じたことを音にする。しかしこれらの音は「分節されてはいないが意味ある音」(inarticulate but significant sounds）である。しかし人間の場合は知覚（sensation）のみならず、理性（the faculty of reasoning）もあり、動物と違った音の出し方になる。これが articulation（分節化）であって、これこそ人間特有のものであって他の動物と区別されるところである。

極めて簡潔に述べられていながら要点をはずしていないところに、十八世紀後半のエディンバラ――北のアテネと呼ばれていた――を中心にしていた知識人たちの思考の明晰さを見る。十九世紀後半以降、今日に至るまで、人間の言語の定義の中心部から articulation を落としている学者が少なくない。それで「ハチの言語」とか「サルの言語」などという言い方が普及しているのである。最近でもオクラホマ大学のロジャー・フーツ（Roger Fouts）はその被験者チンパンジー（Washoe）によって、サルにも相当に高級な人間の言語を教え得ることを証明している。[3] 彼の研究したチンパンジーについては *Newsweek*（March 7, 1977, pp. 42-44）も almost human と言っているくらいであるし、日本の『言語』誌も「動物の言葉」（一九七五年七月号）という特集をしている。しかもこれら一連の研究に特徴的なことは、articulation の本質についての考察が欠如していること、あるいは不十分なことである。しかし「動物の情報伝達」でなく「人間の言葉」を問題とする以上、いずれ articulation の問題が議論の中心になるに違いない。

このようなarticulationのある音で特定の意味が賦与されたものをwordsと言う。言語(当然人間の)とはすべてwordsより成り立つから、まずこのwordsの考察からはじめる、と言う。Aのwords自体についての定義は今の目から見れば大ざっぱである。しかしarticulated soundsより成り、特定の意味を賦与されたもので、languageの構成単位であると言えば、少なくとも要点はおさえている。そしてAの考察はwordsの分類を中心として進行する。

3

ある理性のある存在者が、何らあらかじめ所持するものなく地上に置かれた時、彼の注意は自分の周囲に存在するobjectsに向けられる。ここに命名の行為があって、それがnounsあるいはsubstantivesとなる。

これらのsubstantivesには必ず石ならば「重い」とか人間ならば「考える」とかいう属性(qualities or attributes)がつく。これらの単語はattributivesと呼ばれる。このattributivesにしろ、前のsubstantivesにしろ、自分自身の意味を持っている。この自分の意味を持っている単語、つまり自義語(words significant of themselves)のことをprincipalsと呼ぶ。

このprincipalsと呼ばれる自義語は建築物にたとえて言えば石のようなものであり、言語(language)の基礎(basis)であり実質(matter)である。しかし建築物が石だけではできず、セメントが必要であるように、言語においても、自義語ではなくて、他を限定したり連結したりする語(words not of themselves significant ..., which must acquire a meaning either as defining or connecting others)が必要である。こういう単語はaccessoriesと呼ばれる。すると言語は次の二種類の単語から成り立つ。

language〈principals / accessories

ここからわれわれはすぐに、品詞分類法としての二分法の原理につきあたる。品詞と言えばすぐ八品詞とか九品詞を並べる伝統的な中世やルネサンス期のラテン文典とはまったく異なった出発の仕方なのである。

品詞をまずそれ自体で意味を持つ kategoremata（名詞と動詞）と、それ自体では意味を持たない syndesmoi の二つのグループにわけたのはアリストテレス（Aristotle）である。[4] さらに後者はストア学徒により有変化の arthra と無変化の syndesmoi に二分された。[5] 他の品詞もその後、さらに細かい分化を受けたのであるが、この二文法の原理を形態論の面から徹底的に押し進めたのは、フランスのペトルス・ラムス（Petrus Ramus, 1515-72）[6] であった。しかし『ブリタニカ』初版に見られる分類は、二分法とは言いながら、ラムスのものよりもアリストテレスの原型に近く、意味内容を分類の基準にしている。

Aristotle —— logos〈kategoremata / syndesmoi　（意味内容的二分）

Ramus —— vox〈vox numeri / vox sine numero　（形態論的二分）

Britannica —— language〈principals / accessories　（意味内容的二分）

分類の基準の立て方が意味内容的であろうと、形態論的であろうと結果は同じである。このことはアプローチの仕方によって結果が左右されないということであって、分類自体に必然性があるとも考え得る。

イギリスではアリストテレスのように意味内容から二分した人にまずジョン・ウィルキンズ（John Wilkins, 1614-

72）があり、[7] またそれにならって英文法を書いたクリストファー・クーパー（Christopher Cooper, ?-1698）がいる。[8]
この分け方によれば次のようになる。

Wilkins—Cooper —— dictiones ＜ integrales[9]
　　　　　　　　　　　　　　　particulae

このウィルキンズはオックスフォード大学ウォドハム・コレッジの学寮長（一六四八—五九）であったが、このコレッジの卒業者ジェイムズ・ハリスもアリストテレス的な二分法をやっているのである。[10] ウィルキンズもハリスも——特にハリスは——熱心な古典研究者であったので、自然にアリストテレスの考えに触れたものと思われる。ハリスの分類の仕方は次のようなものである。

all words ＜ principals (significant from themselves)
　　　　　　accessories (significant by relation)

これは『ブリタニカ』のものとまったく同じである。さらにハリスと比べてゆくと、微細な点に至るまで一致していることがわかる。したがって『ブリタニカ』の初版の“Grammar”の項はハリスの *Hermes* に準拠して書かれたものである、と断定してよい。

4

ハリスの下位区分は次のようになっている。

- language
  - principals
    - substantives
    - attributives
  - accessories
    - definitives
    - connectives

この分類はさらに分法の原理に従い、わけられなくなるところまでわけてゆく。

- substantives
  - nouns
    - natural
    - artificial
    - abstract
  - pronouns
    - prepositive（いわゆる人称代名詞）
    - subjunctive（いわゆる関係代名詞）
- attributives
  - attributives of the first order
    - verbs
    - adjectives
  - attributives of the second order = adverbs
    - common to all the attributives of the first order
    - confined to verbs
- definitives (articles)
  - proper
    - a *or* an
    - the
  - unproper
    - pronominal (this, any ... my, his ...)
    - nominal (Alexander's ...)

- connectives
  - conjunctions
    - conjunctive
      - copulative
      - continuative
        - suppositive
        - positive
          - causal
          - collective
    - disjunctive
      - simple
      - adversative
  - prepositions
    - proper
    - metaphorical

これをさらに細かくわけてゆくのであるが、ハリスは末端部になると二分法に固執しない。しかし全体の構想としては二分法が中心になっていることは一見して明らかであろう。

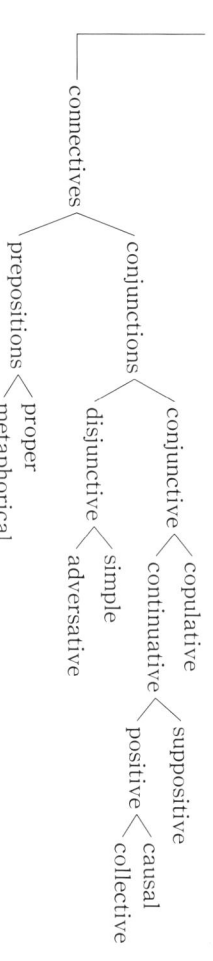

ここで注目すべきことは、ハリス（したがってA）は下位区分をする時に、自然界の分類、つまり博物学（natural history）の分類を意識していることである。それは特にprincipalsの部分において顕著であり、nounsの部類に至っては、まったく博物学そのものである。substantivesは二つのorders（目）にわかれ、それがnounsとpronounsである。しかしattributivesの方は二つのclasses（綱）にわかれるとしている。ではこのclassesには何があるか、と言えば、実体はなく二分法を完成させるためだけのものであることがよくわかる。

(class) (order)

- attributives
  - attributives of the first order
    - verbs
    - adjectives
  - attributives of the second order —— adverbs

ここからおもしろい観察が一つ生じてくる。つまり普通のparts of sppech（品詞）というのはハリス（及びA）の分法においては動植物学の order（目）にあたるということである。それから逆推してゆくと、substantives と attributives に二分するのは、ほぼ博物学の class（綱）にあたると考えられる。

この場合、先に attributives を二つの内容なき classes にわけたのは、術語が重複することになるが、この内容なき、二分法の形式をととのえるためだけの class は「綱」というよりは「亜綱」（legion）と考えることができよう。このようにしてゆくと、principals と accessories という大分類は、phylum か divison（門）にあたると見ることができよう。ハリスもAも「門」という術語を使わなかったのは、accessories の部分は実体なき関係概念の単語であるので、そこに具体的な博物学の用語を用いるのはおかしいと思ったからであろう。ここにこの分類表の作成者の良識が見られる。

一方、実体を前提としている名詞の分類にあたっては、徹底的に博物学の術語を使っているのである。nouns の中には natural, artificial, abstract の three kinds があるという。天然にあるもの、人工のもの、抽象名詞の三種類であるが、ここに使われている kinds は博物学の families（科）にあたることになるがここでは用いられていない[11]。family を「科」に用いるのはフランスよりイギリスの方が少ないとのことであるから[12]、ここで suborder とでもしてよいところである。しかしハリスはそれほど厳密にするほどのこともないと思ってか、ありふれた kinds という語を用いている。しかしそれ以下の分類においては、用語は厳格に博物学のそれになっている。

Genus（属）		Species（種）		Individual
animal	→	man	→	Alexander, Cyrus, etc.
	↘	dog	→	Cerberus, Argus, etc.
edifice	→	house	→	the Vatican, etc.

　　　↗ church → St. Pauls, the Rotundo, etc.
motion → flight → the falcon's flight, etc.
　　　↘ course → the course of a grey-hound, etc.

これは当時としては新しい学問の応用であった。ちょうど、十九世紀の比較言語学者がダーウィン流の系統樹 (Darwinian pedigree tree) のモデルを使ったのと似たケースである。当時はちょうど、スウェーデンの博物学者カール・フォン・リンネ（Karl von Linné, 1707-78）の分類法がイギリスにも入りかけていたところであった。『ブリタニカ』の Natural History（Vol. III）の項にも次のような記述が見える。

> In order to abridge the study of zoology, many methods of reducing animals to classes, gender, and species, have been invented. But, as that of Linnaeus is undoubtedly the best, the most extensive, and the least understood, we shall give a brief account of it.

ここに "the least understood" とあることから、リンネの分類法が当時、最新知識に属するものと見なされていたことがわかる。ハリスの体系が『ブリタニカ』に採用されたのは、一つにはこうしたエディンバラの知的雰囲気が関係あったと思われる。というのは初版の原稿は、比較的少数の、しかもお互いに知り合っていた人々によって作成されたと考えられるからである。

ハリスが採用されたもう一つの理由は、その体系が根本的にラムス的なところがあるからであったろう。『ブリタニカ』が編集されたエディンバラの市は何と言っても、カルヴァン派の宗教の支配するところであった。そしてラムスの学問の一般は、カルヴァン系の人々やその学校で広く用いられたからである。なるほどハリスによって二分法はラムスの形態論的分類原理から意味内容的分類原理に変ったが、実質的には同じものといってもよいものであるから、『ブリタニカ』の編者たちにとってもなじみのある形だったと思われる。[13]

またハリスは当時のエディンバラを中心とする知的サークルと関係が深かった。特に彼はモンボドウ卿（Lord Monboddo）ことジェイムズ・バーネット（James Burnett, 1714-99）と親交があり、その両者の間に交わされた手紙も、少なくとも九通は公刊されている。[14] モンボドー卿は当時スコットランドを代表するギリシャ学者であり、*Of the Origin and Progress of Language*（6 vols., 1773-92）[15] という大著の著者でもある。『ブリタニカ』の編集部が、Grammar の項目をどうすべきか、彼に相談したと考えることは自然である。このようにいろいろの点から見て、『ブリタニカ』の初版がハリスの *Hermes* を全面的に採用する理由が十分あったのである。

おわりに

ハリスの体系は『ブリタニカ』において長く続かなかった。それはすでに第三版（一七八八年に第一巻が出て一七九七年に全十八巻完成）において落とされ、まったく別の文法が入っているからである。では新しく採用された文法はどのようなものであったかと言えば、例の十品詞にもとづく伝統文典である。

ハリスの影響を受け彼の分析を "the most beautiful and perfect example of analysis, that has been exhibited since the days of Aristotle"[16] と讃えながらも、品詞の分類ではジョンソン博士（Dr. Johnson）流の九品詞（八品詞派と言ってもよい）を認めたロバート・ラウスの *A Short Introduction to English Grammar*（1762）が圧倒的な読者の

支持を獲得しつつあった。またラウスをやさしくした十品詞の英文法も初等用として非常な人気があった[17]。そしてこの線に沿って英文法を実質的に確立させたのはリンドレー・マレーの *English Grammar*（1795）である。つまり『ブリタニカ』の第三版が企画され完成されるまでの間に、英文法の大勢は、アングリカン教会派の八品詞系統のものに決定しかけていたのであった。常に時代の代表的な学説を入れるのに敏感だった『ブリタニカ』の編集者は、これを採用した。そしてこれは一七八八年スコットランドにおいてジョージ三世（George III）により監督教会（Episcopalian Church）が正式に認められたという社会的な変化とも軌を一にするものであった。

注

（1）たとえば Ian Michael, *English Grammatical Categories and the Tradition to 1800*. CUP, 1970, p. 179. 及び拙著『英語学史』大修館書店、一九七五年、四二五、四五〇頁。

（2）「art 文典」という言い方を日本の英語学界に紹介したのは、大塚高信「文法の組織」（『英文法シリーズ』第一集、研究社、一九五五年、三―一七頁）であろう。これで「昔の science は今の意味の art にほかならないのである」（一四―一五頁）と言われているが、『ブリタニカ』初版（1771）についてはあてはまらない。

（3）Roger Fouts, "The Development of Human Linguistic Behaviors in Chimpanzees," *The Great Ideas Today 1975*. Encyclopaedia Britannica, Inc., 1975, pp. 9-24.

（4）拙著『英語学史』三六六頁参照。

（5）同前。

（6）拙著『英文法史』研究社、一九六五年、五八、五九、六七、一九五頁参照。

（7）John Wilkins, *An Essay towards a Real Character and a Philosophical Language*, 1688.

（8）*Grammatica Linguae Anglicanae*（1685）の著者。詳しくは拙著『英語学史』一八〇―九〇頁参照。

(9) ウィルキンズはダルガルノ（Dargarno）の影響を受けて verb＝copula＋predicative と考えて verb を integrales に入れなかった。クーパーは nomina と verba を integrales に入れているのでウィルキンズよりアリストテレスに近い。
(10) James Harris, *Hermes, or a Philosophical Inquiry Concerning Universal Grammar*, 1751.
(11) 最初の用例はOEDによるとE. Chambers, *Cyclopaedia; or, an universal dictionary of arts and sciences* の Supplement (1753) である。これはハリスの本の二年後である。
(12) “... English botanists chiefly using ‘order,’ while in French Jussieu’s term *famille* is retained.” (*OED*)
(13) 英文法のシステムと宗派の関係については拙著『秘術としての文法』大修館書店、一九七七年、一七〇―八〇頁参照。
(14) William Knight, *Lord Monboddo and Some of his Contemporaries* (London: J. Murray, 1900) に採録されている。
(15) レグナ・ダーネル（Regna Darnell）の序文つきで AMS Press よりリプリント版が出ている（1973）。
(16) 拙著『英語学史』三八八頁参照。
(17) 十品詞がいわゆる八品詞の初級者向きのヴァリエーションにすぎぬこと、及び十品詞の英文法書の流行については、拙著『英語学史』三五七―五九、四六九頁参照。

［英文法］

リンドレー・マレーと規範文法について

1

一九九五年は「〝英文法の父〟と呼ばれる[1]」リンドレー・マレー（Lindley Murray）の生誕二百五十年であるとともに、彼をして「英文法の父」とした主著 *English Grammar* の初版出版二百年記念の年でもあった。その記念号を出す雑誌があったことは寡聞にして知らないが、われらが『アステリスク』誌はそれを出すという。そこで規範文法（prescriptive grammar）と、その「父」とも言われるマレーについて考えていることを述べてみたい[2]。

マレーが「英文法の父」と呼ばれる場合、その文法とは prescriptive grammar の意味である。では学校で教えるような文法、つまりマレーのような school grammar を prescriptive grammar と呼ぶようになったのはいつ頃からであろうか。*OED* によるとそれは比較的新しくて、イェスペルセン（Otto Jespersen）の *Essentials of English Grammar*, i. 19[3]（1933）からである。そこには次のようにある。

> Of greater value, however, than this **prescriptive** grammar is a purely **descriptive** grammar which, instead of serving as a guide to what should be said or written, aims at finding out what is actually said and written by the speakers of the language investigated, and thus may lead to a scientific understanding of the rules followed instinctively by speakers and writers.

ここでは明らかに prescriptive と descriptive の対比がなされ、後者は scientific な理解であるとされる。このように scientific と対比された grammar は unscientific ということにほかならぬことになり、学問をする者の間での Murray の文法の評価の低下に連なったことは間違いない。

この二種の文法の対比を日本で普及させたのは市河三喜『英語学——研究と文献』（三省堂、初版一九三六年、改訂版一九五六年）であろう。著者は当時の日本の英語学界で並ぶ者なき最高権威であり、この『英語学』も日本にはまったく類書がなかったのであるから、英語学に関心ある者は一人残らず座右に置くべき書物として考えていたのであった。そこではマレーに触れて次のように述べている。

> 文法には二通りある。一つは普通に‘school grammar’と呼ばれるもので、正しい英語の用法を教えることを目的とする……かような‘prescriptive grammar’（規範文法）の有名なものには Ben Jonson の *The English Grammar*…一世を風靡したのは Lindley Murray の *English Grammar, Adapted to the Different Classes of Learners*（1795）及び *Abridgment of Murray's English Grammar*（1797）である。これは悪い意味の‘school grammar’の代表的なものとしてよく引合いに出される。
> （初版一三〇—三一頁、改訂版一六五—六六頁）

これに対比するものとして、科学的（学問的）な文法があるとする。

> ……もう一つは scientific grammar で、読み書きの指導を与えるのではなく、あるがままに話され書かれた言語を観察記述し、それより一般的な法則を帰納して、音聲的に心理的に、または歴史的に説明するのである。scientific grammar を二つに分ける。一つは一時代たとえば現代の言語を横断的に記述することを主とする 'descriptive grammar' で、もう一つは歴史的に語法の縦断面を描いて説明を主とする 'historical grammar' である。
>
> （初版一三七頁、改訂版一七一―七二頁）

市河博士の右の記述はイェスペルセンの上掲書の i.3 の項目を言い換えたものである。イェスペルセンは prescriptive vs. descriptive とし、後者は phonetic あるいは psychology の面から説明するもので、ある程度 historical ならざるを得ないとしている。これをわかりやすく市河博士は、

prescriptive vs. scientific ＜ descriptive
historical

としたのである。このように整理した時、おそらく市河博士の頭脳の中では、ソシュール（F. de Saussure）の共時的（synchronique）と通時的（diachronique）の区別が作用していたのであろう(4)。

また市河博士がイェスペルセンを極めて高く評価していたことから、prescriptive という術語もそこからとったとしても間違いないであろうが、傍証として、市河博士が「規範文法」という用語に normative という単語を使わなかったことをあげておきたい。「規範文法」という英語の言い方としては prescriptive grammar よりも normative grammar の方が古いのである。*OED* ではこれを次のごとく定義している。

> grammatical rules set up as a fixed standard to which language in use must conform

その初出の例として H. Oertel, *Lect. on Study of Lang.*, ii. 87 (1901)[5] から、

> Normative or didactic grammar sets up a certain standard as correct.

をあげている。ついで L. Bloomfield, *Language*, i. 7 (1933) から、

> This gave the authoritarians their chance: they wrote *normative grammars*, in which they often ignored actual usage in favor of speculative notions.

ブルームフィールドの *Language* はイェスペルセンの *Essentials* と同年に出版されたが、戦前の日本の英語学界にはブルームフィールドの影響は認めることはできないと言ってもよい。市河博士についてもそれが言えるであろう。

ここで一つ気になるのは school grammar という言葉である。これは *OED* や *Century* を探しても見つけることができなかった。日本の辞書では研究社の『新英和大辞典』（第五版）にはあるが、『リーダーズ』にはない。『新英和大辞典』には「学校文法《科学的・理論的文法に対し学校で教える規範文法（prescriptive grammar）をいう》」と

してあるが、ひょっとしたらこれは市河博士の『英語学』あたりから普及した言い方ではないだろうか。ほかの外国の文献で school grammar という表現を採録している辞書があったら御指摘をたまわりたい(6)。

そこで日本における school grammar として市河博士が上掲書であげているのはただ一冊、斎藤秀三郎、*Practical English Grammar* (Kobunsha, 1898-99, one-volume edition, 1932) だけである。市河博士の斎藤文法に対する評価は、school grammar としては高い。

……中学校の文法を了えた者が読めばよい。英文解釈や和文英訳にも役に立つ……外国で出る school grammar は外国人向きで餘実用的でないことが多いから、初学者が英語の用法を知るためには斎藤氏のものが適しているであろう。

(市河、上掲書、初版一三四頁、改訂版一六九頁)

『英語学』の第六章の「特殊研究」つまり科学的な英語研究の章に取り上げられているヨーロッパの学者の著述と並んで取り上げられているのは、

市河三喜『英文法研究』(研究社、初版大正元年、第十五版昭和四年)
細江逸記『動詞時制の研究』(泰文堂、昭和七年)
細江逸記『動詞叙法の研究』(泰文堂、昭和八年)

の三冊であり、科学的英文法としては

細江逸記『英文法汎論』(泰文堂、大正十五年)

の一冊だけである。つまり日本における英文法の研究は school grammar としては斎藤秀三郎を頂点とし、

scientific grammr の研究は市河、細江の二人をもってはじまるということになる。しかも市河博士の本は細江博士のものより十五年も古いので、まさに市河博士の研究をもって、日本の英語学は scientific と呼び得る段階に入ったという図式になる。事実、市河博士の『英文法研究』を「本邦における最初の科学的文法の金字塔として記念すべき」と言う人もあった(7)。

このような学説史的な見方が確立した時に、pre-scientific な時代の英文法書、pre-Saito の段階ですらある英文法書と位置づけられたマレーは、これを読もうとする人も、研究しようとする人も出なかったとしても、少しも異とするに足りないであろう。日本におけるマレーは学問史的な位置づけからの低い評価であったが、戦後のアメリカではもっと正面からの攻撃が強い流れとなったのである。

2

戦争中は外国の研究情報が途絶えていた。敗戦の茫然自失状態から立ち直り、アメリカの研究状況に目を向けた時に、そこに大きく聳え立つように見えたのは構造言語学であった。日本の敗戦はアメリカ軍の圧倒的な新兵器によるものであることを実感していた当時の日本人は、アメリカに興っているものは、すべて最新であるとともに最高・最善のものと思い込みやすかった。ドイツは敗戦国だし、戦勝国のイギリスもたいしたことはないという実感が戦時中にあった。最新の科学や技術はアメリカに生じたのだ、という認識は正当なものであったが、それが言語学の分野においてもそうだろうという先入観を生んでいたのである。幕末から明治維新にかけて学徒が留学し欧米の新学問に触れることを熱望したように、敗戦後の日本の学徒は渡米を熱望したのである。日本人は個人で外貨を使うことはできなかった。この点で明治時代よりも留学が難しい時期が続いた。まず留学の可能性はガリオア・エロア資金[8]によらねばならなかった。その時代の次がフルブライト奨学金である。ガリオア・エロアで選ばれた学者は戦後日本の学界のリーダー的存在になることは、幕末・維新の時代の類推から明らかであった。この時期に渡米した代表的な英語学者として太田朗博士（東京教育大）の名前をあげてもよいであろう。[9]太田博士は最初ガリオアで留学され、後に再びフルブライト資金で留学されて、構造言語学的英語学で Ph. D. を取得されたと記憶している。日本の英語教育の本山とも言うべきところが、構造言語学を最も進んだ形の言語学と認めたと言ってもよい。安井稔博士も似たようなコースをとられたと記憶している。東京大学も似たような形になった。ドイツ英語学の日本における最高権威であられた中島文雄博士や大塚高信博士なども、市河三喜編『英語学辞典』（研究社、一九四〇年）の初版にブルームフィールドの構造言語学的用語を除いたのは大なる誤りだったとして、新版には大量に収録したのである。[10]

昭和二十年代から四十年代頃までの日本の英語学界の主潮を示すようなエピソードを将来のために記録しておくことにする。中島文雄先生のあとに東大（本郷）の英語学教授に誰がなるのか、ということは当時の英語学界における大なる関心事であった。現在ではどなたが東大教授であるかはほとんど関心の外になっている（実は筆者も存じあげない）。多くの人は宮部菊男教授（駒場）がなられるのではないか、という推測をしていたようである。宮部教授は研究社の「テーマと研究」シリーズの中に『英語学』（*English Philology*）（研究社、一九六一年）を出しているが、これは同シリーズの太田朗教授の『構造言語学』（*Structural Linguistics*）（研究社、一九六〇年）と並んで、日本人の学徒のための文献解説書の双璧とされていた。そして内容から言えば宮部教授のものは市河博士の『英語学』（上掲）に続くものと見られたし、戦後英語学の大潮流となった構造言語学――新言語学とも言った――に対し、戦前からの学問を受け継ぐもののように見えた。中島先生の後継者となりそうだという予測が強かったのも当然と言えよう。しかし中島先生の後任には、ずっと若い世代に属する長谷川欣佑氏が一橋大学から引き抜かれた。長谷川氏は宮部教授の自宅の研究会の「若い方のグループ」に出ていた人である。[11] 大学の人事は当事者しかわからないところがあるが、傍観者たちの臆測では、中島先生が東大の使命上、常に学問の最先端にいるべきだというお考えから、新言語学に突入している若手研究者の中で輝いていた長谷川氏を選ばれたのだろう、ということであった。つまりは東大（本郷）の英語学は、市河・中島という輝かしい伝統の後継者として新言語学の人を選択したことを示すものであった。新言語学に未来は属しているようであった。

宮部先生の御自宅の研究会（読書会）ではウルフスタン（Wulfstan）の *Sermo Lupi Ad Anglos*（ed. by Dorothy Whitelock, London: Methuen, 1952^{2}）を読んでいたのであるが、新言語学の分野での業績にはみんな無関心ではおれなかった。比較的に醒めた目で構造言語学の行詰りを予見し、それを文章にもしていたのは筆者だけであったろう。その頃、宮部先生のお宅で英語の研究法が話題になった時、小野茂氏に「方法論としてはどうなさるのですか」と筆者が尋ねた。小野氏は即座に「構造の分析です」とこたえられたのが印象的である。言語分析は構造言語学の方法が最もすぐれていると考えておられたことが明らかであった。また宮部先生のお宅での新年の集まりで、senior のメンバーも junior のメンバーもいっしょになった時、長谷川欣佑氏が「わたしは断乎としてＩＣ分析[12]でやります」と言っていたのも記憶に鮮やかである。筆者はその分野に入り込む気はなかったが、たまたま偶然の機会から、日本の英語教育界に一時は最大の影響力のあったフリーズ（C. C. Fries）[13]について本を書くことになった。構造言語学にのめり込まなかった筆者が、構造言語学について単行本を書くことになったのは皮肉なめぐり合せであった。というのは戦後一時期の日本の英語学者の大部分は構造言語学についておおいに勉強したのに、それについて単行本を書いた例は極めて少ないからである。その本を書くために構造言語学の研究書の主立ったものに触れる機会があったことは幸いであった。というのはそれによって構造言語学の本質と短所をよく知ることができたからである。フリーズの言語学史上における位置、つまり英語に適用された構造言語学の意味を史的に通観する機会を持つことができたからである。[14]

要約して言えば構造言語学はダーウィン（Charles Darwin）の言語観に根を持ち、ワトソン（J. B. Watson）の行動主義（behaviorism）を直接の土台としたブルームフィールドが基礎を作ったものである。その基礎には刺激―反応（stimulus—response）がある。これが英語学習の場に持ち込まれるとパターン・プラクティス（pattern-practice）となって、一時は日本の英語教育の場の主流であった（今もそうかも知れない）。

今となってはC. C Fries, *The Structure of English*（1952）の出現が当時の英語学者たちに与えたインパクトを実感することは難しいであろう。筆者がこの本の話を聞いたのは一九五五年の秋であった。当時の上智大学では英語学は非常勤講師の小林智賀平先生の英語史（主としてA. C. Baugh, *A History of the English Language* にもとづく）と実験音声学の千葉勉先生だけで、大学院では英語学はまったくなかった。『英語青年』などを通じて新言語学がアメリカに現れているらしいことは知ってもそれに近づく機会はなかった。ところが一九五五年の秋にミュンスター大学に留学したら、フルブライトの客員教授としてアメリカはケンタッキーからマウラー（David W. Maurer）氏が来ていて、講義題目は何と英語史だった。この人は元来社会的方言の研究者であり、当時はスリの隠語を研究しているとのことであった。[15] マウラー先生は戦後間もない時期のアメリカ人学者らしく、アメリカの学問がヨーロッパよりも一段と進んでいるという堅い信念を持っていたようであり、またその信念を講義の中でも隠そうとしなかった。そして伝統的な史的言語学は基礎からして怪しいものであると指摘した。何とかいうアメリカのインディアンの一部族の言葉でしゃべってみせて、これをアルファベットに書き写しても、それを読んで、もとのインディアンの発音にはならないことを指摘した。(これは仮名書きの英語を読んでも英語にならないのと同じことだな、と理解できた。)同じことは古代の人間の発音を表記したものについても言える。古代ゲルマン人の発音をローマ人のアルファベットで表記したものを絶対視するような学問は古いということで、(16) 自分のやっている社会言語学(sociolinguistics)などが新しい言語学の分野だが、ヨーロッパの学者は sociolinguistics というものの存在も知らぬ、とも言われた。さらに伝統的な文法というのも言語の現実を反映していない、と言って取り上げられたのが、フリーズの上掲書であった。

マウラー先生によれば、この英文法の本こそ、約百年前のダーウィンの *On the Origin of Species*(1859)がそれまでの生物観を一変したように、それまでの伝統文法の枠組みを根底から変えたものであるというのである。(戦後のアメリカでは何か画期的な、センセーショナルな研究が発表されると「ダーウィン以来の」という言い方がなされることがあって、キンズィー(A. C. Kinsey)がかの有名な *Kinsey Reports*(1948, 1951)を出した時も「ダーウィンに比すべき、旧来の通念を破る研究」などと言われた。)マウラー先生はフリーズはミシガンあたり、つまりアメリカ中西部の中産階級の現実の電話の会話を、当局の許可を得て採録し、あるがままのアメリカ英語の姿をつかまえた、と言われた。何万回ともなく採集された実際の会話——教養ある中産階級の会話——に用いられている英語は、それまでの教室で教えられた英文法が示す英語とはまるで違ったものだ、と指摘された。筆者はドイツの大学に留学した第一学期目の英語史の時間に、フリーズに対する礼賛の言葉を聞かされたのである。(17)

そのようなわけでフリーズについての関心がよび起された。帰国後数年経った時、フリーズ編の六巻より成る *Fries American English Series* の解説書の執筆を頼まれた。やってみる気になったのはそのせいである。執筆を前提として読んだため、フリーズの学問も主張もわりに短時間で理解できたように思う。その時の印象として残っているのは、パターン・プラクティスの教科書の量の大きさと、それを整理する方法が、従来の文法で鍛えられた目で見ると不十分で不正確であるように思えたことだった。中でも品詞を廃止している点が注目を引いた。彼の単語の種類のわけ方を、伝統文法のそれと比較すれば次のようになる。(18)

フリーズ	伝統文法
Class 1	Noun, Pronoun
Class 2	Verb
Class 3	Adjective
Class 4	Adverb
Group A (that, each)	Adjective
Group B (may, can)	(Auxiliary) Verb
Group C (not)	Adverb
Group D (very, rather)	Adverb
Group E (and, but)	Conjunction (Coordinate)
Group F (in, at)	Preposition
Group G (do)	(Auxiliary) Verb
Group H (there)	Adverb
Group I (who, when)	Pronoun, Adverb
Group J (after, which)	Conjunction (Subordinate), Pronoun, Adverb
Group K (oh, why)	Interjection
Group L (yes, no)	Adverb
Group M (say, look)	Verb (Interjection)
Group N (please)	Verb
Group O (let's)	Verb

フリーズの分類は class については中世、あるいは十八世紀の英文法によく見られた四品詞分類とそっくりと言えよう。[19] その他の group は不変化詞とその他の品詞の特殊用法、あるいは相当語（equivalents）として扱い得るであろう。しかしフリーズの文法を理解するためには 4 classes 15 groups を覚えなければならない。合計十九ある。八品詞さえ覚えることのできない学習者に、実質的には二十二品詞（語種分類と言ってもよい）を使うことを要求することはまったく不可能である。品詞（あるいはそれに相当する分類）の数が二・四倍になることは、記憶に対する負担が二・四倍になるどころか、十倍、あるいは二十倍の負担となり、実際には使用はまったく不能になる。考案者のフリーズだってこの十九を言うことは不可能なのではないか。

たしかにフリーズは中産階級の実際の会話を分析して、伝統文法のようになっていないことを実証したかに見えた。そのため伝統文法は教育の場において信用（credibility）を落としてしまった。そしてその代りに 4 classes 15 groups は教室に入らなかった。否、入ることはまったく不可能であった。つまり戦後のアメリカ言語学、特にフリーズを中心とするミシガン学派（Michigan School）という名称で猛威（?）を振った言語学は、教室から伝統文法を追放することには成功したけれども、新しいパラダイム、実用可能なパラダイムを導入することには失敗したのである。旧都亡びて新都未だ成らず、というような表現がどこかにあった。その頃からアメリカの大学では、新入生がレポートを書く時の英語がなってないという嘆きが出はじめた。名門大学でも英作文のための補習授業（remedial course）を新入生のためにもうけざるを得なくなったということが報ぜられるようになった。構造言語学の嵐が吹く前は、ちゃんとしたハイスクールでは伝統文法教育にもとづく作文教育をしたのでそんな必要はなかったのである。大学のレポートや論文に使われる英語は、中産階級が電話の会話で使う英語とはレベルが違ったものであることが証明された。それは刺激と反応でなされる会話でなく、思考したことを明晰にのべるために努力された英語であった。そしてそういう英語は伝統文法の訓練にはなじむが、構造言語学の分析にはなじまないものであることが明らかになった。このような事実に目を開かれた筆者は、言語を分析したのは何も構造言語学者からはじまったことではなく、伝統文法もそれを行ってきたことを指摘した。故ハルトマン（Peter Hartmann）教授もそういう考えに賛成された。

3

構造言語学のあとにはチョムスキー（Noam Chomsky）が出た。筆者はそれが構造言語学よりもすぐれていることの一つとして、伝統文法の品詞用語を使い続けている点にただちに気がついた。構造言語学のＩＣ分析よりは、生成変形文法（generative transformational grammar）のいわゆるクリスマス・ツリーの方がはるかにすぐれている。しかしクリスマス・ツリーのようなことは戦前の日本の受験参考書でも実用的に使われていた。荒巻鉄雄氏のものは特にその点を強調したものであったと記憶する。戦前の入試問題は、ラボック（Sir John Lubbock）の *Use of Life* などを典型的なものとしていたぐらいに水準が高い。それをクリスマス・ツリー的に説明し切ったということは、日本の受験英語参考書の水準の高さを示すものと言ってよいだろう。また「古きよき時代」のアメリカの英語の教科書も、昭和二十年代にはまだクリスマス・ツリー的な分析も教えていたのである。

もちろん、チョムスキーやチョムスキアンたちは自分たちの文法が prescriptive grammar であると見なされることには反対するであろう。チョムスキーの最も重要な点は、Universal Grammar の存在に関する理論であると思われるからである。事実、チョムスキーの文法は prescriptive ではないし、その文法を勉強しても語学力や作文力がつくわけでもない。

ここで自らを言語学的にはチョムスキーに負うと言っているピンカー（Steven Pinker）の *The Language Instinct* (New York: W. Morrow, 1994) を取り上げて Universal Grammar と prescriptive grammar の問題を考えてみたい。言うまでもなくピンカーのこの本は、サピア（Edward Sapir）の *Language* 以来の広汎な読者を予想させるものであり、言語学の本にしては珍しく出版早々から *The Economist* の書評欄でも取り上げられるくらい、一般読書界の注目をも集めた。

ピンカーもイェスペルセン以来の prescriptive grammar vs. descriptive grammar の対比をさせる。

> The rules people learn ... in school are called *prescriptive* rules, prescribing how one "ought" to talk. Scientists studying language propose *descriptive* rules, describing how people *do* talk. They are completely different things, and there is a good reason that scientists focus on descriptive rules. (p. 171)

ここでも descriptive＝scientific のイェスペルセン―市河の図式は明らかに生きている。さらにピンカーは第十二章 "The Language Mavens" の三十数頁を費して、英語の間違いを指摘する語学通（mavens）を批判している。その中でも特にサファイア（William Safire）氏について述べてみよう。サファイアは *The New York Times Magazine* の "On Language" と題するコラムに毎週書いている人であり、これは日本でも配達してもらえる *International Herald Tribune* 紙にも転載されて、筆者も愛読している。[20] 同氏によると、ブッシュ（George Bush）が大統領選挙のスローガンに "Who do you trust?" を使ったため、全国の学校教師の反感を買ったと言う。ピンカーの意見では、「それならなぜ"Whom do ye trust?"を認めないのか」ということになる。英語はyeの廃用をみとめ、youが主格にも目的格にも用いられるのを認めているではないか。なぜwhoが目的格に用いられてはよくないのか。サファイアは語頭のwho/whomの問題がある場合は、たとえば"Which candidate do you trust?"にすればよいではないか、と言う。これに対してピンカーは親と子の会話の例をあげてサファイアの提案を嘲笑する。たとえば親子で"Which did you see at the other store?"と言った場合、サファイアの提案に従えば、Which person ...?とか、Which child ...?と言わねばならなくなる。そして、whichは"the ugliest word in the English language"という言葉を引いて、語頭のwhoをwhich person式にする愚を指摘する。このような批判がサファイアに対してのみならず、他の「語学通」に対しても続く。

ピンカーによれば、language mavensなどという存在はスキャンダルであって、これは十八世紀にはじまったと言う[21]。イギリスの十八世紀は空前の社会移動（social mobility）の時代だったので、教育を教養で抜きん出たいと思った人は、誰でもいちばんよいとされる英語をマスターしなければならなかったと指摘する。そのための手引書（文書法）が出るが、その手引書の間の競争が激しくなるにつれて、細かい規則が増えていった。そんな規則を無視して書こうとする人がいても、読者の方が自分を無知だと思うかも知れないと心配しなければならないことになる。ついにはそんな規則をきちんと守れる人間はちゃんとした学校教育を受けた人だけになってしまう。かくしてprescriptive grammarは、社会におけるエリートと屑とを区別するメルクマール、あるいはシボレス（shibboleths）になってしまったのだ、と言い、prescriptive grammarについてterrorという言葉まで使っている。

This is the kind of terror that has driven the prescriptive grammar market in the United States during the past century.

(p. 375)

十八世紀にはじまった language mavens が死物狂い (cutthroat) の競争をやって、ついに prescriptive grammar の terror まで作った、というピンカーの見方からすると、十八世紀の末に出て、十九世紀 (ピンカーの言う the past century) を通じて支配的であったリンドレー・マレーこそ、*the* language maven of the language mavens つまりそのスキャンダルの中心人物ということになるのではないだろうか。もっともピンカーは十八世紀の prescriptive grammarians の名前を一人もあげていないのであるが。

ピンカーは prescriptive grammarians を scandal と呼び、やったことは terror であると言う。しからば彼の学説の基本と prescriptive grammarians は不倶戴天の敵ということになりそうであるが、筆者にはかえって一致点があるようにも見えるのである。ピンカーの学説の基本は、その本の標題が示すように、人間の脳の中には言葉の本能 (the language instinct) としか言いようのない能力が先天的にある、ということである。そしてそのような先天的な wiring (脳の中のシナプスの配線というべきか、ネットワークというべきか) ができあがったのは、ダーウィンの自然淘汰による進化論で説明し得る、としている。脳内ネットワークが少しでもすぐれたものがそうでないものより生存する可能性と再生産 (つまり繁殖) の可能性が少し増し、その累積が人類の脳の発生となったとするのである。この言語本能は誰にでもあるがゆえに、聴覚障害児だけを集めておいても、一定のルールのあるサインがお互いの間に自然にできるし、言葉の通じない二種属が混った場合はクレオール語現象 (creolization) が起って、混交言語 (creolized language) が生ずるが、その言語にもそれなりの規則が自然発生する。また学校教育の可能性を奪われて育った黒人たちの英語も、学校文法の規則とは違うにせよ、規則がちゃんと生じているし、地域方言には方言の規則が生じていると言う。

だから黒人の英語（Black English）などをさげすむのはいけない、という主張になる。

> ... large parts of the "grammar" curriculum in American schools have been dedicated to stigmatizing it ［the American language］ as ungrammatical, sloppy speech. (p. 375)

ここで重要なのは、人類にはすべて language instinct があるがゆえに、どんな集団、どんな階級にもそれなりのルールを持った言語、あるいは方言（地域的あるいは階級的）が生ずる。したがってどのグループの言語規則も規則という点では同権だ、という主張につながる。学校の文法ではスラングを嫌うが、スラングは実に生き生きとしたものであるという主張もこの考えにもとづく。

ここでピンカーの主張の盲点に出会うのである。それは「教育ある階級の方言もあるのではないか」ということである。ただ歴史的に教育ある階級の方言を「標準英語」という特別の名前で呼んだのである。教育ある階級というのは、イギリスの十八世紀ではラテン語教育を徹底的に受け、フランス語などもできる人たちである。この人たちの感覚に合った英語の規則がはじめは自然発生してきた。ところがなにしろ教育ある人たちであるから、それを意識的に「教育する」、しかも「学校で教育する」というふうになったのである。ラテン語という手本のある階級の話であるから、規範意識としてはラテン語文法から受け継がれたものが土台にある。

いわゆる規範文法の祖となる文法書はロバート・ラウス（Robert Lowth）の *A Short Introduction to English Grammar*（London, 1762, *etc.*）[22] と言ってもよい。ラウスは若くしてオックスフォードの詩学教授であり、ヘブライ語に関する著書でも全欧に知られた学者であり、聖職者としてもオックスフォード、後にロンドンの司教となり、カンタベリーの大司教にも任命（ただし健康の理由で辞退）されるような、尊敬を集める人であった。この人が英文法書の中で、「一つの文章の中に否定語が二個あれば、お互いに否定し合うことになるか、肯定文になるかいずれかである」と言えば、「マイナス掛けるマイナスはプラス」という代数学の常識を学校で学んだような階級には電撃的な影響力を与えるものであったに違いない。一つの文章に否定語がいくつあっても否定の観念を強めるだけである、というのが英語の伝統にあった。チョーサー（Geoffrey Chaucer）の *Canterbury Tales* にも有名な二行がある。

He *nevere* yet *no* vileynye *ne* sayde
In al his lyf unto *no* maner wight.

(Prologue, II. 70-71)

一つの文に否定詞が四つもあるが、誰もこれを「マイナス×マイナス×マイナス×マイナス＝プラス」とは考えない。否定を強めただけである。その伝統は続いていたのだが、十八世紀の半ばにラウスが二重否定の非論理性を指摘すると

... his [Lowth's] statement was quite generally accepted as revelation, and most educated people have been carefully avoiding double engatives from his time on.[23]

ということになってしまった。代数のアナロジーで二重否定を間違いと感ずるのは教育ある人たちに限られる。つま

り毎日使う言葉に理性あるいは論理の立場が組み込まれた「方言」が発生する。この「方言」は学校で注意深く教え込まれる方言だから「スクール方言」あるいは「階級方言」と言ってよいであろう。

社会の階級間に移動がない時代ならば、多くの人にとって理性を意識的に織り込んだ「方言」は、「お偉いさんたちの言い方」として関心の外に置かれたであろう。しかし十八世紀はピンカーも言及しているように社会的な移動が高くなった時代である。別の言葉で言えば出世がしやすくなった時代である。その場合、出世したいという若者たち、よい言葉で言えば向上心が強く自己修養（self-improvement）に労をいとわない意欲的な青年たちは、教育ある階級の「方言」を学ぼうとするであろう。また親たちもそれを学ばせようとするであろう。そのために教養階級の方言を学ぶ努力をしないままでいる下層階級の人たちの言葉は文法的に間違ったただらしない言葉（ungrammatical, sloppy speech）という印象を与えるであろう。

どんな集団にも方言ができる、あるいはクレオール現象が生ずるというのはまさにピンカーのテーゼそのものであるから、「教養（教育）ある集団」にもそれなりの方言ができるのは当然である。その場合、クレオール現象の一因をなすものが、ラテン文法の記憶だったり、論理学的思考だったり、代数学との類推だったりという、特別な状況があったにすぎない。ピンカー理論では基本的には prescriptive grammar の成立を言語学的には否定できない。これに対して批判的な態度をとるのは、社会学的配慮ということになる。社会的上流「方言」が差別を作るから排撃するのは、古典が差別を作るからと言って儒教や漢学をぶち壊そうとした毛沢東の文化革命と通ずるものである。言語学的には、Black English grammar も特定地域の dialect grammar も prescriptive grammar も同権である。

4

ここでわれわれは、十八世紀の prescriptive grammar の大成者であり、十九世紀を通じ二十世紀のはじめまで、英文法の規範の大部分を提供したリンドレー・マレーの意味をこの視点から考える段階に到達した。フランスではアカデミー・フランセーズ（Académie Française）があって官製の prescriptive rules が提供された。その際の上流階級方言の場はブルボン王朝の宮廷である。このアカデミーは国家理性の主唱者リシュリュー（Richelieu）枢機卿によって設立され、その辞書が完成したのは太陽王ルイ十四世の時代である。フランス語の上流階級「方言」は誰が見ても、それ自体が規範となるものに感じられたのであった。リシュリューが特に贔屓したコルネイユ（Pierre Corneille）などのフランス語、さらにそれに光を添えたブルボン王朝の威信。これがアカデミー・フランセーズの支持する「階級方言」である。それに比べれば他のフランスの「階級方言」も「地域方言」も問題にならない。アカデミー・フランセーズのフランス語がフランスの教科書のフランス語になっても、その prescriptive な性格に異議を唱える勢力は皆無に近い。その文法を学校で教えても school grammar と言って見下げられることもないし、それを教える人たちを、scandal 呼ばわりすることもないし、その prescriptive な力を terror と言う人も見たことがない。

ところが英語の場合はまったく違うのだ。イギリスのテューダー王朝はウェールズ系であり、その次のステュアート王朝はスコットランド系である。それはまずよいとしてもチャールズ（Charles）一世はクロムウェル（Oliver Cromwell）一派に斬首され、約十年間、王朝はなくなる。クロムウェルは中ぐらいの田舎紳士であり、彼の率いるピューリタンは puritan vocabulary とも言うべき独特な英語を用い、それはリシュリューの支持したコルネイユのフランス語に匹敵するものではなかった。(24) 共和政権が倒れて王位に就くためフランスから戻ってきたチャールズ二世は、アンドレ・モロア（André Maurois）の言葉によれば、「国王チャールズ二世までが、一個のフランス人である、――単にその母親を通してのみでなく、その想い出においても、またその生活様式においても[25]」といったぐあいであった。彼はルイ十四世から何と「年金と、愛妾と、多くの実例とを」受けていたのであった。このような宮廷の英語が、イギリス人全体に対して prescriptive な力を備えているわけはない。

チャールズ二世の後を継いだ弟のジェイムズ（James）二世は在位三年くらいで王位を追われ、その後に王位に就いたのはオランダから来たウィリアム（William）三世である。その皇后メアリー（Mary）はジェイムズ二世の娘であるが、何といっても王様は外国人なのだ。この国王の後は皇后の妹のアン（Anne）女王になるが、彼女もジェイムズ二世の娘であるから、彼女の在位中の十二年くらいは宮廷の英語が英語らしくなったと思われる。しかし、ポウプ（Alexander Pope）やシャフツベリー（Anthony Ashley Cooper Shaftesbury）の英語が、ブルボン王朝とコルネイユとの関係のごとく、宮廷の英語と結びついていたとは言えない。そしてアン女王の後には英語を知らない国王ジョージ（George）一世が、英語を知らない愛妾たちを連れてドイツからやってくるのだ。イギリスの王室が英語の規範であるどころか、英語そのものさえ王座から消えたのである。それでは、イギリスの教養階級の「方言」はどのようにして作られたのか。それは王室やアカデミーとは関係なく、市販の辞書と文法書が、生存競争をやったあげく、辞書ではジョンソン博士（Dr. Johnson）のそれが、文法書ではリンドレー・マレーのものが勝者となったのである。まことにダーウィンの国だけあって、辞書や文法書まで自然淘汰（natural selection）で残ったのである。

ではマレーの文法が勝者として生き残ったのは何故か。それは教育が広まって社会移動の高くなりつつあった英国で、向上心のある人たちが求めていたもの、つまり prescriptive grammar を与えたからである。それは彼より一世代早い時期にラウスの与えたものであり、人気のあったラウスをさらに改訂した線上にある。マレーに文法書を書くことを依頼したのはフレンド派（クェーカー）の女学校であったのも偶然ではない。この宗派は目立って国語教育熱心な集団であったからである。このような集団がフランスにいたら何の疑念も躊躇もなく宮廷フランス語を教えたであろうが、イギリスでは何を教えたらよいのか困っていたのである。

構造言語学の盛んなりし頃、十八世紀の英文法書で高く評価されていたのはプリーストリー（Joseph Priestley）の *The Rudiments of English Grammar*（London, 1761, 68[2], 72[3]）である。[(26)] 十八世紀の中葉、英語を整理するのに reason（理性）を重んずる派と custom（慣習）を重んずる派があり、ラウスはどちらかと言えば前者に属し、プリーストリーは後者に属していた。一流の科学者でもあったプリーストリーは、英文法書もまず現実の英語を観察して資料を蒐集し、そのデータから英語の「現実の構造」(its actual structure) を示すようでなければならない、とした。このような基礎的なことを抜きにして勝手に文法規範を作り上げて国語の改良を企てるのは本末顚倒であるとした。これはまさに構造言語学の目ざした「言語学を自然科学の一種にする」という方針と一致するものである。彼が構造言語学者たちに高く評価されたのは当然であろう。

しかし問題はまさにそこにあったのだ。慣習、つまり現実の英語を観察して構造や規則を見出せと言っても、その現実の英語をどこに置くかが問題であった。フランスのように宮廷「方言」を観察して文法を作るわけにいかない。当時の文法書への要求は、現代の大学の言語学科の研究目的とは違っていたのだ。あくまで「教えること」と「習い甲斐があること」という、教える側と習う側の立場を抜くわけにはいかなかったのである。フランスならば教える側は宮廷「方言」を教えることに迷いはない。習う側も宮廷「方言」は最も習い甲斐のあるフランス語であることに迷いはない。英語の文法史を論ずる場合、この視点を欠いては何も見えてこないのだ。

教える側が「教えるに値する英語」と言った場合、どうしても reason を納得させることを重視するであろう。この場合の reason とはラテン文法へのアナロジーが高いものになる。習う方もラウスのような大学者で社会的地位の高い聖職者の文法を学び甲斐があると見なすのは当然である。コックニーを観察した文法書があったとしても、当時の学習者には習う甲斐がない。別の言葉で言えば、当時のイギリスの学習者は英語全体の記述（description）よりも、きちんとした階級（respectable class）で使われている「方言」をマスターするための prescriptive rules を求めていたのである。プリーストリーの言語観の科学性にもかかわらず、彼の文法書があまり売れなかったのは、パンを求める者に石を与えようとしたからである。

マレーは文法の世界に野心がまったくなかった。あるはずもない。彼は若くして最も成功したアメリカの弁護士の一人であり、巨大な財産を持ってイギリスに隠退した人間である。彼は教室の現場にいる教師からパンを求められたのだ。石を与える動機がない。彼は何のために英文法書が求められているかを知っていた。それは社会移動の高くなった社会において、上昇志向者が「習い甲斐のある英語の階級方言」を提供することである。それはラウスのような人たちが是とする文法規則、つまり reason に合ったものでなければならない。アングロ・サクソン法の優秀な弁護士であった彼には、law とか rule に対する考え方がいわば刷り込まれていた。法律は全体として理屈にかなったものでなければならないが、世の中には理屈にあまり合わない慣習というのもある。理屈に合わないからといって慣習を無視したのではイギリスの法律家はつとまらない。まず reason は重んずるが、広く行きわたった慣習は、それなりに尊重するということである。文法に野心ある人はどうしても自分の理論（理）を重んじやすく、それに偏してゴリ押しする傾向が出てきやすいのであるが、マレーにはその点の野心が欠如していたから、prescriptive ではあるが、慣用を重んずる文法ができたのである。しかし本質はあくまでも prescriptive であり、それが求められたパンであったのだ。

このようにして成立した文法に対する反発がアメリカから強く生じてきたことは不思議でない。メンケン（H. L. Mencken）ではないが“The American Language”と称するほどにアメリカ英語とイギリス英語はずれてきている面がある。アメリカの標準的英語がイギリス英語とあまり差のないボストン英語（Boston English）だった頃、つまり教養階級が東部、特にニュー・イングランドに集中していた時は、マレーやそのエピゴーネンの文法に違和感は少なかったであろう。しかしアメリカが西部に広がり、人種的にも多様で、しかもそういう民族集団の「方言」も、そうした集団の社会的向上とともに、認知される方向になると、十八世紀以来の prescriptive grammarians の教えた規則が、社会的差別につながる、などと言われても仕方がないであろう。

しかしアメリカにも最も有力な人たちの「方言」があるのではないか。「有力」という言葉に語弊があるとしたら、公式の文章を書く時に、最も受け入れられる「方言」があるのではないか。わたしはその「方言」の一つにアメリカの大学に提出する学位論文とそれに準ずる文書に用いられる「方言」があると思う。ここで筆者が中谷巌一橋大学教授に直接聞いた話を記録しておきたい。

中谷氏は元来日本の自動車会社に勤務しておられたのだが、社内留学でハーバード大学（と記憶する）に行き、そこで学問をする決心をして、帰国後退社、再留学で Ph. D. を取得した。その Ph. D. 論文を書いている時、同じく Ph. D.論文を書いている仲間に英語を直してもらった。ところが友人に訂正されたところがまさに教授に書き直しを命じられる箇所となる。つまり自分が日本で習った文法知識を用いて書いた英語の方が、教授の受けがよかった、というのだ。日本の英文法、特に受験の頃に習う英文法には悪評がつきものである。「ネイティブ・スピーカーはこうも言います、そうも言います」と言われると、文法規則なんか学んでもどうにもならぬ、という印象を受ける。（だから最近は入試問題の作成が難しいのである。共通一次に依存しようという私立大学・短大が増えてきたのは、受験問題を作る自信のない教員を抱える大学・短大が増えてきたからなのではないか、とかんぐりたくなることもある。)

しかしアメリカの代表的な大学の教授には prescriptive grammar の諸規則を忠実に守っている英語を好む人が少なくないというのも現実である。「prescriptive grammar は教養階級の〝方言〟である」という筆者の主張から見れば不思議ではない。「通ずる英語を」という要求は正しい。しかし英語とは地域方言と階級方言の総合体なのである。通ずる英語はホームステイなどの可能性も広くなった現代では昔ほど難しくはない。しかしどの地域の、またどの階級の方言を書けるようになりたいか、という問題がその次の段階として必ず出る。つまり日本人が英語を学ぶ時に置かれた状況は、十八世紀から十九世紀にかけて「どういう〝階級方言〟を習得したら社会で respectable な地位に就けるか」を考えざるを得なかったイギリス人と同じなのだ。どうせ書く英語を学ぶなら、ハーバード大学の Ph. D. 論文を書いても受け入れられやすい英語を学ぶのがよいであろう。それがまさに prescriptive の意味である。このことは、黒人英語や様々な地域の英語(Englishes とすべきか)にそれぞれ rules が自然発生する、という言語本能の問題と矛盾しない。

実は筆者は *International Herald Tribune* のサファイアのコラムを愛読して、戦前の日本の英文法で教えていたような rules が厳格に支持されるのを見て、しばしば驚いている。サファイアはピンカーに言わせれば language mavens の代表的な一人で、言語学の発見を知らぬ者とされているのであるが、英語の用法が問題になる時は、言語学者でなく、mavens が主役になることは、ピンカー自身も認めている。

... mainstream American linguists have left the field(正用誤用問題のこと)entirely to the mavens —— or, as Bolinger calls them, the shamans. (p. 399)

しかし科学的な言語学者にシャーマン（shamans）とさげすまれながらも、何故に language mavens は英語について大きな発言力を有しているのか。その理由をボリンジャー自身が語るに落ちた形で、次のようにのべている。

> In language there are no licensed practitioners, but the woods are full of midwives, herbalists, colonic irrigationists, bonesetters, and general-purpose witch doctors, some abysmally ignorant, others with a rich fund of practical knowledge — whom we shall lump together and call *shamans*.... Sometimes their advice is sound. Sometimes it is worthless, but still it is sought because no one knows where else to turn. We are living in an African village and Albert Schweitzer has not arrived yet.(27)

つまりボリンジャーは英語の現状を未開のアフリカの村にたとえ、そこにはまじない師（witch doctors）みたいな者しかおらず、近代医学を知っているシュヴァイツァーがまだ現れていないというのだ。未開蛮地の人たちは、witch doctors の指示に従うしかない。まだ科学的医学が入っていないからである。同じように英語を使う人たちも「科学的に用法を指示してくれる言語学者がまだ現れていないので」、サファイアのような language mavens、つまり shamans の指示に従うより仕方がない、つまり伝統的な prescriptive grammar に従うより仕方がない、と言っているのである。

　ここでボリンジャーは一部正しく、根本的に間違っている。英語の語法が問題になる時に、“no one knows where to turn (except to the shaman-like language mavens)” という分析は正しいであろう。しかしシュヴァイツァーのような科学的な医学者の到来を待つというのは根本的に間違っている。問題は科学や科学的言語学でないからである。

たとえばこれがフランスであったならば、"everybody knows where to turn" である。つまり英語世界に欠けているのは科学的言語学者などではなく、ブルボン王朝であり、リシュリューであり、アカデミー・フランセーズであり、ルイ十四世なのである。つまり歴史が違うということなのだ。今後、英語圏にフランスのそれに相当する歴史的背景ができてくるだろうか。それは予断しないとして、それが現出するまでは、階級「方言」が存在するであろう。そこでは従来の prescriptive の系統が動かないであろう。

マレーの文法は固定したものではなかった。[28] 事実、reason と custom の折り合いを考えた文法であるから、custom の方で大きな変化があれば調整するのがまさに prescriptive grammar の使命でもある。たとえば分離不定詞（split-infinitive）は避くべきもの、という規範は二十世紀までイギリスに強かった。しかしこれはラテン語の不定詞に分離不定詞がない（あるわけがない）ということからの類推があったようである。しかし今は教養階級ですらラテン語を昔のようにやっているわけでないから、分離不定詞を気にしなくなるであろう。そういう custom が支配的になれば、それは正用（legitimate use）として認めればよい。マレーが完成したとされる英語の prescriptive grammar は、それ自体が、英語史という歴史を背景として生じた願望（desideratum）であり、要求（postulation）であった。しかもそれはマレー自身においてさえ固定したものではなく、時代とともに変ることは英国の憲法制度（constitutional system）のごときものであったと言えよう。そして研究者の世界だけにとどまらず、「教える者」と「教えられる者」のいる場において有効である唯一の文法形態なのである。

アメリカでもイギリスでもマレーは問題にされない。ピンカーも prescriptive grammar に言及しながらも問題にしない。しかし日本人にはその意義がよく見えるのである。仏教の発生地やそれを伝達してくれた国々でほとんど仏教はないのに、日本では栄え続けているのと類比して考えたら（仏教大学の数を見よ）、誇張のそしりを受けるであろうか。

最後にピンカーの言葉を引いて「教養方言」の文法（prescriptive）の特徴を述べておこう。ピンカーは学術的に込み入った文章は、生物学的に追ってはいけないほどのものであるという事実を認めている。

Expository writing requires language to express far more complex trains of thought than it was biologically designed to do. (p. 401)

だからこそ、古典の教養で鍛えられた人の書く文章を分析して意味を追い続けることのできる prescriptive grammar、またそういう思考を混乱なく文章で構築してゆける prescriptions を必要とするのである。入試に英語をやめる大学が出てきた。入学してから外人に正しいイントネーションの英語を教えさせるのだそうだ。それも一つの方法であるが、教養階級の書いた論文を読んだり、そのような論文を書ける学生はそこに出ないであろう。

注

（1）『リーダーズ・プラス』研究社、一九九四年、一七七五頁。

（2）マレーの英語学史上の地位とその評価については拙著『英語学史』（大修館書店、一九七五年）四五五―六二、四七三―七五頁他参照。

（3）i. 19という指示は、筆者の所蔵する第四刷（一九三八年）とも千城書房版（中島文雄訳、一九六二年）とも合わない。両者では i. 3 になっている。

（4） 市河、上掲書の初版（一二二頁）には、ソシュールが小林英夫訳（岡書院、一九二八年）としてあげてあることから、市河博士がそれを読んでいたことをうかがわせるが、改訂版からは落ちている。改訂版はうんと内容が充実し up-to-date になっているのだが、このような欠如も生じていることに注目したい。

（5） この本は *OED* の文献目録では見つからなかった。したがって *lect.* は lecture か lectures か不明。

（6） 辞書類ではないが、L. M. Myers, *The Roots of Modern English* (Boston: Little, Brown & Co., 1966), p. 228 には“school grammars of some sort”の表現がある。

（7） 倉長眞『高等英文法』愛育社、一九四八年、一七九頁。

（8） GARIOA＝Government and Relief in Occupied Areas（第二次大戦後の米国占領地域に対する救済政府資金）、EROA＝Economic Rehabilitation in Occupied Areas（第二次大戦後の米国占領地域に対する経済援助）

（9） 太田氏は一九五〇年のガリオア留学生でミシガンで研究し、後にそれを『米語音素論――構造言語学序説』（研究社、一九五九年）として出版。日本の英語研究者に大きなインパクトを与えた。

（10） このために初版の特色であったドイツ人の英語学者や言語学者の項目が大幅に減ずることになった。そのため今は初版の方がはるかに価値が高いし、そのユニークな価値は世界に類書がないことによって保証されている。

（11） 宮部教授の御自宅の研究会の senior のグループには山川喜久男氏、藤原博氏、小野茂氏と筆者がおり、junior のグループには長谷川氏のほかに、池上嘉彦氏、忍足欣四郎氏などがおられた。

（12） immediate constituent analysis で構造言語学の大きな特色に考えられていた。

（13） その略歴と業績については拙著『*Introduction to Fries American English Series*――英語学習上の問題点とフリーズ英語教本の理解と利用について』（エンサイクロペディア・ブリタニカ日本支社、一九六七年）、一三九―四一頁参照。

（14） 渡部、上掲書、一二一―三七頁参照。

（15） その研究は後に“A Correlation of the Technical Argot of Pickpockets with Their Behavior Pattern”になったが、筆者は未見。D. Maurer, *Language of the Underworld* (The University Press of Kentucky, 1981) 所収。

（16） シュナイダー教授（Prof. K. Schneider）はマウラー先生のこの考え方を知っておられて、「彼はわれわれが何をやっているか知らぬのだ」と批判されたことがある。

（17） マウラー先生の英語史はとにかく型にはまらないおもしろいものだった。おもしろかった一つの理由は、ドイツの大学の一学期にヒアリングができた唯一の講義だったからであろう。他の講義はドイツ語のため、チンプンカンプンで聞き取れなかった。耳が慣れるのを待ちつつ祈る気持ちで聴講していたので、聞いてわかるマウラー先生の時間が楽しみだった。シュナイダー教授は、マウラー先生の講義にわたしが出ているのを必ずしも喜ばれなかった。

(18) 渡部、上掲書、六六頁。

(19) 四品詞分類については渡部『英語学史』（大修館書店、一九七五年）三一二―一六、三二三―二六、三三〇―三一、三三九―四一、三四三―五一、三六一―六三、四〇七、四二〇―二二、三四九、四六六、四六八頁参照。

(20) サファイアの記事は *In Love with Norma Loquendi*（New York: Random House, 1994）にまとめられている。ちなみに彼は一九七八年にピューリツァー賞を与えられている。

(21) Pinker, *op. cit.*, p. 373.

(22) Lowth については渡部『英語学史』三八三―九五、四七一―七二頁他参照。

(23) L. M. Myers, *op. cit.*, p. 227.

(24) この問題に関しては Marinus van Beek, *An Enquiry into Puritan Vocabulary*（Groningen: Wolters-Noordhoff, 1969）p. 132 や R. F. Jones, "The Attack on Pulpit Eloquence in the Restoration" in *The Seventeenth Century*（California: Stanford University Press, 1951), pp. 111-142 など参照。

(25) アンドレ・モロア『英国史』下（白水社、一九三九年）一四六頁。

(26) プリーストリーについては渡部『英語学史』三七三―八一頁他参照。

(27) Pinker, *op. cit.*, p. 399.

(28) この点については池田真氏（上智大学講師）の修士論文以来の実証的研究がある。

伝統文法の重み

1

伝統文法というと中学・高校、あるいは予備校などでやったもの、つまり「学問以前」のものという思い込みがあるし、またそれにはしばしば受験の苦しい体験などが重なり合ったりして、個人体験としても「卒業した」という感覚が持たれやすい。高校までの「教科」であったものの後にくる「学問」の方が高尚である、というのは他の学科の場合はたいていあてはまるから、英文法についてもそれがあてはまると思われても仕方がない。そして「大学」でやる英語の学問は、伝統文法ではなくて、戦後しばらくの間は構造言語学であり、チョムスキー以後は生成文法である、というのが通念になってきているように思われる。

しかしこの「通念」は迷信である。それは伝統文法の歴史や、使命や、本質についての偏見、というよりは無知から出ていると言ってよいであろう。言い方が少し過激になったから実際起り得る、また起し得る仮定の場を想定してみよう。
日本の大学入試問題は高級である。出題者たちは、たいてい最近自分が読んだ英語の随筆や論説や旅行記などを材料とする。つまり教養ある英語圏の人たちが、真面目になって読むような文章が入試英語の材料である。この文章を正確に理解するということは、英米人の相当の教養人とほぼ同じレヴェルに立たないといけない。もちろん日本の高校生だから、読むスピードはうんと遅いし、語彙も不十分で、それこそ辞書を引き引きということになる。しかしともかく、日本の高校生に英米の教養人が大人向きに書いたものを正確に理解させることを、昔の中学や今の高校や予備校ではやることができたし、やっている。ここでは話を進めるつごう上、いわゆるできない生徒は考慮の外に置くことにする。

ここに一応できる高校生のクラスがあるとする。これを無作為にAとBの二クラスにわける。Aクラスの英語はいわゆる伝統文法の先生が教える。Bクラスの英語はいわゆる新言語学の先生が新言語学で教える。そして一年後ないし二年後に大学入試を受けさせる（学校の外の塾などでその上にやることはないと仮定する）。その結果はすべての英語関係者、あるいは受験生に明らかすぎるほど明らかである。新言語学の英文法は、まだ英米の教養人の書いた文章を、語族の違う日本の生徒に読ませるだけの力はない。まだないだけでなく、おそらく原理的に永久にないであろう。受験生は最も現実的な立場にある。限られた時間の中で教養ある英米人の書いた文章を、正確に分析的に理解する学力をつけてくれる文法を必要としているのだ。ここに幻想や迷信の入り込む余地はまったくない。だから日本の予備校が、新言語学による英文法の方が、高級な英文の理解に伝統文法よりも役に立つことを認めたその時は、わたしは自説の非を認めることにする。この点、入試の現実性は信頼してよいと思う。

第二に、英語が相当できて大学に入ってきた学生たちのクラスを、またAとBのクラスに二分する。そしてドイツ語でもフランス語でもスペイン語でもギリシャ語でもロシア語でもよいから、印欧系の言葉を第二外国語としてとらせることにする。その時、その第二外国語をAクラスでは伝統文法で教え、Bクラスでは新言語学にもとづくドイツ文法とかフランス文法で教えたとする。その結果は容易に予測し得るであろう。伝統文法の方は、類推《アナロジー》がきくために文法理解のための苦労がまずはいらない。単語を覚える努力が大きいだけである。ところがBクラスでは新言語学にもとづくフランス語文法をやれば、いつになっても本は読めるようにならないだろう。これについては早稲田大学の上田教授の貴重な体験をだいぶ前にお聞きしたことがある。記憶に従って要点を言えば、アメリカの大学の教会スラブ語のクラスでその先生は新言語学でやった。はなはだわかりにくい。ところが上田先生は旧式の——つまり伝統文法の——教会スラブ語の文法書を持っていた。これなら誰にもわかる。それで学生たちは「こっちでやってくれ」と要求した。そうしたらその先生は、「本当のことを言えばわたしも古い文法書を使った方がやりやすいのだ」と言って伝統文法のもので授業を行ったということである。わたしもドイツ語をやった時に、「どうしてこんなにやさしいのだろう」と不思議に思った。それどころかドイツ語文法をやってみると英文法の「例外」も例外でないこともわかる。あとで反省してみると、英文法を理解する時は、それまでまったく語系の違う日本語しか知らなかったから苦労したのだが、ドイツ語の場合英文法の理解がそのままドイツ語文法の理解に連なったので、関係代名詞とか、名詞節を作る接続詞などというのを理解するのにすべて類推がきいて、しかもそれが正しい理解でもあったのである。

ここであげた受験英語と第二外国語は身近な例にすぎないが、こんなところからも、重要な事実が浮び上ってくる。

第一に相当高度な英語の文章を、分析的に理解させる文法体系としては、伝統文法に代るものはまだ生まれていないし、生まれる可能性があるかどうかもわからない（わたしはないと思っている）。

第二に伝統文法は印欧諸国のすべてに対し普遍性がある。もちろん各言語は印欧語といっても多少、時に相当違うが、同じ基本的な概念とその応用で理解できる。これは動かしがたい実績によって裏づけられているが、新言語学は普遍性に弱い。特に構造言語学は普遍性を否定するところに重点があったし、一方生成文法は普遍性を人類の理性の本質まで広げるようなところがあって、具体的な印欧諸語の文法を類推で理解する点では、伝統文法に断然劣っている。

2

伝統文法のすぐれた分析力や応用力、それに印欧語圏における普遍性などは、その歴史から生じたものである。伝統文法はまず初級の学校で教えられるために、低俗の感じがする。しかしその起源はまずプラトンやアリストテレスの論理的な思考から生じたものであった。伝統文法の根は極めて深いところにあるのである。よく知られるように、プラトンは文をまず二つにわけることから考えた。主題と陳述ということになる。「何かを言う」とすればそのものが主題で、それについて言うことが陳述である。主題（主部）がオノマで陳述（述部）がレーマであるが、後にオノマは「名詞」、レーマは「動詞」とも訳された。主題の中心部（主語）と述部の中心部（述語）と考えればよい。まず人間の発言を二分することから考えるのは、プラトン以来のものである。今日でも生成文法のツリーはNとVにわけるところからはじまるが、やっている人はそれがプラトンに由来していることを意識しているかどうかは知らない。その後、この二つだけでは文の分析には十分でないところから品詞が増えてゆく。それをやるのは哲学者であり論理学者であるから、文法用語は論理の言葉で行われてゆく。そして内容も哲学的なものになる。しかし古代ギリシャでは、ホメロスを読まねばならぬ、という具体的な仕事があった。同じギリシャ語でも千年近くも違えばすぐ読んでわかるというぐあいにはゆかない。ここに精密な分析が要求され、八品詞も成立した。

したがって伝統文法の八品詞はまず「古代の文献を正確に読もうとする努力」からはじまったのである。人間が、話してすぐわかり、聞いてすぐわかり、読んですぐわかるというだけの言語活動に満足していたら――つまり言語の日常的使用だけに満足していたら、品詞も何も無用なのだ。つまり日常の言語活動では理解できない古代の文献を正確に理解しようという動機から伝統文法は整備されたのである。ここに伝統文法の核となるものがある。まず文献があることである。第二にその意味が通じないことである。その意味の通じない文献の意味を通じさせるところが伝統文法の出発点であり、その特質は今日まで連なっている。

日本では英語――に限らずヨーロッパ先進国の言葉はどれでも――をまず文献を読むために学んだ。ごく少数の通辞や外交関係者を例外として、幕制以来、明治に入っても、外国の本を読むことが外国語の勉強だった。『解体新書』の翻訳苦労話はよく知られているが、それがプロトタイプである。蘭学者は最初は医学書を、ついで技術や軍事や制度の本を読んだ。蘭学者の大村益次郎が幕府の長州征伐軍をこてんぱんに敗ったのは、彼に戦争の経験が豊かなためだったからではなく、欧州の先進国の軍事の本を精読する能力があったからである。ナポレオン戦役を体験したヨーロッパの軍事の本を知っているのと、関が原か大坂の役しか知らない軍隊の違いは巨大であった。また、西洋の本は、言葉は違えど、一カ国語をマスターすれば他のは簡単だ、という伝統文法の普遍性（印欧語の中においてであるが）を最初に明確に認識したのは福沢諭吉である。福沢は緒方洪庵の適塾に学び、大村益次郎同様、オランダ語の文献を正確に読むことに青春をかけた。その後、江戸に出る。そしてある時、横浜に行ったらオランダ語は役に立たず、英語の世界になっていることを知った。青春のエネルギーの多くを注ぎ込んだオランダ語が役に立たない時代が押し寄せてきているのを実感したのだ。さすがの福沢もその時は気落ちがして江戸に戻る時の足も重かったという。しかしやはり福沢である。気を取り直して英語をやりはじめる決心をした。（この時この切り換えの勇気のなかった蘭学者は維新後に活躍できなかった。）オランダ語習得に費した莫大なエネルギーと時間を考えると、また新しい言葉を習得することは気が遠くなることだった。しかしやってみると、オランダ語の理解は英語の理解を助けること多く、案ずるより産むがやすく英語ができるようになった、と書き記している。つまり日本はそもそも幕末・明治から、英語の文献を正確に読むことからはじまり、欧米先進国の言葉の文法に普遍性があることに気づいた人たちによって教育は進められた。

十九世紀後半における日本の地位ほど特殊なものは世界史でも珍しい。コロンブスの新大陸発見（一四九二年）以来、ひとことで言えば、白色人種がキリスト教と鉄砲を先に立てて有色人種の住んでいるところに押しかけ、ナイフでケーキを切りわけるように（『ヒストリアンズ・ヒストリー』の表現）植民地にしていったのである。そのスピードは時間とともに速くなり、十九世紀末になれば、本当の独立国は有色人種の間にあっては日本とタイとトルコくらいであったろう。その日本が北清事変（一八九九―一九〇一年）で欧米なみの近代戦のできることを欧米軍の前で証明し、翌一九〇二年にはイギリスが「名誉の孤立」を破って日本と同盟条約を結び、ついで日露戦争（一九〇四―〇五年）に勝って日本は白人列強国の仲間に加わった。コロンブス以来、最初の出来事である。ではなぜ日本だけにそれが可能であったのか。その最大の理由の一つは、欧米の文献――政治・経済・法律・軍事、科学・技術の専門書――を正確に読みほぐすという努力をしたからである。文法、つまり伝統文法を手がかりにして文献を正確に読みほぐしていった。この日本人の国をあげての努力は、日本を至近距離で見る機会のあった韓国の知識人を感嘆せしめている。金《キム》聲翰《ソンハン》氏は言う。

……之等《これら》の文法——英文法、独文法、仏文法——を頼りに明治以来、日本人は中学校から大学に至るまで日夜、外国語を解剖して今日に至った。誠に壮観という外ない。そのお蔭で今度は西洋の文物を精確に理解し吸収して日本を一流の国家に築き上げた……日本をして今日あらしめたのは口で喋る外国語の能力というより文法のメスで解剖する能力ではなかったろうか……

（拙著『文明の余韻』大修館書店、一九九〇年、三六一頁）

ここで言われている「文法」が規範文法であることは言うまでもない。この慧眼な韓国人作家が洞察した通り、十九世紀後半の世界における日本の独特の地位は伝統文法をやりぬいたということによるところが大なのである。ほかの有色人の諸国は、少数者は学んだであろうが、西洋の言葉を口と耳から学ぶのが常であった。それは白人の使用人になるための語学の方法である。日本は国をあげて伝統文法をやった。これをマスターしないと旧制高校や大学には入れなかったのである。

3

国をあげて——と言うと誇張になるが、国中のインテリをあげて伝統文法に打ち込むとその民族のレベルが上がる、ということは何も日本がはじめてのケースではない。古代ローマの教養がギリシャ語の勉強によるところが多かったことはよく知られていることである。さらに、ゲルマン人がラテン語を勉強し、ローマ帝国の文明をになうようになったこともそうである。ローマにもたとえばヴァロのような独創的で言語学的におもしろいラテン文法を考案する人もいたが、それはゲルマン人の教化には何の役にも立たなかった。役に立ったのは「著」というよりは「編」という名にふさわしいプリスキアヌスのもの、さらにその簡約版とも言うべきドナトゥスのものであった。これらはギリシャ文典以来の伝統文法である。ただゲルマン人の言葉は同じ印欧語といってもラテン語とは相当異なるので、ローマ人のための文法書にはあまり必要でなかったシンタクスが加えられるに至った。シンタクス論は高度な哲学議論から出発した。思弁文法はもちろん中世のスコラ哲学者が思弁したものである。伝統文法自体の分析法が古代の哲学者や論理学者の産物であったように、中世につけ加わったシンタクスも哲学者の考えたものであった。それはアレキサンダー・デ・ヴィラディの教育などによって初等の段階まで普及した。伝統文法は今日の中学校でも教えられるから幼稚なもののごとく思われやすいが、いずれも古代・中世の哲学者や論理学者の考察の精華なのである。

ラテン語がヨーロッパの文化語になった中世の西欧はカトリック教会と重なっていたから、学問をするにも、教会の要職に就くにも世俗の要職に就くにも、ラテン語を修得しなければならなかった。特にゲルマン人にはラテン語の修得は頭の切り換えが必要であったろう。母国語のものでない文献を正確に読み、それについて論じたり書いたりするのも伝統文法を通じて修得したラテン語だったのである。中世ラテン語が古典ラテン語に比べて奇妙な読みやすさがあるのは、文法に従っているからであろう。こんなことをやっているうちに蛮族と言われたゲルマン人は、いたるところに大学を建て——古代にはそういうものはなかった——いわゆる西欧文化を形成していったのである。

ルネサンスはこれまたよく知られるように東方から学者たちがギリシャ語の文献を持って逃げてきたことに端を発する。そしてギリシャ語の文献はラテン文典で鍛えられていた人たちによって読みほぐされていった。ギリシャ語学習はルネサンス以降、ヨーロッパの大学で重要な眼目になるが、ギリシャ語文典は伝統的なラテン文典と同じパラダイムにあてはめて作られたのである。冠詞や時制など、ラテン語とは違うが、大枠としてのパラダイムは同じであった。ここにも伝統文法の普遍性がものを言った。

もう一度伝統文法の普遍性が偉力を発揮するのは宗教改革以後のヨーロッパ諸国である。国家意識の興隆とともに、各国がその国語、すなわちヴァナキュラーな言葉の文法を欲しがるようになる。イギリスも例外でない。「英語にだって文法があるんだ」ということを証明するために書かれた最初の英文典は一五八六年のブロカーのものであるが、いたいたしいほどラテン文法に合わせようとしているのでおかしいところもある。しかし大きなパラダイムとしてはそれでよかったのである。一方、中世末に伝統的論理学や文法学のパラダイムを壊そうとしたラムスのような人もいて、その影響はイギリスの英文法書にもケンブリッジ大学、後にはピューリタンを通じて現れている。理屈を聞くとこっちの方が筋が通っているような印象さえある。そのほか、いろいろな独創性のある英文法を書く人が続々と出てきた。

しかし重要なことは、そういうユニークな文法論がいろいろ出たことと、それが実用になったかは別問題ということである。ユニークな英文法で英語を学ぶと、ラテン語やフランス語の修得の際に何の役にも立たないどころか邪魔になることもわかった。一方、せっかくやったラテン文法の知識も、ユニークな英文法書で英語を学ぼうとする時に何の役にも立たないこともわかった。つまり普遍性が問題になった。このようなわけで一五八六年以来、約二百年間、ありとあらゆるユニークな言語学的洞察が英文法に持ち込まれたが、いずれも学習者の負担になっただけで役に立たないことがわかってきた。それで十八世紀の後半から、英文法は百数十年の試行錯誤の後で、急に伝統文法に集約されたのである。(もちろん、その百数十年間も実際に用いられていたのは圧倒的に伝統文法だったのだが、いろいろ新説や新工夫の英文法書があったという意味である。)そして十八世紀の末、英文法はラウスからマレーの線で一七九五年に収束し、その後、約百五十年間、英文法のパラダイムは小さな手直し程度ですんできた。そしてまさにこの時期がアングロ・サクソンの最盛期でもあったのである。

イギリスに限らず、ヨーロッパ各国も伝統文法の枠で安定していった。それがいかに実効のあるものであったかは、十九世紀に比較言語学という、真に恒久的な、学問的な言語学が誕生した時、その研究は伝統文法のパラダイムで行われたことでよくわかるであろう。ボップにしろ、グリムにしろ、伝統文法の持つ普遍性を前提とした教育を受けていなかったら、比較言語学などというものは構想できなかったであろう。そして比較言語学がなければ、歴史文法も英語史研究も成り立たない。伝統文法こそは恒久的な——これが最も重要な点である——学問的業績の基礎だったのである。

しかしマレー以後約百五十年、第二次世界大戦の勝利者だったアメリカは、すべての改新者たらんとする意欲が強かった。文法も構造言語学にもとづく英文法が提唱され、C・C・フリーズの名は日本のある世代にとってはほとんど聖的なものであった。真に新しい学問がはじまったと思われたのである。たしかに新しい。わたしもこれについて単行本を書くほど研究したからよく知っている。しかし文法としては実用にならない。新しい試みだけでは理論的におもしろくても実用にならないことは、英文法史をやってきた人間としてわかりすぎるほどわかるのだ。そんな批判をやって悪く言われたりほめられてから、かれこれ三十年経つ。結論は明らかであろう。

構造言語学の基本はダーウィン以来のメカニスト的哲学である。その限界が明らかになってチョムスキーの登場となった。彼の言語観はよいと思うので基本的に賛成であった。伝統文法の品詞分類に挑戦することからはじめないこともよかった。しかし「生成」の実践は十八世紀末の英文法書からよく行われているのだ。能動態を受動態にしたり、平叙文体を感嘆文体に変えたり、直接話法を間接話法に変えたりしている。

もちろん構造言語学も生成文法も、それなりの分野では業績も上がり、価値もある。それに従事して飽きない人に敬意を表するにやぶさかでない。しかし新言語学に共通の欠けた部分にも目をつぶるべきでないであろう。それは

「読めない文献を読みほぐす」という動機を持っていないことである。それは「わかり切った文章をいじりまわして言語の本質を見よう」ということにある。その目的のためにはそれなりの成果は期待できよう。しかし、読めないが価値あるに違いない文献（印欧系）がある時は伝統文法から入るのが王道であることは、西欧の歴史も、日本の歴史も、日本人の個人的体験も教えてくれるはずである。新言語学で博士号をとった人に、細江逸記『英文法汎論』（約五百頁ある）の例文の何割を自信をもって訳せるだろうか。またアメリカでも戦後、伝統文法が「古い」と思って捨てられてから、一般に学生の作文能力が低下——つまり知力の一般的低下——が見られることは、アメリカの大学当局も広く認めるに至っていることである。

[英文法]

出世と語法

●アメリカ人はどういう所をいちばん重要と考えているか

アンドルー・ハッカー（Andrew Hacker）の *The End of the American Era*（1968）は現在のアメリカの社会を分析して、出世にいちばん重要なのは英語であるとし、「現実に従業員が持っていなければならない最も主な特性は言語能力である。それは一流の勤め口の特徴とされている仕方で話し、かつ行動する能力である。中間階級の子どもは生活を通じて、会話的職業に必要な言葉と物腰を身につける」と言っている。そしてこれをやらないアメリカ人は「失敗者」の階級に入れられてしまう。この分析によれば——それは正しいもののようにわたしに思われるが——しかるべき英語を使わなければアメリカの社会で生きてゆく見込みはなく、人種問題とも密接にからみ合ってくる。アメリカにアメリカ人のための英語学習書が多いのもうなずけるし、逆に日本ではたいした問題にされないのは、その社会的背景の差を端的に示しているので興味深い。

ではアメリカ人が出世の前提条件として必要とする「語法」はどんなものか、そういう手引書の中から求めてみよう。

（1） 初歩的な文法を間違うのは駄目である。当然のことであるが Mrs. Smith invited Mary and *she.* などはいけない。これは日本人にはあまり関係ない点である。

（2） 耳に聞こえるように書くのは危険である。You should *of* invited her. などがそれであるが、こういう間違いはわれわれにはまったく関係がない。

一般に正しいと認められている用法	上流あるいは言葉にうるさい人も正しいと認める用法
get sick	*become* sick
have got	*have*
Who do you love?	*Whom* do you love?
Can I go out to play?	*May* I go out to play?
I *will* be happy to do so.	I *shall* be happy to do so.
It is *me*.	It is *I*.
Go *slow*.	Go *slowly*.
I *would* like to ask you a question.	I *should* like to ask you a question.

文法的な正確さは意外に細かい点まで要求される。Neither of them *has* come. を *have* にすること、The doctor will speak to *whoever* came in first. を *whomever* にすること、I have found in her a girl *who* I think will make a perfect wife. を *whom* にすることは、出世を棒にふる危険のある間違いである。

上にあげる用法は完全に正しいと見なされ、確立した用法であるが、衒学的な人、一部保守的な上流階級では嫌う向きもあるといったものである。

実のことを言えば、わたしは最初、こんなことがまだ問題になっているのを知って驚いた。戦後、われわれは、完全に左欄の方で教えられていたのであり、今日なおある種の人々が I *should* like ... を主張して一歩もゆずらないでいるということ自体、一種の「驚き」であった。

左欄のものはまったく正しいのであって、そう教えてもよいであろう。しかし右欄以外の表現に顔をしかめる人たちの存在は、英語国民から見て「外人」であるわれわれは覚えておいてよいことであろう。特に、すべての文法家によって正しいと認められるといっても、左欄のものは主として「口語」として正しいということである。論文とか、堅い文書を書く場合はまた別の問題であるということも忘れられるべきでない。われわれも外国人の日本語を聞く時、それが悪達者な印象を受けることがあるが、それは感じのよいものでない。

「どういう日本人に習ったのかな」

と思ってしまうからだ。同じことは英語国民の方でも感ずるのではないだろうか。特にわれわれは、英語の社会的な「語感」については著しく欠けているから、なおさらそうである。外国人として英語を語らねばならぬわれわれは、やや古風でとりすましたと言われる表現の方が無難なのではあるまいか。ましてやアメリカで確立したはずの口語的表現も、イギリスでは相当軽蔑される種類のものであることが少なくないからである。わたしの個人的体験を言うと、should like to を使っていたら、はっきりと「あなたはよい英語を使う」とほめられたことが二度ある。このように should 一つで好感を与えることもあるのだ。

文法的規則においては一般に寛大（permissive）になっていっているアメリカも、語彙になると極めてきびしい。たとえば alumni（男子同窓生）と alumnae（女子同窓生）の使い方を間違えたら、それははっきりとした社会的格差を意味することになる。眼医者を eye-doctor と言っている連中と ophthalmologist と言ってる連中は、同じ地域に住んではいない。文法的なことは、日本の高校までのことをマスターしておけばたいしたことはないと言える。しかしわれわれがいちばん困るのはボキャビュラリーである。日本での英語教育は辞書を引くことを前提としているから語彙は意識の正面になかなか出てこない。受験参考書を終ってからは、積極的に語彙を増やす勉強はあまりしない。しかし、“an anthropomorphic conception of the Ground of Being”が「神様」であることが日常会話でわかるようになることが、「成功」への入場券というのが現代アメリカ社会だ、というのがアメリカ人たちの結論であり、冒頭にあげたハッカー教授の言う意味でもある。

［英語史］

英語の歴史●内面と外面

英語の歴史にしろ何の歴史にしろ、歴史を語る場合は区分が必要ですが、英語史の場合は、

（1） OE（Old English 一一五〇年頃までの英語）

（2） ME（Middle English 一五〇〇年頃までの英語）

（3） Mod E（Modern English 現在までの英語）

というふうに三つに大別します。OE のことを日本語で古代英語、ME のことを中世英語、Mod E のことを近代英語と言いますが、この言い方はあまり正しくないと思います。と言いますのは、グリム童話で名高いグリム（Jacob Grimm）――彼は印欧比較言語学の建設者として巨大な足跡を残しております――が『ゲルマン語文法』（一八二二年）の中で、英語のみならず、ドイツ語、北欧語など、ゲルマン語全体を歴史的に比較研究してみて、どのゲルマン語にも三つの段階があることを認めて、その各段階を alt（＝old）, mittel（＝middle）, neu（＝new）と呼んだことが、OE, ME, Mod E という区分の基礎になっているからです。

グリムがOldと呼んだ段階は、語尾変化が複雑で、シンタクスも語順によらず、主として語尾変化によってきまっていた段階です。またグリムがMiddleと呼んだ段階は、複雑な語尾変化が大幅にならされてきた段階です。そしてグリムがNewと呼んだ段階は、それがさらに進んで、今日のような形になった段階なのです。ですからOldの段階もMiddleの段階も西洋史の枠の中では中世なのです。グリムの精神を考えて訳すならば、OE, ME, Mod Eはそれぞれ古期英語、中期英語、新期英語となります。あるいは簡単に古英語、中英語、新英語になります。しかしこの呼び方はまだ十分耳になじまないので、現在の日本の研究者たちは訳さないで、OE, ME, Mod Eと言っているようです。それでわたしもここでは訳さないでいこうと思います。

Old English の時代

イギリスの島の歴史から見ると、英語を話す民族の歴史は非常に新しいと言えます。この点、歴史が最初に書き記された時代から日本語を話す人間だけが住んでいる日本史とは大違いです。

今わかっているところでは、ブリテン島の原住民はイベリア人種と呼ばれるもので、クレタ島あたりの巨石文化を使った人種と同じと言われていますが、その後、紀元前六〇〇年前後から三波にわかれてケルト人がやって来ました。今、アイルランドやスコットランド高地やウェールズ地方に住んでいる人たちの先祖はケルト人だったわけで、英語とはまったく異なった言葉を使っていました。現在ゲール語などと言われているのがそれです。

さらに紀元前五五年になるとジュリアス・シーザーのブリテン島征服があり、その後、約四百年間、ブリテン島はローマ帝国の一地方（province）としてすっかりローマ化されます。この期間は家康が江戸に幕府を置いてから今日までよりも長い期間です。

ゲルマン語を話す民族が、デンマークや北ドイツから入ってきたのは、ローマ軍が撤兵してから約三十年後の紀元四五〇年の頃です。そして、イギリスに組織的なキリスト教の布教がなされるのは、聖徳太子が仏教興隆の詔勅をお出しになった三年後の五九七年です。さらにおもしろいことは、日本で歴史編纂が行われるのは八世紀のはじめ頃ですが、最初の英国史ができるのもその頃です。いわゆる高級宗教が文化とともに輸入されてから、その国が自分の歴史を書き出すまでの時間が東西でほぼ同じです。

ゲルマン語を話す民族は主として北ドイツから来たわけですから、当時の北ドイツとイギリスの関係は、約千年後のイギリスとアメリカの植民地との関係に近かったと言えましょう。英語の方はその後どんどん変ってしまって、OEがわかるイギリス人というのはごく稀です。日本人なら、たいてい、『万葉集』の歌のいくつかはそのままわかるというのとは、たいへんな差になっています。ところが言語変化がそれほどはなはだしくなかったドイツ人には、OEはあまり難しいものではないようです。OEの文法をはじめ、本格的なOE研究が最初ドイツ人によってなされたのも偶然ではないでしょう。今でもドイツ語をよくやることはOEの勉強をかなり容易にすると言えます。

このようなわけですから、OEの語彙は現代のドイツ語と同根のものが多く、シンタクスも根本的に似ております。ただ、OEにはケルト人やローマ人を通じて入り込んでいる固有名詞が相当あります。たとえば、Lancasterはケルト語でLuneと言っていた川のところにあったローマの陣営（castrum）という意味です。また、人の名前にMacArthur（=Son of Arthur）のようにMac-などをつけるのもケルトの言い方です。

八世紀の末頃から、主としてデンマークのヴァイキングがイギリスにやって来て、ついに広大な範囲に入植します。アルフレッド（Alfred）大王（八四八—九〇一）ががんばった南イングランドを別にすると、イギリスに千四百以上も北欧系の地名があるのはこのためです。Rugby, Derby という地名の -by は北欧語で town という意味です。北欧語は OE と元来同系であり、語幹は同じで語尾変化などの細かい部分だけが違うということが多かったので、かえって文法を簡略化する働きがありました。

Middle English の時代

一〇六六年にエドワード証聖王（Edward the Confessor）の死をきっかけにして、王位継承の争いが起ります。結局、フランスのノルマンディ公ウィリアム（William）がイギリスのハロルド（Harold）を破ってイギリスの王になります。このため、イギリスは上流階級がフランス語を話す人間たちによって占められるということになります。国王、貴族、大司教や司教（この人たちは同時に当時の代表的知識人だったわけです）、騎士など、いずれもフランスからやって来ました。しかも、イギリス国王は同時にフランスの大領主でもあるので関心の半分以上はフランスに向いていたのです。同じことは貴族にもあてはまります。彼らも多くはイギリスと同様、フランスにも領地を持っていたのです。王や貴族と同じく、王妃や貴婦人たちも英語を知らないフランス人ばかりと言ってよく、宮廷で読まれる文学もフランス文学そのままだったわけです。つまり英国は二重言語（bilingualism）の国となって、上流はフランス語、下層階級は英語というふうにはっきりわかれてしまいました。ちょっと今のベルギーの言語状況に似たところがあります。同じものでも下層階級（農民）が使う時は ox（牛）、calf（子牛）、sheep（羊）、swine（豚）なのに、貴族の食卓にのぼると、それぞれ beef, veal, mutton, pork とフランス語になってしまうのです。また、フランスでは野で働く牛もビーフです。英語だけ特殊な歴史条件のために同じものに二つの用語があるのです。

しかし、愚王ジョン（John）が一二〇四年にフランス国内の領土をすっかり失ったことによって、イギリスの上流階級もイギリスだけにしか根を持たなくなります。そうしているうち次第に今までは母国語のようにして自然に覚えてきたフランス語も、習得すべき外国語に変ってきます。特にフランスとの百年戦争（一三三九―一四五三年）は抗争の期間が長かったために国家意識を生じさせ、これが国語意識の昂揚につながります。一三六二年に議会の開会の言葉や、法廷の弁論に英語が使われます。英語は約三百年ぶりに公式の場で使われることになったのです。

このように約三百年間、地下水のように主として無学の庶民の間にのみ通用するだけで、学識あり、文法意識もある人の目をのがれた英語は、再び地上に出てきた時、OE時代の複雑な変化をなくした言葉、つまりMEになっていました。この新しい言語を使った最初の文学的傑作がチョーサー（Chaucer）の *Canterbury Tales* だったわけです。

Modern English の時代

チョーサーの死後、約百年の間に、英語の語形がますます現代のそれと似てきたと同時に、発音の方でも大変化が起ります。これが大母音推移（Great Vowel Shift）と呼ばれるものですが、たとえばチョーサーで pike［piːk(ə)］と発音されたものが［paik］というふうになるといったぐあいです。カクストン（William Caxton）が最初にイギリスに印刷機械を据えつけたのは一四七六年ですが、カクストンはまだ耳に聞こえるように綴り字を組んで印刷していたのです。つまり一種の表音式綴り字でやっていたのですが、その後の音韻の大変化のため、すっかり綴り字と発音が合わなくなってしまいます。この発音と綴り字の乖離が、MEとMod Eを区別するもう一つの大きな相違です。そして、これが定着したのが、だいたい、宗教改革の頃にあたります。この点、Mod Eのはじまりは歴史上の近代のはじまりとほぼ一致すると言えます。そして、Mod E による最初の傑作がシェイクスピアと聖書の欽定訳だと言われております。

Mod E の特色は何か、と言えば他のゲルマン語（あるいはヨーロッパ語）に比べて次の四点があげられましょう。

（1）綴字と発音の不一致

（2）語彙がゲルマン系とラテン系（フランス系）の両方から成り立っていて、あたかも二つの層をなしていること

（3）文法が単純化して性（gender）がなくなったこと（フランス語には男性と女性、ドイツ語には男性、女性、中性がある）

（4）イギリス帝国の世界的発展、さらにアメリカの独自の発展のため、語彙・表現の多様化がはなはだしく進んだこと

そして英米の国力のため、今や Mod E は準国際語となっています。

〔英語史〕

綴り字改革

問題の意味

古期英語（Old English）や中期英語（Middle English）の時代には、原則として一つの音を一つの綴りで表す、という表音主義がほぼ守られていた。ところが、十五世紀頃から、いわゆる大母音推移（Great Vowel Shift）が起って、強勢のある長母音が大きく変化した上に、中期英語の語尾弱音節などが発音されなくなった。いっぽう、書かれた綴り字はそのまま固定化する傾向があるため、発音と綴り字の分離が大きくなり、十六世紀頃から、急にその問題が識者の注目を引くようになった。その後、いろいろの改革が試みられたが、ヨーロッパの他の国々におけるように、綴り字と発音とが、互いにほぼ一定の対応を示すということがなく、たえず問題が繰り返されてきた。進歩主義者は、綴り字を発音記号と同じもののように考えて、一字一音主義を理想とする表音主義を主張するが、保守主義者は、不統一と不規則があるにもかかわらず、それをそのまま表意文字であるかのように認め、そのまま保存しようとする立場をとる。現状では、だいたい、保守的傾向が優勢であり、実際に綴り字改革者によって主張され、一般に用いられるようになった新しい綴り字は、米国における運動の結果を含めても僅少である。

沿　革

古く十三世紀のはじめ、東中部方言による宗教詩 *Ormulum* は、語尾または他の子音に先立つ子音を二重にして、その前の母音が短音であることを示す綴り字法で書かれた。Crisstenndōm（＝Christianity）、þatt（＝that）などが、それである。この中期英語の時代における *Ormulum* の試みを別にすれば、綴り字改革運動は近代英語の時代に入ってはじまったと見なすことができる。十六世紀には、ギリシャ語の正しい発音に関する活発な論争や、フランスにおける正字運動などに刺激されて、ジョン・チーク（Sir John Cheke）、トーマス・スミス（Sir Thomas Smith）、ジョン・ハート（John Hart）、ウィリアム・ブロカー（William Bullokar）、リチャード・マルカスター（Richard Mulcaster）らが綴り字改革を論じた。このうちチーク、スミス、ハートは急進的であり、チークは黙字をすべて一掃する方針をとった。スミス（*De Recta et Emendata Linguae Anglicae Scriptione Dialogus*, 1568）は音標文字的綴りを主張し、「絵のごとく、また綴りも」（ut pictura, orthographia）をモットーとした。すなわち、各文字は一個のきまった音価を持つべきだという主張である。スミスはギリシャ語や古期英語のアルファベットから借用した文字や自分の創案した文字を十分な数だけ使い、表音主義こそ正書法（Orthography＝right writing）の名にふさわしいと唱えた。ジョン・ハート（*Orthography*, 1570）も to write or paint the image of man's voice をモットーとして、一字一音の表音主義を主張した。ブロカー（*Bref Grammar for English*, 1586）もまた、フランスの学者ペトルス・ラムス（Petrus

Ramus）の刺激を受け、the perfect picturing of speech を志したが、彼は、新しい文字を導入したり考案したりすることをせず、普通のアルファベットにいろいろな発音異同符号（diacritical mark）を上下左右につけて発音を示そうとした。このような急進的なグループに属する近代初期文法家には、アレグザンダー・ヒューム（Alexander Hume, *Of the Orthographie and Congruitie of the Britan Tongue*, 1617）、アレグザンダー・ギル（Alexander Gill, *Logonomia Anglica*, 1619, 1621）、チャールズ・バトラー（Charles Butler, *The English Grammar*, 1633-34）などがいる。

このような急進派に対して、綴り字の正しさを、表音性よりは伝統と慣習に求め、普通に用いられてきた綴り方を保持していこうという保守派があった。その指導者格は、リチャード・マルカスター（*The First Part of the Elementarie*, 1582）であり、この派に属する近世初期の文法家には P. Gr.（*Grammatica Anglicana*, 1594）、ベン・ジョンソン（Ben Jonson, *The English Grammar*, 1640）、ジェイムズ・ハウエル（James Howell, *New English Grammar*, 1662）、ジョン・ウォリス（John Wallis, *Grammatica Linguae Anglicanae*, 1653）がある。特に、ハウエルは保守的な線で綴り字の簡易化を主張し、musique, warre, sinne, witt をそれぞれ music, war, sin, wit と綴ることを主張した。

十八世紀においては、ジョンソン博士（Dr. Samuel Johnson）の辞書が大きな権威を持った。ジョンソンは上記のマルカスターと同じ考え方をしたので、その辞書は保守的な方向で綴り字を固定させることになった。この発音と綴り字との不一致をそのまま是認するという保守的な態度には当然反動が起り、十六世紀と同じような表音主義が現れた。そのような改革論者のおもなものは、ジェイムズ・エルフィンストン（James Elphinston, *The Principles of the English Language*, 1765; *Inglish Orthography epittomized*, 1790）、トーマス・シェリダン（Thomas Sheridan, *A Dissertation on the Causes of the Difficulties which occur in Learning the English Tongue*, 1762）である。後者は音声表記（Sound notation）の原理も説いている。

アメリカでは、ベンジャミン・フランクリン（Benjamin Franklin, *Scheme for a New Alphabet and Reformed Mode of Spelling*, 1768）が、彼一流の合理主義から、表音主義的なアルファベットを主張した。当時のアメリカは移民の多いせいもあって、発音を綴り字に合致させる傾向が強かったが、フランクリンはその逆を主張したわけである。しかし実際には、特に一般の英語の綴り方に影響を与えるということはなかった。いっぽう、辞書で有名なノア・ウェブスター（Noah Webster）は、その愛国心から、一時はイギリス式とは違った新しい綴り字を普及しようとしたこともあったが、晩年は保守的となった。しかし保守的でも極端でなかったため、ウェブスターの改革したものは今日でも普通に採用されている。たとえば、centre, honour, programme, traveller に対する、center, honor, program, traveler という綴り方は、ウェブスターに帰せられる。

十九世紀、特にヴィクトリア朝は、選挙法改正案（Reform Bill）などの革新的運動が盛んに行われた時代であったので、当然、綴り字改革もおおいに進展した。ベル（A. G. Bell）の *Visible Speech*（1867）やオットー・イェスペルセン（Otto Jespersen）が一八八九年に唱えた「アルファベットによらない表記法」（Analphabetic notation）は、学術的ではあったが実用に適さなかった。速記術で有名なアイザック・ピットマン（Isaac Pitman）が一八四七年に発表した表音的速記法（Phonotypy）は四十字から成る。それは一時、大成功のように見えたが、間もなく忘れられた。ピットマンの協力者であった音声史家アレグザンダー・ジョン・エリス（Alexander John Ellis）はこの失敗にかんがみ、在来の文字をなるべく生かすという方針をとり、Glossic という新しい綴り字法を考案した。これは母音字に英語特有の音価を与えた方法（English-value system）であるという点で特徴がある。この方針に正反対の立場をとって、母音字にローマ字本来の音価を与えて工夫したのが、ヘンリー・スウィート（Henry Sweet）の Romic である。また、ジョーンズ（E. Jones）は一八七五年に四十字から成る類推的綴り字法（Analogical spelling）を作り、保守派と急進派の調和を図った。

他方、アメリカでは、一八七五年にアメリカ言語学会（American Philological Association）が綴り字の調査委員会を作り、一八八三年に三百語を改良綴り字で示した。また、一八七六年にはフィラデルフィアで国際正書法修正会議（International Convention for the Amendment of English Orthography）が開かれ、マーチ（F. A. March）を会長として、綴り字改革協会（Spelling Reform Association）が設立された。これに呼応してイギリスでも一八七九年に英国綴り字改革協会（British Spelling Reform Association）が創立され、改良綴り字法による三千五百語を示した。

二十世紀になっても、改良運動は盛んで、アメリカではアンドリュー・カーネギー（Andrew Carnegie）の援助で簡易綴り字委員会（Simplified Spelling Board）、イギリスではその姉妹協会である簡易綴り字協会（Simplified Spelling Society）がそれぞれ創設された。急進性の高い方から言うと、「綴り字改革協会」「簡易綴り字協会」「簡易綴り字委員会」の順序となる。特にイギリスではウォルター・スキート（Walter Skeat）を会長とし、フレデリック・ジェイムズ・ファーニヴァル（Frederic James Furnivall）を出納係とし、演劇批評家ウィリアム・アーチャー（William Archer）を幹事として政治的にも働きかけ、*Pioneer of Simplified Spelling*（一九一二年創刊、一九二八年廃刊）を刊行した。また、詩人ロバート・ブリッジズ（Robert Bridges）の改良綴り字も、その遺志を継いだ夫人によって発表された。また劇作家バーナード・ショー（Bernard Shaw）も、英語の発音や綴り字に深い関心を持ち、終生綴り字の改良に努力した。ショーは現在のローマ字の代りに、自ら考案した一音一字のイギリス式アルファベット（British Alphabet）四十文字の使用を提唱した。しかし、綴り字の改良は早急にはできないことを知っていたので、まず彼の作品に見られるような一切のアポストロフィの省略、labour → labor, programme → program のようなアメリカ式の綴り字と、カンマの最小限度の使用とを実践に移し、その遺書において、彼独特の綴り字が実行されることを願った。

英語国ばかりでなく、非英語諸国からも改良綴り字案が唱えられた。スウェーデンのウプサラ大学教授であったロバート・エウゲーン・ザクリソン（Robert Eugen Zachrisson）はAnglicを発表したが、英語の綴り字を合理化して、その国際語としての有用性を高めようとしたものである。それは上記の簡易綴り字協会の方針にのっとって、いろいろな工夫を加えたもので、それ自体としては綴り字改革の一つの頂点と言える。わが国でも、岡倉由三郎のY. O. K. Alphabet（1932）がある。また、イギリスのウィリアム・アレグザンダー・クレイギー（William Alexander Craigie）が一九一七年に考案したもので、在来の綴り字に独特の表音符を加えた、いわゆる、クレイギー表音法（Craigie system）があり、それを簡略にして実用化しようとしたものに、市河三喜の *An English Spelling Book*（1926）がある。

二十世紀も第二次大戦後になると、ほとんど綴り字改革運動は見られない。ただ、時々、アメリカの *Time* 誌などに、初等教育用の新工夫が報ぜられる程度である。また、かつて綴り字改革に関心を示した英米内外の大家たちも、憑き物が落ちたように無関心になっている。振り返ってみると、十六世紀以来の英国の綴り字改革運動は失敗の歴史であり、同じ試みが時代を変えて繰り返されるだけであったとも言える。英語の綴り字はマルカスターによって保守路線にすえられ、これがウォリスのような音声学者によって認められ、ジョンソン博士の辞書やカクストンの古書の印刷によって固定されたものである。その後多少の変化はあったが、それも綴り字改革の表音主義によったというよりは、単なる簡略化にすぎず、かえって、ウェブスターのように改革を主張しなかった人の提案が主として恒久化するに至っている。綴り字改革運動は今後もまた流行する時が来るかもしれないが、同じ歴史の繰り返しになる公算が大きい。

［英語史］

OEとMEにおける宗教用語

外来語の導入に際して、telephoneを「電話」と訳すようなやり方と、radioを「ラジオ」と訳すようなやり方の二つがある。つまり新しい概念を入れる際に、外来語の発音に関係なく従来使っていた言葉を用いて訳す方法と、外来語の発音をだいたいそのまま耳に聞こえるように表記して入れる方法の二つである。便宜上、これを電話式外来語導入法とラジオ式外来語導入法と名づけることにする。

数ある英語史の本の中で、OEに入ったラテン語に関して、ラジオ式のものだけでなく、電話式のものにも注意を払うように警告しているのはボー（A. C. Baugh, *A History of the English Language*, § 65, "The Application of Native Words to New Concepts"）くらいのものであって、さすがに神経のゆきとどいた名著であると今さらながら感心させられる。

ところでこの先にもう一つ、ボーも触れていない重要な問題があるように思われる。それは電話式に導入された観念と、ラジオ式に導入された観念には何か両者を区別する基準があったのか、なかったのかが取り上げられていないことである。日本語の場合「電話」と「ラジオ」がなぜ「テレフォン」と「無線電機」にならなかったかの理由はたいしてないようである。また「電話」と言いながら、なぜ「テレビ」と言うのか。「電話」に合わせるなら台湾のように「電視」などと言った方が一貫している。しかし日本人は、おそらく面倒というだけの理由で「テレビ」と言っているのであろう。危険はここにある。われわれがラジオ式と電話式の区別にたいした意味を与えていないので、古代イギリス人までも、ラテン語を導入する際に電話式にするか、ラジオ式にするかに無頓着だったろうと類推しがちになるのである。しかし古代イギリス人は、この点に関してはかなり一貫した方針を持っていたようである。特に宗教関係の用語についてはそうであった。異教徒のゲルマン人であった古代イギリス人が、キリスト教関係の用語をラテン語から導入する時に、どのような方針をとっていたかをここで検討してみたい。

OE時代のイギリス人が知っていたキリスト教はカトリック教会としてのキリスト教であった。それでカトリック教会の持つ制度的なものは、ラジオ式に導入した。つまり、pope（法皇）などを示すゲルマン語ははじめから欠如していたのであって、それをOEに訳すとすればかなりぎこちないものになったであろうし、また訳しがいもないことであったろう。

上にあげたpopeは元来papa、つまり現在でも信者が神父をfatherと呼ぶように用いたものであるが、これが次第に司教などの高位聖職者を指すように固定してきて、特に法皇レオ一世（在位四四〇―六一年）以降はローマの司教、つまり法皇だけを指すようになっていた。イギリスにキリスト教が来た時はすでに固有名詞のようになっていて訳しようのない観念であったのである。

同じようにbishop（司教）はゲルマン語に訳されなかった。この語は元来overseer（監督者）の意味のギリシャ語であるので、ローマなどでは官吏のタイトルとしても用いられていた。しかしキリスト教が広まると、これは現在のような特定の概念に限定されるに至ったのである。一地域には一人の bishop しかいないので、これも固有名詞なみでＯＥに訳されなかった。

そのほか、abbot（修道院長）や monk（修道士）という単語があるが、これらは聖ベネディクトの設立したベネディクト会の修道院とともにゲルマン人の世界に導入されたものである。修道院はゲルマン人の異教世界にはなかったものであるから、訳さなかったのである。そのほか、ミサをあげる priest（司祭）もそうである。

つまりゲルマン異教世界になかったもので、しかも制度的なもの、役職的なもの、目に見えるものはラジオ式に導入されたのであった。それはミサに使う道具である chalice（ＯＥの celic, cælic 聖餐杯）などの導入法とまったく同じである。それは宗教関係語ではあるが、宗教心の中核から見れば外辺的なものである。

これに反してラテン語から英語に入った時に、電話式に英訳されたものがある。たとえば patriarcha（総大司教）は heahfæder（＝high father）に、propheta（予言者）は witega（＝wiseone）に、sanctus（聖人）は halga（＝holy one）に、prædicare（＝preach 説教をする）は læran（＝teach）あるいは bodian（＝bring a message）に、precare（＝pray 祈る）は biddan（＝ask）に、したがって precaria（＝prayer 祈り）は gebed というふうにである。

このような宗教行為は古代ゲルマン人の異教にもあったと思われるので、電話式の借用でよかったものと思われる。しかし一見キリスト教独特のものと思われるような宗教用語もＯＥに訳されている。たとえば「洗礼」などがそれである。この単語の語源はギリシャ語 baptisma（水にひたすこと）から来ており、それがそのままラテン語に入ったのであるが、これがＯＥでは fulluht あるいは fulwiht に訳され、その動詞は fullian あるいは fulwian である。ところがこのＯＥの単語には元来「水にひたす」という意味はなかった。

語源的に考えてみよう。するとＯＥの fulluht あるいは fulwiht は二つの要素 ful と uht（あるいは wiht）にわかたれる。ful というのは現代英語の full と同じことで「完全に、すっかり」という意味である。第二要素の wiht はOE の weoh あるいは wig（偶像）と同じ語根から出ており、古サクソン語の wih（寺院）とも通じている。そしてゲルマン祖語 *wiha（=holy）から出てきていると推定される。つまり fulwian というのは「完全に聖とする」「完全にきよめる」という意味だったのであろう。ところで *wiha（=holy）は、比較言語学の教えるところではラテン語 vincire（=bind 結びつける）、vinculum（=bond 結びつき）と同根である。つまりゲルマン人がキリスト教の「洗礼」を教えられた時、それを「完全にきよめること」と理解し、そしてこの「完全にきよめること」とは、とりもなおさず「（神的対象に）結びつけられる」ことなのであった。われわれは religion（宗教）の意味が、religare（=bind together）から来ているという説があることを知っている。すると古代アングロ・サクソン人は「洗礼」という儀式の「水」にこだわることなく、その真の宗教的意味にもとづいて、baptisma のOE訳を作ったことになる。水がきよめることの象徴に用いられることは普遍的な心理作用にもとづくもので、世界中の至るところに認められることとはエリアーデの指摘をまつまでもない。しかしOEが「水」を意味する語を表に出していないのは、かなり凝った訳である。大陸のゲルマン人は taufen（水にひたす）という語をそのまま使っていたのだから。

このように電話式な方式でOEに入れられたキリスト教に関する基本的な概念はかなり多い。聖書は gewritu（書かれたもの）であり、三位一体は briness（=threeness）であった。創造主は scieppend（=one who shapes or forms）であり、「救い主」は「癒し主」（hǣlend=healer）であった。「復活」というような重要な観念も ǣrist、つまり「起きること」という、いとも日常的な、簡単なOEの単語に訳された。

これらの単語の一つ一つを語源的にここでたどってみることはしないが、概括的に言えば、これらの単語はいずれもOEに元来あった観念を利用して訳せるものであったと言える。それが pope や bishop と違うところである。たとえば創造主という観念は、ゲルマンの神話にもあったことであるし、また「救い主」に相当する「癒し主」もゲルマン人の宗教の中にあったことである。「復活」はいかにもキリスト教独特の観念みたいに思われているが、ゲルマン人の異教においても、春に復活する神というのはいちばん重要な神だったのである。

このようにOEに電話式に入れられた宗教用語は、調べてみればみるほどおもしろいし、また微妙な味のあるものである。しかしこれらは大部分、現代英語には残っていない。大部分はME時代に、ラテン形（あるいは古フランス語形）のものに置きかえられてしまったのである。ノーマン・コンクェストにより、大司教や司教や修道院長のような高位聖職者の大部分はフランスからやって来たし、そのほかにも多くの宗教関係者がフランスからやって来たからである。

このようにして、せっかくOEでheahfæder（=high father）と訳されたものは再びpatriarchになったし、witega（=wise one）もprophetに、halga（=holy one）もsaintになった。さっきやや詳しく扱ったfulluhtがbaptismとして現れるのは一三〇〇年頃に書かれた*Cursor Mundi*あたりからである。

このようにしてME以来、英語のキリスト教用語はフランスのものなどとあまり変らなくなった。創造主もscieppendからCreatorになったし、三位一体もthreenessからtrinityになり、healerはsaviour、risingはresurrectionとなった。このようにしてわれわれは現在のようなボキャビュラリーを持っているのであるが、その中には例外的にOEに訳されたままで、ラテン系に戻らなかったものがある。これが問題なのである。

歴史においては「例外」がしばしば最も重要な意味を持つことがある。たとえば上代の日本が唐の制度をそっくり真似しようとしながらも、宦官を置かなかったり、神祇官を置いたりしたのは「例外」であったのだが、その例外の方が日本人と日本史の特色をよく示しているように。最も徹底的な英語音韻史の一つである*Laut und Leben*を書いたホルン（W. Horn）は一個の例外も残さずに説明しようという立場であるが、この場合も例外的現象がいちばん意味深いようである。同様に、ME時代にすべてのキリスト教用語がラテン系、あるいはギリシャ系になった時に、そうならなかった例外があれば、その理由は十分注意深く考察されなければならない。

たとえばsoul（魂）である。これは救霊に関してはけっしてspiritになることはない。これはなぜだろうか。もちろんspiritはspirare（呼吸する）というラテン語から出ており、神が泥に息を吹き込んで人間ができたということになっているのだから、キリスト教徒である限り、魂はspiritでよいはずであるが、そうはならない。それを解く鍵は語源にひそんでいる。soulの語源は*saiwaloであるが、これは*saiwa-z（海、湖）に-lo（……に属するもの）がついたものである。これはドイツ語でも同じでありSee（海、湖）に-leがついてSeele（魂）となっている。つまり古代ゲルマン人の信仰においては、北の方の海（湖）に死んだ魂が集まっていると想像されていた。死ぬとそこに行き、また子孫に出てくるのである。したがってその霊魂は不滅なわけである。キリスト教が入ってきて救霊を問題にする時、どうしても不滅の霊魂が問題になるわけで、soulが出てくるのである。それはちょうど日本においても、宗教が問題になる時は「たましい」が重要なので、「こころ」でも「精神」でもないし、いわんや「知性」などではないのに似ている。われわれが今日意識しなくても、太古の日本人の霊魂観が「玉の緒」と言ったようなものであったことに関係があるのであろう。同様に、God, Holy Ghostなど、MEになってもラテン系に切り替えず、OE以来のままであった「例外的」な宗教用語こそ、古代イギリス人の宗教観念の中核をなしているように思われるのである。

［英語史］

シェイクスピアの英語

1

イギリスの印刷術はよく知られているようにウィリアム・カクストンが一四七六年にウェストミンスターに印刷機を据えつけた時にはじまる。そこで彼は十数年間に約八十冊の本を出版した。このようにカクストンはイギリスの印刷・出版の祖であるが、同時に彼は英語の散文発達史の面から見ても重要な地位を占めている。というのはカクストンが自分の印刷所で出版した本の多くは、彼自身がフランス語の騎士物語など、大陸の本を訳したものだったからである。つまりカクストンの英語の歴史との関わり方は二重であった。一つは翻訳家としてであり、一つは印刷者としてである。

翻訳家は絶えず外国語と自国語の比較を行う。またそうせざるを得ない。その体験から母国語の特質に対して一つの見解を持つに至ることがある。これは何もカクストンにかぎらず明治以後の日本でも起ったことだ。日本人で翻訳の問題に直面したことのある人たちは「英語（フランス語でもドイツ語でもよい）は論理的であるのに反し、日本語は論理的でない」という圧倒的な印象を得たようである。谷崎潤一郎の『文章読本』の一つの力点はそこにあって、日本語らしい文章を書く時は理詰めにならないようにしろ、という忠告になった。一方、哲学的論文でも書こうという人は、理論を通そうとすると晦渋になりすぎることを嘆く。理科系の学者には、英語は論理的なので理論をのべやすいと言っている人がいる。

翻訳のプロとしてカクストンはどのような印象を当時の英語から得たか、と言えば、「英語は粗野で卑俗である」ということであった。彼の数多い翻訳の序文には、そうした英語で書くことに対する弁解がついているのである。ひとことで言って、母国語である英語に対する劣等感が支配的であると言ってよい。J・W・H・アトキンズのように、こういう言い訳は当時の慣習《コンヴェンション》であるから、あまり重視しない方がよいという意見の人もある。しかし「なぜそうした慣習ができたのか」を考えると、やはりフランス語などに比べて、英語は粗野で貧寒であるという印象を広くイギリス人が持っていたためのようである。そういうことを書いたのはカクストンだけではない。たとえばエドワード四世の廷臣でもあり錬金術師でもあったトマス・ノートンは、自著に次のような趣旨の自己弁護の言葉をのべている。

わたしが本書の中で無骨《ぶこつ》で粗野な英語を使っているからといって、世の識者はわたしを軽蔑しないで欲しい。わたしは十人の学者よりも一万の俗人を満足させたいのであるから。

学者の中には、英語で書くことが単に品のないことにとどまらず、英語で学問をすることは、記憶を害し、学問そのものを傷つけると考えていた人たちがいたと、カスティリオーネの『宮廷人』の翻訳者であるトマス・ホービー卿は書いている。

このように貧寒・粗野な英語の豊饒化のために役立ちたいというのが当時の翻訳者たちの一つの目的でもあった。たとえばラテン語の accersere（召喚する）という単語を英語に翻訳する時は accerse and/or call together というふうに、ラテン語の形をそのままに導入した上で、or とか and をつけて従来の英語で説明するのである。昔の講談本で「閑話休題」に「それはさておき」などとルビが振ってあったが、いわば日本のルビをつけるようなやり方で翻訳した。カクストンのはじめた印刷術はこうした本を普及せしめたのである。戦前の日本人がルビつきの講談本を読んでいるうちに相当の漢字の意味がわかるようになり、さらにそれを使いこなせるようになったのと似たようなことがイギリスにも起った。カクストンが英語の歴史に二重のかかわり方をしたというのは、このように翻訳家として、また、印刷による翻訳普及家としてなのであるが、同時に、彼の死んだ一四九一年、つまり十五世紀末というのは、英語そのものの歴史の区切りとしてもつごうのよい年代である。

というのは彼より百年前のチョーサーに現れはじめた重要な徴候がほぼ確立するからである。まず第一にそれは方言しかなかったとも言える中期英語《ミドル・イングリッシュ》の中にロンドンの方言を中心にして着実に標準的な書き言葉が発達し、確立したことである。第二に、ラテン語やフランス語に対し、土着語である英語の重要性が増大したことである。別の言葉で言えば、英国の中で、長い間見下されていた英語が、国民意識の自覚とともに重要になり、その英語の中でもロンドン方言が標準語の位置を占めるようになったということである。問題はそこにまだ根強い母国語に対する劣等感と不信感があったことである。たとえば十六世紀の前半ウィンチェスターの司教であったスティーヴン・ガーディナーは、宗教関係の本はラテン語かギリシャ語で書くように勧告している。その理由は、これらの古典語はよく固定しているが、英語ときたら過去二百年間、一つの形として継続しておらず、誤解を生む恐れがあるから、というのであった。母国語に対して、劣等感と不信感が支配的であるところでは、偉大な土着の文学は生まれ得ないであろう。文学が繁栄するためにはしかるべき言語的土壌が必要なのである。イギリス人たちはまだ英語を「不毛・野蛮・粗野」としていた。まず土壌の改良が行われなければならなかったのだ。

2

サー・トーマス・エリオットはカクストンが死んだ頃に生まれた人であるが、彼は英語の貧しさを最も鋭く痛感し、それを豊饒化しようと努力した人文学者の一人である。彼自身は英語で物を書く勇気を持っていたが、彼の周囲には「英語ではいまだなしえぬほどの、断然すばらしい優雅さで、読者を喜ばせるようにラテン語で表現して見せる奔放なイギリス人の詩人たち」がいることに言及している。

この頃のイギリス人が英語についてなした発言を見ると、十六世紀の半ば頃まで、自国語に対する劣等感がなくなっていないことがよくわかる。エリオット自身も古典語からの翻訳をやったり、また羅英辞典を作ったりしている。豊かな古典語の単語をなるべく多く英語に導入することによって英語を豊かにしたい、という悲願みたいなものがそこにあったのである。愛国心から借用語を増やすという態度であった。

こうした外国語導入の努力が実を結んで、「英語も豊かになったぞ」という気分が出てきたのは一五六〇年代に入ってからである。これ以後、約四分の一世紀の間、それまでの英語に対する劣等感の裏返しと言ってもよいような、英語の豊饒さを讃える発言が急に多くなる。

『詩の弁護』や『アルカディア』の著者として、また典型的なイギリスの騎士として知られるサー・フィリップ・シドニーは、英語に対してあふれるような自信を示している。『詩の弁護』の中で彼は言う、

心象を甘美に、また適切に表現することは言語の目的であるが、この点に関して、英語は世界のいかなる言語と比較してもひけをとることはない。

少し自信がありすぎるようにも思われるが、これは孤立した例ではなく、ほかにもそういう趣旨の発言をする人は多くいた。教育者でマーチャント・テイラーズ・スクールやセント・ポールズ・スクールの責任者であったリチャード・マルカスターも、「現代（十六世紀後半）は英語の極盛期であり……英語は現在以上に立派になることはできぬ」などと言っているのである。

シドニーやマルカスターが母国語に対する自信を回復したのは、外来語の導入によって、語彙が豊かになったというところから来たものであった。ところが、ちょうど、ほぼ同じ頃にまったく別の方面から母国語に対する自信を強めるような別の潮流が生じた。それは宗教改革と、それにともなって盛んになった聖書の翻訳である。宗教改革は元来が反ルネサンス運動の性格を帯びたものであり、このことはマルティン・ルターが一五二四年に、ドイツ中の都市の参事会に送付した回状によっても明らかである。

ラテン語とか、ギリシャ語とか、ヘブライ語とか、その他の学芸を学んでも何の益するところがありましょうか。事実、われわれはドイツ語で聖書や神の言葉を学ぶことができるのであって、これさえ出れば、われわれは

至福に至るのに十分なのであります。

ここには明らかな反教養主義的な母国語主義が見られるが、このように宗教改革はそれまで誇りの対象となることのなかった土着語を尊重することに連なったのである。イギリスにおいても、聖書翻訳の最も重要な先駆者となったウィリアム・ティンダルは、「畑の中で鋤を引っぱっているような農奴の子も、神の言葉をカトリック司祭以上によく理解することができるようになる」ことを願って聖書を訳したのであった。したがって「平明」ということが特色になる。この場合の平明ということは、難しい古典語の借用語が少なくて、古いアングロ・サクソン語系の単語が中心になるということである。

外来語を排し、国語純粋主義《ピュアリズム》の立場を意識的に取った人に、サー・ジョン・チークがいる。彼は当代第一流の古典学者であり、ヘンリー八世がケンブリッジ大学にいくつかの欽定講座を設立した時、初代の欽定ギリシャ語教授に任ぜられた人である。だから外来語が難しいなどということは彼にはなかったのであるが、宗教的にはプロテスタントになっており、ルターやティンダルのような母国語観を持っていた。それで友人のサー・トマス・ホービーがカスティリオーネの『宮廷人』を訳出した時、それに手紙を寄せて、自分の母国語観を次のようにのべている。

> われわれの母国語は、他の言語からの借用語と混合・混淆されることなく、清潔で純粋であるべきだというのがわたしの意見であります……われわれの母国語を、外国語からまやかしの装飾品を借りて飾ることなく、自然と技巧と経験と模範の導くところに従って、うまく、飾りけなく用いるならば、言わんとする意味は、自然にまた立派に表現されるのです。

これは英語は外来語を入れないもとのままでも立派なものだ、という言語観である。この考え方は、チークの弟子でもあるサー・トマス・ウィルソンやロジャー・アスカムによって教養あるプロテスタント系の人士の間にも広まった。

ここに引用したチークの手紙の日付は一五五七年の七月十六日になっているが、これがホービーの本につけられて印刷されたのは一五六一年である。つまりフィリップ・シドニーたちが、「英語は外来語からの借用語が十分入って豊饒になった」と言って英語に対する自信を示しはじめたのとまったく同じ頃なのである。別の言い方をすれば、十六世紀の英国には、まったく正反対の二つの言語観が流れていた。一つは借用によって乏しい母国語を豊かにしようという人文主義的発想であり、もう一方は、英語は外来語を入れて豊饒化するまでもなく、それだけで立派なのだ、という国語純粋主義的発想である。そしてこの両者とも、それぞれ正反対の立場から英語という国語に対する自信を表明しはじめるのは一五六〇年代なのである。そしてわれわれのシェイクスピアが生まれたのはまさにこの時期——一五六四年——であったことを銘記する必要がある。シェイクスピアはまさに英語に対する自信が近世のイギリスに最初に生まれてきた頃に生まれ、その雰囲気の中で成長したのである。そのような雰囲気、言語的土壌がなければ、シェイクスピアの作品の中に見られるあのあふれるばかりに豊かな、奔放な言葉の感じは生じ得なかったであろう。

比喩的に言ってみよう。人文主義的な借用語による母国語豊饒化の流れは、いわば暖流である。ギリシャやイタリアなど、暖かい地中海の言語だ。これに反して国語純粋主義は、ルターの宗教改革にはじまる北からの流れである。いわば寒流である。この寒流と暖流のぶつかり合ったところが十六世紀のイギリスなのだ。イギリスでは国教までが、寒流と暖流とが混ったような、プロテスタントと称しながらカトリックのような教会を作った。暖流と寒流の交わるところによい漁場があるという。この言語文化的な寒流と暖流の交わるところからとれた魚がエリザベス朝の一群の創作家・詩人であり、その中の特大のものがシェイクスピアだった。

3

シェイクスピアが物を書き出した時に手もとにあった英語の特質は、ひとことで言えばプラスチックであった、と言えよう。この場合のプラスチックというのは、「可塑性が高い」とか「柔軟な」という意味である。粘土で言えばまだ柔らかい状態にあった。固まっていなかったのである。拘束的な、あるいは規範的な文法はできていなかった。シェイクスピアは思うように書けた。文法的にとがめられる恐れはなかった。文法などは意識せずに、頭に浮ぶままのイメージをそのまま並べて見せるというところがあった。だからシェイクスピアの文章は、文法が整備された後の時代の作家にはない表現の大胆さが基調になっている。

シェイクスピアは作品を書く時には、後世のエッセイストや学者が文章を書く時のように文法や綴り字を気にしなかったことは確かである。彼の同時代人で、最初の二折版《フォリオ》の『シェイクスピア全集』（一六二三）にも言葉を寄せているベン・ジョンソンは、その随筆の中で、シェイクスピアの執筆態度について興味ある証言をしている。

わたくしは憶えているが、役者たちはシェイクスピアへの敬意を示すつもりで、彼は執筆中（書くもののいかんを問わず）一行も消すということをしなかった、とよく言っていた……それを筆にするや滔々として流れ、時に止めてやる必要があるほどであった……彼の才智は、これを彼は縦横に駆使し得た。才智を制御する力をもま

た、彼が縦横に駆使し得たならばよかったろうにと思う。（富原芳彰訳、傍点渡部）

あれだけの作品を書くにあたって、一行も消さないというのは誇張であろうが、少なくともはたで見ている人には「書き流しの訂正なし」という印象を与えていたのである。たとえば"lovers absent howres"という表現が『オセロ』（三幕四場一七四行）にあるが、これはどう考えても、"the hours when lovers are absent"（恋人たちが留守の時）の意味である。それを"lovers' absent hours"というのは無理であるし、少なくとも曖昧である。かのすぐれた『シェイクスピア辞典』の編者アレキサンダー・シュミットは、こうした例を多く集めて大要次のように言っている。

もしシェイクスピアが作品を出版するため、原稿に手を入れるという労を惜しまなかったら、ここに引用したような章句は、おそらくすべて書き改めたことであろう。しかしシェイクスピアは自分の作品が読まれて、ゆっくりと目に曝《さら》されることを予期して書いたのではなく、観客が共感しながら耳で聞いてくれることを予想して書いたのである。論理学者が書いたとしたら汚点になるような表現が、劇詩人や雄弁家にはかえってふさわしいことだってよくあるのである。

これは正鵠を射た評言と言えよう。耳で聞くことを予想した表現は、目で一行ずつ追ってゆくことを予想した表現とは当然違ってよいはずである。シェイクスピアは頭に浮んだシーンに従って、頭に浮んできた英語をそのまま書き下ろしたのであって、その時には文法的な正確さとか、論理的な筋道とか、抑制的に働く頭の機能はストップしていたと言ってよいであろう。

それは一国の言語の歴史においてめったに起ることのない幸福な時代であったのだ。元亀・天正の時代に活動舞台を与えられていなかったら、豊臣秀吉はなかったであろう。彼と同じ天才を持ったとしても享保・元文といった江戸時代中期ではどうしようもなかったであろう。政治的状況ほど人目につくわけではなかったが、英語の歴史から言えば、シェイクスピアの時代は元亀・元正のおもむきがあったのである。まだ言葉が「固まっていない」状態だったので、シェイクスピアは半世紀後だったらできにくいことも平気でできた。長い綴りの借用語のアクセントも確立していなかったから、つごうに合せて変更もできたし、三人称単数現在の動詞の語尾を同じ文章の中でもｓにしたりethにしたりして、音節の調節ができた。定冠詞theでも使い方が確立していないから取るもつけるもその時次第である。助動詞のdoにもきまった使い方はまだない。表現意欲がまずあって、言葉はそれに従う状態なのであって、文法規則に合せて内容を盛っているのではない、という印象が強い。これは何やら今の日本語の状況を想起せしめることである。

シェイクスピアより八歳ぐらい年下の同時代人の劇作家で古典学者であったベン・ジョンソンは、シェイクスピアの死後も約二十年間生きて、言葉の可塑性の高い時代が終り、固まりはじめてきたことを感じていた。彼自身、英語を少し固めたいと努力した者たちの一人であり、最初のシェイクスピアのフォリオ版が出た一六二三年頃に『英文法』を書いている。シェイクスピアの死んだ頃から、いろいろと英語を「規則化」するための本が書かれてくるが、これは一つの時代精神が終ったことを示すものである。先に引用したベン・ジョンソンのエッセイの中でも、彼は、シェイクスピアが書き流しで一行も訂正しなかったことを美点と考えずに「千行も消せばよかった」と言っているし、シェイクスピアが才智を縦横に駆使したことを讃えながらも、その「才智を制御する力をもまた、彼が縦横に駆使し得たならばよかったろうに」と願っているのである。

シェイクスピアの最初のフォリオ版全集が一六二三年に出た時、すでに文法的な整理が多少は行われていたことは確かであるが、その後のフォリオ版（一六三二、一六六四、一六八五年）の各版を比較してみると文法的修正がその後もずっと続けられていたことが明らかになる。第二フォリオ版は第一フォリオ版より約九年後のものであるが、たとえば more richer は more rich と二重比較は除かれ、Between who は Between whom と格の意識がはっきりとしてきている。時代は天才を作り、天才はまた時代を作ると言われるが、その顕著な一例をわれわれはシェイクスピアにおいても見出すのである。

[古典解説]

Sir Thomas Smith: *De Recta et Emendata Linguae Anglicae Scriptione Dialogus* の解説

著者の略歴(1)

政治家、学者、著作家として有名であったトーマス・スミス（Sir Thomas Smith）は、父ジョン（John）と母アグネス・チャーノック（Agnes Charnock）の間の長男として、一五一三年十二月二十三日、エセックスのサフロン・ウォールドンに生まれた。父は相当の名門の流れを汲み、エセックスとハートフォードシャーの州長官（High Sheriff）もしたことのある、地位と富に恵まれた人であった。父はエセックスの人であったが母はランカシャーの人である。スミスがその著書の中で北方言に関心を示しているのはこのためであろう。

スミスは幼児、虚弱であったが歴史を読むこと、絵を画くこと、文章を作ること、彫刻することなどを非常に好んだ。グラマー・スクールはサフロン・ウォールドンであったと思われる。一五二五年の五月にはもうケンブリッジのセント・ジョンズ・コレッジ（St. John's College）のヘンリー・ゴールド（Henry Gold）の手で教育されている。一五二六年クイーンズ・コレッジ（Queens' College）に移り、翌年、クロムウェル（Cromwell）のおかげで王室奨学基金の給費生（king's scholar）となった。一五二九年、あるいは一五三〇年の一月二十五日にB. A.をとり、クイーンズ・コレッジの特別研究員（fellow）に選ばれた。一五三三年の夏M. A.をとり、その秋からパブリック・リーダー（public reader）という身分で学校で科学（natural philosophy）を教えたり、自室でギリシャ語を教えたりした。弟子の中には後のウインチェスター司教J・ポネット（J. Ponet）もいる。一五三八年大学代表弁士（public orator）となり、その後間もなくヘンリー八世（Henry VIII）の目にとまり諮問に応ずるようになった。

一五四〇年スミスは勉強を続けるために大陸に渡った。パリやオルレアンを歴訪した後、パドヴァで学び、D. C. L.の学位を得て一五四二年帰国、同じ年にケンブリッジのL. L. D.を得た。文芸復興期のイタリアの大学で修学してきたスミスは一種の新帰朝者であった。彼は新しく習得してきた知識を用いて正しいギリシャ語の発音を広めようとして、大学内にその後長く尾を引いた論争を起した。すなわち、スミスの先輩にあたる初期の文芸復興期の学者たちはἤ, Ἔ, ἴを無差別にすべてἴと発音していた。しかしこれは近代のギリシャ人の発音をまねたもので、古典を読む場合は間違いである。スミスはこの点を指摘してἤとἜの正しい発音に戻す必要を説いたのであった。スミスや友人のジョン・チーク（Sir John Cheke 彼もまた当時の綴り字改革論者として、また、外来語の導入反対論者として重要な人物である）など、この意見の者たちはetistと呼ばれ、守旧派の方はitistと呼ばれた。当時ケンブリッジ大学の学長（Chancellor）であったガードナー（Gardiner）は職権をもって古い発音に戻るよう命じた。おさまらないのはスミス等etistsである。そこでスミスはガードナー宛てに手紙（一五四二年八月十二日付）を書き所信を披瀝した。これは後、一五六八年にパリから *De recta et emendata Linguae Graecae Pronuntiatione* という標題で出版された。彼はこの本にさらに英語の綴り字改革に関する一文をつけた。それが本書すなわち *De recta et emendata Linguae Ang-*

licae Scriptione Dialogus である。

生涯の方をさらにたどってみると、一五四三―四四年一月、ケンブリッジの欽定講座担当教授（Regius Professor of Civil Law）に任ぜられ、同年、大学の副学長（Vice-Chancellor）になった。ついで一五四五年、エリーの司教グッドリッチ（Goodrich）の主席秘書になり僧籍に入った。また、大学を代表してヘンリー八世と交渉などした。スミスは早くからプロテスタントの見解を支持し、大学内の改革者たちをガードナーの敵意から庇護してやったので、エドワード六世（Edward VI）の即位とともにさらに日のあたる場所に出ることになった。一五四六―四七年二月、摂政サマーセット（Somerset）に仕えることにより、彼のスコットランド遠征に従軍したが、ヨークで熱病にかかった。しかし間もなくイートン校の校長（Provost）、カーライルの主席司祭（Dean）に任ぜられ、さらに翌一五四八年四月十七日には国務卿（Secretary of State）の要職を与えられた。そしてフランダースに特命を帯びて派遣されたり、スコットランドに対するイングランドの宗主権を主張する文書を作成したりした。これらの功によってナイト爵（knight）に叙せられたが、その後も通貨改革やアリアニズムと再浸礼派の糺明にあたってサマーセットを助けた。

スミスは最後までサマーセットに忠実であったが、後者の失脚とともにスミスも不運な目にあわねばならなかった。すなわち一五四九年十月十日、国務卿の職も、ケンブリッジの教授の職もともに褫奪《ちだつ》され、十四日にはロンドン塔に幽閉され、釈放されるまで約五カ月そこにいた。一五五〇年、保守派のガードナーが裁かれることになり、スミスも証言を求められるが、彼はガードナーのためになるように働いたようである。

一五五三年メアリー（Mary）が王位に就くとスミスはまた、裁きの場に立たされることになる。しかし今度は先に助けてやったガードナーが彼のために働いてくれたので事なきを得、同年九月にはコーンウォールのグラムパウンド選出の議員となっている。翌年イートン校長、カーライル主席司祭の両方を自発的にやめたが、これは再婚のためらしい。旧教のメアリー女王時代、彼は隠退して世に出ず、もっぱら学問をしながら日をおくっていたが、新教のエリザベス（Elizabeth）が即位すると再びいろいろな公職に就いて働いた。リバプール選出議員、祈禱書（the Book of Common Prayer）改訂委員などがそれである。一五六〇年には女王の結婚問題についての一文を草したりしている。

一五六二年九月、スミスはフランス大使に任ぜられたが、これは当時のフランスの国情から見て非常に困難な任務であった。当時フランスはギーズ（Guises）派とユグノー（Huguenots）派にわかれて相争い、しかもエリザベス女王は後者を支持していたので、イギリス大使はギーズ派に襲われる危険が多分にあったのである。事実スミスは赴任した翌年、メルーンで投獄されるという目にあっている。その他、同僚との軋轢などで仕事はあまりうまくいったとは言えないが、それでもともかく一五六四年四月十二日、英仏間にトロワ平和条約が締結された。スミスはこの後もさらに二年ばかり滞仏し、さらにジュネーブ、タラースコン、トゥールーズなどを訪れて一五六六年五月帰国した。しかし翌年にはまたカレー降伏の正式要求をするためにフランスに渡っている。

その後三年ほどエセックスに隠退していたが、一五七〇—七一年三月、枢密院（Privy Council）の一員となり、ノーフォーク公の陰謀事件の調査にあたったりした。一五七二年、スミスは大使としてまたもフランスに渡ったが、今度の使命はエリザベスとダランソン（D'Alençon）の結婚問題と、スペインに対する同盟問題を討議するためであった。この留守中、ガーター騎士団の主席に任ぜられている。また、同じ頃、エセックス州選出代議士、ついで国務卿に再び任命された。同じ年、エリザベス女王を説得してスコットランドの新教徒に援助を送るようにした。また、公職のかたわら新植民地の計画を練ったり、鉄を銅に変える実験に凝ったりした。この実験では友人たちにだいぶ損をかけたようである。また一五七五年に「学問のよりよき維持のため」（for the better maintenance of learning）の法令を出してもらうのに功があった。一五七五—七六年三月頃から健康がおとろえ出し、一五七七年八月十二日、エセックス州のセイドン・マウントに没した。なきがらは教区の教会の内陣に葬られ、そこに頌碑が建てられている。彼の蔵書はケンブリッジのクイーンズ・コレッジに贈られた。また、ホルバイン（Holbein）の筆になる彼の肖像画も現存している。

スミスは当時、最もまっすぐな政治家の一人と考えられていた。サマーセット公に対する忠実さも当時としては珍しいものである。ただ私生活はそれほど厳格でなく、聖職について一年目に正腹によらない息子を産ましている。読書の範囲は広かったが、特に占星術の本の多いことが蔵書目録で目につくことの一つである。また、家庭経済はかなり巧妙に運営されて蓄えも相当にあったと推定される。晩年は建築が趣味の一つであったように見える。

スミスは当時古典学者としてはチークと肩を並べる存在であり、その交友範囲の中には、英国及び大陸の主立った学者がたいていふくまれている。著作としては、すでに言及したギリシャ語と英語に関するもの、エリザベスの結婚に関するもののほかに、膨大な量の外交関係及び個人関係の書簡が残されており、そのうちいくつかは出版されている。訳したものには “Certaigne Psalms or Songues of David” が残っている。しかし彼の主著は、はじめて大使としてフランスに滞在していた時に書いたもので、死後一五八三年ロンドンで出版になった *De Republica Anglorum: The Maner Governement or Policie of the Realm of England* である。本書は英国の法制、政治についてテューダー王朝時代に書かれたもののうちでは最も重要なもの、と言われている。出版後百年くらいの間に十一版をかさね、ラテン語、オランダ語、ドイツ語などに訳されている。なお一五八九年以後の版は *The Common Welth of England* という標題を用いている。

本書の構成と内容[2]

標題の *De recta et emendata Linguae Anglicae Scriptione Dialogus*（以下 *LA* と略す）は、スミスの略歴のところで見たように、ガードナーとの論争から生じたものであった。[3] そしてスミスが滞仏時代に出版した *De Recta et emendata Linguae Graecae pronuntiatione*（以下 *LG* と略す）の第二部、あるいは付録をなす部分として *LA* が収められているのである。すなわち、スミスとしては *LG* が主で *LA* は従であったと言えよう。古典ギリシャ語の発音と綴り字の関係についての論争の主役の一人となっていたスミスは、公務でフランスに行っている間、フランスの綴り字改革運動の実態を見て、自分の母国語に見られる、はなはだしい綴り字の混乱に今さらのように驚き、その改革の一文を草したのだと言えよう。

このような *LA* の発生事情から見て、*LG* の方も一見しておいた方が *LA* の理解を深めると思われるので、簡単に紹介しておきたい。

LG に見られるスミスの見解

これはすでにのべたようにガードナーに宛てた書簡の体裁をとっているが、内容から言えば三部にわけられる。

第一部は一般的考察である。スミスの見解によれば、普通の言語の場合、正しさの基準になるのは、それぞれ特定の時代のよい話し手の言葉である。しかし古典語の場合はその最も偉大な時代の用法が基準である。学者たちはキケロ（Cicero）の時代のラテン語を基準とすることに一致している。しかしその後蛮族の侵寇などがあって中世のラテン語は古典的でない語を多くふくんでいる。それは文芸復興のおかげで除去され語彙に関しては再び古典的になったから、[4] 今度は発音においても旧に復したいものである。というのは、言語とは単語として書かれたものではなく発音されるものだからである（non in vocabulo dum scribitur, sed in sono dum profertur consistit）。われわれは書き言葉の基準を古典語の偉大なる作家たちに求めたが、発音の基準もそこに求められなければならない。誤まれる発音の矯正は難しいが、これほど必要なことはない。近代ギリシャ語は古典ギリシャ語とけっして同じではない。また、伝統的な旧来の読み方に従ったとしても、それはイタリア人、フランス人、ドイツ人、イギリス人とそれぞれたいへん違うのであって、慣習はけっして基準となり得るものではない。それは上述のごとく「場所」が違えば違ってくるし、また、イギリスの人文主義運動の先覚者コレット（Colet）のラテン語の読み方が今のわれわれの読み方とは違うように、「時間」が違ってもまた、違ってくるのである。したがって古典語の正しさの基準はガードナーの言うように旧来の習慣に従っておればよいといったものでないことを強く主張する。

第二部は、古代の文法家たちのあげる証拠をもとにし、また、ギリシャ語は表音綴りであったという原則にもとづいて、個々の音を詳細に検討している。スミスはチークと同じ発音を主張しているが、論述の仕方はより明快である。ここでスミスが眼目としているのはギリシャ語の発音なのであるが、その説明の過程において英語に対する言及が多く、英語音韻史の資料として相当重んぜられている。[5] たとえば *ύios*, huios は英語の wh のごとく発音されるとしている（sono quam simillimo nostris vocabulis *which, whi*）。今から見れば、この説明から当時の wh の発音の推定が成り立つわけである。

第三部は個人的なことについてのべている。まず彼とチークがどうして新式の発音を採用するに至ったかをのべる。この二人はいっしょに研究し合って、正しい発音を決定し、それを完全に発音できるようになるまで熱心に練習したのであった。この新発音法を最初に大学の講義で使用したのはスミスであった。それを聞いた人々がその理由を説明することを要求してきた。それでスミスは自宅でホメーロス（Homer）を新発音法によって読んでみせた。このようなわけで、新発音法は次第に公の講義に用いられるようになった。その場合チークとスミスの権威が大きくものを言ったに違いない。別に反対もなく四年経過したが、突然ラトクリフ（Ratcliffe）という男がチークに反対してさわぎ立てた。そのさわぎはやがて鎮まったが、今度はガードナーが禁令を出してきた。新発音法を講義で使ったという責任はチークよりもむしろスミスにあるのだが、チークが王室の覚えがめでたく、いろいろな物質的援助を受けているのを見て嫉妬心を起した人たちが、今までギリシャ語の発音などにあまり関心がなかったのに、チークに反対するため反対し出したのであった。このような人たちはスミスをも攻撃したが成功しなかった。スミスはここでガードナーにそのような連中と交わらないようにと忠告している。そして最後に自分とチークとの友情をのべ、自由なる討論の権利を要求して終っている。このように *LG* は当時の発音と綴り字問題の背景や、スミスの見解、及び音韻史の資料としてのがすことのできない文献である。

LA に見られるスミスの見解

前にのべたように *LG* と *LA* は一冊の本の前編と後編を成している。この事実と、両者の標題の近似性は、それが密接な関係にあることを示す。事実、後者の序文を読んだだけでもこのことは明らかになる。

まず「序文」（Quintus et Smithus interloquutores）から見てみよう。

LA の標題が示すように、これはスミスのところにクイントゥス（Quintus）という人物が訪ねてきて、Dialogus を用いるという形になっている。クイントゥス氏が訪ねてきたのは、その友人オブスティナトゥス（Obstinatus）氏と英語の正字法について議論するため、スミスの知恵を借りたいからであった。というのは、約二十年ほど前、スミ

スがギリシャ語の発音問題について著作していた頃、スミスの書斎の中にはまだまとまっておらぬ不完全なものであったが、英語の正字法についての覚え書きがあったことが思い出されたからであった。クイントゥスにこう言われてスミスはこたえて言う。それ以来、絶えずこの問題に注意を向け、想を練っていたが、トロワの条約の後約一年九カ月たった頃、フランス滞在中にようやく現在の形にまとめたものである、と。この言葉によって考えてみると、*LA* が書かれたのは一五六六年一月頃で、出版の二年前ということになる。スミスは当時五十三歳で本は一五四二年頃に書きはじめられていた。それでスミスが *LA* の中で言及している英語の発音は、一五六〇年代のものというよりは、四〇年代のものと見るのが正しいであろう。

次に序論部とも言うべき「英語正字論」(De Orthographia Linguae Anglicanae) を見てみよう。

さすが二十年間かけたというだけあって、*LA* は *LG* に比べて議論はさらに周到になり、また、まとまりもよくなっている。中心となる主題は、表音的綴り (phonetic spelling) の正当性の証明ということであるが、この種の議論として、これほど説得力のあるのは稀と言わねばならない。

スミスは主要な術語の定義からはじめる。文字 (litera) は分節された音声の最小の部分であって、音節 (syllaba) は文字の組み合せたものであると言う。ここで「分節された音声」(articulata vox) という言葉が用いられているが、これこそ、他の動物と違って人間の言葉の特徴をなすものである。「分節」をもって人間の言語の特徴となすことは、すでにローマ時代の文法家ドナトゥス (Donatus) の *Ars Grammatica* にも明らかにのべられていることであり、(6) 今日の言語学の通念でもある。(7) スミスはさらに人間以外の動物は「声なき」(muta) と呼ばれているけれども、これは動物たちが声を出さない、という意味ではなくて、動物の声は特別に文字記号によって表現されないからだ、と言っている。この短い記述の中にスミスの言語観と、文字観が凝縮して表されている。スミスは、人間の言語の本質を、分節されたる音声にあると見、その分節された音声一つ一つに対応するものとして文字(litera)があると見る。動物の言葉が文字にならないのは分節されていないからである。文字を分節音に対応するものとして見れば、文字は必然的に音標記号たるべし、ということになる。

ヨーロッパ諸国はたいてい同じラテン文字を用いているのだが、国が異なるにつれて、音価がいちじるしく異なってくるので、外国語を読むのは難しいのである。文字は、絵が人体を模すように、人間の話し言葉を模するものであるが、これは学識ある人たちの同意によってのみ可能である。この点、暗号やジプシーの秘密言語みたいなものである。同じ配列の文字でも、言葉が違えば意味が違うことがよくある。それはそれぞれの言葉で約束が違っていることによる。この点スミスは言語の契約説、すなわちプラトンの対話篇『クラテュロス』の中に出てくるヘルモゲネス(Hermogenes)の系統、テセイ(thesei)の系統を引いた考え方をしていることがわかる。

しかしいろいろな国が同じ音を違ったふうに発音するということもある。これは一種の混乱状態であって、ラテン文字本来の音価からずれてきているためである。ラテン語でもギリシャ語でも正字法は一定していたものである。これを可能にしたのは文法家であって、彼らは変化や統語法の規則を定めると同時に、それに劣らず正確に文字の読み方も決定したのであった。しかし今日の文法家たちは誤用を平然として続けているだけである。スミスは前にギリシャ語の発音について書いたが、ここでは別の問題を扱おうとする。すなわち *LG* では発音が主題であったが *LA* では綴りが主体である。しかしどちらの場合でも、スミスは今まで行われてきている文字の誤用、乱用に対して革新の戦を挑もうとしている。当時の文字の乱用の状態というものは、スミスの目から見れば、「これ以上の不安定や愚かしさがあり得ぬほどに醜悪で、愚かしく、不確かで統一を欠いている」(tam foedum, tam ineptum, tam incertum, & male sibi cohærentem, ut nihil possit esse magis inconstans & stupidum)といった体のものであったからである。

スミスはさらに語をついで言う。世の中には一定不変の性質を持っているものもあるし、また、人間同士の話し合いや習慣次第で可変のものもある。各民族の用いている単語や発音というものは第二の性質のものである。とはいえ、単語の意味は個人の判断で恣意的に変えてよいというものではなく、皆に受け入れてもらわなければならない。もし誰かが単語や発音をその本性に反して歪めようとすれば、それは一種の暴行に等しい。もしある人が、ある文字を勝手に別の文字の代りに用いたとすれば、これも同じく暴行と言わなければならない。皆の同意によって意味が与えられるものであれ、元来定まっているものであれ、この点については同じことである。話し言葉と書き言葉は、同意にもとづいている点では同じだが、話し言葉が一次的、書き言葉が二次的である。（このように「話し言葉」に特に重点を置くのは、ルネサンスの特徴で、大陸の人文主義者や、イギリスでもベン・ジョンソン（Ben Jonson）の*English Grammar*[8]（1640）などにも繰り返して現れてくる。）文字は結合されると意味が一定する。最初に書かれたものは、エジプトにあるような象形文字の類であった。後に人間は単語を音節やあるいはもっと単純な音にわけることを覚えた。これらは一定の数のものであって、それを組み合せてすべての単語が作られるようになった。そして最も単純な音に文字を与えることも発明され、この技術は次第に進んで完成の域に達するようになった。書く方法は、ラテン人がギリシャ人から文字を学んだ時にそうしたように、当該言語に適応させなければならない。しかし英語やフランス語やスペイン語やドイツ語は無批判的にラテン文字を取り入れている。それがまずいというのは、これらの諸言語は、ラテン語にはない固有の音を持っているので、ラテン文字ではそれらの音を表すには十分でないからである。それはちょうど、ローマ人が見たことのない事物をラテン語で記述しようとするようなものと言えよう。ラテン人は用いなかったが、イギリス人は毎日用いているいろいろな音のために、新しい表記法を誰も考えようとしない。

以上の叙述から明らかになることは、英語にはラテン語にない音があるのに、それをラテン文字だけで表現しようというのは無理だ、という考え方である。これは表音主義的綴り字改革の根本原理とも言うべきものであって、後世の改革者に対する影響も少なくない。

スミスはついで英語の音韻の分析にとりかかるが、まず最初は「母音」である。

スミスは長母音の古い表記法に反対する。というのは、古いやり方で長母音を示そうとすれば黙字（silent letter）が入ってくる。しかし黙字は一字一音というスミスの根本的主張と合わないわけである。彼がすすめるのは、分音符（diaeresis）か変長アクセント符（circumflex）、あるいは長母音の次にハイフン（hyphen）を用いることである。すなわち、man（人間）は man で今と同じ表記法であるが、mane（たてがみ）はスミスの表記法では män か ma-n である。同様に men（man の複数）は men であるが、mean（中位の）は mën あるいは me-n となる。

LA にのべられているところから見ると、スミスの母音組織は *LG* とだいたい同じである。すなわち ME ā と ME ă、ME ī と ME ĭ は、それぞれ長短を異にする等価の母音と考えられている。同じことは ME ę̄ と ę̆、ǭ と ǫ̆ についても言える。そしてこれらの母音は、これに応ずるラテン語の母音と同じである。*LG* と異なる点は、フランス人に影響されて英語にはラテン語の u はないと誤解していたが、実際 ME ō と ŭ は、それぞれラテン語の u の長音と短音という発見である。上にあげた母音はラテン語の母音と等価であるからラテン文字で十分役立つ。また長母音記号をつけたギリシャ文字 v は ME [yː] を示すために採用され、「ギリシャ語、あるいはフランス語の v」（per v Græcum aut Gallicum）という言い方をしている。ME ẹ̄ は ē と ī の間の音でしかも単純（simplex）であると言い、ローマ字の e をちょっと変えて e という自作の新記号を当てている。

次に考察の対象になるのは、いわゆる「二重母音」（Sequitur vocales diphthongorum consideratio）である。

スミスは、すべての二重母音は「二つの母音からとけ合って生ずる音」（sonus e duabus vocalibus conflatus）と定義する。英語の母音としてあげられているのは ai, ei（これは ai とほとんど変らない音価を持つ）、eu（これは稀）、oi, ME ū（これは *LG* におけるように ou と書かれている）、ME ou（これも *LG* におけるように、ωυ というギリシャ文字で示されるような場合は ōu と書かれている）である。スミスはさらにこれらに母音の前の［j］音（彼の表記法によれば ia, ie, ii, io, iu など(9)）と母音の前の［w］音（たとえば ua, ue, ui, uo, uu など(10)）をつけ加えている。このように、今日ならば半母音と呼ばれる［j］音と［w］音を母音と見なし、他の母音に先行した場合それを二重母音とする見方は十七世紀まで続く。スミスとの対話の相手として *LA* に登場しているクイントゥス氏はこの見解に反対するが、スミスは彼を説得してしまう。この見解にしたがって、スミスは子音記号としての y と w を認めず、［j］音と［w］音を、それぞれ i と u で示している(11)。この i と u ではじまる「二重母音」の前にも、他の一般の二重母音と同じく、さらに子音が置かれることがある。たとえば tuin（＝twine）などであるが、ここで特に興味を起させるのは wh という連字の扱い方である。why などは分析されて hui と書かれる。その他 huat（＝what）、huom（＝whom）、huil（＝while）などがある。さらにスミスの［j］と［w］の見方から生ずる結果としては、way などの単語が三重母音（triphthong）と見なされ、uai などという表記を持つ。

　次に大きな段落をつけてスミスは「子音」（De Consonantibus）の説明に入る。

　スミスは子音を大きく mutas, liquidas, semivocales に三分し、mutas を tenues, medias, densas, aspiratas などにわける。これらの術語はいずれも後期ローマ時代のラテン文典からとったものと見てよいであろう。この多くは今日なお使用されている。このような子音の分類をやっていながら、スミスはこの分類に従って子音を取り扱わず、アルファベット順に扱ってゆく。これは取り扱うことを忘れないようにとの、まったく便宜的動機からなされたものである。すべてを扱う必要はないと思うので、そのいくつかを見てみよう。この際もちろん、スミスはアルファベットの文字は表音記号と見なしている。

Cはフランス語や現代流の読み方のラテン語では変化しているが、これは愚かなことであって、元来のラテン語の発音であり得たわけはない。この文字は現在は音価は持たないが、ラテン人がギリシャ語のKと違った文字として用いたところから判断して、これは元来別の音を示していたものと見られよう。近代イタリア語ではこの文字はeとiの前では［tʃ］として用いられていることをスミスが知っていたことがわかる。また、古英語（Anglo-Saxon）においては、Cがこの音を示していたという記述は、今から見ても驚くべき観察力と言ってよいであろう。議論の運び方に不透明なところがあるが、この［tʃ］音がラテン語元来のCの音であったと言いたいらしい。ともかく彼の本の中ではCに［tʃ］の音価を持たせることにしている。英語における ch という連字は非論理的と非難されている。

gはその音価を閉鎖音［g］のみを示すのに用いられる。hは語頭の気息音とMEの［ç］と［x］を示すのに用いられる。また、gh という綴りは愚劣である。というわけは sigh のような単語の中にgの音がないからである。sigh はすべからく sih と綴られるのがよい。彼の考えではqは無用の文字である。ku と書けば qu と書く必要はない。ただしスミスは両方の綴りを認め自分も使っている。sとzはそれぞれ無声音と有声音に峻別されるべきである。xは文字であるというよりは省略されたものであると言うが、スミス自身はこの文字を使っている。

スミスはさらに考察を進めて、文字を与えられないままになっている子音についてのべている。彼がここでめざしているところは、急いでその音を表記する文字を定めるというよりは、そういう音を識別しておきたい、ということらしい。この結果として、この部分には相当詳しい音韻の分析が与えられている。スミスがまず行うのは、［þ］と［ð］の注意深い区別である。彼は th とか dh とかいう綴り字を排斥する。彼の見解によればhは他の文字を柔らかにする（emolliendi literas）ために用いられるべきではない。hは本来ウェールズ語に見られるような気息音を示すのに用いられるべきである。クイントゥスは、ギリシャ語のφこそ気息化されたpではないかと言うが、スミスはこの提案を取り上げようとしない。なるほどφは［f］ではないが（古代ローマ人が今のイタリア人のように filosofia とせず philosophia としたのもこのゆえである）、［ph］や［th］はギリシャ語では［rh］をῥとするようにそれぞれπ̔とかτ̔とかで示し得たはずである。また、φとθは違ったものであったに違いない。スミスの下す結論によればφは［v］（近代ギリシャ語のβのごとく）でありθは［þ］である。さらに議論が続いて th は［th］を、sh は［sh］を示すべきだとスミスはクイントゥスに説く。結局スミスはuから区別するために［v］を示す新文字を発明し、ʒの OE 形を［dʒ］を示すために利用し、［ð］はðあるいはΔで、［þ］はþかθで示し、さらに［ʃ］のための新字を作った。

スミスは結局新しいアルファベットを作成したことになる。彼の新アルファベットは三十四文字が入っている。ただし長母音と短母音を別々に数えなければ二十九文字である。なおこれには前に非難されたqとxも入っている。これにはラテン文字を主とし、足りない分はギリシャ語の文字や OE の文字やその他の記号が含まれていて、アルファベットというよりは、音標文字の凡例という感じである。スミスは徹底的な一字一音主義者であったから、自説に忠実であれば必然的にこのようになるわけである。フリーズ（C. C. Fries）が分節音素（Segmental phonemes）として認めているのが二重母音をのぞくと三十五であるから、[12] スミスの観察は当時としては驚くほど精密であったと言える。スミス自身、このアルファベットにはたいへん自信があったと見え、*LA* の末尾で、「これらの文字を組み合せれば、英語の音はすべて書き表すことができて、しかも過不足がない」（Ex harum literarum coagmentatione inter se, omnes Anglicae linguae soni poterunt in scripturam redigi, nihil vt deficiat, nihilque sit aut redundans aut supervacaneum）と断言している。

なお「付録」としては「表記練習」（Sequuntur exercitationes quædam scribendi）がある。これはラテン語の単語の下にスミス式表記法による英語を与えたものである。また、オットー・ダイベル（Otto Deibel）の版では彼の手になる単語索引表（Wörterverzeichnis）があって便利である。

本書に対する評価

綴り字の改革は近世初期の英語が直面した大問題の一つであり、チークやスミスのほかにもジョン・ハート（John Hart）やウィリアム・ブロカー（William Bullokar）やリチャード・マルカスター（Richard Mulcaster）などがこもごも立って意見をのべている。[13] スミスはこの緊急な問題を正面から扱った最初の人物であり、また、一字一音の表音主義を鮮明に打ち出した人なので後世の影響も少なくない。近世初期でスミスと同意見のものには、

（1） Sir John Cheke, *Disputationes de Pronunciatione Linguae Graecae*. Basil, 1555 がある。チークにはこのほか、正字法に関する論文はないが、彼の書き残したもの、及び John Strype, *Life of the Learned Sir John Cheke*. Oxford, 1821, pp. 162-63 の記述から明らかである。[14]

（2） John Hart, *An Orthographie, conteyning the due order and reason* ..., 1569; *A Method or comfortable beginning for all unlearned*..., 1570.[15] 一九五五年にブルーア・ダニエルソン（Bror Danielsson）によって刊行されたものは *John Hart's Works on English Orthography and Pronunciation*, Part I（Stockholm）である。ハートの *Orthographie* の副題には、"... howe to write or paint thimage of mannes voice, most like to the life or nature"とあるところから見ても、スミスの「絵のごとく、また綴り字も」（ut pictura, orthographia）

という主義と同じ線上にあったことは間違いない。[16]

（3） William Bullokar, *A short Introduction or guiding to print, write, and reade Inglish speech ...* , 1580; *Bullokars Booke at large, for the Amendment of Orthographie for English speech ...*, 1580; *Bref Grammar for English*, 1586;[17] *Pamphlet for Grammar*, 1586. ブロカーの中では、上にあげた二番目のものが綴り字に関しては最も重要である。彼はスミスやハートにしばしば言及しているが、その影響を受けたわけではないと言っている。しかしスミスを知って、その上、表音主義を唱えている以上、その影響下にあると見てよいであろう。

（4） Alexander Hume, *Of the Orthographie and Congruitie of the Britan Tongue*（1617）[18] もスミスの表音主義によっているが、新しい文字を導入することなどはさけようとしている。

（5） Alexander Gill, *Logonomia Anglica*（1621）[19] も表音主義者で、スミスの書物を「偉大な書」（volumen bene magnum）と言ってほめている。しかしスミスの考案した新文字には反対している。

（6） Charles Butler, *Emglish Grammar*（1634）[20] も表音主義者でスミスの見解にまったく賛成であり、具体的な提案もスミスに最も近い方法を選んでいる。

このようにスミスが掲げた一字一音の表音主義は、綴り字問題が沸騰していたエリザベス朝には大きな影響があったが、ジェイムズ王時代以後になると、すなわち英文法史の上からはベン・ジョンソン以後になると、この問題はもはや注目を引かなくなる。スミスとは反対の立場にあって、綴り字の慣習を重んじたリチャード・マルカスター[21]の線にそって問題は解決されてしまったのである。近代になってまた、綴り字改革が問題となるが、その場合、表音主義が唱えられたとしても、スミスの影響によるものではない。

近代になってからスミスが取り上げられたのは主として近世初頭の英語音韻史の資料としてである。その最初のものとしては、A. J. Ellis, *Early English Pronunciation* (E. E. T. S., E. S. No. 14) があげられる。ただしエリスは *LG* の方は参考にした形跡がない。また、彼は現代英語の形にし、独自の書き換えをやっているので、エリスを用いる場合は相当の用心がいる。

ついでスミスと正面から取り組んだのはオットー・ダイベルであり、スミスを用いて当時の音韻を論じたものが、一九一二年ギーセン大学に出した彼の学位論文であった。翌一三年、ブロタネック (Brotanek) のシリーズのためにスミスを再刻した。(22) この再刻は良心的になされ、ドブソン (Dobson) のような綿密な学者も満足の意を示している。(23) ダイベルはスミスが ku や ks のほかに q や qu や x を残したりしている点などを批判している。しかしスミスの関心は主として「表音主義」という主義を原理的に明らかにすることにあったのであり、彼の使った表記法は「提案」という要素があったことを考えれば、この点はそれほど重く見る必要はないであろう。

その後、英語史関係の研究書で、当時の音韻や綴り字を扱う場合、スミスに言及しているものがいくつかあるが、単に名前をあげるにすぎないものや (たとえば H. C. Wyld, *A History of Modern Colloquial English*. Oxford, 1920)、ダイベルの結論の要約を紹介しているにすぎないもの (たとえば Horn / Lehnert, *Laut und Leben*) が多いようである。一方、綴り字問題の歴史をよく扱い、スミスの表音主義をかなりよく扱っているのは R. F. Jones, *The Triumph of the English Language* である。スミスを単なる音韻史上の資料と見ることではなく、スミスが問題としたところを問題としている点で、出色のものである。

しかし現代のもので、音韻史の資料としてのスミスと表音主義者としてのスミスを両面から見て、精密妥当な判断を下していると思われるのは E. J. Dobson, *English Pronunciation 1500–1700* である。(24) ドブソンの判断によれば、スミスは最初の英語の綴り字改革に関する著者であり、最初の表音式正字法の原理を解明した人である。また、学者としての、また社会上の地位から来る権威のゆえにおおいに尊敬を受け、近世初期の文法家たちなどに影響を与えはしているが、音声学者としてはまだ幼稚な面があり、十分な検討をせずに資料として使うことは危険であるとしている。また、拙著『英文法史』は、スミスを音韻史の資料として扱わず、もっぱら綴り字改革と、表音主義の面から見ている点、ジョーンズの線に近い。なにはともあれ、音韻史の資料としても、綴り字問題論から見ても、スミスは第一級の文献であると言えよう。

注

（1）ジョン・スミスは当時の名士であったのですでに一六九八年にストライプ（Strype）という人が *Life of Sir Thomas Smith*（一八二〇年にオックスフォードで再刊）を書いている。さらにこれをもととし、他の資料からの検討を加えているのが *The Dictionary of National Biography*, Vol. XVIII, pp. 532-35 である。略歴は本書の底本となっている Otto Deibel, Neudrucke frühneuenglischer Grammatiken（Band 8）の序文にも与えられているし、E. J. Dobson, *English Pronunciation 1500-1700*. Oxford, 1957, Vol. I, p. 46 にもある。

（2）本書に関する解説は、注（1）にあげたダイベルとドブソンに相当精細なものが与えられている。両者とも、それぞれ学位請求論文の一部であったという暗合がある。スミスの著書に関する評価は、それぞれの持つ初期近代英語の発音状態に関する見解と密接な関係があるので、多少の差がある。このほか、ダイベルの恩師であり、その学位論文の指導審査にあたったホルン（W. Horn）の主著 *Laut und Leben*. Berlin, 1954, Vol. 1, p. 78. にも簡単な要約が与えられていて便利である。また、本書の出現の英語史的背景については、R. F. Jones, *The Triumph of the English Language*. Oxford University Press, 1953, pp. 142-45 が有益である。

（3）これについてはスミスの友人のチークが書いた *Disputationes de Pronunciatione Linguae Graecae*. Basil, 1555 がある。チーク

のこの論文は A. J. Ellis, *Early English Pronunciation*, part III (E. E. T. S., E. S., No. 14), p. 34 に引用されている。

(4) ここに見られるラテン語観は典型的にルネサンスの時代精神を示しているものである。その不当な点については拙著『英文法史』研究社、一九六五年、一一―一三、三三―三五頁参照。

(5) これに関するやや詳しい記述は Dobson, *op. cit.*, pp. 48-50.

(6) 拙著『英文法史』一二二頁参照。

(7) たとえば R. A. Wilson, *The Miraculous Birth of Language*. London, 1937.

(8) 南雲堂「英語文献翻刻シリーズ」では第三巻に収められている。また、ジョンソンの「話し言葉」の重視については拙著『英文法史』二九四―九五頁参照。

(9) 実例をあげれば iard (=yard), ield (=yield), iis (=yes), iung (=young) など。

(10) 実例をあげれば uar (=war), uel (=well), uind (=wind), vomb (=womb), vud (=wood) など。

(11) 注(9)及び(10)にあげた実例を参照。

(12) C. C. Fries, *Teaching and Learning English as a Foreign Language*, 1954. ／太田朗翻訳・解説『外国語としての英語の教授と学習』研究社、一九五七年、一九―二二頁。

(13) この問題に関する詳細な記述は R. F. Jones, *op. cit.*, chap. V., "The Misspelled Language," pp. 142-67 にある。ブロカーその他の近代初期の英文法家と綴り字の問題については、拙著『英文法史』九七―一〇〇頁など参照。

(14) Cf. R. F. Jones, *op. cit.*, p. 97.

(15) イェスペルセン（O. Jespersen）はハートを最初の英国人の音声学者（phonetician）と言っており、彼を重視して *John Hart's Pronunciation of English*. Heidelberg, 1937 を書いている。ハートは *Orthographie* の著者名のところに I. H. Chester Heralt としたので、当時しばしばチェスター氏（Mr. Chester）として言及されている。

(16) Ellis, *op. cit.*, p. 794 もこの意見である。

(17) 南雲堂「英語文献翻刻シリーズ」第一巻に収められている。

(18) 南雲堂「英語文献翻刻シリーズ」第三巻に収められている。

(19) 南雲堂「英語文献翻刻シリーズ」第二巻に収められている。

(20) 南雲堂「英語文献翻刻シリーズ」第四巻に収められている。

(21) R. Mulcaster, *The First Part of the Elementarie*, 1582 (ed. by E. T. Campagnac, Oxford, 1925).

(22) これが南雲堂「英語文献翻刻シリーズ」に収められているわけである。参考のためダイベルの略歴をのべる。彼は一八八三年三月二十六日にギーセンに生まれた。家の信仰は新教である。ギムナジウムもギーセンで、また、大学もここである。一時ミュンヘン大学に学んだこともある。一九〇六年ギムナジウムの教員になるための国家試験に通り、マインツやオッペンハイムなどで教えた。論文の指導は主としてホルンがあたったようである。

(23) E. J. Dobson, *op. cit.*, p. 53.

(24) 前にも言ったように、これがドブソンの学位論文である。本書は『英語学ライブラリー(58)』(研究社、一九五二年)に荒木一雄氏の訳で第二巻の一部が収められている。なおドブソンの略歴は次のごとくである。オーストラリアのシドニーに一九一三年八月十二日に生まれ、同地の高校を卒業、シドニー大学のウェスレー・コレッジを出て母校シドニー大学で講師(tutor)をつとめ、一九三五年、ウェントワース研究旅行奨学金(Wentworth Travelling Fellowship)を与えられオックスフォード大学ニュートン・コレッジに入学、一九三七年同大学のB. A.を得、レディング(Reading)大学講師を経て一九四八年以来オックスフォード大学のジーザス・コレッジの講師(lecturer)一九五五年リーダー(reader)一九六一年三月教授(professor)となっている。学位論文のためには十五年も費やしたと言われ、資料検討の精密さはほとんど類を見ないほど広汎、精密、周到である。筆者も、オックスフォード留学中は、ドブソン博士に指導教官(tutor)として親しく指導を受けた関係もあって、スミスの評価にあたっては、ほぼ全面的に彼の見解を受け入れた。

［古典解説］

P. Gr.: *Grammatica Anglicana* の解説

著者の略歴[1]

一五九四年、ケンブリッジのヨハニス・レガット（Johannis Legatt）[2]という印刷屋から *Grammatica Anglicana* という ラテン語で書いた小さい英文法書が出版されたが、タイトルページには著者名としてはただ P. G. とあるだけである。そのほか読者あての序文の末尾には「キリストにおいて貴下のものなる P. Gr.」（Tibi in Christo devinetissimus P. Gr.）と記されている。

この本は何部刷られたか明らかでないが、現存する唯一のものは大英図書館（British Library）蔵のものとされて[3]おり、これにはメモがついていて、それにはこの本の以前の所有者であったジョージ・チャーマーズ（George Chalmers）[4]の思い出が書かれていて、その後に次のような書き込みがある。

Query. This book written by Greenwood who published at Cambridge by the same Printer a book with following title "Syntaxis et Prosodia Versiculae Compositae" Cantab. Legatt. 1590.

Chalmer's Col. P. I. N. 1183.

これによるとP. Gr. なる人物は *Grammatica Anglicana* を書く四年前に『短詩作法』（*Syntaxis et Prosodia Versiculae Compositae*）とも言うべき本を同じ印刷所から出していることになる。

この記事はエヴァンズ（Evans）の古書（あるいは競売用）カタログ[5]によって裏づけることができる。このカタログの No. 1183（p. 67）には次のように書いてある。

Greenwood, *Syntaxis et Prosodia Versiculae Compositae*, Cantab. Legatt. 1590.

大英図書館にある *Grammatica Anglicana* にメモをつけた人は間違いなくエヴァンズのカタログを読んで記したわけである。ところがこのメモをつけた人（姓名不詳）は、場所と印刷者が同じ（すなわち Cantab. Legatt）であるところから、このグリーンウッド（Greenwood）を同時に *Grammatica Anglicana* の著者でもあると思い込んでしまったらしい。後世、この本を大英図書館で見た人は、いずれもこのメモの影響を受けて、P. Gr. をグリーンウッドと思い込んだ。ソンネンシャイン（Sonnenschein）の *English Grammar* やイェスペルセン（Jespersen）の *Modern English Grammar*, I、それに大英図書館のカタログなど、学問的な文献の中にもグリーンウッドは *Grammatica Anglicana* の著者として出てくる。

しかしJoseph Ames, *Typographical Antiquities* ... (London, 1790)[6] のケンブリッジの項、No. 1422には

> 1594 Grammatica Anglicana praecipuè quatenus a Latina differt ad unicam P. Rami methodum concinnata, Authore Paulo Graves Cantabrigiae. Ex officina Johannis Legatt, 1594. Extant Londini ad insigne solis in Coemeterio D. Paulini. The rev. Dr. Lort.

という明解な記載がある。これによると、*Grammatica Anglicana* の著者のP. Gr. はポール・グレイヴズ（Paul Graves）であるし、また、当時における該書の存在場所も明らかである。エイムズ（Ames）の『印刷術発達史』は一六〇〇年までのイギリスで出版された本の記録としては最も権威あるというだけでなく、Greenwood, *Syntaxis et Prosodia Versiculae Compositae* についても次のような別項の記載がある。

> Syntaxis et Prosodia, versiculis compositae, studio et labore Johannis Greenwood, Cantabrigiensis, olim socii Aulae Divae Katherinae. (Cambridge, 1590)

これによると“Syntaxis et Prosodia ...”の方の著者のクリスチャン・ネームはヨハニス（Johannis）であるからP. Gr. と略され得ない。

また、*Grammatica Anglicana* のかつての所有者であったチャーマーズはその著 *An Apology for the Believers in the Shakespeare-Papers, which were exhibited in Norfolk-Street* (London, Printed for Thomas Egerton, Whitehall,

1797）の中で、この文法書は巻末に語彙の説明があって、シェイクスピアの表現の理解に役立つと言ってほめているが、その際、著者については何の言及もない。

したがって、現在のところでは、*Grammatica Anglicana*（1594）はポール・グレイヴズの著書であり、一方、*Syntaxis et Prosodia* ...（1590）の方はヨハニス・グリーンウッドの著書とするのが正しい。P. Gr. をグリーンウッドとしたのは、ケンブリッジのJ. Legattという同一出版社から出たことにまよわされた、例のメモを書いた人の不注意と言ってよいであろう。[7]

エイムズではPaul Gr*a*vesとなっているが、*Short Title Catalogue* および *Alumni Cantabrigienses* ではPaul Gr*eaves*となっている。この人は一五九五年にケンブリッジでM. A. をとったことになっているから、非常に若い時の著作ということになる。[8] P. Gr. に言及のある戦後の著作は、ドブソン（E. J. Dobson）[9] もジョーンズ（R. F. Jones）[10] もPaul Gr*eaves*という綴りの方を採用している。

この著者については*DNB*にも記載がなく、その生涯のことは不明である。しかし少なくとも言えることは、彼はM. A. をとる前後の頃、フランスで反アリストテレスで名をあげていたペトルス・ラムス（Petrus Ramus）に心酔し、また、国語問題に関心を持っていた明敏な頭脳の人であったことが知られる。フンケ（O. Funke）は本書の巻頭につけられたあり得べき批評家に対する献辞の詩から、彼は闘士であり、また著作家であるに違いないだろうと言っている。[11] 彼が当時の英語をどのように考えていたかは、「読者に対する序文」（Lectori Salutem）から詳しく知ることができよう。

本書の内容・構成

本書は次の諸部分から成り立っている。

(1) 標題と副題
(2) 本書自体に対する献辞 (Ad Librum Ipsum)
(3) 読者に対する序文 (Lectori Salutem)
(4) 本文 (Grammatica Anglicana)
　1 Accidence (De Etymologia)
　2 Syntax (De Syntaxi)
(5) 単語解説 (Dictionariolum)
(6) 文法分析 (Analysis Grammatica)
(7) チョーサー的語彙撰 (Vocabula Chauceriana)

まず標題と副題を見ることにしよう。P. Gr. の本書は近世においてはラテン語で書かれた最初の英文法書である。近世の英国には、英語で書いた英文法書とラテン語で書いた英文法書と二つのグループがあり[12]、前者の系統の最初のものが William Bullokar, *Bref Grammar for English* (1586)[13] であるとすれば、後者の系統では P. Gr. の *Grammatica Anglicana* が最初のものである。しかしこの標題は二度と他の文法家によって繰り返して使われた形跡がない。ウォリス (Wallis) もクーパー (Cooper)[14] も *Grammatica Linguae Anglicanae* (『英語の文法』) という標題を使っている。ただウォリスは本の標題としてではなく、目次の中の本論に相当する部分をGrammatica Anglicanaとしてある。しかし、「英文法」を示す二つのラテン語の言い方に区別はなかったように見える。

副題には"praecipuè quatenus à Latina differt, ad unicam P. Rami methodum concinnata"(特にラテン語との相違についてはP・ラムスの独特なる方法にしたがって構成されたる)というのと、"In qua perspicuè docetur quicquid ad huins linguae cognitionem requiritur"(これによって、この言葉の習得に必要なことはすべて教えられる)とがある。後者は単なる自己宣伝であるから考慮するに及ばないが、前者はラムスを表面に出している点で重要である。

ペトルス・ラムス(1515-72)はフランス語の本名をピエール・ド・ラ・ラメイ(Pierre de la Ramée)と言い、宗教改革時代の反アリストテレス陣営の急先鋒として名をあげた。彼の影響は近世初期の英文法家にも相当及んでいるので彼について少しのべておくことにしよう。(15) ラムスのパリ大学の修士試験の論題は「アリストテレスののべたことはすべて虚構である」(Quaecumque ab Aristotele dicta essent, commenticia esse)というのであった。試験官はその命題の非をつこうとしたが、その非をあばくにはアリストテレスの論理学を使わざるを得ず、ついにラムスを卒業させなければならないことになったのであった。彼はソクラテス以来、哲学と雄弁が分離したことをなげき、これを再び統一しようと試みた。彼は何が真であるかよりも、いかに説得するかに関心があった。すなわち、ソフィストの道にかえったと言ってもよい。この点、イタリアの人文主義の旗頭の一人であるローレンシウス・ヴァーラー(Laurentius Valla)(16) と似ている。今から冷静に振り返ってみると、他の多くの人文学者の主張と同じく、ラムスやヴァーラーの主張は論理学や文法学の面から見ると独創性を欠く浅薄なものであり、(17) 当時流行のキケロ復帰主義(Ciceronianism)にすぎないことがわかる。しかし、当時、中世の論理主義に飽いた人々には、修辞主義とも言うべきヴァーラーやラムスの主義が新鮮なものとして歓迎されたのであった。(18)

ラムスの文法論も、それ以前の模倣だったり、自分自身が文法書を書いた時はあまり実行しなかったものであるが、主張は主張として影響力があったのでそれをまとめておくことにする。まず第一は文法の素材であるが、それはまず古代散文作家の用例にもとづいて組み立てられるべきである。用例は頭の中で勝手に作ったものでなく、実在のしかるべき素材（ラテン文法の場合は古典の散文）を用いて帰納法によるべきであって演繹法は不可である。第二は文法学は形態学であるべきであって、意味内容論的なものは視野の外に置くべきである。すなわち文法は「何が意味されているか」(quae significantur) をやるのではなく、「どのように表現されているか」(quae adsignificantur) をやるべきである。quae adsignificantur とはとりもなおさず quae accident、つまり性 (gender)、数 (number)、格 (case)、語形変化 (declension, conjugation) などの語形論 (accidence) のことである。文法の革新と言う時、ラムスの時代も構造言語学の時代も、形式を意味からまず切り離して考察しようとしたことは興味深い。第三に文法書の素材配列の問題であるが、それはまず普遍的なものをはじめにのべてから特殊なものに及ぶようにせよ、ということである。この分類法は演繹的に構成される。また、二分法 (dichotomy) がおおいに利用される。第四は実用的たるべし、ということである。中世の思弁文法 (grammatica speculativa) が実用性を考えなかったのに反し、ラムスは実用主義 (pragmatism)、あるいは功利主義 (utilitarianism) 的な主張を文法について行った。

ラムスの影響はドイツやスイスなどの大陸の諸国にはすぐに現れ、文法の分野でもスペインのフランシスクス・サンクティウス (Franciscus Sanctius)、ドイツのニコデムス・フリシュリーン (Nicodemus Frischlin)、カスパー・フィンク (Kaspar Finck) などがその流れを汲むものであった。[19] イギリスの場合はおそらく地理的なこともあって、ラムス主義はより緩やかにやって来た。ブリテン島で最初にラムス主義が根を下ろしたのはスコットランドとケンブリッジのピューリタン的傾向のある人文主義者の間においてであった。スコットランドでは摂政ジェイムズ・スチュアート（James Stuart）もジョージ・ブキャナン（George Buchanan）もラムスの友人であり、個人的な教えを受けたらしい。特にブキャナン（1506–82）は若い時からパリに学び、その後何度もフランスに行ってモンテーニュ（Montaigne）を教えたこともある人だが、文法教育及び教育一般に革新的意見を持っていた人である。彼は中世実用文典の代表的なものである Alexander de Villa-Dei, *Doctrinale*[20] に反発し、新味のあるラテン文典である Thomas Linacre, *Rudiments of Latin Grammar* のラテン語訳などをやっていたが、ラムスを知るに及んで彼の影響を受けた。この彼を通じてセント・アンドルーズ大学にラムス主義が導入され、さらにここにおける彼の教え子アンドルー・メルヴィル（Andrew Melville, 1545–1622）を通じてグラスゴー大学に入り、広くスコットランドに及んだ。メルヴィルはブキャナンに学んだ後にフランスに渡り、直接ラムスの指導まで受けている。そしてジュネーブのアカデミーの人文学の教職にも就いて、新教育をつぶさに体験したのであった。

同じ頃、ラムスの影響はケンブリッジにも入っていた。ブキャナンの友人であったロジャー・アスカム（Roger Ascham, 1515–68）はラムスよりも直接キケロまでさかのぼることを主張したが、*Ciceronianus*（1577）の著者ガブリエル・ハーヴィー（Gabriel Harvey, 1550?–1630）は熱心なラムスの支持者であった。[21] また、この頃はラムス学徒とアリストテレス学徒の反目が表に出て世間の注目を引くようなことがあったらしい。オックスフォードはまだアリストテレスの勢いが強くてラムス主義にはどちらかと言えば冷淡であった。しかしフィリップ・シドニー（Sir Philip Sidney, 1554–86）は大陸旅行中ラムスと知り合っており、しかもラムスが暴徒に虐殺された一五七二年八月二十四日の聖バルトロマイ祭（St. Bartholomew's Day）にパリにいた。この後一五八五年にラムスのラテン文法が翻訳出版された。このような情勢の下で、P. Gr. は「P・ラムスの独特なる方法にしたがって」英文法書を書いたのである。だからラムスが人気のあったケンブリッジで出版されたのは偶然ではない。十七世紀になってからもラムスやそれに関する本がいくつも出ている[22]。詩人ミルトン（彼もケンブリッジ出身）も *Accidence commenc't Grammar*...（1669）と題するラテン文法書、および *Artis Logicae Plenior Institutio ad P. Rami Methodum Concinnata*（『ラムスの方法による詳説論理学入門』一六七二年）を書いている。特に後者はラムスの名をはっきり出していることがP. Gr. の場合と同じく注目を引く[23]。

第二の本書自体に対する献辞は、この小著が恐れるところなく江湖に出てゆくように励ましたものである。当時は文法書を出すとしばしば酷評を受ける覚悟が必要であったらしく、このように著者が自著を激励する言葉を捧げるという奇妙な例が他にも見られる[24]。

第三の「読者に対する序文」は相当に長く、作者の国語意識なども十分鮮明に出ているので、本文に劣らないくらいの研究価値がある。まず彼は英国に対する愛国心を吐露し、英国は地球上のどの国よりも自然の恵みを豊かに受けているという。しかし言葉だけは他の面ほどすぐれていない。しかしP. Gr. はここで負け惜しみを言って、万事すきなく着飾った貴婦人も目立たせるために一カ所ぐらい手をぬいたり、顔にもわざとほくろをかいたりするようなものだと主張する。

ついで英語とほかの言語を比較しているが、時代思潮を示していておもしろい。P. Gr. の考えではギリシャ語とラテン語にはその純粋性と洗練度において（sermonis puritate et elegantia）、英語をはじめとして、他のどの国の言葉でも及ぶところでない。しかし英語はフランス語やイタリア語やドイツ語やスペイン語やその他の言葉と比べてはけっして劣るものではない。たとえばフランス人は言葉の流暢さと発音の俳優的洗練などに努めているようだが、そんなことは愛嬌よくして男の心をつかもうとする婦女子のすることである。イタリア人がイタリア語の品位と節度を誇るとしても、それは英語を誇ることにほかならない。というのは英国人は言葉のみならず民族そのものもイタリアから出ているからである。それで英国人は今日でも体格や習慣においてのみならず、言葉の音調（linguae sono）においてもイタリア人にはなはだしく似ている。また、ドイツ語の力強さに対しても英語は少しも劣るものではない。

この奇妙な比較論で、英国人の母国語観の歴史上興味のあるのは次の二点である。すなわち、英語は古典語にはかなわないが、他の言葉には負けない、という考え方と、英国人がイタリアから来たという考え方である。P. Gr. の一世代前くらいまでは、英語は表現が貧しく劣っている（uneloquent, barbarous, barren）という考えが強く、物を書くに適さないという考えが支配的であったのである。[25] それがP. Gr. の後のヒューム（Hume）やギル（Gill）になると、英語はラテン語と同じくらいに見なされ、さらにバトラー（Butler）になると英語はギリシャ語よりもすぐれていると考えられるようになる。P. Gr. とバトラーの間も約一世代である。当時の英語に対する価値観の急激な変化がうかがわれよう。また、英国人がイタリア起源であること、すなわちアイネイアース（Aeneas）の孫のブルート（Brut）がイタリアを追われてブリテン島に来て新トロイア（ロンドン）を建設したという伝説は Geoffrey of Monmouth, *Historia Regum Britanniae* などのほか、中世の英国で一般に行われていた。そしてルネサンス頃のイタリア憧憬と重なってP. Gr. も誇りをもって英国人のイタリア起源説をのべたのであろう。この伝説をうちくだいて英語のゲルマン起源説を確立したのはいわゆるゲルマン狂徒（Germanophiles）と言われる人たちであり、その英国における二人のリーダーとも言うべきウィリアム・キャムデン（William Camden）とリチャード・ファーステガン（Richard Verstegan）の本は、奇しくも同じ年（一六〇五）[26] に出版された。そしてこれ以後は英語学の本で、ブルート起源説を唱えるものはいない。ギル（1621）もバトラー（1634）もすべて英語のゲルマン起源説をとっている。P. Gr. はキャムデンやファーステガンの約十年前に書いたため、中世以来の伝説を歴史と信ずるという誤りを犯したのであった。

P. Gr. の序文はさらに英語の現状について次のようにのべている。英語の優秀性は多くの言葉の中からよいところをとり、また、あらゆる分野から最善のものを選択したことによる。そのため多くの傑出した著者たちも、後世に不朽の名を残すことを欲して、英語に熟達しようと努めており、英語はもう完全なので、これ以上つけ加えることもないくらいである。要するに P. Gr. の言わんとすることは、英語が多く借用語によって語彙、すなわち「表現力」が豊かになったので、十分誇りを持ってよいということであろう。外来語を増やして語彙を増すことが、ただちにその言葉の表現力の豊かさに連なり、それがとりもなおさずその言葉の優秀性のバロメーターになるという発想法は、今日の漢字制限の時代のわれわれには実感しにくいことであるが、昔の日本や中国では覚えている漢字の量がその人の学問の量、学識の深さのごとく見なされていたことを想起すべきであろう。

それで P. Gr. が英語の現状にすっかり満足しているか、と言えばそうでない。英語の表現の豊かさ (eloquentia) に努めた人は何千人もいるのに、英語の「純粋性」(linguae puritas)(27) に意を用いた人は一人もいない。雄弁に語ることに達した人はいても、簡単に正しく言う人が少ない。つまり修辞学 (rhetorica) はよくやられたが、文法 (grammatica) はなおざりにされてきている。この P. Gr. の言葉は、人文主義がまず第一に論理学を修辞学と混ぜることであったことを想い起すならば、極めて興味深い発言と言わねばならない。

彼はさらに語を継ぎ、普通の教養のある英国人は外国語は正確に間違わないで話すのに、母国語の英語が文法的にでたらめであるのは恥であると言う。彼がよくある文法的な誤謬として指摘するのは、二重比較 (more better)、数の不一致 (such works was finished)、格の不正確 (He spake it to shee whose fountaines is dried up) などである。そして学者と言われるような人も、このような不正確な英語を使っているのであるから、普通の人が野蛮な言葉遣いをするのも異とするに足りないし、また、子どもたちが学習上悩まされることもたいへんなものなのである。そして自分の国の言葉の単語や文法をしっかり学ぶ前に外国語の文法などをやってもたいして子どものためにもならないであろう。ほかの学者や教師がもっとよいことを思いつかなければ、本書を編んだのも徒労とならないであろうとのべ、P. Gr. は「母国語の次に外国語を」という原則を主張している。エリザベス一世（Queen Elizabeth I）も六カ国語に達していたが英語の方はだいぶ文法的に破格が多いようである。[28]

これは近世初頭の国語運動の第二の局面を示すものである。第一局面は、語彙増加による表現力の向上であり、第二局面は文法による英語の規則化への動きである。換言すれば第一局面はルネサンス的、人文主義的であり、関心の重点は修辞にあるのに反し、第二局面はこれに対する反動のきざし、啓蒙主義的なるものの萌芽を感じさせるものである。中世は表現や修辞よりも論理と文法であったが、ルネサンスではそれが反対となり、十七世紀にはさらにそれに対する反動が生じつつあった。この傾向がさらに進めば普遍語運動にまで発達するのであるが、[29] 母国語規制化運動はその前段階である。

この序文の最後の部分で、本書は特に外国人の利益のために書いたのだと言っている。英語は名声はあったが、今までそれに至る道がなかった。本書は外人向けの最初の英文法書である（ブロカーのものは英文で書いてある）ということにP. Gr. は大きな誇りを示している。文法書の実用性を重視するのは前にのべたようにラムス的なところであり、また、ピューリタン的傾向の示す特徴でもある。P. Gr. はもちろん本書が決定的なものでないことを自覚しており、これが他の人の刺激となれば幸甚であると言って、この注目すべき「読者に対する序文」を終えている。

第四の本文は明らかに二部にわかれている。原文の二九頁は “Cap. I. De syntaxi. Hactenus Etymologiae explicatio fuit. Syntaxis sequitur ...”（第一章シンタクスについて。ここまでは語形変化の説明であった。シンタクスが続く……）とあるところから、原文の一頁から二八頁（八章まである）が De Etymologia（しかしこの標題が欠けている）であり、二九頁から三六頁まで（五章まである）が De Syntaxi である。Etymologia という語は、近世初期の英文法家の間ではラテン文法の伝統にのっとって今日の Accidence（語形論）の意味に用いられた。これを今日の「語源」の意味に用い出したのは John Wallis, *Grammatica Linguae Anglicanae*（1653）である。

P. Gr. がラムスの影響を受けていることは明らかであるので、まず P. Gr. の *Grammatica Anglicana* とラムスの *Grammatica Latina*（Paris, 1572）の内容を比較してみよう[30]（次頁参照）。

ラムスのものは相当厚い本であるのに反し、P. Gr. のものはほんの輪郭であるにすぎないので、ラムスにあって P. Gr. にないものがあるけれども、構成そのものはラムス流であることは確かである。しからばラムスに見られる構成法自体は文法史上どのような意味を持っていたか考えてみなければならない。

西洋における文法の歴史は、プラトン以来千数百年のゆるやかな発達の後、十三世紀頃までに Orthographia（正書法）、Etymologia（語形論）、Syntaxis（統語論）、Prosodia（韻律論）の四部門を持つ体系として完成され、修得の場合もこの順序によるのが難易度から見て妥当であるとされていた[31]。ラムスはこの体系を知り、これを革新しようと望んだ。Orthographia については彼は *De veris sonis*（1564）があるのでここでは詳しく扱っておらず、Prosodia とともに最後の章にまとめられて簡単に扱われている。簡単に言えば、中世の体系の Etymologia と Syntaxis を残したにすぎない。それで P. Gr. は、これをさらに簡単にした形で踏襲したのである。中世のラテン文法と比較してみれば、ラムスさえ体系的には雑になっているのだから P. Gr. の方は「お手軽」のひとことに尽きるであろう。しかし個々の点では歴史的価値のある発言がかなりある。

Etymologia

Ramus		P. Gr.
Liber I		
Cap. I:	De literis	Cap. 1. De Litera
II:	De Syllabae Compositione et quantitate	2. De Syllaba
III:	De Accentu et notatione	......
IV:	De Nominis generibus	3. De Substantivo
V:	De Comparatione adjectivorum	4. De Adiectivo
VI:	De Deminutione	......
VII-XI:	Declinationes (pronomina を含む)	5. De Pronomine
XII:	De nominibus infinitis	
Liber II		
Cap. I-VI:	De Verbo	6. De Verbo
VII:	De Adverbio	7. De Adverbio
VIII:	De Conjunctione	8. De Coniunctione

Syntaxis

Ramus		P. Gr.
Liber III: Convenientia		
		Cap. 1. De Syntaxi et De Apostropho
Cap. I:	De Convenientia nominis	2. De Syntaxi nominis
		3. De pronominum Syntaxi
II:	〃 verbi	4. De Syntaxi Adverbij, cum nomine
III.	De Convenientia vocum sine numero et primo	5. De Syntaxi conjunctionis, cum verbo
IV:	〃 conjunctionis	
Liber IV: Rectio		
Cap. I:	De Rectione substantivi	
II:	〃 adjectivi	
III-XII:	〃 verbi infiniti personalis etc.	
XIII:	〃 adverbiorum	
XIV-XVI:	〃 praepositionum	
XVII:	De ellipsi praepositionum	
XVIII:	De Prosodia et orthographia orationis	

まず Etymologia の方から見てゆくと、まず Cap. 1. De Litera であるが、ここでは音標記号と文字の区別がなされていない。だから「文字論」は「音韻論」となるわけだが、これは当時としては普通のことであった。分類その他はラムスよりも、後期ローマの文典によく似ている。ただiとj、uとwをわけ、それぞれ母音と子音であるとしたのはラムスもしなかったことで大きな功績である。また、P. Gr. は［ŋ］の発音を英語に認めた最初の人である。[32] また例に用いられた英語のスペリングがラムスの主張するような表音主義的なものでなく、むしろ忠実に R. Mulcaster, *The First Part of the Elementarie*（1582）に従っているのは注目に値する。

P. Gr. の品詞の分類法はほとんどラムスそのままである。

- vox
  - vox numeri
    - nomen
      - substantivum
      - adiectivum
      - pronomina
    - verbum
  - vox sine numero
    - adverbium (praepositio et interiectio)
    - coniunctio

伝統的な八品詞である。ラムスは「有数詞」（vox numeri）と「非有数詞」（vox sine numero）に大きく二分したが、これも伝統的に declinable と indeclinable あるいは kategoremata と synkategoremata という名で分類されていたものと同じである。P. Gr. はこれらの品詞のうち、名詞の複数形のさまざまな作り方、名詞のさまざまな変化のタイプなどに関心があったらしく、比較的大きなスペースを与えているが、非有数詞は極めて簡単に取り扱われている。ラムスの形式主義からいくと、語形変化をしないものは取り扱いの方法がなく、簡単にならざるを得なくなるのである。これはギルやバトラーなど、ラムスの影響を受けたほかの英文法書にも目立つ特色である。また、P. Gr. は代名

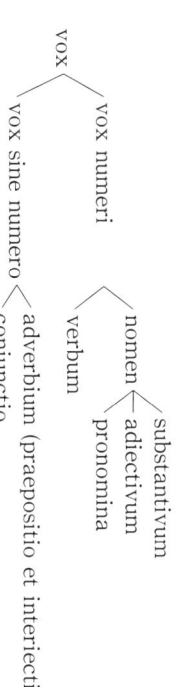

詞を次のように二分法によってわける。

- pronomina
  - primitiva
    - demonstrativa (I, thou, etc.)
    - relativa (who, which, etc.)
  - derivativa—possessiva (my, mine, etc.)

最初の二分の原理と、primitiva をさらに二分する時の原理とが異なっていることに注目したい。さらに P. Gr. は I, thou, he, she の四つを実名詞、その他を形容詞と考えられると言っているので、代名詞には三つの分類の観点があることを示したことになる。

おもしろいのは動詞の時制のわけ方である。すなわち次のようになっている。

- praesens: I *hate*, or *doe hate*
- praeteritum:
  - primum: *I hated*, or *did hate*
  - secundum: I *have hated*
  - tertium: I *had hated*
- futurum:
  - primum: *hate thou*
  - secundum: I *shall* or *will hate*

このわけ方はヴァロ（Varro）やラムスの臭みはあるが、彼自身の特色も出している。今から見て奇妙なのは命令文が「未来第一形」（futurum primum）としてあげられていることであるが、こうするのがラテン文法の伝統になっていたのである。また、分詞は独立した品詞として扱われていないが、この点ではラムスから独立したと言えよう。Syntaxis で興味を引く点は、if he *be*... などの be という形を、法（mood）の概念を用いずに統語上の問題として説明しようとしていることである。ラムスは「法」（mood）を動詞から追放し、「時制」（tense）をのみ重視した。そのため、彼に従ったP. Gr. も普通なら仮定法（subjunctive）で説明するところが説明できなくなってしまったのであった。また、P. Gr. は省略（ellipsis）の概念を用いてImagine pleasure *be* a companion of virtue.などの文で、beはto beのtoが省略されている場合であると主張した最初の英文法家である。

第五の「単語解説」(33)は、左側に英語、右側にそれに相当するラテン語を与えている。また、動詞の前に不定詞の標識であるtoをつけているのが目につく。

第六の「文法分析」(34)は、十六行と八行の韻文を最初に与え、その各語について、簡単な文法的説明をつけたものである。これはJ. Wallis, *Grammatica Linguae Anglicanae*（1653）につけてあるPraxis Grammaticaとまったく同じことを意図したものである。ただし後者は例文に主禱文（Pater noster）を用い、説明がはるかに詳しくなっている。

第七の「チョーサー的語彙撰」(35)は、チョーサーをはじめとして、古い時代及び彼の同時代の詩人の作品の中から彼が集めた単語である。それらは、雅致のあるものだが、比較的知られていないと彼に思われたのであった。これにはさらに、「特にこの言葉で書かれた詩の愛好者のために摘み集め、この順序で説明したもの(36)」という説明がついている。だから英詩の愛好者のための雅語集と言ってよいであろう。これにさらに、「星や草木に力あれど、言葉の力にまさるものなし(37)」という調子の高いモットーがつけられている。この語彙集は付録であって、本文とは何も関係がない。しかしここにはP. Gr. の純粋な英語愛というものが感じられる。事実、この詩語集は同時代のエドマンド・スペンサー（Edmund Spenser）をいたく喜ばせたのみならず、ロマン主義を鼓舞したのであった。[38] P. Gr. は英語が表現力が豊か（eloquent, copious）になったと単純に喜ぶ世代を過ぎて、文法的規制運動の局面に入っていたことは前にのべた通りよく知っていたのであるが、やはり、まだ「豊富な語彙」というものに対する彼の関心は非常に強いのである。

本書に対する評価

近代初期の英文法書は一九三〇年代の末頃までは、主として音韻史の資料として研究されてきたにすぎない。ところが、P. Gr. は「文法」を書いたのであって、発音のことはくわしくのべていないので、音韻史の資料にはほとんどならない。なるほど Etymologia の最初の二章は、文字やシラブルについてのべているが、これはこの本の他の部分に比べてもはなはださえない箇所なのである。[39] したがって、エリス（Ellis）やワイルド（Wyld）なども P. Gr. を扱っていない。ブロタネック（Brotanek）の「近世初期英文典翻刻シリーズ」（Neudrucke frühneuenglischer Grammatiken）のシリーズへも入らなかった。他の点では網羅的な W. Horn, *Laut und Leben* も P. Gr. には触れていない。

P. Gr. を本格的に研究したのは、O. Funke, *P. Gr.* である。約五十頁に及ぶ解説は、ヒューマニズム時代のラテン文法、特にラムスの文法に関する詳細な紹介、P. Gr. との比較などを含んでいて、まことに貴重である。フンケの判断では、P. Gr. のこの本は、小さいものであるし、また、ラテン文法を手本にしているなどの欠点はあるが、彼の前のブロカーの *Bref Grammar for English* (1586) よりも、英語の特質をよくつかんでいると言っている。[40] 同じく Funke, *Die Frühzeit der englischen Grammatik* (1941) は、P. Gr. の簡単な説明が二カ所ばかりあるだけで特に価値判断は与えていない。

G. H. McKnight, *Modern English in Making* (1928), pp. 299-30 は、P. Gr. をあまり高く評価していない。P. Gr. はラムスの方法によって新しい文法を作ろうとしたが、結局ラテン語の枠に英語の構造をあてはめようとしているわけで、後世の「仮托文法」(make believe grammar) の最初の例となったと言っている。[41] 佐々木達『言語の諸相』(三省堂、一九六六年) 三八〇頁もこれと同じ意見である。

E. J. Dobson, *op. cit.*, p. 33 は P. Gr. に一頁足らずのスペースしか与えていないが、好意的評価を与えている。手きびしい批判で有名なドブソンが P. Gr. の文法を very good と言っているのはちょっと奇異である。[42] ドブソンは明らかに Funke, *P. Gr.* を知らず、したがってラムスとの比較も知らないのである。彼はフンケによらず、直接大英図書館の本で研究した。

P. Gr. に対する直接の評価ではないが、彼の *Grammatica Anglicana* の英語観の歴史上の位置と意義を的確にとらえてみせたのは、R. F. Jones, *The Triumph of the English Language* (O. U. P., 1953), pp. 283-86 である。拙著『英文法史』は、図表によって P. Gr. がブロカーに比べて多くの新機軸を出していることを示している (三五三頁)。しかし著者はフンケと違って、ラムス自体をあまり高く評価していないので、[43] それを手本にした P. Gr. の文法書に歴史的意味以外で、大きな価値を与えることはできない。しかし P. Gr. の小冊子からは一種の新鮮さを感じさせられるのが不思議である。

注

(1) 本書の著者は自分の名前の頭文字のみしか与えないので問題が多い。これについての調査は、本書の付録 *Chauceriana*（チョーサー語彙集）に関する研究である M. Rösler, "Veraltete Wörter in der *Grammatica Anglicana* von 1594" (*Englische Studien*, Bd. 52, pp. 168-95) でのべられている。しかし、最も詳細なのは Otto Funke, *Grammatica Anglicana von P. Gr. (1594)* (Wiener Beiträge zur englischen Philologie, Bd. 60), Wien-Leipzig, 1938, pp. XXXIII-XXXVI) である。同時にこの本は、近代における P. Gr. の唯一の復刊本でもあり、その解説は P. Gr. に関する最も権威あるものの一つであると思う（以下言及する場合は Funke, *P. Gr.* と略することにする）。

(2) *DNB* では John Legate となっている。彼は一五八六年に the Stationers' Company（一五五六年ロンドンで結成された本屋、印刷屋、製本屋、文房具屋の組合）の一員になり、一五八八年、ケンブリッジ大学御用印刷業者（printer to the university of Cambridge）に任ぜられた。後ロンドンに出て一六二〇年頃死んだ。家業は同名の長男が継いだが、彼は一六五五年に狂死した。

(3) Pressmark: G. 7479.

(4) ジョージ・チャーマーズは一七四二年、フォカバーズ・イン・マリ（スコットランド）に生まれ、エディンバラで法律を学んだ。若い頃アメリカで開業したこともあるが後ロンドンに落ち着いた。彼は歴史家（historian）というよりは好古家（antiquarian）と呼ばれるにふさわしいタイプの人たちの最後の一人であると言えよう。彼の書いた伝記にはデフォー（Defoe）やトーマス・ペイン（Thomas Paine）に関するものがある。また、それまで忘れられていたスコットランドの歴史の研究が興味の中心であった。主著は *Caledonia; or an Account, Historical and Topographical, of North Britain ... Chorographical and Philological* であるが、これは六巻の予定のものが五巻までしか出版されていない。また、アラン・ラムゼー（Allan Ramsay）やデイヴィッド・リンゼー（Sir David Lyndsay）の詩集を編集して世に出した。死んだのは一八二五年である。O. Funke (*P.Gr.*, p. XXXIV) は彼をアレグザンダー・チャーマーズ（Alexander Chalmers）と間違えている箇所があるようである。

(5) "27th Sept. 1841-10th Nov. 1842. Chalmers pts. 1-3. Catalogue of the very curious, valuable and extensive library of the late George Chalmers, Esqu. F. R. S. etc." British Museum, Pressmark: S. C. E. 66 (1).

(6) ジョウゼフ・エイムズ（1689-1759）は金物類の製造販売を業とした商人であったが、古物研究（antiquary）を趣味とした。一七四一年には the Society of Antiquaries の書記となり、一七四三年には王立協会特別会員（Fellow of the Royal Society）に選ばれた。その著 *Typographical Antiquities* は英国印刷業発達史と称すべきもので、一四七一年から一六〇〇年までの英国の印刷業史、それに印刷者の伝記及び印刷された本のカタログが含まれている。これは当時としては最高の水準をゆく書誌学の労作であり、エイムズの名は、常に書誌学者の尊敬を受けてきた。これは疑いもなく、the foundation of English bibliography である。

（7） Cf. Funke, *P. Gr.*, pp. XXXIII-XXV.

（8） E. J. Dobson, *English Pronunciation 1500-1700*, Vol. 1, Oxford, 1957, p. 33.

（9） *Ibid.*

（10） *The Triumph of the English Language*. Oxford, 1953, pp. 167, 213, 283-84.

（11） Funke, *op. cit.*, p. XXXV.

（12） この他フランス語、ドイツ語などで書いたものがあるが、著者がイギリス人でないので一応、ここでは考慮の外に置くことにする。南雲堂「英語文献翻刻シリーズ」の第二巻に入っている George Mason, *Grammaire Angloise*（1594）も、著者はロンドン在住のフランス人商人であった。

（13） 南雲堂「英語文献翻刻シリーズ」の第一巻に入っている。

（14） ウォリスは南雲堂「英語文献翻刻シリーズ」の第三巻に、クーパーは第四巻に入っている。

（15） ラムス全体にわたっての詳細な研究について言えば、グレイヴズ（F. P. Graves）の学位論文 *P. Ramus and the Educational Reform of the 16th Century* (New York, 1912) が最も抱括的である。標題の示すごとく、元来は教育学上の論文であるが、彼の伝記的面も充実しているし、また、言語教育、文法教育の面からラムスをていねいに扱っているので非常に参考になる。G. H. McKnight, *Modern English in the Making* (1928), pp. 94, 126-28, 221-22 はラムスについて相当具体的にのべていて英語に関する通史としては珍しいものだが、これはグレイヴズの前記の論文からとったものである。論理学史の面からラムスの浅薄さを余すところなく説きあかした好論文に Carl Prantl, “Über Petrus Ramus”（*Sitzungsberichte der kgl. bayr. Akademie der Wissenschaften*, Jahrgang 1878, Bd. II, pp. 150-69）がある。ラムスの文法と P. Gr. との関係を研究したのは O. Funke, *P. Gr.*, pp. XI-LI, 及び O. Funke, *Die Frühzeit der englischen Grammatik* (Bern, 1941), pp. 52-54 がある。フンケにはラムスとベン・ジョンソンの関係を研究したモノグラフ “Ben Jonson's English Grammar”（*Anglia*, Bd. LXIV, pp. 117-34）がある。ラムスの思想の概要を扱ったものには拙著『英文法史』（研究社、一九六〇年）、五〇―六八頁。

（16） 拙著『英文法史』二六―三〇頁参照。

（17） 西洋論理学史でも権威があるとされる C. Prantl, *Geschichte der Logik im Abendlande*（1867）の第四巻（pp. 161-67）は、キケロ復帰主義の浅薄さ（Ciceronianismus und hiemit Oberflächlichkeit des Laurentius Valla）を指摘している。たとえばヴァラーなどは、ソフィスト的スコラ哲学は無知と虚栄と悪意以外の何ものでもないゆえに、その代りになる便利で実際的な論理学を提供しようなどと言っているにもかかわらず、実際のところ、彼らの論理学書というのは修辞学にすぎないのである。同じことはラムスについても言える。

(18) Cf. F. P. Graves, *op. cit.*, pp. 147-48.

(19) Cf. M. H. Jellinek, *Geschichte der neuhochdeutschen Grammatik*, Bd. 1 (Heidelberg, 1913), pp. 24, 56, 123.

(20) 拙著『英文法史』一九―二五頁参照。

(21) ハーヴィーはまた、彼の手紙の中で次のように言っている。"Rodolph Agricola, Philip Melanchton, Ludouike Viues, *Peter Ramus*, and diuers excellent schollers haue earnestly complaned of Artes corrupted, and notably reformed many absurdities ..." (G. Smith, *Elizabethan Critical Essays*, Vol. II, p. 236).

(22) Funke, *P. Gr.*, p. XXXIIIにあげているところではダウナム（G. Downham）のラムスの注解書（Frankfurt, 1610）; Ant. Wotton, *The Art of Logick* (London, 1626); G. Dalgarno, *Ars Signorum*（1661）にラムスに対する称賛などがある。

(23) このミルトンの論理学書は二、三度版を重ねている。

(24) たとえば*The Vulgaria of Robert Whittinton* (E. E. T. S. 187), p. XXIII. また、R. Mulcaster, *The First Part of the Elementarie*. London, 1582 (ed. by E. T. Campagnac, Oxford, 1925).

(25) Cf. R. F. Jones, *op. cit.*, pp. 68-141.

(26) すなわちW. Camden, *Remaines of a greater Work, concerning Britaine etc.* LondonとR. Verstegan, *A Restitution of Decayed Intelligence in Antiquities* ... (Antwerpen)。なおゲルマン狂徒の現象についてはR. F. Jones, *op. cit.*, pp. 214-18、拙著『英文法史』二三六―三九頁、南雲堂「英語文献翻刻シリーズ」の第四巻、三九六―九七頁などを参照。

(27) 以下に見るように、彼の言う純粋性とは「文法的な誤りがないこと」である。

(28) "When I came to the throne, I (= Elizabeth) knew six languages better than my own." F. Chamberlin, *Sayings of Queen Elizabeth*. Quoted by G. H. McKnight, *op. cit.*, p. 136.

(29) この問題に関してはO. Funke, *Zum Weltsprachenproblem in England im 17. Jahrhundert* (Heidelberg, 1929) 参照。

(30) O. Funke, "Ben Jonson's English Grammar"（*Anglia*, LXIV, pp. 117-34）及び拙著『英文法史』一八五―八六頁参照。

(31) 各部門の目的とするところは次の通りである。

(1) Orthographia = recte scribere（正しく書くこと）
(2) Etymologia = recte scripta recte intelligere（正しく書かれたものを正しく理解すること）
(3) Syntaxis = recte intellectu recte componere（正しく理解されたものを正しく組み合せること）
(4) Prosodia = recte composita debito modo pronunciari（正しく構成されたものを正しく発音すること）

なお拙著『英文法史』一六一一七頁参照。

(32) 「Gの前のNはいわばGとNの間の音を持つ。たとえば *Anger* のごとくに」(N. ante G. medium quiddam sonat, inter N. et G. ut *Anger*).

(33) 「本書に現れる英語の小語彙」(Dictionariolum vocum Anglicarum, quae passim im libello occurrunt)

(34) 「われわれのこの技術の教えるところにそった文法的分析」(Analysis Grammatica, ad nostrae huius artis praecepta unice conformata)

(35) 「今日なお詩人たちの愛好するものなる、洗練されてはいるが比較的普通でないチョーサー的語彙とその訳語」(Vocabula Chauceriana quaedam selectiora, et Minus Vulgaria Ipsae Hodie Poetarum deliciae, una cum eorum significatis)

(36) “In gratiam omnium huius linguae studiosorum praecipue vero Poematum, discerpta, et in hunc ordinem digesta”

(37) “Stellis, ac herbis vis est, sed makiema verbis”

(38) この語彙集についての詳しい研究については、M. Rösler. *op. cit*. 参照。

(39) “Unfortunately the first two chapters in which the pronunciation is described are far below the standard of the rest of the book.” E. J. Dobson, *op. cit*., p. 33.

(40) “So unscheinbar und knapp das Werkchen gefaßt ist, so sehr es auch in Einzelnem durch sein lateinisches Vorbild gehemmt ist, so wenig es manchen charakteristischen Zügen des Englischen gerecht zu werden vermag—im allgemeinen gibt doch dieses Buch ein besseres Gesamtbild des Idioms als die Grammatik seines Vorläufers Bullokar.” Funke, *P. Gr*., pp. L–LI.

(41) “The Author aims to assign English constructions to their places in the scheme provided by Latin grammar. In this respect the author anticipates the classicizing tendencies of the following century and offers what is perhaps the first instance of the type of English grammar to which has been applied the suggestive epithet ‘make-believe grammar.’” G. H. McKnight, pp. 229–30.

(42) “The discussion of inflexion and grammar is ... very good.” Dobson, *op. cit*., p. 33.

(43) 拙著『英文法史』五〇—六八頁参照。

Charles Butler: *The English Grammar* の解説

著者の略歴(1)

チャールズ・バトラー（Charles Butler）はアントニー・ウッド（Anthony Wood）の推測によると、バッキンガムシャーのグレート・ウィコムに生まれたらしい。生年月日は明らかでないが、一五六〇年頃と考えられる。南雲堂「英語文献翻刻」シリーズでも扱われる *Logonomia Anglica* の著者アレグザンダー・ギル（Alexander Gill）とはまったく同時代人で、正確に言えば、大学卒業はギルの二年先輩ということになっている。(2) 一五七九年にバトラーはモードリン・ホール（オックスフォード）に入学、間もなくモードリン・コレッジのメンバーになった。資格は聖書朗読生（bible clerk）というものらしい。一五八三—八四年の二月六日にB. A.を、続いて一五八七年六月二十八日、M. A.を取得した。その後、一五九三年から一六〇〇年まで、ハンプシャーのベイジンストーク校の教師であった。これと同時に小さい教会の牧師を兼ねたが、この方の収入は僅少なものであった。その後一六〇〇年から(3)彼の死まで

（一六四七年三月二十九日）、今までの居住地から三マイルばかりはなれたウトン・セント・ローレンス（ハンプシャー）の貧しい牧師として一生を送った。そして、約半世紀間牧師として勤務した同教会に埋葬されている。

この最後の勤務地にいる間にバトラーは七冊の本を出版したが、その主なるものを年代順に並べてみよう。

（1）『修辞学二巻』（*Rhetoricae Libri Duo*. Quorum Prior de Tropis et Figuris. Posterior de Voce et Gestu præcipit）キーパー・エジェトン（Lord Keeper Egerton）に捧げた献辞によると、一六〇〇年にベイジンストークにいた間に書かれたものらしいが、出版はそれより遅れている。*DNB* は一六二九年のものしかあげていないが、マロン（Malone）によると、一六一八年オックスフォード出版の四折版の第四版が存在しているそうである。また、同じくマロンは、一六三五年ロンドン出版の八折版もあると言っている。このように本書は方々で出版されたばかりでなく、多くの版を重ねていることから見て、そうとう広く読まれており、修辞学者としてのバトラーも当時はかなり知名であったに違いない。本書は、そのサブタイトルが示すように、第一巻は修辞的比喩を扱い、第二巻は言葉とジェスチャーを扱っている。

（2）『雄弁術二巻』（*Oratoriae Libri Duo*）一六三三年にオックスフォードから四折版で出ているが、内容はわからない。あるいは『修辞学』と同内容のものであったかも知れない。

（3）『女性君主国家——蜜蜂について』（*The Feminine Monarchie, or a Treatise concerning Bees*, 1609. 八折版）一六二三年に第二版が出て、これには口絵がついている。ついで一六三四年に第三版が出たが、これはバトラーの新考案になる転写法（transcription）を用いてある点、注目に値する。一七世紀も後半になると、transcription を与える綴字改良家が姿を消し、その代りに語彙表（word-lists）を与えるようになるのであるが、transcription の方が、当時の発音を知るのに、資料としてより重要であることはドブソン（Dobson）の指摘(4)をまつまでもないであろう。またこれによってバトラーの綴字法の音価を知る上にもおおいに参考になる。アイヒラー（A. Eichler）が一九一〇年、バトラーの *English Grammar* を再刻した際にはこれを参考にできなかったが、一九一三年、バトラーの『綴字法と音価』（*Schriftbild und Lautwert*）(5)を出す際には、わざわざ英国に行ってこれを参考にし、かつ同書の巻末にこの *The Feminine Monarchie* の第三版からの引用を、エリス（A. J. Ellis）の transcription を付録として添えている。この本の第三版の完全なタイトルは次の通りである。The Feminine' Monarchi', or THE HISTORI OF BEE'S. *Shewing Their Admirable Natur', and Properties'; Their generation and Colonis; Their Government, Loyalti, Art, Indus'tri; Enimi's Wars Magnanimiti,* &. Together With the right Ordering of them from tim' to tim': and the sweet' Profit arising ther'of. Written out of Experienc' By Charls Butler, Magd ... (Plantus からの moto) ... Oxford, Printed by William Turner, for ðe Author. M.DC.XXXIV [8°, 182 pp.] この本のラテン語訳が一六七三年に出ている。訳者はエマニュエル・コレッジのリチャード・リチャードソン（Richard Richardson）。この羅訳版も一六八二年に二版が出ている。

（4）『婚姻論』（*Συγγένεια*. De Propinquitate Matrimonium impediente Regula, quæuna, omnes quæstionis hujus difficultates facile expediat. Oxford, 4°; 1625）これは、教会で行う結婚に障害となる姻戚関係について論じたもので、著者の博学ぶりがよく表れている。

（5）『英文法』（THE ENGLISH GRAMMAR, Or The Institution of Letters, Syllables, and Words, in the English tongue. *Whereunto is annexed* An Index of Words Like and Unlike. By CHARLS BUTLER, Magd. Master of Arts:

Arist. Polit. lib. 8, cap 3. *Grammatica addiscenda pueris, utpotè ad vitam utilis.* Oxford, Printed by William Turner, for the Author, 1633)　この初版と、アイヒラーが一九一〇年に出版した第二版（一六三四）とは、タイトル・ページや序文に少しばかりの差はあるが、本文その他においては、寸分の相違がない。[6] 南雲堂「英語文献翻刻シリーズ」は、アイヒラーによる第二版からのものである。なお、初版でも、ロンドンとオックスフォードにあるものは、「語彙表」(Index of Words & c) が「文法」(Grammar) の部の後についているが、ゲッティンゲンにあるものは、「文法」部の前についている。これはタイトル・ページの文句とも相違するわけであるから、本当はやはり「文法」部の後に来るべきものであるろう。アイヒラーの「新版」の底本となったのは、オックスフォード大学のボードリアン・ライブラリー所蔵の一六三四年版（4° L. 44 Art.）であり、校正には、一六三三年のゲッティンゲン大学所蔵のものを用いている。本書の内容については次項にやや詳しくのべることにするが、本書を書いた時、バトラーが七十歳を超えていたことは、彼の人物を考える上で参考になるであろう。

（6）『音楽論』(The Principles of Musik, in Singing and Setting: with The two fold Use therof〔すなわち教会用と世俗用と〕, By Charles Butler, Magd. Master of Arts.〔飾り図案〕London, Printed by John Haviland, for the Author, 1636)　この本は音楽史家ジョン・ホーキンズ（Sir John Hawkins）[7] の *General History of Music*（1776）の中でも高い評価を得ている。また、本書においてもバトラー考案の transcription が用いられ、かつ Aspirat's の説明の箇所（¶¶ 46）では、バトラーの『英文法』のそれに関する部分が指示されている。transcription のための活字は新しくされ、また、多少表記法に関して変っているところがある。

以上、チャールズ・バトラーの経歴と著作を概観しただけでも、彼が非常に博学な人間であることがわかる。その著作範囲は、修辞・文法・音声・語源にわたるほか、神学・博物学・音楽にもよく通じていた。彼が知っていた言葉はラテン語・ヘブライ語・ドイツ語・オランダ語・フランス語であるが、イタリア語は知らなかったらしい。(8) また古サクソン語（彼は ancient Saxon と言っていた）や、ME、OEもいくらかは知っていたらしい。平均寿命の短かった当時、九十近くまで生き、しかも七十歳を超えても著作を続けたバトラーは、肉体も精神も、極めて強靭であったと思われる。修辞に通じ音楽に熟達していた彼は、村人の尊敬を受けた牧師であったに違いない。

本書の内容・構成(9)

本書はまずジェイムズ一世（James I）の子チャールズ・スチュワード王子（Prince Charles Steward）に対する「献辞」をもってはじめられている。この王子は後のチャールズ二世（Charles II）となるのだが当時わずかに四歳であるから、本を読めるわけがない。おそらく、バトラーは自分の本が、この王子の教育のために使われることを願ったのであろう。しかし実際使われた様子はない。次に「序文」（To the Reader）が続くが、これは七頁にもわたる長いものである。バトラーの言語観を伝えてくれるもので、興味深い。次に著者に対する「賛詞」（ad Authorem）が六行ついていて、その次に本文である文典が続くわけであるが、これは四章から成り立つ。すなわち「文字について」「シラブルについて」「単語について」「単語に付随するものについて」の順である。最後に付録として「語彙集」（An Index of Words Like and Vnlike）がつけられている。語彙集は、単に同音意義語（homonyms）や同綴意義語（homographs）を扱っているのみならず、著者が思いついたことは何でも書いているというところがある。beholding などについては語構成にふれているし、England, gallon, pound などについては十数行の説明を与え、また、steed の項では説明がさらにOur great Stewardに及び、さらにBanquoに脱線している。しかしこのような語彙集は、彼以後の正音法家（orthoepists）によってしばしば真似られたものである。以上の諸項目を、わかりやすくするために並列してみよう。

（1）チャールズ王子に対する献辞（To the Most Noble Young Prince）

（2）序文（To the Reader）

（3）賛詞（S. W.氏によるAd Authorem）

（4）文法の本文

Chap. 1. 文字について（Of the Letters）

Chap. 2. シラブルについて（Of Syllables）

Chap. 3. 単語について（Of Words）

Chap. 4. 単語に付随するものについて（Of Words Adjuncts）

（5）語彙集（An Index of Words Like and Vnlike）

このうち、献辞はその性質上、問題にする必要がない。賛詞もS. W.というバトラーの友人らしい人が、六行のラテン文のほめ言葉を並べているだけであって、特に考慮するに及ばない。語彙集はそれ自体としてはおもしろいが、やはり付録の性質を持つにすぎない。このように考えると、上にのべた五個の項目のうち、考察に値するのは、第二項目の序文と、第四項目の文法の本文だけになる。まず、序文に現れたバトラーの考え方から見ることにしよう。

第一に目につくことは、バトラーが、「国語の優秀さ」ということをしきりに論じていることである。彼はある言語の優秀性というものは、①antiquity（古さ）、②copious elegance（豊かさ・優雅さ）、③generality（普遍性）の三点から成り立つとし、「古さ」においてはヘブライ語、「豊かさ・優雅さ」においてはギリシャ語、「普遍性」においてはラテン語が傑出しているとする。しかし、チュートン語（ゲルマン語）はこの三点のすべてにおいて、すぐれていると言っている。このような強烈なゲルマン語意識は、どこから来たかと言えば、バトラーがこの序文の中で、ベカヌス（Becanus）や、ファーステガン（Verstegan）の名をあげていることから、容易に推察がつく。ジョアーネス・ゴロピウス・ベカヌス（Joannes Goropius Becanus）ことジョン・ファン・ゴルプ（John Van Gorp）[10]は、中世の統一ヨーロッパ、及びその共通語であったラテン語の崩壊を引き起した宗教改革の時代の子である。今までのラテン語に対する敬意の反動として、徹底的なゲルマン語尊重を説いた最初の人間として、また、バトラーやギルなどのイギリスの文法家に大きな影響を与えた人として、その所説を少し紹介しておく。彼の珍説によれば、ゲルマン語は人類最初の語であって、アダムがこれを使った。旧約聖書も最初ゲルマン語であったが、神は人間の傲慢を防ぐためにヘブライ語に訳させた。バベルの塔の事件には、ゲルマン人は参加していない。したがってゲルマン語は最も純粋な言語である。言語の完全さはその明確さ・短さ・音の適当さ・有意義な合成語に存するが、ゲルマン語こそ、この特徴を最もよくそなえたものである。ゲルマン語は単音節語より成り、その数が多いため、一概念一語であって、曖昧さがなく、一語多義を特徴とするヘブライ語と大きな差がある。ラテン語やギリシャ語も簡潔さにおいてはゲルマン語にかなわない。簡潔な単音節語であるゲルマン語は同時に合成・派生などによって、極めて豊かでもある。また、ゲルマン語は多くの文字を有するため、すべての発声器官を働かせ、また、不快な音はいっさいさけている。ゲルマン人の発声器官は、多様な文字によってよく練習せしめられているので、ゲルマン人が外国語を学ぶことは容易である。これに反して、外国人がゲルマン語を学ぶことは難しい。また、ゲルマン語の語彙は他のどの言葉よりも多いので、他のどの言葉よりも多くの知識を与えてくれる、というように考えていた。このような「理論」それ自体はおかしなものであるにせよ、それがバトラーの英語観の根底となったことを見のがすわけにはいかない。

バトラーはチュートン語の「古さ」(antiquity)と「純粋さ」(purity)を讃えて、「チュートン語(英語はその一方言である)は征服されたことのない征服者の言語であり、ゲルマン人の最初の居住地に、今日に至るまで、ほとんど変化を受けないで続いてきている」と主張する。ついで、「豊かさ・優雅さ」(copious elegancy)についても、「英語がギリシャ語を凌駕しているからとて驚くにはあたらない、それほど合成語にすぐれているからである。また英語はいかなる観念を表現するにも足る、十分な英語本来の語を持っている……借用語からも本来の土着語の語根からと同じく、特別すぐれた派生と合成の能力によって、われわれは無数の他の語を導き出すのである云々」と言っているが、これはベカヌスそのままである。また、第三の点(generality)は、地理的広がりに対する誇りであるが、この点でも、ゲルマン人が、北欧やイギリスのみならず、フランス、イタリア、スペイン、アフリカに至るまで広がっていることを指摘する。

このような国語に対する強烈な自覚と誇りを示した最初の英文法家はギルであって、バトラーは第二番目である。近世初頭、イギリスの作家たちには、英語が古典語や他の欧州大陸の言葉に比べて貧弱で洗練されていない野蛮語であるという劣等感が強く、英語で書いた本の序文には、野蛮な英語で書くことについて弁解がましい言葉を添えるのが普通であった。それが懸命の借用によって英語も豊かになったという自覚が次第に生じてきた。P. Gr. の *Grammatica Anglicana* (1594)の序文になると、英語も豊かになってきたので、ラテン語やギリシャ語には及ばないにしても、大陸の諸国語にはひけをとらないと言うようになった。それがバトラーになると、英語の表現力はギリシャ語をしのぐと断言するようになったわけである。イギリス人が英語をどう見てきたか、という母国語観の変遷史上、バトラーの序文は極めて興味深いものである。

しかしこれと同時に、バトラーは英語の欠点にも盲目ではなかった。英語は長い間、「洗練されない恥しい野蛮状態」(gros and disgracful barbarismes) にとどまっていたことを認める。英語がこのような状態にとどまっているのは、「学識を包蔵する諸語においては厳密に守られていたこと」、すなわち「真実のゆるがぬ表記法」(a tru and constant writing) を英語が欠いていたことによると彼は結論する。バトラーは英語の正字法 (orthography) は「不名誉極まる不正字法」(opprobrious Cacographi) だときめつけている。それでこの正字法を改革しようというのが彼が文法書を書いた主要な動機である。

彼の正字法に関する主張はどのようなものであったろうか。それはひとことにして言えばトーマス・スミス (Sir Thomas Smith)[11] 以来、近世初期の英語の正音法家の間で大きな流れとなった表音主義である。スミスのモットーは「絵のごとく、また綴りも」(ut pictura, orthographia) であったが、バトラーもスミスの名をあげてその努力を讃えている。表音主義は「一字一音」を理想とする。この見地からバトラーは英語の根本的な欠点は、アルファベットの不完全さ、すなわち、ラテン語の文字は英語の個々の音をすべて表現するのに十分でないことにあると結論する。アルファベットの字数が実際の音の数より少ないので、どうしても一字で一音以上を示さねばならないことになる。それでバトラーは ee, oo, th (that の th), th (thick の th), ch (church の ch), ch (character の ch), ph, sh, wh, gh のために、新しく十個の文字を考案し、さらに i と u を、それぞれ j と v から区別したのであった。この表音主義は、結局失敗し、英語の正字法は、フランシス・ベーコン (Francis Bacon) やリチャード・マルカスター (Richard Mulcaster)[12] などの唱えた慣習 (custom) を重んずる方向に定着したのであるが、バトラーは、この慣習を、暴君のごとき慣習 (the tyrant Custom) と呼び、この暴君のために、道理が引っ込まされ、誉れ高い英国及び英語の名誉が曇らされているのだと憤慨しているのである。

また、バトラーの正字法の改革は、国語の醇化という、国語愛から出発していると同時に、もっと実用的目的、すなわち、発音と綴字の乖離から来る「うんざりするような学習の難しさ」(tedious Difficulti of learning) を除去して、もっと容易に英語を学べるようにしよう、という意図があった。文法書に「より易く、より速く」(easier-speedier) というモチーフが出てくるのは、ラムス[13]以降の、この系統の文法書の特徴であるが、バトラーにもそれが見受けられる。

序文に現れたバトラーの考え方はこれくらいにして、次に文法の本文の構成を見てみよう。Chap. 1 Of the Letters と Chap. 2 Of Syllables は、いずれも、正書法 (Orthography) の問題である。Chap. 3 Of Words が今日語形論 (Accidence、少し前の文法書では Etymology) と呼ばれているものである。Chap. 4 Of Words Adjuncts は、tone, accent, points などを扱っている。points というのは、カンマ、ピリオド、カッコなど、句読点のことである。すると文法の全体は次のような構成になることがわかる。

(1) Orthography	Chap. 1 Of the Letters Chap. 2 Of Syllables
(2) Accidence (Etymology)	Chap. 3 Of Words
(3) Prosody	Chap. 4 Of Words Adjuncts

これを見てすぐ気づくことは、統語論 (Syntax) がないことである。統語論は古代の文典においてはほとんど発達せず、中世の思弁文典においてはじめて大成し、これが実用文典にも取り入れられて、中世文典の四部門を形成するに至ったのであった。すなわち

(1) Orthography (recte scribere)

（2） Accidence (recte scripta recte intelligere)
（3） Syntax (recte intellectu recte componere)
（4） Prosody (recte composita debito modo pronunciari)

である。この四部門は近代国家の誕生とともに各国語の文法が生じた時、かなりくずれたが、特に統語論が軽視される傾向があった。一八世紀になりラテン文法書が再び中世の四部門に復帰した時、それとともに英文典でもようやくその復活が見られたのであった。[14] バトラーが統語論を欠くのは、典型的に宗教改革期の文典であることを示していると言えよう。また、バトラーの文典は正書法に圧倒的な重点を置き、語形論はむしろ二次的な意味しか与えられていない。文字と音節（parts of words）が正されると語（parts of speech）の基礎もしっかりとし、また、容易になるという意見なのである。この全体的構成から見ると、バトラーの文典は、アレグザンダー・ヒューム（Alexander Hume）の文典（1617）[15] に非常によく似ていることがわかる。

バトラーは、文法というものを「よく書きかつ話す技術である」(Grammar is the Art of writing and speaking well) と定義している。これは上にのべた中世の文典の四部門のうち、第一点と第四点の強調ということになる。この定義のように、彼の文法書は正字法と発音に主力が置かれ、語形論はつけたしとなり、統語論は完全に無視されてしまっている。

彼の音韻論は、この時代の文法書に共通な欠点を持っている。すなわち、文字と発音記号の区別がなされていないのである。それで、二重母音（Diphthong）と言っても、その実は、二重字（Digraph）に過ぎないのである。しかし、このような欠点にもかかわらず、それが体系的な音韻記述を志していること、また、その transcription を用いてこの文法書、及び彼の他の著作が書かれていることは、やはり、当時の発音を知るための重要な資料であることに疑いない。特に、バトラーは、英国の大学都市や大都市に住んでいた教育ある人々の発音を記述しようと努力したようである。また、そうでない場合は、旧来の綴り字に近い発音を是とした。このような方針は健全と見なされるべきであろう。

バトラーの文典が他のいっさいの英文典と比べて極立った特徴を示すのは、それがアリストテレスの「解釈論」[16]と驚くほど似ていることである。アリストテレスとバトラーでは、時間的に二千年も隔たりがある上、研究分野としても相当の開きがあるので、比較は危険であるが、

（1）アリストテレスに見られる特徴のうち、一つのみならず、いくつかがバトラーの文法書に見られること

（2）言語学説史の分野で権威あるとされる参考書、また、各時代のおもなる原典を調べても、アリストテレス以外にない説明法がいくつかバトラーにあることは、直接影響されたのではないかと考えられること

（3）アリストテレス学者であってバトラーと時代の近い文法家（たとえばラムス）からの影響と見なし得る諸点は、間接的にはアリストテレスの影響と言い得るであろうということ

（4）さらに文化的教養的背景から、バトラーがアリストテレスの『オルガノン』か『詩学』を読んだことがあると仮定することは自然である、否、読まなかったとする方が不自然であろうということ

などを考慮し、二人の間に比較は成り立つとして、バトラーの文法書の特徴（salient features）を指摘してみよう。[17]

名詞と動詞の区別を、「時」の見地からのみ行うこと

プラトンは、「ロゴスとはオノマとレーマによって思想を示すものであり、前者は叙述されるもの、後者は前者について何かを述べるものである」（『テアイテトス』）と言ったが、彼の言うオノマ（*ὄνομα*）とレーマ（*ῥῆμα*）はむし

ろ「主語」と「述語」を意味していると見るべきであって、「名詞」と「動詞」と訳すのは不適当と思われるのに反し、その弟子アリストテレスの品詞の定義においては、オノマとレーマに特に比重をかける点では、その師プラトンと同じであるが、変化属性（Akzidentien）を取り上げて定義づけようとした点ではおおいに異なっている。バトラーの英訳でオノマとレーマの定義を示せば以下の通りである。

A Noun or name is a composite significant sound *not* involving the idea of time, with parts which have no significance by themselves in it.

A Verb is a composite significant sound involving the idea of time, with parts which (just as in the Noun) have no significance by themselves in it.

この二つの定義を比べて驚くことは、名詞と動詞の区別がたった一語 not だけでなされていることである。すなわちアリストテレスは、名詞と動詞の区別を「時間の観念を含まぬか」（*ἄνευ χρόνου*）か、「時間の観念を含んでいるか」（*προσσημαίνει χρόνον*）によってのみ区別しようとしたのである。ところがアリストテレス以降、バトラーまで、名詞と動詞の区別を「時」によってのみなしたものは誰もいないのである。少なくとも近世初期の文法家の中には一人もいない。バトラーの定義は次の通りである。

A Noun is a word of number and case, *without* difference of time

A Verb is a word of number and case, *with* difference of time

すなわち、名詞と動詞の定義で異なる点は、with か without かだけであり、まさにアリストテレスの *ἄνευ* か *προσσημαίνει* か、というのに呼応している。

名詞と動詞の両方に「格」を認めること

アリストテレスは今日ならば名詞の主格に相当するものだけを名詞と呼び、他の格のものをすべて「名詞にあらずして名詞の格」（*πτώσεις ὀνόματος*）であるとした。同じように、動詞についても現在形のみを動詞とし、他の変化形を「動詞にあらずして動詞の格」（*πτώσεις ῥήματος*）であるとした。すなわちアリストテレスが「格」と呼んだものは、今日で言う Inflection と同じものであると言えよう。しかしアリストテレス以後、ストア学派に至って、「格」の概念は Noun に限定され、それからローマ時代・中世・人文主義時代を通じて、格と言えば常に Noun に限られていた。それがバトラーになって突然、動詞をも「時の変化を持つ有数有格詞」としたのである。すなわち動詞にも二つの格、正格（rect）と斜格（obilique）を認め、前者を第一人称、叙述法現在の能動形とし、後者にその他の形、特に過去形、過去分詞を含めるのである。一方名詞の定義においては、「実名詞の正格は主格であり……斜格は属格であり、これは正格に s あるいは es を付して作られる」と言っている。このようにバトラーは、アリストテレス以後約二十世紀間の中断の後、はじめて再び名詞と動詞に共通する「格」の概念を用いたわけである。現在「格」と訳されているギリシャ語 *πτῶσις*（pl. *πτώσεις*）は fall という意味である。ラテン語の casus（＜cado）は、このギリシャ語の文法概念をラテン文法に導入する時に羅訳されたもので、英文法の case もここから来ている。いずれも、元来は「落」の意味である。アリストテレスが名詞・動詞の変化形をなぜ「格」（正しくは「落」）と呼んだかは不明であるが、その師プラトンの哲学説の影響ではなかったかと推測される。

プラトンは「イデアの世界」と「現象の世界」とを対立せしめる。前者は変化以前の本質の世界であり、後者はそのイデアが地上に落ちた世界（プラトンはここでもちろん πτῶσις という語を用いている）、すなわち変化の世界である。名詞にも動詞にも基本形とそれに対する種々の変化形があるわけであるが、この対立を説明するために、プラトン流の「落ちる前のもの」と「落ちたもの」を区別する方法でやるのが便利だったのであろう。人文主義時代はプラトニズム復活の時代と言われるが、バトラーもこれに共鳴するところがあったのかも知れない。

バトラーは Nominative（主格）、Genitive（属格）という、当時どの文法家も用いる用語のあることを知り、しかもこれを自分の定義の中で使っておりながらも、わざわざ rect（πτῶσις ὀρθή）, oblique（πτῶσεις πλαγιαι）という用語を用いたことは見すごすことができない。正格、斜格というのは、古代の蠟板用尖筆を地面に落とした場合、直角か斜角になるわけだが、その比喩として用いられた用語であると、五世紀のアリストテレスの「解釈論」の注釈者アモニオス以来信ぜられてきているが[18]、これはアリストテレスの用語に関する無知のいたすところであって、πτῶσις なる語は、動作として「落ちる」(fallen, hinabfallen) の意味ではなく、「ある特殊形をとる」(ausfallen) の意味であった、と最近の古代文献学は教えてくれている[19]。これはアリストテレスの πτῶσις の使い方に関するプラトン起源説を裏づけてくれるわけだが、バトラーの方は、伝統的（アモニオス的）に「格」を解釈していたことがわかる。

語構成論を品詞各論の前に置くこと

一般論を先にして個別論を後にするという方法論（natura prius praecedat, posterius sequatur）は、ラムスがアリストテレスのいわゆる倒逆論法（ὕστερον πρότερον）を避けるために取り上げたものである。この方法論を文法にあてはめると、ラムスによれば「語構成論を一括して品詞各論の前において取り扱うこと」になる。バトラーはラムスのこの方法を容れて、第三章の品詞論（Of Words）の第一節において、派生語・合成語・格変化に関する一般的説明を簡単にやって、ついで第二節・実名詞、第三節・形容詞というふうにやや詳しい記述を進めてゆく。特にバトラーはOriginal と Deduced（Branch）の区別を重視していた。このように一般論から個別論に入るというやり方は、ラムスによってのべられた体系を有する学問の三原則[20]の第三、「叡智の原則」と関係している。これは広くイギリスにも影響があったと見え、バトラーのほかにギルやベン・ジョンソンなど、近世初頭の英文法家でもその影響を受けた人が少なくない。

二分法の徹底的な用い方

素材を取り扱う際、明晰性のために二分法（Dichotomy）を用いるのはアリストテレスの流れを汲むスコラ哲学者の愛好するところであった。またこれは人文主義時代には例のラムスが強く主張したところである。この傾向をバトラー及び、その他のラムスの影響を受けた文法家に見出すことは容易である。バトラーが格を二分した[21]のもそうであるし、また、同じことは品詞分類にも見られる。

- Words
  - Words with number and case
    - Noun（without time）
      - absolute
        - Substantive（name）
        - Adjective（quality）
      - imperfect（Pronoun）
    - Verb（with time）
  - Words without number and case
    - Preposition
    - Adved（Conjunction を含む）

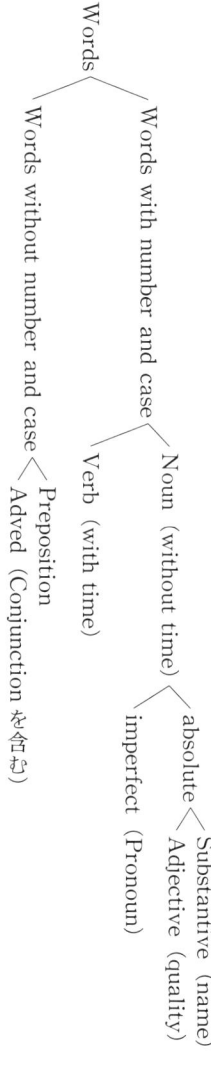

このような徹底した二分法は、一品詞についてもおし進められている。たとえば形容詞の例をあげてみよう。

- Adjective
  - positive (or absolute)
  - respective
    - increasing
      - Comparative (one)
      - Superlative (many)
    - decreasing
      - Diminutive (part)
      - Privative (all)

この二分法の体裁を整えるためにバトラーは相当無理をしているところがある。すなわち、不変化詞（Words without number and case）のところでは、接続詞をはぶき、形容詞のところではdecreasingを加えている。前者は無茶であり後者は語形成の項で扱われるべき事柄に属する。この二分法の無理な使い方は、中世のアリストテレス学徒の流れを汲む文法よりも、むしろラムス学徒に多く見られるところである。

以上の四点を結論的にまとめてみよう。

バトラーの*English Grammar*は、もちろんアリストテレス的要素からのみ成り立っているものではなく、その他の要素を含むものであるが、上述の第一点及び第二点は直接アリストテレスの影響に帰する以外は説明しがたいようである。また、第三点及び第四点は、ラムスを通じてアリストテレスから来た間接の影響と言えよう。第三点及び第四点について言えば、バトラーと同じ方法を用いた英文法家が前にも後にもいるが、第一点と第二点に関しては、彼の前にも後にも類似のものがない。このようにバトラーの英文法に見られるアリストテレスからの直接の影響と思われる要素は、近世初期の英文法史上、先例もなく後例もなく、まったく孤立して現れている現象のように思われる。

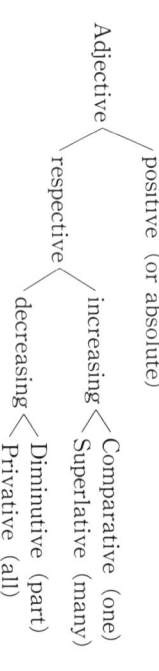

本書に対する評価

バトラーの本書は、A. J. Ellis, *Early English Pronunciation* (E. E. T. S., 1869–1889) 以前には書評を受けた跡がなく、エリス以後は、常に英語音韻史の資料としてのみ批評を受けてきた。

エリスはバトラーの説明の不明確さ、母音表記の不正確さを非難している ("the indistinctness with which he has explained and the laxity with which he apparently denotes his vowels ...")。

バトラーの *English Grammar* の近代における再刊者であり、彼の音韻表記に関する最初のまとまった研究論文の著者であるアイヒラーもあまり高くは評価していない。バトラーの表記法には定義がしばしば欠けていること、また、彼は努力はしたが効果は少なかったとも言っている。[22] もっと重要なアイヒラーの批判は、バトラーは学校教師的根性をさらけ出し、当時話されていた言葉から規則をとろうとせずに、主に過去の理想的発音を考え、これに準拠し実際の言語の用法に反してきめようとしているという発言である。[23] これと同様な批判はバトラーに対してのみならず、正音法家一般に対してその後長く続く。

バトラーに対する否定的な批判は H. C. Wyld, *A History of Modern Colloquial English* (Oxford, 1920), pp. 169–70 にも見える。ワイルドの見解では、バトラーは要するに、研究してみても価値がないということになる。[24] W. Horn, *Laut und Leben* (Berlin, 1954), Bd. 1. p. 83 も、バトラーの改良正字法は、不明確なギルよりもはるかに不明瞭なものであったと断定している。

このようなバトラー非難の歴史にピリオドを打ち、その功績を認めたのは E. J. Dobson, *English Pronunciation 1500–1700* (2 vols. Oxford, 1957), vol. 1, pp. 156–65, 190–98 である。彼はエリス、アイヒラー、ワイルドなどのバトラー批判者を批判する。エリスについては、彼はこの分野の最初の人だからその知識も限られている（p. v）と言い、アイヒラーに対しては判断が甘すぎる（"Eichler's study is generally far too uncritical." p. 156n.）ときめつけ、ワイルドに対しては、無用に激しい非難を弄していることを指摘し、よく読めばバトラーはわかりやすいのだと言っている（"Wyld ... uses them as the text for unnecessarily violent attack, alleging a general confusion in Butler. But Butler's meaning is in every case made reasonably clear by later passages in the *Grammar*." p. 157n.）。もちろんドブソンはバトラーを完全だと言っているのではなく、その欠点も指摘している。しかしドブソンは、バトラーの表記法はていねいに読めば十分理解できるものであるし、また、バトラーが *The English Grammar* の第一章で、英語の綴りと発音がどのようにして乖離してきたかを、疑問の余地なく明らかに説き明かしていることを指摘する。そしてこの認識こそ音韻学の根本であるのだが、この原理を最初に認識したのがバトラーであることをドブソンは力説する。また、its という形を it の所有格としてバトラーが採択したことにもドブソンは注意を促している。

　音韻論を別として、バトラーの *The English Grammar* を文法書として扱ったものは、O. Funke, *Die Frühzeit der englischen Grammatiken* (Bern, 1941), pp. 81-83 である。[25] ここでは約三頁にわたって簡単な解説が与えられている。フンケはラムス的形式主義によりながら、英語の品詞分類をやっているバトラーの努力は、まずは失敗していると言っている。また、簡単であるが、アリストテレスの *πτῶσις* との関係にも言及している。

　そのほかでは、拙著『英文法史』（研究社、一九六五年）二六三—八六頁があるが、ここではバトラーの文法の全体的構成が統語論を落していること、二分法が極端に走って逆効果になっていること、ゲルマン狂的精神があることなどの批判的指摘をしてある。そのほか、文法上の諸項目を他の文法家と比較している。また、拙著「文献学の理念と実践」（本書所収）では、バトラーとアリストテレスとの関係がやや詳しく論ぜられている。西欧の学問史、あるいは文法史上におけるバトラーの特殊な地位が知られよう。この小論は、学問としての文法史の研究（Beitrag）のあり方を方法論的に実験する意図から書かれたものであった。

注

（1） チャールズ・バトラーの生涯を知るための参考文献としては次のようなものがある。
The Dictionary of National Biography (*DNB*).
この辞書の資料として用いられたものに
Wood, *Athenae Oxonien* (ed. by Bliss), III. pp. 209–10; *Fasti*, I. pp. 223, 240.
Woodward, Willis & Lockhardt, *History of Hampshire*, III. 230–32.
Fuller, *Worthies*.
Hawkins, *History of Music* (1853), p. 574.
また、元来マロン（Malone）の所有であったOxford Exampleに手書きの記録があるが、これはウッドによったものであるとされる。以上のほかには、
Eichler, A., *Charles Butler's English Grammar* (Neudrucke frühneuenglischer Grammatiken, Band 4, p. 1). Halle A. D. S. (Max Niemeyer), 1910, pp. vii–xi.
Dobson, E. J., *English Pronunciation 1500–1700*. Oxford (at the Clarendon Press), 1957, vol. I, p. 156.

（2） バトラーとギルの比較研究は、いろいろな意味で対比しやすいので、興味ある結果を持つであろう。たとえばE. J. Dobson (*op. cit.*, pp. 159–60) は次のように言っている。"Butler presents us with a situation directly opposite to that we had to deal with in the *Logonomia*. There we had to do without descriptions of pronunciation and depend on the spelling; now we cannot place much reliance on the spellings, but in compensation there is a fairly detailed account...."

（3） アイヒラーは「一五九四年から」としている。一方ドブソンは「一六〇〇年から」という説をとっている。ベイジングストーク（Basingstoke）とウトン・セント・ローレンス（Wootton St. Lawrence）は三マイルくらいしかはなれていないので、兼在の時

期があったと考えてよいであろう。すなわち、アイヒラーは兼在の時期を入れて考え、ドブソンは転在してからのことを考えたのであろう。また、地名について言えばアイヒラーが Laurence-Wootton というところをドブソンは Wootton St. Lawrence と言っている。E. Ekwall, *The Concise Oxford Dictionary of English Place-Names* はドブソンの方を採択している。

(4) E. J. Dobson, *op. cit.*, pp. 190-91.

(5) A. Eichler, *Schriftbild und Lautwert in Charles Butler's English Grammar* (1633, 1634) *und Feminin' Monarchi'* (1634) (Neudrucke frühneuenglischer Grammatiken, Band 4, p. 2). Halle A. D. S. (Max Niemeyer), 1913. バトラーの『女性君主国家』はアイヒラーのこの研究書まで、英語史の考察に取り上げられたことがなかった。

(6) 初版 (1633) と第二版 (1634) との異同に関する詳細については、A. Eichler, *Charles Butler's English Grammar (1634)* (Neudrucke, Band 4, p. 1) pp. ix-xi を参照。

(7) 元来はロンドン生まれの法律家であるが、隠退後マドリガル協会 (the Madrigal Society) の創立者の一人となった。その著 *General History of Music* は注意深い編纂で知られ、出版後百五十年間もその価値を失わなかった。彼にはまた、『サミュエル・ジョンソン伝』(*Life of Dr. Johnson*, 1787) があり、それをジョンソンの著作集 (*Works*) につけて出している。

(8) バトラーは英語以外の [ts] 音を持つ言葉を知らないと言っているので、イタリア語を知らなかったことがわかる。

(9) これに関しては、拙著『英文法史』(研究社、一九六五年) 二六五—八六頁参照。

(10) フランダース人の医者。一五一八年、ブラバンドに生まれ、一五七二年マーストリヒトに没した。チャールズ五世 (Charles V) の姉妹、ハンガリーのエレアノール (Eleanor) 及びマリー (Marie) の侍医でもあった。イタリア、スペイン、フランスなどに長く滞在の後、ベルギーのアントワープに定住、一五六九年『アントワープ人起源論』(*Origines Antverpianae*) の中で彼の革命的新説を発表した。著作集は *Opera Joan. Goropii Becani, Hactenus in lucem non edita*, Antwerp, 1580. ゲルマン語の古さに対するプライドを示した最初の人として当時の影響力は甚大であった。彼の意見は極端であり、Germanophiles (ゲルマン狂たち) もついていけない点はあったにせよ、イギリスにもその追従者を生んだ。イギリスで特にその説に強く影響を受けたのは Richard Verstegan (*A Restitution of Decayed Intelligence*, 1605. 筆者所有のものは一六三四年版) と、William Camden (*Remaines of a Greater Worke, Concerning Britaine*, 1605 の著者) である。バトラーやギルもこれらの書物の影響を受けた。バトラーはその序文の中で、ファン・ゴルプにも、ファーステガンにもキャムデンにも言及し、その説を引用している。

(11) 『英語の正しい表記について』(*De recta et emendata Linguae Englicae Scriptione Dialogus*, 1568) の著者。これはオットー・ダイベル (Otto Deibel) によって、Neudrucke frühneuenglischer Grammatiken, Band 8 (Halle A. D. S., Max Niemeyer, 1913) に入れられており、南雲堂「英語文献翻刻シリーズ」では第五巻に入っている。

(12) *The First Part the Elementarie* (London, 1582) の著者。この本は一九二五年、カンパニャック (E. T. Campagnac) によってオックスフォードから再刊されている。マルカスターについては、R. F. Jones, *The Triumph of the English Language* (OUP, 1953), pp. 69-70, 157-67, 185, 192-94, 200, 205-07, 219, etc. を参照。

(13) フランス式では Pierre de la Ramée (1515-72)。フランスの哲学者で文法改革者。その業績については、拙著『英文法史』五〇一六八、三四三一四四頁参照。

(14) 西欧の文典における統語論の取り扱いについては拙著『英文法史』一三一一七、三五六一五九頁参照。

(15) Alexander Hume, *Of the Orthographie and Congruitie of the Britan Tongue* (1617). これは一八六五年 E. E. T. S. の一冊としてホイートリー (H. B. Wheatley) により、はじめて印刷に付された。南雲堂「英語文献翻刻シリーズ」では第三巻に入っている。

(16) *Περι ἑρμηνειας* のこと。普通 "On Interpretation" と英訳されている。これはアリストテレスの論理学書 *Organon* の中の一編を成している。筆者はアリストテレスのテキストにはローブ (Loeb) 双書のものを使った。バトラーの文法書と比較する際には英訳が便利であるが、その注の価値も考慮して、*Aristotle's Works* (*Organon*, vol. 1), translated by O. F. Owen (London, 1893) を使った。また、訳し方の問題であるが、語序などの関係で、Ingram Bywater, *De Poetica*, Chap. 20 を使ったところもある。

(17) このテーマの一部は、「Charles Butler's *English Grammar* (1634) に見られるアリストテレスの影響」として、一九六一年、北海道大学における日本英文学会第三十三回大会で発表させていただいた。なお詳細は拙論「文献学の理念と実践」(本書所収)を参照。

(18) Ammonios, *Arist. de int.* pp. 31, 42; *Comment. in Arist. graeca* IV. 5, 1897, p. 104.

(19) たとえば、R, Hiersche, "Entstehung und Entwicklung des Terminus πτῶσις 'Fall,'" *Aus Arbeit an einem historischen Wörterbuch der sprachwissenschaftlichen Terminologie*. Berlin, 1956, pp. 1-19.

(20) これらの諸原則に関しては拙著『英文法史』五四一五九頁参照。

(21) バトラーは the Rect case と the Oblique case という二つの格しか認めなかった。これはバトラーが英語に二つの格しか認めない最初の英文法家であるということである。この意味で形式論者としてバトラーはイェスペルセンの先輩にあたることになる。

(22) "B's Transkriptionssystem verzichtet ... meist and Definitionen" とか "Mit viel Eifer und wenig Erfolg ins Werk gesetzten Reform des Alphabets" など (cf. Eichler, *Schriftbild und Lautwert*, p. 1)。

(23) "Dazu kommt die allen älteren Orthoepisten anhaftende Eigenschaft der Schulmeisterei, die Regeln nicht aus dem Sprachleben der Zeit abzuleiten, sondern gewissen Idealen, meist der Vergangenheit, nachgehend, gegen den Sprachgebrauch

zu diktieren." (*Ibid.*)

(24) "Thus his book remains a barren, vague, and unsatisfactory account of English speech" とか、"the invincible futility of Butler" などという言葉が見える。

(25) この他古いところでは F. Wüllenweber, "Beiträge zur Geschichte der englischen Grammatik" (17. Jahrh. *Berliner Programm*, No. 110, Berlin, 1892) などにバトラーに対する言及が見えるが、ほとんど名をあげているにとどまり、考慮を払う価値はない。

John Wallis: *Grammatica Linguae Anglicanae* の解説

著者の略歴(1)

ジョン・ウォリス（John Wallis）は一六一六年十一月二十三日、ケント州のアシュフォードに生まれた。父はノーサンプトンシャー出身、ケンブリッジでB. A. 及びM. A. をとった牧師で、アシュフォードの教会に二十年間も勤めて近隣の尊敬を集めていた教養ある人であった。最初の妻と死別して、ケント出身のジョアナ・チャップマン（Joanna Chapman）という十四歳年下の女性と再婚、三男二女をあげた。ジョンは二人の姉と二人の弟を持った。つまり五人姉弟の真中である。父はジョンが六歳の時に死んだため、母によって育てられた。

彼は教育を最初郷里のアシュフォードで受けた。最初母国語を、ついでラテン語を学んだ。一六二五年、アシュフォードにペストが出たのでケント州テンタデンの近くのリー・グリーンにあるジェイムズ・モウアト（James Mouat）というスコットランド人のやっている小さい学校に移った。一六三〇年この学校が解散した時、学力から言うと彼は大学に行けるほどであったが、年が若いのでエセックスの当時評判のよかったフェルステッド校（Felsted[2] School）に入った。この学校に二年間いる間に、ラテン語を自由にあやつれるようになり、ギリシャ語、ヘブライ語、フランス語、論理学の基礎、音楽などを学んだ。一六三一年、クリスマス休暇で帰省した時、商業の教育を受けている弟の数学の本を見た。そして弟が数カ月かかって苦心して学んだことを数日で苦もなくマスターして、はじめて数学のおもしろさを知ったという。[3]ウォリスは後に十七世紀第一流の数学者になったのだから、こういうこともあったろうが、自伝を書いた時の彼がすでに八十一歳の老翁であったことを考えると、多少の誇張はあるかも知れない。

一六三二年のクリスマスに彼はケンブリッジのエマニュエル・コレッジに入り、奨学金を得、また、討論家として有名になった。ここでは各種の語学、論理学[4]、倫理学、物理学、形而上学、医学、解剖学[5]、天文学、地理学[6]、さらに牧師になるための神学[7]、また前からやっていた数学[8]などを研究した。そして驚くべきことには、このいずれの分野においてもすばらしい上達を示したのであった。彼の多才は、同時代の人で、しかも彼と文通のあったライプニッツ（Leibniz）を思わせるものがあり、このような万能の天才が存在し得たことが十七世紀の学問の特徴でもあると言えよう。

彼はB. A.を一六三七年に、M. A.を一六四〇年に得た。最初ヨークシャーのリチャード・ダーリー（Sir Richard Darley）の礼拝堂つき牧師（Chaplain）になったが、翌年ホレイショウ・ヴィエ卿（Lord Horatio Vere）の未亡人のチャップレンとなり、ロンドンとカッスル・ヘディンガムに交互に住むことになった。チャールズ一世と議会の争いによる内乱（Civil War）がちょうどはじまった頃のある日、レディ・ヴィエのロンドンの邸宅で夕食をとった時、ある人が、暗号文書を慰みにみんなに見せ、ウォリスにも冗談半分に解読できるかとたずねた。彼は二時間ばかりしてみごとに解いてみんなを驚かせた。当時これは奇跡的なことと考えられ、たちまち有名となり、いろいろな人の秘密文書を解読することとなった。間もなく議会も彼にこの仕事を委嘱した。このため名声は大陸にも伝わり、ライプニッツも、この秘法が後世に伝わらずじまいにならぬよう、その方法を公表することを頼んでいるが[9]、ウォリスはきかなかった。しかし暗号解読の天分は、ウォリスの長女アン（Anne）の息子ウィリアム・ブレンコウ（William Blencowe）に伝わった。彼はモードリン・コレッジ（オックスフォード）の学生の頃から一人で暗号解読ができ、ウォリスが一七〇三年に死ぬと、祖父の跡をついで政府の暗号解読係になった。孫娘たちもできたと言うから隔世遺伝というものであろう。

一六四四年彼は議会が召集した Assembly of Divines（いわゆるウェストミンスター会議）の書記に任ぜられたが、この会議の目的は古い監督教会（Episcopal Church）の組織を廃止することにあった。また、同じ年 Fellow of Queens'（Cambrigde）になった。翌一六四五年サセックス出身のスザンナ・グライド（Susanna Glyde）と結婚した。彼女とはその後四十二年間生活をともにし一男二女を育て上げた。彼の母は、一六四三年に死んだが相当の遺産があったので、ロンドンに居をかまえ、学者と交際をし、クラブを作った。これが王政復古後には王立協会（Royal Society）となったのである。

一六四九年、議会は彼をサヴィル講座担当教授（the Savilian Professor of Geometry）[10]に据えた。一六五三年には *Grammatica Linguae Anglicanae* を出版、翌一六五四年にはオックスフォードから D. D.（神学博士号）をとった。続く数年間、数学上の重要論文をいくつか書き、一六五八年にオックスフォード大学の Custos Archivorum の要職に任ぜられた。彼はピューリタンの考え方に傾き、クロムウェル（Cromwell）の受けがよかったのである。

一六六〇年に王政復古となり、多くの人が失脚したが、ウォリスは幸運であった。彼の地位は確認されたのみならず、王室つきのチャップレンに任ぜられ、さらに祈禱書（Common-Prayer Book）の改訂委員に国王から指名されている。クロムウェルの時代に獲得した高い地位を王政復古後も維持したことについては当時から非難があった。同時代人でしかも彼の伝記を書いたアントニー・ウッド（Anthony Wood）もその一人で、ウォリスを“Taker of all oathes, covenant, engagement. Faithful to Oliver, to Richard to King Charles II, King James II, King William!”と言って、その無節操をきびしく責めている。ウッドはこれはウォリスが長老派（presbyterian）だったためであろうと言っているが、ドブソン（E. J. Dobson）は自己利益（self-interest）がその本当の理由だろうと考えている。[11] これに反してウォリスに同情的な見方をしているのはレーナート（Lehnert）であって、ウォリスが動乱の時代に世間的な成功を維持し得たのは“to act by moderate Principles, between the Extremities ... in a moderate compliance with the powers in being ...”という彼の生活哲学によるものであろうと言っている。[12] この極端に一派にくみせぬという折衷的な、寛容な姿勢はウォリスの文法論にも表れてくるのである。

一六六〇年から六二年にかけてウォリスは聾啞教育に従事して大きな成果を上げた。[13] 彼はこの分野における最初の人というわけではないが、聾啞教育史上、最大の名前の一つにあげられる。聾啞者に話し方を教えることは、当時、何かしら神秘的なことと考えられていたが、十六世紀の末から十七世紀のはじめにかけて、二人のスペインのベネディクト会修道士ペドロ・デイ・ポーンセイ（Pedro de Ponce）とホワン・パーブロ・ボネット（Juan Pablo Bonet）が成功を収め、イギリスの医師ジョン・ブルワー（John Bulwer）、オランダ人ヴァン・デルフト（P. M. Van Delft）などがそれぞれ相当の成功を収めていた。しかしウォリスの功績は独特の価値を持つものであった。というわけは他の聾啞教育者が実際的、教育的立場から出発したのに反し、ウォリスは、フランシス・ベーコン（Francis Bacon）によって唱導された音声生理学的な立場、すなわち、理論的考察から出発したからである。ウォリスはすでに一六五三年に出版した*Grammatica Linguae Anglicanae*の前につけた序論(Tractatus Prooemialis)である「話し言葉について」(De Loquela)[14]の中で一般音声学的考察を行い、個々の特定の言語を考慮することなく、いろいろな音の出し方を研究したのであった。そしてこの一般的考察の書を出版した数年後になってはじめてこれを聾唖者の教育に応用したらどうかと思いついたのである。一般音声学的見地から区別した五個の母音(a, e, i, o, u)を五本の指にあてはめて指話法を考えたことなどがそれである。「聾唖者も普通の子どもが言葉を習うように学ばねばならぬ。ただし子どもは音を耳で学び、聾唖者は(音を示す)合図を目で学ぶのである」[15]というのが、その根本原理であった。さらに複雑な文法事項を習得させる方法を論じている場合も、自分の文法書にのべていることが基礎になっている。このように、ウォリスは学問的音声学と実際的聾唖教育を結びつけた点、後世のベル父子(Alexander M. Bell, Alexander G. Bell)の先輩にふさわしかったのみならず、一つの学問分野の開発者と言ってよく、後世のみならず当時の仏独に対する影響も大きかった。暗号解読術とならんでウォリスの異常な能力を示す好例であろう。

言葉に関する仕事としては、古代および同時代の科学書の厳密な校訂出版があげられる。その中にはアルキメデス(Archimedes)の"Arenarius"と"Dimensio Circuli"、プトレマイオス(Ptolemy)の"Harmonicon"、パピュス(Pappus)の断片、アリスタルコス(Aristarchus)の"De Magnitudinibus et Distantiis Solis et Lunae"、また新しいものではニュートン(Newton)やフラムスティード(Flamsteed)のものがある。この中にはプトレマイオスの場合のごとく、はじめて出版された貴重なものが含まれており、ウォリスの博洽的確な学識を十分に示したものである。

一六九一年から九九年にかけて彼は自分の数学、神学、その他に関する論文を集めたものをいろいろ出している。特にウォリスは大学で数学を教えただけでなく説教者の役もかね、その説教は当時、イギリス国内においてのみならず、大陸においても有名なものであった。一六九一年に七巻にまとめられた説教集は後に大陸でも翻訳され、彼はカドワース（R. Cudworth）、バロウ（I. Barrow）とならんでイギリスの三大説教家に数えられた。

一六八八年から翌年にかけての名誉革命によって、オレンジ公ウィリアム（William）が王位に就いた。オックスフォードの教授の中には、この外人の国王に忠誠を誓うことを拒む人も多かったが、ウォリスは一六八九年、宣誓をした。ウォリスの数学上の主著（フォリオ版で三巻より成り、一六九三―九九年オックスフォードで出版）はこのウィリアム三世（William III）にささげられた。また、国王も暗号解読者としてのウォリスの特殊技能を珍重し、その功に対して感謝している。

ウォリスは一生を通じて驚くほど精神上、肉体上の健康に恵まれていた。彼が *Opera Mathematica* の第三巻を書き終えた時、すでに八十三歳であったが、毫も疲れを見せることがなかった。しかもその書いている内容たるや、ニュートン以前の最高の数学の論文なのである。しかもウォリスはいつも機嫌のよい人で、晩年も静かで幸福であったように見える。しかし最後の数年はいくらか老衰を示す徴候が出てきた。そしてついに一七〇三年十月二十八日、八十七歳の高齢で没し、オックスフォードのセント・メアリー教会に葬られた。彼の息子がそこに碑を建てさせている。彼の肖像もいくつか残っているが、その一つはピープス（Pepys）が金を払ってゴッドフリー・ネラー（Sir Godfrey Kneller）に画かせたものであり、今でもロンドンのナショナル・ポートレート・ギャラリーで見ることができる。(16)

ウォリスはひとことにして言えばアリストテレス的人物であった。明確鋭敏な概念把握と客観的認識の尊重、そこから生ずる驚嘆すべき博学がその特徴である。その一端を窺うには、R. P. Niceron, *Mémoires pour seivr à l'Histoire des Hommes Illustres dans la Republique des Lettres* (Avec un Catalogue Raisonne de leurs Ouvrages, Paris, 1745) Vol. 43, pp. 247–51 を見るにしくはない。この本にかかげられているウォリスの著作、論文のリストを見れば、彼こそはイギリスのライプニッツと称するにふさわしいことが知られよう。また、ウォリスの特徴の一つは理論と実践の結びつきであり、ここに彼のイギリス的性質が出ている。一六九七年にトーマス・スミス（Thomas Smith）に与えた手紙の中で “I have been able to live easy and useful, though not great” と自己評価を下している彼にわれわれは好感を持たざるを得ない。

本書の内容・構成(17)

本書は少なくともウォリスの生前六版、死後四版出ていて、各版に相違があるが、南雲堂「英語文献翻刻シリーズ」の底本となったのは、一七六五年版である。はじめにこの版を選んだ理由を示すため、まず各版の特徴を簡単にのべておくことにする。(18)

レーナートの研究によって現在知られているところではウォリスの *Grammatica* の各版は、それぞれ前の版のつみ重ねである。したがって、増補はあっても根本的改訂はなかったと言ってよい。版を重ねるごとに量が増えたことになる。初版は一六五三年オックスフォードで出版、第二版は、ほとんど初版のまま、少しばかり重要ならざる増補があって一六六四年やはりオックスフォードで出版された。第三版は第二版のそのままのリプリントで一六七二年ドイツのハンブルクで出版、第四版は一六七四年オックスフォードで出版されたが、これは相当の改訂増補がある。特に著しい変化があったのは第十四章（De Etymologia）と第十五章（De Poesi）で少なくとも十四個の用例がつけ加えられた上、はじめて Praxis Grammatica が加えられた。これは量でいって約五十五頁の増加である。この中でウォリスは主禱文（Lord's Prayer）、使徒信条（Apostle's Creed）、それにフランス語の諧謔詩の英訳に出てくる個々の言葉の文法的な使われ方、また語源などを説明している。この部分ではウォリスは自分の語学的博識を楽しんでいるふうであって、name という一語を説明するのに、ドイツ語、フランス語、イタリア語、ラテン語、ギリシャ語、ヘブライ語、古英語、デンマーク語、ベルギー語、スコットランド語、ウェールズ語などを引用してみせている。[19] また、この版の序文では、生きている動物は古来の英語である（ox, sheep, pig など）が、料理されると征服者であるノルマン人の言葉（beef, mutton, pork など）になったと言っているが、これはスコット（W. Scott）の *Ivanhoe* に引用され、また H. Bradley, *The Making of English*, p. 88 にも言及されている。[20] また、［j］と［w］が［iː］と［uː］と違うことを指摘する一説も加わっている。また、この第四版とまったく同じものが一六八八年ハンブルクから出版された。最も重要な第五版は一六九九年、オックスフォードでウォリスの著作集 *Opera Mathematica* の第三巻の付録としてフォリオ版で出た。これはウォリス自身の手によって注意深い改訂増補を受けた最後の版で、決定版と言ってよいであろう。De Etymologia の章は第四版に比べて百カ所以上の増訂を受けているし、De Poesi は詩篇（Psalms）の例を加えたため、約四倍に増えた。Praxis Grammatica の方にも多少の増補が見られる。また、全体を通してウォリスの観察がさらに周到になったことが知られる。たとえば以前の諸版で、「すべてのドイツ人はイギリス人が［w］と言うところを［vw］と言う」といっていたのを、「あるドイツ人は［w］と発音し、また、ある者は［vw］と言う」というふうにきめ細かく訂正している。また、［g］と［y］の親近性を論じて古英語の ʒenoʒ, ʒenoh が yenough, ynough、さらに inough, enough となったことをつけ加えているのもこの版である。また y が母音として用いられた時は、古英語時代のように、上に点（dot）を付けたいと言ったり、黙音の e（silent e）は昔は発音されたに違いないという主張をつけ加えたりしている。

これ以後の版はウォリスの目を通していないのでウォリスの研究用としては権威を欠く。一七二七年にはライデンで、一七三一年には簡約版がケーニヒスベルクで、一七四〇年にはライデンで一七二七年版のリプリントが出た。ウォリスの死後、われわれにとって重要なのは一七六五年にロンドンとライプツィヒから出た第六版である。これは一六九九年オックスフォードからフォリオ版の全集の一部として出た最も権威ある第五版を通常の本の大きさにして独立本にしたものであって、内容的にはフォリオ版とまったく変るところがない。ただ、巻末にトーマス・ビバリー(Thomas Beverley)宛にウォリスが聾唖教育について書いたラテン語の手紙(Sept. 30, 1698)がつけられている。これは入手しがたいフォリオ版の歓迎すべき代用品であって両者は内容においては同じである。アレグザンダー・エリス(Alexander J. Ellis)が *On Early English Pronunciation*, Part 1(1869)に使ったのもこの一七六五年版である。スウィート(H. Sweet)が *A History of English Sounds*(Oxford, 1888)に用いたのはすべてエリスからの孫引きであるから、結局一七六五年版ということになる。その後の著作でウォリスに言及ある場合は、たいてい、エリスかスウィートによっているから、これまた一七六五年版にもとづいていると言えよう。(21) したがってウォリスの *Grammatica* をリプリントするとすれば、初版と一六九九年版と一七六五年版が問題となろうが、初版には Praxis Grammatica など多くを欠くので、ウォリス生前の決定版たる一六九九年版が最も望ましいことは明らかである。しかし不便なフォリオ版なのでこれのサイズを変えただけの一七六五年版にもとづくのが妥当であろう。南雲堂「英語文献翻刻シリーズ」の底本はゲッティンゲン大学図書館所蔵の一七六五年版である。(22)

ウォリスが *Grammatica* を書いた動機は一六五三年トーマス・スミスに宛てた手紙から明らかである、(23) それはまず、英語で書かれた著作を読みたいと思いながらも適当な英文法書のないことを嘆いている外国人に満足を与えるためであった、このような実際的、教育的目的から出版したものでありながら、後世に影響が大きかったのはその著者の学識と明敏のゆえである。本書は大きくわけて次の三部から成り立つ。[24]

（1） Tractatus Prooemialis; De Loquela; sive Literarum omnium genuino Sono, earumque in ore aliisque vocis organis Formatinone（序論——話し言葉、または全文字の純粋音およびその口腔などの発音器官による形成）

（2） Grammatica Anglicana（英文法）

（3） Praxis Grammatica（文法演義）

最後の項目については前に触れただけで十分と思うので、最初の二項についてと、さらに頭に付された「第五版への序文」(“Auctoris ad Edit. V. Praefatio,” Oxford, 1699) について簡単にのべることにする。

序文では大きな部分が英語史の概観にあてられている。彼はまず古代ブリテン島の住人がガリア人と同一の人種であることを言語的に証明する。たとえばフランス語 guerre, garant, gard, gardien, garderobe, guise, guile, Guillaum などが、それぞれ英語では warre, warrant, ward, warden, wardrobe, wise, wile, William になっていること、したがって Gallia は Wallia（＝Wales）である。また、ドイツ人がフランス人を Walshen と言ったり、Wall-nut（＝Walnut）すなわち Walsh-nut は French-nut と呼ばれることも考え合せている。このブリトン人の起源についてはトロイア戦争を引き合いに出すなど、多分に中世的なにおいもあるが、すでに近代的な考察がはじまっていることを示している。この問題はウォリスの約二百年後にマックス・ミュラー（Max Müller）が取り上げている。[25]

ガリア人は後、ローマの支配下に入り、さらにゲルマン人の一部族であるフランク人が統治者としてやって来た。フランク人はガリア人の言葉を採用したが、シンタクスは保持した。これのためフランス語はラテン語やガリア語と異なるのだという観察はユニークである。一方、ブリテン島の方はジュリアス・シーザー（Julius Caeser）をはじめとするローマ人の侵入があったが、その後やって来たアングロ・サクソン人が決定的な役割をする。彼らは大陸のフランク人と違って土着人と混合せず、被征服民族を辺境の地や周囲の島に追いやった。デンマーク人の侵入によってたいした変化はなかった。ノルマン人によって大量のラテン系の言葉が入ったが、ノルマン人自身は英語を語るようになってしまった。同意語や二重語（doublets）などの多いのもこれによる。動物が生きている時と料理された時で名称が違う（ox が beef、sheep が mutton など）のもこのためである。その後も外来語の導入がはなはだしいのは英語が不完全というよりは、海外との通商、王家の海外王族との結婚、新しいものに対する好みによるものである。また、スコットランドで英語が話されていることに対しても、古英語時代の状況まで遡って鋭利な観察を下している。

ウォリスの英語史は短いものであり、今日から見て批判されるべき点があるのは当然であるが、全体として見れば正確であり、当時としては出色のものである。方法論的に言っても、史前時代の種族間の関係を言語現象から説明しようとする試み、また、時代を追って外来語の影響を見ている点など、貴重なる先駆的業績と言えよう。ただ内的発展についてはほとんど発言がないが、アングロ・サクソン語が英語になったのは徐々たる変化を通じてであるとの認識は持っていた[26]。叙述の簡潔明晰さでは、今日の目で見ても模範的とレーナートは評している[27]。

英語史についで、ウォリスは自分が今この本をなぜ書くのか、その理由を説明している。ここでは先にあげたトーマス・スミス宛の手紙にのべてあると同じく、英語で書かれた著作、特に神学関係のもの（説教集の意味であろう）に対する海外からの要求が大きいことを示している。この実用的な目的のほかに、愛国心の発露も見受けられる。イギリス人は自分たちの言葉は文法の規則によって整理できないという劣等感を持っているので、英語も文法的取り扱い方ができることを証明してやりたいと彼は思うのである。このように英語にも文法があることを示そうという欲求は最初の英文法であるウィリアム・ブロカー（William Bullokar）の *Bref Grammar for English*（1586）[28] 以来、近世初期の英文法の著者に共通の要求であった。ウォリスはギルやジョンソンなどの英文法の存在を知っていたが、これらの先輩たちは英語をラテン語の規範にしたがって処理しようとしたため、無益な規則が多く教えられすぎていると批判的である。しかし他の近世初期英文法家と同じくウォリスも序文と本論はだいぶ異なる。彼はラテン文法と手を切ったというよりは、ラテン語の用例からやや自由になったというにとどまる。

次にウォリスが序文の中でのべていることは、英語の音を他の国の言葉のそれと比較すること、および発音器官から音声そのものの記述を行うということである。このため、本全体の約三分の一が音声論にさかれることになった。これはギルの約三倍の量にあたる。音声論に大きなスペースをさくというやり方は、後にクーパー（Cooper）の同名の著書によって受け継がれた。(29)

第一部の序論 De Loquela は内容から言うと一般音声学と言うべきもので、研究史上の一つの金字塔であり画期的な業績である。ウォリスの多数の言語に関する知識、音楽の研究で鋭敏にされた耳、医学・解剖学の研究から生じた発音器官についての知識、実験物理学者として言語の本質を「分節して発音された音声」に求めたこと、数学者、論理学者としての図式的なまとめ方の巧妙さなどがよく生かされている。これ以後十八世紀の英文法書のいくつかがウォリスからの盗用から成り立ち、また、ほとんど全部が多かれ少なかれ彼の影響下にあったとしても不思議はない。

De Loquela の第一部は言語の本質と発音器官に触れている。ここでは文字と音韻を十分区別してないような印象を受けるが、ウォリスがその区別を知らなかったのではない。彼は文字（letter）を音素（phoneme, cf. D. Jones）を示す記号、あるいは一般の発音記号のように考えていたため、今日から見ると誤解されやすいのである。今でこそ英語ではスペリングと発音の差が大きいが、元来、アルファベットは簡略筆写（broad transcription）の記号の働きをしていたと考えれば、ウォリスの記述の意味もよくわかるであろう。

		Apertura		
		majori	media	minori
Vocales	Gutturales	â, ŏ aperta	e foemininum	ŭ, ò obscurum
	Palatinae	á exile	é masculinum	ee, ĭ exile
	Labiales	ô rotundum	oo, û pingue	ú exile

発音器官の個々の説明の中で、声帯が欠けているのが致命的である。声帯の意義と機能について最初に出版されたのはウォリスの死んだ一七〇三年、フランス人の植物学者であり化学者であったドニ・ドダール[30]（Denis Dodart）によってであり、また、言語に対する重要性が十分に解明されたのは、さらに約四十年後、同じくフランス人の外科医アントニー・フェレイン[31]（Antonie Ferrein）によってであったのであるから、ウォリスがこれを知らなかったのも無理はない。ウォリスの De Loquela の中で、有声音と無声音の区別が不完全であるのは当然であるが、その他の点では当時としては正確である。その他の発音器官と発音、音の高低（pitch）との関係に関する説明は Robert Robinson, *The Art of Pronunciation* (London, 1617)[32] に負うところが多い。

De Loquela の第二部では母音を水平的に喉音（Gutturales）、口蓋音（Palatales）、唇音（Labiales）とに三分し、さらに垂直的に、口の開き方の程度によって（舌の高さによって）さらに広く（Major）、中程度（Media あるいは Mediocris）、狭く（Minor）と三分し、結局、九個の基本母音を決定する。母音は口を開いて出すのですべて Apertura の類に入る。このような基本母音配置は後世のベルやスウィートの音韻組織の先駆である。ベルはなるほど三十六個の基本母音、スウィートは七十二個のそれを認めているが、4×9、8×9といずれもウォリスの設定した九基本母音の倍数であることは注目に値する。ウォリス自身、この九という数は無限に（in infinitum）分割できると数学者らしく予見している。[33] これを図式化すれば上のようになる。[34]

説明の用語はギリシャ・ラテン以来の伝統的な用語で、これらは時代とともに相当意味が変ってきているが、[35] ここでは apertum（口を開いた）、obscurum（口を閉じぎみにした）、rotundum（唇を丸くした）、exile（口の前方で発音した）、pingue（口の奥の方で発音した）、e foeminium（開いた [e]）、ē masculinum（せまい [e]）というように解してよいであろう。[36]

De Loquela の第三部は子音である。調音を受ける箇所が唇（lips）か口蓋（palate）か喉（throat）かによって唇音（Labial）、口蓋音（Palatal）、喉音（Guttural）になることは母音の場合と同じである。また、呼気がまったく中断されるものを Clausas（Primitives or Stops）、呼気が摩擦して出てくるものを Apertas（Derivatives or Open）と呼んだ。この場合、呼気が口から出る音を Mutae、鼻と口の両方から出る音を Semimutae、鼻から出る音を Semivocales と名づけている。つまり九個（3×3）の Clausas と、九個（3×3）の Apertas がある。この他、[l] と [r] を別にみとめている。図式化すれば次頁のようになる。[37]

De Loquela の最後の部分は、二重母音について取り扱っている。彼は一六四一年に出版された Thomas Gataker, *De Diphthongis, sive Bivocalibus*[38] にならって、二重母音は「母音＋*y or* w」であるという考えをのべている。

ウォリスの一般音声論は、その「一般的」である点において、十七世紀の普遍主義（Universalism）の風潮をよく示している。また三分法による図式化に対する強い傾向は注目に値しよう。このため、多少不都合なことも出てきている。それは図式化、公式化、理論化の傾向にひきずられて、実際にある音を強引に、演繹的に説明しようとする傾向である。だから例として言及されている英語も、実際の音として受け取りかねることがよくある。また、ウォリスの三分法に対する好みは、国民と発音の関係にまで及び、英国人は口の先の方で発音し、フランス人は口の中ほどで、ドイツ人は口の奥で発音する傾向があるとか、また、スピードの面ではイタリア人やスペイン人は遅く、フラン

I. Clausae（閉止音）	II. Apertae vel Aspiratae（摩擦音）	III.（流　音）
3 Mutae	6 Mutae	
1. Labiis (p)	1. Labiis < f ( ) f ○	
2. Palato (t)	2. Palato < s ( ) th ○	
3. Gutture (k)	3. Gutture < ch (×) ( ) h ○	
3 Seminutae	6 Seminutae	
1. Labiis (b)	1. Labiis < v ( ) w ○	
2. Palato (d)	2. Palato < z ( ) dh (ð) ○	
3. Gutture (g)	3. Gutture < gh (×) ( ) y ○	l, r
3 Semivocales	Semivocales	
1. Labiis (m)	1. Labiis（牛のなきごえ）	
2. Palato (n)	2. Palato（うめきごえ）	
3. Gutture (ŋ)	3. Gutture（うめきごえ）	

ス人は速く、イギリス人は中位であるとか言っている。

全巻の第二部でもあり本論でもある *Grammatica Anglicana* は内容によってさらに次のごとく四分される。

（1）英語音韻論（cap. I）

（2）語形論（cap. II-cap. XIII）

（3）語構成論及び語源論（cap. XIV）

（4）韻律論（cap. XV）

英語音韻論は De Loquela でのべた一般原理を英語に適用したものである。したがって英語のスペリングと発音の関係に大きな注意が払われている。たとえばbとlが黙音（silent）になる語のリストが与えられ、詩末のe（final "e"）の問題なども扱われていた。後者が発音されていたという推測は注目すべきもので、トーマス・ティリット（Thomas

Tyrwhitt）がチョーサー全集につけた論文“An Essay on the Language and Versification of Chaucer”（1775）における発見に百年以上先んじている。全般的に言えばDe Loquelaに見られたように図式や理論に引かれることが多いこと、また、スペリングに発音をもとづかせていること[39]などが欠点である。ウォリス以前にはなかったことであるが、普通に用いられているスペリングによく合うという理由から、方言や実在しない理論的発音を正しいとしてすすめたりしている。そしてウォリスが重視された十八世紀においては、彼の影響によって多くの歴史的に根拠のある発音が捨てられ、まったくの綴り字発音（spelling-pronunciations）が一般に用いられるようになった。字面に引かれるのは一般的傾向であったが、その傾向の促進にウォリスが一役かったことは確かである。これはある意味で、トーマス・スミス[40]以来、英国の正音法家（Orthoepists）の多くが主張した表音主義への反動と見なし得よう。

しかしウォリスのよいところは、Sollenの発音をすすめると同時にSeinの発音もあげてあることである。彼は子どもの頃ケントに育ったが、その後はずっとロンドンとオックスフォードに住み[41]、しかも最上流の階層と接することが多く、また、仕事の上でも説教と講義が主であったため、彼の言葉は方言をとどめず、一般的に重々しく保守的であったろうと思われる。そしてその好みをこの英語音韻論の中にもはっきり出しているわけである。

語形論では、序文の意図とは違って、読者の側にラテン文法の知識のあることを前提とし、ラテン文法書でも定義したり取り扱ったりしていることはいちいち繰り返さない。したがって冠詞のようにラテン語にないものの説明にはまるまる一章を与えて比較的詳しく説明しているが、文法の諸項目を網羅的に、あるいは体系的に扱う意志がない。この点ギルやベン・ジョンソンなどに比べると断片的な印象を受ける。また、英語には格や法はないと言っており、前者は前置詞、後者は助動詞（Verba auxiliaria）を用いて示されることを強調する。これは言語が総合的（synthetic）であるか分析的（analytic）であるかの特質を示そうとした努力としては貴重であるが、十分考え抜いて書かれていない。ちなみにauxiliariaという術語を英文法に最初に使ったのはウォリスである。しかしウォリスの文法の最大の欠点は統語論（Syntax）の欠如である。これが英文法に再び現れるにはまず、ラテン文法の方で中世以来忘れられていたシンタクスが再び取り入れられることが必要であったが、これは十八世紀まで待たねばならなかった。[42]

語構成論および語源論は英語学及び比較言語学に関する先駆的小論であると言えよう。ウォリスまではEtymologiaはAccidence（語形論）の意味に用いられていたが、再び[43]彼が今日の「語源学」の意味でこの言葉を使い出したのである。彼の古英語についての非常に深い知識や、ヨーロッパの各国語についての広い知識は、この仕事に対する彼の適性を証明している。この点、彼はその序文に名をあげているリチャード・ファーステガン[44]（Richard Verstegan）のよき弟子であった。韻律論については言うことはない。

本書に対する評価

ウォリス自身、一流学者として知られていたので、本書も出版当初より高い評価を受けていた。十七世紀後半から十八世紀初頭にかけての英文法や英語発音学の本はウォリスの影響を見ることなくしては語ることができない。いな、ウォリスがいかに盗用されたかを厳密に比較することなしにこの時代の文法書を論ずることはできないと言ってもよいであろう。[45] たとえばJohn Brightland, *A Grammar of the English Tongue*, 1711（南雲堂「英語文献翻刻シリーズ」第八巻）、Michael Maittaire, *The English Grammar*, 1712（同、第九巻）、James Greenwood, *An Essay towards a Practical English Grammar*, 1711（同、第十巻）の三冊は同じ頃に出版されており、この三冊とも、筆者不詳のパンフレット *Bellum Grammaticale; or the Grammatical Battel Royal*（London, 1712）に攻撃されているが、それも無理はない。[46] 上の三冊の非常に多くの部分はウォリスからの盗用なのであるから。ウォリスの *Grammatica* が出てから六十五年後に出た Theodor Arnold, *Grammatica Anglicana Concentrata*（1736）なども詳しく調べてみると、一語一語ウォリスの翻訳である。[47] このように盗用されたのはウォリスに対する評価が極めて高かったためと言えよう。

一七八四年すでに R. Nares, *Elements of Orthoepy* によって "well known as the father of English Philology" と言われたウォリスも、近代においてはあまり研究書がなかった。いちばん古いところでは Leo Morel, *De Johannis Wallisii Grammatica Linguae Anglicanae et Tractatu de Loquela*（Paris, 1895）がある。この論文は今の目から見れば素朴な内容紹介にとどまっている。特に研究の目標もさだめず、いろいろな版の異同にも注意が払われておらず（彼自身は偶然一六九九年版を使っていた）、しかもラテン語で書いてあるので、ウォリスの本をウォリスの言葉で言い換えたという感じが強い。ブロタネック（Brotanek）の「近世初期英文典翻刻シリーズ」（Neudrucke frühneuenglischer Grammatiken）の中に入らなかったのは、フラスディーク（Flasdieck）も嘆いたように非常な不便を研究者に与えたものだった。ジョン・ジョーンズ（John Jones）やホルトハウゼン（F. Holthausen）がそれをやろうとしたこともあったが実現を見なかった。ギーセン大学で学位論文を書きかけた人があったがこれも日の目を見なかった。

近代における本格的な研究書は Martin Lehnert, *Die Grammatik des englischen Sprachmeisters John Wallis (1616-1703)* である。これは百五十頁を超える詳細なもので、伝記、諸版の勘校、音声論文と間然とするところがない。ただ文法を文法事項として扱う点が落ちている。

音声面でレーナートの上記の書を補うものとしては E. J. Dobson, *English Pronunciation* (Oxford, 1957, Vol. 1, pp. 218-46) がすぐれている。そしてこの二人ともウォリスが当時最もすぐれた言語学者であったことを認めている。

Wilhelm Horn, *Laut und Leben* (Berlin, 1954, Bd. 1, p. 89) はウォリスを科学的音声学 (wissenschaftliche Phonetik) の建設者と呼んでいる。なお、音声学史上のウォリスについては、M. Lehnert, "Die Anfänge der wissenschaftlichen und praktischen Phonetik in England" (*Archiv*, Bd. 173-74, pp. 163-80, 528-35)、聾啞教育上のウォリスの地位については Eduard Walther, *Geschichte des Taubstummem-Bildungswesens* (Bielefeld und Leipzig, 1882, pp. 26-30) があるが、いずれもウォリスに画期的な意義を認めている。

音韻史の資料としてはエリスやスウィートが利用したことはすでに版の相違を考えたところでのべた。ワイルド (H. C. Wyld) はウォリスを高く買いすぎてかえってドブソンの嘲笑を受けている。[48]

以上は音声学と音声史から見たウォリスの評価であるが、「文法」として見たものには Otto Funke, *Die Frühzeit der englischen Grammatik* (Bern, 1941, pp. 66, 79) がある。フンケは、ウォリスこそラテン文法の規範から自由になった最初の英文法家だと言う。そしてこの見方は Horn, *op. cit.*, pp. 88-89 に採用されている。[49] これに反して、音声部門以外の文法面でウォリスを高く評価するわけにゆかないことをのべたものにグラハム (G. F. Graham)、佐々木達、及び筆者がいる。[50]

注

（1）ウォリスの生涯については、当時の正音法家（orthoepist）に例がないほど詳しく知られている。英、米、仏、独、露の百科事典に載っているほか、各国の人名辞典でも多かれ少なかれ扱われている。しかしこれらの記事の基礎となったのは次の三種である。

(1) Anthony Wood, *Historia Universitatis Oxoniensis* (1674) 及び *Athenae Oxonienses, An Exact History of all the Writers and Bishops who have had their Education in the most Antient and Famous University of Oxford, from the fifteenth Year of King Henry the Seventh, A. D. 1500 to the Author's Death in November 1695* (1721).

(2) ウォリスの自伝は "Thomas Smith, Dr. in Divinity, late Fellow of Magdalen College in Oxford" 宛に一六九六年一月二十九日に書いた手紙の中にある。

(3) 有名なサミュエル・ピープス（Samuel Pepys）の日記のところどころにウォリスへの言及がある。

この三つの根本資料のうち、最も重要なのはウォリス自身の記事である。同時代人であるウッドのものは貴重であるが、ウォリスに個人的反感を持っていたので、その記事を読む際は警戒心を要する。ピープスは長くウォリスと親交があり、その日記は叙述の生彩のゆえに有名なものであるから、ウォリスの人柄を察するには好資料である。

以上のほかに便利なものは *DNB* の記事であることは言うまでもない。多面なウォリスのうち、文法学者、音声学者としてのウォリスに焦点を合せた伝記で便利なものは次の二点である。

(1) Martin Lehnert, *Die Grammatik des englischen Sprachmeisters John Wallis (1616–1703)* (Sprache und Kultur der germanischen und romanischen Völker A. Anglistische Reihe, Bd. XXI) Breslau, 1936.

(2) E. J. Dobson, *English Pronunciation 1500–1700* (Vol. 1, pp. 218–46). Oxford, 1957.

（2）ドブソンによると Felstead School.

（3）ウォリスは万能の学者であったが、今日、彼の功績がいちばん高く買われている分野は数学らしい。*Encyclopaedia Britannica* の一九六三年版のウォリスの項は数学者としてのみ、彼を扱っている。

（4）論理学の著作には *Institutio Logicae, ad communes usus accommodata* (1687) がある。

（5）ウォリスはフランシス・グリスン（Francis Glisson）の弟子で、血液循環論を公然と唱えた最初の人である。

（6）"De Aestu Maris Hypothesis Nova"（*Opera Mathematica*, Vol. II）という論文がある。

（7）一六五三年に神学博士（S. T. D.＝Sacrosanctae Theologiae Doctor）になった。

(8) *Opera Mathematica* (1693, 95, 99) という堂々たる三巻本がある。なお注(3)参照。彼の "Arithmetica Infinitorum" (1655) の中にはすでに微分の萌芽が見られ、ニュートンやライプニッツも彼にしばしば言及している。また、補間法 (interpolation) という術語、無限を示す∞という記号、πの新しい求め方など、今日の高校教育で学ぶようなことで、ウォリスが最初に発見したものが少なくない。

(9) これに関するライプニッツの手紙は、少なくとも四通残っている。すなわち、March 19, 1697; May 28, 1697; Sept. 28, 1697; March 24, 1698.

(10) ヘンリー・ザヴィル (Henry Savile) が英国の数学の不振を嘆いて一六一九年に設立した講座である。

(11) E. J. Dobson, *op. cit.*, pp. 219-20.

(12) M. Lehnert, *op. cit.*, pp. 12-13.

(13) M. Lehnert, *op. cit.*, pp. 22-36.

(14) 詳しく言えば "De Loquela; sive Literarum omnium genuino Sono, earumque in ore aliisque vocis organis Formatione" (話し言葉について、すなわちすべての文字の純粋音、およびその口腔などの発音器官における形成について)。

(15) "Docendus est sermo eadem methodo qua Pueri solent Linguam ediscere: Cum hoc saltem discrimine; Pueri sonos Aure discunt; Mutus signa (eorum Sonorum indicia) discit Oculo."

(16) M. Lehnert, *op. cit.*, pp. 20-22.

(17) これに関しては拙著『英文法史』(研究社、一九六五年) 三一八—四二頁参照。

(18) ウォリス の *Grammatica* の各版についての詳細で最も信頼できる研究は M. Lehnert, *op. cit.*, pp. 36-47 である。より簡単なものは E. J. Dobson, *op. cit.*, pp. 220-22 にもある。

(19) "*Name, Nomen.* Quod Anglo-saxones dicunt *Nama*, Germani *name, nahm, nahme*, Belgae *naem*, Dani *Naffn*, Galli *nom*, Itali *nome*. Omnia a Latinorum *Nomen*, seu Graecorum."

(20) この観察をブラッドレーは acute remark とほめているが、英語史的には正しくない。ワンバ (Wamba) の口をかりてスコットがこれを言わせているのであるが、それは時期的には約一世紀ほど早すぎる事件を舞台にしていることになる。Cf. A. C. Baugh, *A History of the English Language*, p. 223 (note 1).

(21) 例外は G. Michaelis, "Über die Anordnung der Vokale" (*Archivs für das Studium der neueren Sprachen und Literaturen*, Bd. 65, 1881) と Van der Hoeven, *Lambert ten Kate* (1896) である。前者は一六七二年のハンブルク版、後者は一七四〇年のライデン版によっている。Cf. M. Lehnert, *op. cit.*, pp. 45-46.

（22） Sign. 8 Ling. VIII, 720. なおこの一七六五年版はウォリスの *Grammatica* では最も多く現存している。Lehnert, *op. cit.*, p. 45 は十五カ所の図書館の名前をあげている。

（23） "In the year 1653 I was persuaded to publish a Grammar of the English Tongue; chiefly to gratify strangers, who were willing to learn it (because of many desirable things published in our Language) but complained of it's difficulty for want of a Grammar, suited to the propriety and true Genius of the Language."

（24） このほか巻末には聾唖教育に関してウォリスがトーマス・ビバリーに宛てた手紙がついているのは先にのべた通り。

（25） Max Müller, *Vorlesungen über die Wissenschaft der Sprache* (Bd. II, p. 400). Leipzig, 1870.

（26） "Atque hisce partim misturis, partim longiori temporis tractu, qui etiam in aliis linguis insignem mutationem praestare solet, factum est, ut lingua illa Anglo-Saxonica in praesentem linguam Anglicanam sensim mutata fuerit."

（27） M. Lehnert, *op. cit.*, p. 59.

（28） 拙著『英文法史』一〇〇—一四頁参照。

（29） Christopher Cooper, *Grammatica Linguae Anglicanae* (1685). 南雲堂「英語文献翻刻シリーズ」第四巻（柴田省三解説）に収められている。

（30） 彼はパリのアカデミー会員でもあって、声帯に関する研究は一七〇〇年にアカデミーで発表した。これは後一七〇三年に "*Mémoires de l'Académie de Paris*"（再版は一七一九年）に印刷して発表された。Cf. Lehnert, *op. cit.*, p. 60.

（31） 一七四一年にアカデミー会員、一七四二年に医学部の外科教授となった。声帯に関する彼の詳細な研究は一七四一年 *Mémoires de l'Academie* に発表した。このため声帯は Chordae Ferreinii と呼ばれた。Cf. Lehnert, *op. cit.*, p. 60.

（32） Cf. E. J. Dobson, *op. cit.*, pp. 200-14, 225. しかしホルン（*Laut und Leben*, Bd. 1, p. 89）はドブソンと別の見解である。

（33） ドブソンはウォリスのこの点における業績を高く評価するレーナート（*op. cit.*, pp. 62-64）に批判的である（*op. cit.*, pp. 225-28）。そしてスウィート（*History of English Sounds*, p. 2）の high-back, low-front などという名称は、ウォリスの名称よりもっと深い意味があったと言っている。しかしこれはスウィートは英語についてのべているのに反し、ウォリスは人間の作り得る音声一般についてのべ、しかも9×nという可能性を認めていることを考えるとやや的はずれである。一般にドブソンは他の学者に対しては批判に傾きすぎる傾向がある。

（34） Cf. Dobson, *op. cit.*, p. 226; Lehnert, *op. cit.*, p. 63.

（35） Cf. Max Müller, *op. cit.*, Bd. II, pp. 105-06.

（36） Cf. Lehnert, *op. cit.*, pp. 64-65.

(37) Cf. Lehnert, *op. cit*., p. 66.

(38) Cf. Dobson, *op. cit*., pp. 214-18, 233.

(39) ワイルド（*A History of Modern Colloquial English*, p. 170）は "... he (=Wallis) has good powers of discrimination, nor is he led astray by the spelling like all the sixteenth-century grammarians, and Bullokar, Gill, and Butler in the seventeenth." と至極楽観的なことを言っているが、そうでもないことにおいては、レーナート（*op. cit*., p. 50）もドブソン（*op. cit*., p. 245）も一致している。

(40) *De recta et emendata Linguae Anglicanae Scriptione Dialogus* (1568). 南雲堂「英語文献翻刻シリーズ」第五巻に収められている。

(41) 当時はロンドンとオックスフォードの間に言語的相異はほとんどなかったと考えられる。cf. Lehnert, *op. cit*., p. 51.

(42) 拙著『英文法史』三五六―五八頁参照。

(43) 「再び」と言うわけは、古代のストア学派の文法家もetymologiaを「語源」の意味に使っていたからである。

(44) *Restitution of Decayed Intelligence*（1605）の著者。本名はリチャード・ローランズ（Richard Rowlands)。上記の書は当時としては――部分的には今日でも――最良の語源研究書の一つである。

(45) Lehnert, *op. cit*., p. 54は盗用の問題があるため、当時の文典の研究にあたっては厳密なる比較の必要を力説している。Lehnert, "Die Abhängigkeit frühneuenglischer Grammatiker"（*English Studien*, Bd. 72, pp. 192-205）は貴重である。

(46) Cf. *Ibid*.

(47) Walther Müller, "Theodor Arnolds englische Grammatiken und deren spätere Bearbeitungen." *Die Neueren Sprachen*, Bd. XVII, No. V, Heft 7, 1909.

(48) Dobson, *op. cit*., p. 245.

(49) "*Grammatica linguae Anglicanae* 1653 ... der erste Versuch, unter Lösung von dem starren Zwang der lateinischen Grammatik ein System des Baues der englischen Sprache aufzustellen."

(50) G. F. Graham, *Classical Museum*, Vol. II, pp. 404-10（London, 1845）、佐々木達『英語学発達史』（研究社、一九一九年）二一頁、拙著『英文法史』三一八―四二頁及び三五四頁参照。

II　言語学

〔言語理論〕

最近の西独における一般言語学の志向

序言

近世言語学の大宗とも言うべきソシュールが、その影響するところ絶大なりし『言語学原論』[1]を、「言語事象に関して組織された科学が、その真正且つ独自の対象の何たるかを認識するまでには、相継ぐ三つの段階[2]を経てきたのである」[3]という一節をもってはじめた時、彼の頭の中にオーギュスト・コントの科学の発達の三段階説があったと推察するのはあながち不当ではないであろう。ソシュールは、言語学の第一期を論理を基調とした規範文法の時代、すなわち今日のいわゆるスクール・グラマーの時代とし、第二期を文献学の時代、すなわち今日の言葉で言えば註釈の時代とし、第三期を「事実をその本然の秩序の中に嵌め込んだ」時代、すなわちコントの言う実証科学の時代、言語学上で言う比較言語学の時代として見るのである。そしてこの最後の時代は、さらに比較のみをしていた時代、それが終って、「史的」な眺望の中に実証を進めてゆく、史的比較言語学の時代となるのである。ソシュール自身もこの時代にライプツィヒ、ベルリンの両大学に学んで、弱冠二十二歳の時にすでに「印欧諸語における母音の原始体系に関する覚書」(4)を書いて学界の耳目を聳動し、二十三歳で「サンスクリットにおける絶対属格の用法について」(5)の論文でライプツィヒで学位を得、ただちにパリに招聘されて比較言語学の講座を担当、後ジュネーヴに帰り、終生そこで比較言語学及び梵語学を講じた。

これだけの経歴から見ればソシュールも史的言語学者の一群の一人にすぎなかったのであろうが、彼は言語事実を史的に（通時的に《ディアクロニーク》）見るという立場のほかに、これを非時間的に（共時的に《シンクロニーク》）見るという視点を導入することによって、現代の言語学の系譜の上で特別に重要な位置を占めるに至ったのである。多かれ少なかれソシュールの影響を受けて、現代の言語学界はいわゆる「構造言語学」の花盛りである。(6)そして構造主義の旗印の下にある研究者は、その研究の中心地によって三分され、プラーグ学派、コペンハーゲン学派、イェール学派とそれぞれ呼ばれているようである。

ここでいささか奇異に感ずることは、ソシュール自身の学問をそだて、かつ斯学の領袖が集まっていたドイツが、(7)最近の構造言語学にはあまりタッチしてないようであるし、また、日本の言語学関係の記事になることも稀であることである。戦前に発行された研究社英語学辞典に出てくる一般言語学、英語学関係の人名の非常に多く——ひょっとしたらいちばん多く——がドイツ人だったことを考え併せると、ちょっとおもしろい。戦後のドイツでも研究が絶えたわけではなく、その中のいくつかは疑いもなく名著である。(8)ただ、諸般の事情(9)から知られることが割に少なかったものと思われる。『ミュンヘン言語学研究雑誌』(10)はカール・ホフマン、ヘルムート・フンバッハの編集になるものであるが、昨年（一九五九）のヴィスマン誕生記念号に、(11)ペーター・ハルトマンは一般言語学の構想に関する四十頁にも及ぶ論文を寄せているので、彼の所説を解説しながら紹介したいと思う。ハルトマンは現在ミュンスター大学の一般言語学・比較言語学の主任教授で、東方研究所の所長を兼ねている。一般言語学の研究に関する著作では戦後のドイツで最も生産的であり、[12]ヴァイスゲルバーとともにこの点で断然光っている。しかも彼はヴァイスゲルバーのごとき老大家でなく、まだ三十代の壮年期にあることを思えば、彼が今度示した「構想」なるものが、今後のドイツの一般言語学界の主潮をなすに至る可能性が強いという見方も成り立つわけである。しかも、「一般文法」(Allgemeine Grammatik) という危険な言葉をあえて使用している著者は筆者の知る限り戦後は一人もいないので、特に注目を引くのである。

要旨

ハルトマンの論文は二部に分かれる。すなわち第一部では言語学の本質と任務に関する真に一般的な構想の妥当性を論じ、第二部ではその構想の細目を示している。第一部ではまず言語の形式性《フォルマリテート》の考察にもとづく一般的構想を得ることの概略を述べ、ついで今までの研究によって発見されたことが一般文法に利用されることが示されている。第二部ではまず構想の細目と体系の問題、応用性及び今までの研究との関係が順を追ってのべられている。以下、ハルトマンの叙述の順序にはあまり拘泥しないで、彼は何をいったい志向しているのかをのべてみることにする。

フォルム(Form〔単数形〕)とフォルメン(Formen〔複数形〕)、この二つの概念が精緻なハルトマンの言語学を織りなす経糸と緯糸である。日本語への定訳はないが、一応、前者を形式、後者を形態としておく。名詞には単数形や複数形がある。動詞には人称の変化や時制の変化がある。そのほか、格変化とか品詞の転換とか、言葉はいろいろの現象を持っており、それは文法的研究の対象になっているが、それらは、ハルトマンによればすべてFormen、すなわち形態の問題である。しかし言葉はこの形態であるほかに形式であるというのが彼の主張の骨子をなしているのである。犬の目は全色盲だそうであるから、彼らの見る色彩の世界は、われわれ人間の見る世界とはだいぶ異なる。そして彼らの嗅覚は人間のそれよりも本質的に鋭いから、世界に対して人間の持たない一つの嗅覚像を持っているに違いない。トンボの目にうつる世界は人間の見る世界と同じではなかろう。外界それ自体の認識は不可能であり、人間は先天的に賦与された感性と悟性の形式に適した仕方でしか外界を認識することはできない。このような趣旨のことをカントが述べた際に、彼が先天的と言い形式と言った意味で、ハルトマンは言語を形式であると言い、その形式性あるいは範疇性は先天的であると言っているのである。だからこの見地にもとづいた言語学が一般言語学であり、一般文法の可能性もそこに求められると言うのである。

言語は種々の要素から成り立っている。音声的にも、また、意味の上からも。ところで要素とは何であろうか。それ自体で独立しているものは要素ではない。要素は必ず多の中の個でなければならぬ。しかもただ何となくまじっているのでなく、一定の結びつき方を持っている。すなわち要素は他と「結びつき得る性質」を前提としている。同様に言語上の諸形態は、それが部分であること、またはあり得ることによって存在の理由を得ている。そうすると、この結びつき方の組立てから、言語の構造性に重きを置いた一つの学問が成り立つ。これは、ソシュールの共時的言語学にすでに現れ、構造言語学や言理学（Glossematics）となって今日結実しつつあることは周知の事実であるが、ハルトマンはこの研究方向に同感と理解を示している。しかしハルトマンのいわゆる構造主義とは、次の二点で異なっているようである。

それは、第一に言理学が、言語要素の結びつき方、相互依存性、または構造性を問題にはするがその素材を取り扱わないのに反し、ハルトマンにおいては、その素材への反省が研究の出発点をなしているからである。「単語」あるいは「概念」はどういうものかをまず問題にする。そしてそれらが形成されるには、人間の「定義作用」及び「分類作用」が働いていることに注目する。牛とか馬とかいう語がある場合、それはすでに人間が外界の事物を分類していることを示し、その精神活動の所産として普通名詞がある。(13) また、「害毒」という語には人間の価値判断まで入っているのである。自分の家のポチをも隣の家のエスをも「犬」と呼ぶ時に、この分類作用に根本的な範疇は「適用《アプリカチオン》」である。ここから、「単語」(名前、潜在定義)と「文」(実際上の定義)といった区別も引き出せるのである。そして言語素材と言語構造をともに説明し得るような根本的地盤を彼は探究しようとしている。

第二に、ハルトマンは言語要素の相互関係の構造方式を進め、その網の目を作るだけで満足しない。この構造が、理解すること、また、理解され得ることの可能性を認め、各語がそれぞれの文法を持っていることを認める。しかし彼はここである語が、その構造を異にする別の語に翻訳され得る現象を取り出す。そしてこの時に、単なる言語の構造でない、言語そのものに内在する範疇性が頭を出すというのである。各言語の持つ構造は、人間の持つ一般的、単数的形式につながっている。もし、いろいろ違った言語構造の奥に、人間の言葉としての共通の地盤——これをハルトマンは言語の範疇性、または形式性と言っているのだが——がなかったら、どうして翻訳は可能だろうか、と問うのである。

このようにして、現在の言語学の問題についていろいろ考察した結果、ハルトマンは二つの視点を明確にする。それは言語現象における「先天性《アプリオリテート》」に関する考察の最後の段階と称すべきものである。定義の成立、定義活動、定義の表現、定義の要素、可構成性、要素性などのような範疇は、現在人間に知られているすべての言語に与えられているがゆえに、すべて言語においてこれらの諸範疇は必然的なものだと言えるわけである。(14) 言語における諸範疇の先天性の研究こそ、ハルトマンの志向する第一のものである。

第二の視点は、意図性の世界への志向である。第一の場合は「形式《フォルム》」が問題であったが、ここでは、「言語と認識」(15)の問題、ついで、ヴァイスゲルバーの立場である記号とその「内容《インハルト》」の問題、そして最後には、認識構造、形式構造の内容的充塡の問題となる。そしてこの問題をいちばんよく見るには、徹底的な構造主義を押し進め、内容を空っぽにした場合の言語の機構を見た場合であると言い、その場合、自分の構想は一種の構造言語学者の方法論を持っていると明言する。このようにして、一般的、先天的性質の形式主義を押し進め、言語が論理適応の場であるとの認識ができた時、はじめて、意図性、意味論が問題の中心に現れてくるのである。この見地からすると、言語活動は「意図的な実践」、あるいは「意図的な定義法の記述」と言い得よう。言語を構造主義的に研究する場合は、言語心理学的見地は一応捨象されるわけであるが、この段階に至ってあらゆる種類の人間の意図とか伝達の問題が視界の中に収められる。そしてこの際、この意図の分野にもそれ自体の構造があるが、これは、これを表現する構造形式に対して一義的なものである。そして意図の構造法則は、それによって形成されたものとはまた異なるものである。このようにしてハルトマンの構想においては、形式的、先天的なるものと、生活に密接に関係ある意図性の方面からの言語の考察とが、両軸をなすことになる。

ではこのような構想の応用性といったものはどうであろうか。

すべての定義を構成する範疇性云々ということは高度に一般的なことである。しかしまさにこの点がこの構想に応用性がある所以なのである。内容及び形式の分類を論じているうちに一つの「場」が言及されたが、これは、定義や認識や学問や形式化の理論が問題になる際、いつも中心にあるものであって、カントの哲学においても深い考慮が払われているところなのである。(16)このような「場」を考慮に置く言語学は「通時性」——歴史的な視点——を持たぬものである。今まで比較言語学においてはまさにこの歴史的視点から見ることのみが主としてなされてきたわけであるが、この範疇性の視点を導入することによって、今までの研究が真に有効になるのではないかという希望がある。範疇といったような高度の抽象性、一般性のゆえに、これにもとづく言語学は、言語を構成するすべてのものに関連を持ち、その問題の解決に力を貸し得ることを彼は何度も強調する。たとえば、文法、記号構成、記号応用、言語活動、言語習得、認識論への援用、意図の分析[17]、言語の「力」の研究、言語活用（たとえば詩人による）の基礎と解釈[18]などの場合である。

ハルトマンがこのような抽象的な研究テーマに自信が持てるのは、何もこれを自分が最初に見つけたわけではなく、言語に関する学問的努力は、過去においても常に範疇性を基礎にし、その領域の中で行われてきたのであり、また、そうあったに違いないからである。ただ、今まではこの大事なものをしっかりと見つめることをせず、もっぱら素材の外的なものをできるだけ厳密に研究して、終局の目的たる一般的なものに到達し、ついで総合的な構想を得ようと希望してきたのである。しかし言語の構造をそれなりとして研究していれば、一種の「能動的形式」、諸現象を構成する「範疇」に到達せざるを得ないのである。

では、ハルトマンの如上の構想は、現在の言語学の諸方向といかなる関係に立つかを瞥見してみよう。

まず前にちょっと触れた印欧比較言語学《インドゲルマニステーク》との関係である。これこそ歴史的、通時的言語研究の精華と言うべきものであるが、これはハルトマンの見地からすると、言語史を通じて、記録に残っている「範疇性」を提示することになる。語義の変化、機能の変化、文法上の新機軸、これらすべては、語彙、文法における記録された諸範疇がいろいろ変ってゆく様相として説明される[19]。

ついで音韻史であるが、これも上と同じように範疇的結合により深化せしめられよう。

さらに構造言語学、特に言理学は、すでに顕現した文法範疇の把握としてこの構想の中に取り入れられる。

最後に「内容と関連せる言語観[20]」の場合にも、それに応ずる分類構成をする意味で、上の構成は裨益するところが大であろう。特に今までは「内容」という意味がしばしば曖昧だったから[21]。

以上は「構想」の要約であったから、説明はいきおい簡に失したと思うので、これを言語学の問題史的観点から光をあてて、その意義を論評してみたい。

論　評

近代において、最も世間の軽蔑をこうむった学問に神学がある。ファウスト博士が夜の書斎で

はてさて俺は哲学も、
法律も医学も、
不幸に神学まで、
熱心に底の底まで研究した。
ところが今俺は（この憐れな馬鹿め）
ここにこうしている、
そして少しも悧巧になっていない。

と嘆いた時、それは学問一般に対する絶望の表現であったにもかかわらず、近代のインテリには不思議に第三行目ば

かりが影響を与えたのである。これと同様に、

君にいうがね、理論は皆灰色で
生活という黄金なす樹は緑なのだ

という文句も、理論的に考えることに倦んだ人、また、そうすることに適しない人に不当な程度にまで喜んで引用された。宗教には「絶対帰依」の感情があればよく、また、言語にも具体的な研究があればよいのであって、「一般文法」などは、神学や形而上学の栄えた時代に栄えた無用の論理遊戯[22]と見なされるのが常であった。近代はまことにコントの言うごとく、科学の第三番目の段階、すなわち実証科学の段階であって、その前の段階である神学や形而上学と腐れ縁のありそうな「一般文法」などは見向きもされなかったのである。日本の開国もその時期が西洋の実証時代であったから、一般文法も、研究される前に軽蔑される運命にあった。「現代の多くの学者の考えによれば、各国語の文典は、それぞれの国語の異なる特性に応じて相異なる体系をもつべきであり、したがって、特性を異にする世界の各国語に共通な文典などは成立しえないわけである[23]」ということが、学徒一般に先入観のごとく入っていた。もちろん、近代にも「一般性」を求める努力があった。その一つはソシュールの共時言語学から進んでいった構造言語学、言理学の方向であり、一方はF・ブレンターノからA・マルティの線にのびる意味論の方向である。しかし、この両方向とも、あくまでも「事実」研究の学であることをやめない。そこに見られる法則性は、自然科学が諸般の事象から法則を引き出す意味での法則であり、論理学や数学の意味での法則ではない。しかし現在において、この二つの方向の乖離はますます大きくなっていくように見える。言語の形式と意味との乖離に注目したことのある人でない

と、ハルトマンの構想の意味はよく理解されないかも知れない。成功か否かは別として、この総合こそ彼の志向するまさにそのものなのであるから。ちょうどカントが近代初期の理性論と経験論の相対立する二つの潮流をその体系において合流せしめたるがごとく。この意味さえわかれば、ハルトマンの理解には彼をカントと類比すると便利なのであり、また、ここに気づけば、彼の用いる術語、カテゴリーとかフォルムが、カント的に用いられることが洞察される。彼が自己のめざす文法構想を「範疇的に志向せる言語学の構想」[24]と題したのもこのゆえであるに違いないのだ。

文法に範疇を持ち込んだのは、もちろんハルトマンがはじめてではない。M・ハイデガーは教授資格論文《ハピリタチオンスシュリフト》で中世の思弁文法の範疇論と意味論の立場からの解明を試みたし[25]、それに少し先立ってE・フッサールは「どの認識資料についても、その一切の特殊性から独立」した研究の必要を説き、一般言語学のあるべき姿を示していた[26]。ハルトマン自身、フッサールについての講義及び著述を持っている[27]。哲学の学徒であれば、フッサールと言えばブレンターノを思い出す。前者は後者の心理主義に対して出てきた論理主義であることを哲学史は教えてくれるからである。しかし日本の言語学関係者はブレンターノと言えばマルティを思い出すが、普通フッサールは視野に入ってこない。これはブレンターノ及びその流れを汲むマルティの言語学が中島文雄教授（東大）や小林智賀平助教授（教育大）等の御努力で、日本の学徒が理解できるところまで消化されたのに反し、ブレンターノに続いて紹介されるべきフッサールは、「晦渋」のゆえをもって忌避された傾向があり[28]、それに、彼の言う「先天的」という言葉が、実証主義の時代にいると信じていた日本の学徒の先入観のゆえに、はじめから食欲をそそらなかったためであろう。ドイツの言語学があまり日本で流行しなくなったのはドイツの思想界ひいては言語学界がフッサール転換をしてからのようである[29]。ポルツィヒ、ヴァイスゲルバーの如きも、明らかに現象学の流れの中にあり、おそらくそのゆえに名前だけで、その所説は紹介されることが少なかった。言語の心理的面（経験論的な面）と、論理的面（理性論的な面）はともに他を排除するものでなく、より高次のものによって結合されるべきものであろう。カントも明らかにこの二者の存在を認めている。すなわち、

前者(感性的認識能力)は感覚の内官の受動性なる性格をもち、後者は統覚の自発性なる性格——すなわち思惟を構成しかつ論理学(悟性の規則の体系)に属する行動の純粋意識の自発性なる性格を有する。内官は心理学(自然法則に従うあらゆる内的知覚の総括)に属して内的経験の基礎をなすものである。(30)

言語も当然この二面を持つのであり、その表現に構造性があるのも、もちろん人間の構造性そのものに基盤を持っているからであろう。カントはこの総合を形式と範疇をもってなし、ハルトマンも言語という「形式」を「範疇」に基礎を置いて研究しようとしている。この意味で、上に紹介したハルトマンの「構想」は彼の今までの著作、及びこれからの研究に手引きになる意味で、やはりカントのプロレゴーメナに比較されるかも知れない。この「構想」の中の注に、カントの同書からの長い引用があったのも偶然でないかも知れぬ。

あるいはこういう危惧が起るかも知れない、「言語のような具体的で多様性に富むものに対してこのような思弁的アプローチは危険ではないか」。

これに対しては、ハルトマンが、カントやフッサールの如き哲学者でなく、むしろソシュールのごとく、比較言語学者として出発し、その分野に大きな労作があることを指摘しておけばよい。古代日本語で学位を、インド語で教授資格を、ゼミナールではエスキモー語やギリシャ語方言を、といったような彼の活躍ぶりである。「個」の学から入った学者が「一般」の見地よりしなければ「個」の解明が十分になされないと言っているところがおもしろいのだ。

これに対して、またさらに次のような批判が起るかも知れない、「それでは一般言語学というのは昔と同じになってしまうのではないか」と。

これに対しては、W・ヴィンデルバントが、哲学史を読むと「手段の不十分な試み、無駄な努力、愚かな繰返しという印象が起ってくる」ということに対し、「それは哲学の問題が必要であり、逃れ難きものとして事実的に与えられており、避け難きものとして課せられていることを証明する……また繰返し試みられるという如上の事実は、一見恥辱とも思われようが、畢竟するに、思惟とかの対象との関係が恒常必然であり、さればこそ史的機縁が変転してもその必然性は恒に繰返されて止まざることを示すにほかならぬ」[31]と言ったその答えを引用するのが最もふさわしいであろう。何となれば、人間の言語も、それを人間の精神と関連して見る時は、「逃れ難きものとして事実的に与えられており、避け難きものとして課されている」ので、「史的機縁が変転してもその必然性は恒に繰返されてやまず」、したがって、外見上は、しばしば「無駄な努力、愚かな試み」となるであろうから。

注

（1）これはソシュールの講義の遺稿を、その弟子バイイ（Ch. Bally）、セシュエ（Alb. Sechehaye）等が編纂したもので、ソシュール自身は、自己の一般言語学をまとまった一巻にしたことはなかった。
（2）圏点は筆者のもの。
（3）訳文は小林英夫氏のもの（岩波書店）をお借りした。
（4）*Mémoire sur le système primitif des voyelles dans les langues indo-européennes.* 1879.
（5）*De l'emploi du génitif absolu en sanscrit.* 1881.
（6）André Martinet, "Structural Linguistics," *Anthropology Today* (1953), pp. 574-86 参照。

（7）　ソシュール自身、このようなことを言っている。すなわち「幾程もなく新しい学派が勃興した、すなわち少壮文法学派（Junggrammatiker）がそれであって、領袖はいずれもドイツ人であった」。そしてブルクマン（K. Brugmann）、オストホフ（H. Osthoff）、ブラウネ（W. Braune）、ズィーヴァース（E. Sievers）、パウル（H. Paul）、レスキーン（A. Leskien）等の名前をあげている（F. de Saussure, *Cours de linguistique gênérale*, p. 18 参照）。

（8）　たとえば W. Porzig, *Das Wunder der Sprache*. Bern, 1950 のごとき。

（9）　終戦直後、一般学徒のドイツ語研究熱が著しく衰退したことは疑いを容れない。また、一般研究者も、読むだけでなく、英語を話したり聞いたりする能力を要求されることが増え、ために、英語にとられる時間が、戦前より格段に多くなった。それにアメリカ留学の数が断然多かったので、そこの学説の紹介は速やかであり、また、正確でもあった。

（10）　*Münchener Studien zur Sprachwissenschaft* (In Kommission bei J. Kitzinger). München, 1959.

（11）　Geburtstagsgabe für Wilhelm Wissmann.

（12）　一九五九年までに出たものでも、次のごとくであるが、各冊がいずれも大部なものである。定価はシリングで示す。

Untersuchungen zu einer allgemeinen Grammatik:

Vol. I: *Wortart und Aussageform*. 1956 (70/).

Vol. II: *Zur Typologie des Indogermanischen*, 1956 (77/6).

Vol. III: *Problem der sprachlichen Form*. 1957 (84/).

Wesen und Wirkung der Sprache in Spiegel der Theorie Leo Weisgerbers. 1957 (38/).

（13）　この見地からすると、普通名詞と固有名詞にはかなり本質的相違がある。ストア哲学者の言語学において、この二者が独立した二品詞になっているのは、彼らの言語へのアプローチがフォルマリスト的でなかったことを示す。

（14）　関口存男は、ハルトマンよりも一世代前に言語の範疇性に注目したようである。彼の『独作文教程』はこの見地から高く評価されるべきものである。彼の追憶のために編まれた『関口存男の生涯と業績』（三修社）中にある国松孝二氏の解説（五〇七―一七頁）は短いが極めてすぐれたものである。

（15）　このテーマに関してはハルトマンには次のような研究がある。

Wesen und der Sprache im Spiegel der Theorie Leo Weisgerbers. Heidelberg, 1958.

Das Wort Name. Köln-Opladen, 1958.

Sprache und Erkenntnis. Heidelberg, 1958.

（16）　カントのプロレゴーメナ三十九節には「諸範疇の組織についての真正なる学問のために」という標題の下に、たとえば「さまざまの概念や原理を、一つの先天的原理から導き出し、このような工合にして凡てを一つの認識に結合しうるとするならば、哲学者にとってこれほど望ましいことはない」のごとき言葉がある。また、同じところでカントは言う、「一つの言語から単語を実際使う規則を引き出すこと、このようにして要素を集めて一個の文法に仕立てること――しかも何故どの言語もちょうどこの形式的性質を有し、他のものではないのであるかという理由を挙げることなしに――ほど深い思考と洞察を必要とするものはない」。

(17) ヴァイスゲルバー一派の研究を指していると思われる。

(18) ニュー・クリティシズムのようなゆき方を指す。ハルトマンは特にグリンツ（H. Glinz）を頭に置いていたのだろう。

(19) 印欧比較言語学は、その発見の当初より、語の構造にまず注目を払ったことは、シュレーゲル（Fr. v. Schlegel）やシュライヒャー（A. Schleicher）の著作によりただちに知られる。しかし彼らは、これを範疇問題として取り扱いはしなかった。

(20) 明らかに、ヴァイスゲルバーとその学派を指す。

(21) たとえば、「内容」は Inhalte, Wortfelder, Wortstände, Satzglieder などといろいろ言われてきているが、それぞれニュアンスや意味が異なっている。

(22) 「一般文法」が不思議に神学や形而上学と盛衰をともにするのは歴史的事実である。中世のスコラ神学の時代には思弁文法（Grammaticae speculativae）が栄え、宗教改革の頃にも一般文法（general grammar）が盛んであった。

(23) 安藤正次『国語学通考』一九三一年、三二二―二三頁。

(24) "Die Konzeption einer kategorial orientierten Sprachwissenschaft."

(25) *Die Kategorien und Bedeutungslehre des Duns Scotus.* Tübingen, 1916.

(26) 特に *Logische Untersuchungen* の第二巻の第一研究は、純粋論理と言語の問題にふれ、影響するところが多かった。

(27) "Die Rolle der Sprache in Husserls Lehre von der Konstitution," *Der Deutschunterricht*, Heft 2/54, Stuttgart: Ernst Kleft Verlag.

(28) たとえば金子健二氏は「ヒュッサール氏は論理学の原理に立脚して言語現象を説明しようと試みたのである。随って氏の学術用語は或る意味に於いては余りに抽象的であって、その真意の存するところを理解するのが頗る困難である。ただゲーサー氏の解説を通じてその概念を捕捉し得るに過ぎぬ」（『言語哲学と言語共和国』二一七頁）と言っている。

(29) 英米でもフッサールの志向する言語学は影響するところが少なかったようだが、次の書は正当に近い評価を与えているので注目に値する。Manfred Sandmann, *Subject and Predicate.* Edinburgh, 1954.

(30) カント『人間学』（坂田徳男訳）岩波文庫、四一頁。

(31) W・ヴィンデルバント『哲学概論』第一部（速水、高桑、山本訳）岩波文庫、二三―二四頁。

言語起源論と進化論

●斉一論的世界観の登場

1

欧米の言語起源論には二種類しかない、ということをまず明確に認識しておく必要がある。何種類もいろいろあるように見えるけれども、それは種の下の亜種と言うべきもので、種としてはあくまでも二種類である。その二種類とは何か。それはダーウィン流の進化論にもとづく、あるいはそれと両立し得る自然発生説か、神（創造主）が与えてくれたとする神授説かである。神授説にはさらに二種類あって、神が直接与えてくれたとする直接神授説と、神はまず人間に理性（霊魂）を与え、この理性が言語を作ったという間接神授説である。直接神授説は『旧約聖書』の「創世記」に最も端的に現れているし、間接神授説は古代ギリシャの哲学者やヘルダーの考え方がそうである。

このことはキリスト教と両立し得る科学か、両立し得ない科学か、という区別とも重なることに注目したい。よく〝科学と宗教の対立〟とか〝科学と宗教の闘争〟ということが言われたものであった。しかし今ではあまり言われることがない。それは科学と宗教（この場合はキリスト教）は別に対立しなくてもよいし、実際、対立しない、ということがますますはっきりしてきているからである。天動説と地動説はガリレオ裁判で有名になって、あたかもカトリック教会は地動説そのものに反対しているかのごとき印象を後世に与えてしまったが、本当はそんなことはない。地動説の創始者であるコペルニクスは、聖職者にこそならなかったが、教会内では重要な役割を持ち、自分の属する聖堂参事会の代表をつとめていた。彼の地動説をJ・A・ヴィドマンシュタットがローマで紹介すると、教皇クレメンス七世はこれを嘉納し、枢機卿シェーンブルクはその出版を公式に求めている。そしてコペルニクスは自分の一生の仕事を教皇パウロ三世に献呈して死んだ。ガリレオはコペルニクスより百年後の人である。教会と地動説の争いは、学説そのものより生じたのでなくて、教義解釈のこじれから生じたものであろうということはこれからもうかがわれよう。

近代になっても自然科学とキリスト教会（特にカトリック教会）との対立が原理的になされたことはない。宇宙の神秘の探究は、全能の神の叡智の御業《みわざ》を覗かせてもらうのだ、という見方が根本にあるのである。宇宙が本当に混沌としているならば、法則性などそこに探究できるわけがない。自然科学的法則性を探究すること自体、宇宙には秩序があり、探究可能だという前提がなければならない。大宇宙の秩序が偶然でき上がるわけはなく、その背後には全能の神の知性が働いているのだ、と考えられるわけである。だから神のことをしばしばIntelligence（大文字のI《アイ》ではじまる）と書くのである。このような世界観の中では、〝宗教と科学〟は闘争する必要はさらさらない。

ところが自然科学と宗教は対立もしなければ闘争もしないと主張するキリスト教会でも、どうしても容認できない科学の一分野がある。それは進化論である。もしヒトとサルが程度の差にすぎないならば、つまりヒトの霊魂とサルの霊魂（？）の差が程度の差にすぎないとするならば、霊魂の救済ということはナンセンスみたいなものである。キリストの十字架上の死は、類人猿を含むか否かが、微妙なことになりかねない。つまり進化論は、キリストの死を無意味にし、復活をも無意味にする。

輪廻を認めないで、一回きりの霊魂の創造とその救済を信ずる一神教と進化論は両立し得ないものである。キリストは人種の差を超えて救済すると信ずるからこそ、宣教師はどの国にも出かけるわけだが、動物園に出かけたり、ゴリラの群に入って福音を説くということはない。

進化論は科学の一分野とする人が多いわけであるが——もちろん進化論が科学であることを否定する人も多くいる——それは他の自然科学のどの分野ともまったく異なったものである。どのような点で異なっているか、と言えば、他の自然科学のどの分野でも、人間が自然界において特別な地位を占めていることを否定しない。またそのことを問題にしない。しかし進化論は、人間の自然界における地位は何ら特別なものでなく、他の動物とは程度の差があるにすぎないとするのだ。他の動植物が自然界に組み込まれきっているように、人間も自然界に組み込まれきった存在であると考える。この自然界と異質な霊魂などはないというわけである。このような進化論的な考え方によれば、人間の言語も、動物の叫び声や鳴き声も、〝程度の差〟にしかすぎない。言語発生も、動物の鳴き声の発生と同一次元でとらえようとするのである。

2

近代における科学と宗教の争いとは、進化論と宗教の争いであると言い換えてもよい。そして、進化論の登場こそが西洋の精神史における近代の幕開けであると言ってよいであろう。西洋の言語起源論も進化論を境として二分される。そしてこの進化論の考え方はまず地質学からはじまり、そこに現れた新しい考え方が生物学に及び、これが地質学に再びはねかえり、言語の考え方を左右するに至った。では地質学ではどのようにしてはじまったのであろうか。

出版後半世紀以上もの間「偉大な著書」として万人の推す書物であったのに、今ではほとんど忘れられているものにウィリアム・ヒューエルの『帰納科学の歴史』（一八三七年）と『帰納科学の哲学』（一八四〇年）がある。著者のヒューエルはランカスターの大工の息子として生まれたが、幼い時から穎悟《えいご》であって奨学金によってケンブリッジ大学に進み、鉱物学及び倫理学の教授となり学寮長にもなった人である。彼は特定の科学に閉じこもらず、諸学を併せ修めて、「諸学通覧者《ユニヴァーサリスト》にして専門家以上に学問の進歩に大きな貢献をした」とは地質学者チャールズ・ライエルの言葉である。このライエルがかの有名な『地質学原理』（一八三〇―三三年）を出版した時、その第二巻についてヒューエルは適切な書評を書き、その中で地質学者を斉一説論者（uniformitarian《ユニフォミタリアン》）と天変地異説論者（catastrophist《キャタストロフィスト》）に二分し、ライエルを前者に分類し、バロン・キュヴィエらを後者に分類した。この分類は便利であるので今日も使われている。（ついでに言っておけば、ＯＥＤはuniformitarianという単語の初出を一八四〇年のヒューエルの『帰納科学の哲学』としているが、実際にはヒューエルはその八年前の一八三二年の『ブリティッシュ・クリティック』誌に寄せた書評の中でこの単語をすでに用いている。その後、ハクスレーなどもこの語を用いて普及させた。）

ヒューエルは鉱物学の教授で、ライエルの後を継いでイギリス地質学会会長にもなったくらいであるから、当時の地質学の議論には精通していた。そしてライエルの考え方の出現は、それまで有力だったキュヴィエらの地質学の考えと異質であると見抜き、両者のために見事な名称を与えたのである。キュヴィエは『動物化石の研究』（一八一二―二六年）の中で、今は死滅してしまったさまざまな動物が、違う地質の中に次々に現れてくることを示し、これは地殻の大変動が何度かあって、そのたびに動物が全滅し、そしてまた現れたのであると説明した。こうして何度か繰り返された天変地異の最後のものを、聖書の中にあるノアの大洪水としたのである。この学説は豊富な科学的証拠を出している上に、キリスト教とも一致することもあって広く受け入れられた。この英語訳は三年後にエディンバラで出版になり、何度も版を重ねている。またこの説を裏づけるような発表が各国でなされた。

この頃に元来が法律家であったチャールズ・ライエルは十八世紀末のスコットランドのジェイムズ・ハットンなどの考えを継承して、ヒューエルが斉一説《ユニフォミタリアニズム》と呼んだ地質学説を展開した。ライエルの天才的な発想は〝時間〟に対する考え方から出てくる。「ピラミッドが一日でできたと言えば誰でも奇跡だと思うだろう」と彼は言う。しかし少しずつ作られているところを見ればそうでもない。大地震が起きてチリの海岸が百マイルにわたって五フィート持ち上がることはあり得る。一世紀に一度こういう地震があるとして、二十万年の時間があれば、チリに一千フィートの高さの山脈が百マイルにわたってできたとしてもおかしくない、という考え方である。

また、ある地層の中に、陸の動物の骨や、海の魚の骨が混って発見されたとしても、何も天変地異を想定する必要はない。そんなことは今でもミシシッピ川の河口のデルタ地帯で起っていることであると言う。少し雨でも降れば、洪水が起り、陸上の土砂が流れ込む。この中にはもちろん動物の骨も入っている。それが川の中に流れ込んで沈澱し、魚の骨と同じ地層から発見されるようなことになったとしても何の不思議はあろう、というような考え方をライエルはやるのである。つまり、現在、目の前で起っているのと同じことが太古にも起っていたのであり、将来も起り続けるであろう。原理は今も昔も同じに地球上のどこにおいても働き続ける。つまり斉一《ユニフォーム》なのだ。奇跡的、あるいは天変地異的に見えることも、地質学的な時間というものを考慮に入れるならばすべて不思議なことはない、と言うのである。

このライエルの『地質学原理』の価値を、ダーウィンはビーグル号に乗って航海している間に確認したのだった。

珊瑚礁の形成の説明もできるし、また〝種の起源〟も説明できるという洞察を得たのである。動植物の交配によって新種を作ることは当時のヨーロッパではあたり前のことである。これは人為淘汰である。もし飼育家が淘汰するのではなく、自然が淘汰すると考えてそこにライエルの言うような無限とも言える時間をもってきたらどうか。神様が種をそれぞれ別に創ったと考えなくても、すべての種は、自然にできたと考えられるのではないか。飼育家の代りに、自然が適者を選ぶのだ。原理は同じ、つまり斉一論者《ユニフォミタリアン》的である。そして何万年・何十万年というタイム・スパンで考えると、すべての種の起源は奇跡的創造なしに説明がつく。この洞察をダーウィンは無数の例を配列して証明してみせようと一生を捧げる。

この意味でライエルはダーウィンの発想の師であったと言える。しかしライエルは最初は動植物の進化には否定的で、種を固定的なものと考えていた。しかし後にダーウィンと会った時に自然淘汰の考えを直接その口から聞き、さらに後に『種の起源』を読んで、ダーウィン説を信奉するようになった。ライエルが七十二歳の時である。師が弟子の説に従ったという珍しいケースであり、一種の美談とも言えよう。

ダーウィンは『種の起源』（一八五九年）においては人間について触れることには極めて慎重であった。しかしそれから十二年後に出した『人間の由来』（一八七一年）においては、はっきりと人間と他の動物の間には「質の差はない」と断言している。ただあるものは「程度の差」というのである。

ダーウィンの以前から比較解剖学は相当に発達していた。例の天変地異説のキュヴィエはその方面の大家であったし、詩人のゲーテもなみなみならぬ関心を示していた。そして人間と他の動物、特に類人猿との差があまりないことはよく知られていた。しかし骨格においては似ていても、頭の中の働きはまったく異なる、とみんなが信じていた。言語を持つ動物は人間だけであり、他の動物とは知力が隔絶していると思っていたのである。当時の代表的言語学者であったオックスフォード大学のマックス・ミュラーは「動物と人間の一大障壁は言語である」と言っていたし、彼の論敵であったイェール大学のホイットニーも、「人間の共同社会は、どのようなものでも共通の言語を持っているが、それを下級動物は持っていない。彼らの伝達方法は人間のそれとまったく異質なので、人間の言語と同じ名で呼ばれる資格がない」と言っている。そのほかの人たちもすべて、「人間の知力は他の動物の知力とは異質であるが、その証明となるのが言語である」と考えていた。

そこにダーウィンが現れて、人間と動物の間に置かれていた最後の障壁をぶち壊したのである。人間と動物の知力の差も、質的でなく程度にすぎないから、人間の言語と動物の言語にも本質的な差はない。五百語しか使わない人間と、五十語を理解する犬は、たしかに程度の差しかないように思われてしまう。そしてダーウィン的な考え方が一般には勝利を占めたように思われる。

戦後間もない頃、ドイツ人で哲学を教えておられたB神父は、「ダーウィン流の考えが広まれば、ヒトラーのような大量殺人者が出てきても不思議はない。人間は結局サルとたいして変らないことになるのだから」と語った。正統的なキリスト教会が、進化論に示す敵意をその時チラと見た気がしたものである。その時十九世紀の教会と進化論の争いも何となく想像できるような気がした。

3

ライエルはダーウィンの師であり、後にはダーウィンがライエルの師になった。この師弟関係の逆転が言語起源論に直接関係してくる。具体的に言うとライエルの『地質学原理』がダーウィンの『種の起源』を誘発したが、今度はダーウィンの『種の起源』がライエルに『人類の古さに関する地質学的証拠――変異による種の起源論に関する論評を含めて』（一八六三年）を書かせたからである。ライエルのこの本は表題からしてダーウィンの『種の起源』に関するものであることが明らかである。これは出版の年のうちに三版を重ねる好評であり、人間の起源が途方もなく古いことを読者に印象づけた。それまでの人々は天地創造をキリスト生誕前四〇〇四年と考え、バベルの塔の建設を紀元前二三四七年と考えていたのである。これは奇跡的博学の人と言われたアーマーの英国国教会大主教《アーチビショップ》ジェイムズ・アッシャーが一六五〇―五五年に出版した『新約・旧約聖書の年代記』によるものであった。アッシャーの『年代記』が定めた年代は有効に反駁できる学者のないままに、権威としてみとめられ、教会などで使う欽定訳聖書の大型版の欄外の上端に記入されることになっていた。ライエルの『人類の古さ……』が出版されるまでの約二世紀の間、人々は人類の起源は約五千数百年前、諸国民の言語の起源は四千年ちょっと前ぐらいに考えていたのである。

この当時の通念を破るという点ではライエルの『人類の古さ……』は十分なものであった。しかしダーウィン自身、ライエルがあまりにも人類の起源を説くのに注意深すぎて自然における人間の地位がはっきりのべられていないことに不満を表明しているし、当時の批評紙も同じ趣旨のことをのべている。ダーウィンはこの点をはっきり言うために前にのべた『人間の由来』を書くことになったのである。とは言うもののこのライエルの本には一つ没することのできない功績があった。それは人間の諸言語と化石で発見される諸動物の間にはめざましい類似があることを指摘したことである。たとえば化石を調べていると一つの種に変異が起って、二つの種にわかれたり、あるいは発達の停止してしまった種があったり、種同士の間で競争があったことなどが看取されるが、こうした現象は言語にも見られることを彼は示した。言語に言及する際、ライエルはマックス・ミュラーの説などを参考にした。

ところが驚いたのはむしろマックス・ミュラーの方であった。彼はそれまで地質学の原理が言語学に適応できるとは考えていなかったらしい。明敏であったミュラーはただちにライエルの言っていることの本当の意義を把握した。そして翌年に出た彼の『言語科学講義 第二集』(一八六四年)の中では、言語学の方法論にも斉一論が基礎になることをのべている。つまり現在の言語に起っていることは、太古においても起っていたと考えるべきであり、一つの方言などに小規模に起ることは、人類の言語全体にわたって大規模にも起ると考えるべきだ、というのである。典型的な斉一論であり、ミュラーは地質学におけるライエルになったと言ってもよいであろう。

言語学の方は比較言語学の勃興期であった。ある意味では地質学における化石研究の段階に達していたと言ってよいであろう。キュヴィエによる化石の比較研究が最初に出てから、わずか数年後に、フランツ・ボップの〃比較言語学の紀元元年〃と言われる本が出ているのである。静的な比較研究が整備されると、そこに移動の概念が生ずる段階が来るものらしい。生物学の面ではスペンサーとダーウィンが〃進化〃という概念を導入し、言語学ではミュラーと、そしてもう一人の有力な言語学者アウグスト・シュライヒャーが出てきた。

シュライヒャーは比較言語学においては最も知力のすぐれていた人物と言ってよいであろう。ダーウィンの『種の起源』の二年後から三年後にかけて、かの画期的な『印欧比較言語学大要』二巻を著して、いわゆる印欧諸語の系統樹説を提示し、その翌年の一八六三年には『ダーウィンの理論と言語学』を著して、比較言語学が進化論的な考えといかに関連し得るものであるかを示した。〃バベルの塔〃などという非連続的な言語の出現ではなく、斉一論的な整然たる理論を進めることによって、人間の言語の起源が科学的に解明されるという希望を抱く人が出たとしても不思議はない。

4

期待に反して比較言語学は言語の起源の解明に役立つものでないことはたちまちに明らかになった。シュライヒャーは卓抜な比較言語学者であったから、多くの印欧諸語の古い形に通暁していた。その知識をもってみると、古い段階の方の言葉が複雑で整然としているのだ。現代英語と古英語の例は極端であるにしても、その傾向はどの言語にも認められることは、グリムの時からすでに明らかであった。シュライヒャーは〝印欧祖語〟を考え出し、それで物語を書いてみせるほどの天才的な人であったが、その祖語に近い言語は現代語よりはるかに複雑である、とすると、進化論は成立しない。進化論は単純より複雑へ向かうプロセスである。アメーバから人間まで、というのがその簡略化した言い方である。しかし、シュライヒャーの扱った印欧系の諸言語は明らかに複雑から単純に向かっているのだ。

そこでシュライヒャーは、奇想天外な仮説を提唱した。つまり歴史時代における言語はすべて崩壊の過程にある、というのである。文献も何も残っていない時代においては、人間の言語は叫び声から徐々に進化して、複雑な言語になったことであろう。しかしわれわれの探究の及ぶ時代に入ってからは、進化の頂点に達した言語は徐々にくずれてきているというのである。つまり学問的に実証できる段階においては進化論は言語に適用できない、と言うのと同じことである。

シュライヒャーの弟子にあたるヨハネス・シュミットは、大学教師としても、最初シュライヒャーが私講師をしていたボン大学で教授になったので、講座上でも後輩なのであるが、言語起源を論ずる学者に対しては、それがミュラーやセイスやホイットニーのような著名な人であっても冷淡であり、それが素人である場合はあからさまな軽蔑を隠さなかった。シュミットは眼前の印欧語そのものを精細に究めることにのみ関心を限り、言語の起源のような雲を摑むような話には目もくれなかったのである。そしてシュミットのこうした態度が比較言語学の本筋になってゆく。彼によれば印欧語が系統樹状をなして発達してきたと考えるべき証拠はなく、方言の広がり方から考えて、むしろ波状であるとした。この考えは後にソシュールの『言語学原論』（小林英夫訳、二七一頁）などでも正当である、とされているように、比較言語学では主流になった。もしも言語の分化が波状説となり、言語学者の仕事はそれのディテールの研究ということに限定されると、もはやシュライヒャーの祖語などは問題にしなくてもよくなる。

もう一方で、青年文法家《ユング・グラマティカ》と呼ばれた一群の人たちは、ライエル－マックス・ミュラー流の斉一論的な発想に引かれた。彼らの主張の中心は、音韻的変化は、機械的、あるいは無意識的に行われる限り、例外はない、というのである。そして例外と思われるものは、類推によって説明される、とする。彼らの主張の最もよい表現はヘルマン・パウルの『言語史原理』（一八八〇年）であり、言語学上の斉一論の表現としては金字塔と言い得るであろう。

しかしユング・グラマティカの〝原理〟も言語の起源を調べる点になると、はなはだ不完全なのである。斉一論は、一つの法則が常時働いてくれるということが必要なのだが、音韻変化の法則は、場所と時間に極めてきびしい制限があるのである。たとえば強勢のある音節の高母音は二重母音化する、というのは十五世紀のイングランドにあてはまるだけである。一つの音韻法則を見つけたとしても、空間的にも時代的にも、斉一的に拡張できないのだ。

その後、比較言語学が言語起源論にはたした貢献はむしろ逆説的である。比較言語学はシュライヒャーのような祖語ではないにせよ、現存する言語や文献などによって、一種の祖語を推定できるようになった。そしてセム語の祖語や、フィン・ウゴール語の祖語や、アメリカ・インディアン語の祖語も推定してみることができる。そうしたいろいろな比較言語学的努力でもさかのぼり得たところはだいたい六千年前である。これは進化論に絶対必要な地質学的時間から見ると、取るに足りない瞬間であり、むしろ聖書の年代記に合う時間である。またいくつかの祖語のまたその祖語を求めて、ついに究極的な祖語に至るという見通しはないというのが現状である。

このように見てくると、ライエルやマックス・ミュラーなどの刺激によって、いろいろな言語起源論が出てきた時に、パリ言語学会が創立の翌年に作った規約の第二条の中で、「言語起源論と、普遍語の発明に関する論文・報告は一切受けつけない」としたのは賢明だったかも知れない。ロンドンの言語学会は、パリほどはっきりした方針は示さなかったが、ダーウィンの進化論や、斉一論がからんでくる言語論議を避ける態度をとった。会長のアレグザンダー・J・エリスは、一八七三年の会長演説の中で、マックス・ミュラーの進化論に関する講義に触れ、自分の会としてはこうした問題はいっさい扱わないことを明言したのである。エリスによれば、言語起源について書かれている膨大な量の臆測は紙の無駄使いにすぎない。ロンドンの言語学会のやることは、現在にある言葉を、観察して調べることにつきるとするのである。

5

かくして、昔から盛んに行われ、特に十八世紀の中頃からヨーロッパ全体で盛んになった言語起源論は、ライエルとダーウィンの出現に至って最高潮に達したが、まさにその最高潮にあった一八六〇年代から七〇年代のはじめにかけて、突如、終止符を打たれたのである。化学に燃焼という現象がある。燃焼の速度がどんどん速くなっていくと、それは爆発と呼ばれる現象になる。そして燃焼するものは突如なくなる。一七四〇年代から、一八七〇年までの約百三十年の間に、言語の起源に対する関心は次第に高まり、あたかもだんだん速くなる燃焼のような形を示したが、進化論とともにドーンと爆発して問題自体がけし飛んでしまった感じなのである。

ところがダーウィンの『種の起源』の後、約百年して、モーリス・スワデシュは一九五〇年代に、放射能による考古学発掘物の年代測量の方法にヒントを得て、言語の中に「基語」と呼ばれるものを選び出し、この交替の速度が一定であると仮定し、それによって言語の古さを推定しようとしたのである。ライエルは地質学的沈澱が一定であることにその理論の出発点を置いたが、スワデシュは放射性物質の原子核の半数が崩壊する半減期によって考古学的年代測定ができることからの類推で、基礎語彙の減少で言語の古さを測定できるとした。しかし彼の言語年代学《グロトクロノロジー》は非現実的であるという学問的判決が下っていると言ってよかろう。ライエルにしろスワデシュにしろ、共通点は斉一論なのであるが、地質学でも地質の変り方の速い時代とそうでない時代があったことは確実とされているし、スワデシュの基礎語彙の交替がコンスタントだった、という証拠はどこにもない。学説の前提が成立しないのである。

斉一論者たちは科学的な言語起源論を約束するかに見えて、かえって斉一論はこの問題に関してはまったく無力であることを証明した。では斉一論に葬られたかに見えた天変地異論、あるいは不連続変化論はどうであろうか。最近の地質学はむしろこちらの方を支持するがごとくである。言語起源論も、人間の出現、人間の言語の出現を、地球の歴史における不連続的事件として見直した時にのみ、新しい出発の可能性がある。たしかに今の人間のような人間、つまり言語を持っていたと考えられる動物の痕跡は、六千年以上にさかのぼることは今までのところ絶対ない。この点では大主教アッシャーの年代推定をくつがえし得ないということは、この科学の時代に何だか変な話である。いずれにせよ、言語起源論は、斉一連続論で超えることのできない壁につきあたるか、不連続論をとって、『言語という名の奇跡』（ウィルソン著、大修館書店）という立場に戻るより仕方がないであろう。

ほかに歴史的要因抜きの言語起源論として、発達心理学や、チンパンジーの言語研究の分野がある。しかし人間のみがなぜ言語能力を持つのか、その本質は不明のままであるし、話しはじめたチンパンジーがいない以上、言語学的にはチンパンジーの〝言語〟は言語ではない。ライエル—ダーウィン以来の斉一論者の立場を一度はなれて問題を見ることが必要であるが、それを現代では言語学とは呼ばず、言語哲学あるいは哲学的人間学の特別な分野と呼ぶことであろう。

[言語理論]

言語起源論について

昨年（一九八六）の十月下旬、わたしの関係している「人間観の研究」という小さい研究グループがエルマー・ホーレンシュタイン教授をお招きして一時間ばかりのスピーチをお願いした。東大に客員教授として来日している西ドイツの哲学者ということ以外、わたしには予備知識がなかった。同じ研究グループの土居健郎氏の推薦であったので、何かおもしろい話を聞けるのではないかと期待していた。そうしたら「テーマは〝言語の起源〟ということにしたい」という連絡があったのでおおいに喜んだ。「人間観の研究グループ」にスピーチを依頼されて「言語の起源」をテーマとして特定してくる学者というのは、まさにわたしの波長と合う考え方をしている哲学者であるに違いないからである。

「動物の言語」などということをよく人は言う。動物に言語があるのか、ということがそもそも問題なのではないか。動物の言語と人間の言語の差が、程度の差にすぎないという前提に立つこと自体が、一つの確然たる人間観を前提としていることなのである。動物には言語などはなくて、単なる叫び声があるにすぎず、それは人間の言語とは質的に異なったものであると主張をすれば、これまたもう一つ別の確然たる人間観を示すものなのである。つまり、人間の言語をいかなるものと考えるのか、別の表現をすれば人間の言語の起源はいかなるものかと考えること自体が、その人の哲学的な立場を示すことになることを示している。つまり言語起源に対する見方が、その人の人生観の根底になるのである。ただそのことを自覚しないで「動物の言語」などと言われることが多いというだけの話である。

ダーウィンは『人間の由来』(一八七一年)の中で、人間の言語と動物の言語の相違は程度《ディグリー》の差にすぎないことを彼一流の方法で詳説した。それは『種の起源』(一八五九年)によって起された論争——人間観に関する近代西ヨーロッパ最大の論争——に対して自分の立場をさらに明確にする勇気ある著作であった。ダーウィンの人間観は、人間と動物の間に本質的な差はない。つまり人間は宇宙において独得な地位を占めるものではない、と要約し得るであろう。そして彼の人生観はハクスレーなどの力を得て普及し、いわゆる科学的人生観になって文明社会に広がり、明治以降の日本の知識階級においてもドミナントになったと考えられる。この人間観に立てば、言語起源論は特別な意味を持たない。動物の叫び声起源論が特別な意義を持ちそうにないと思われるのと同じことだからである。

ダーウィン的人間観を当然のこととしている言語学者の場合、言語の機能は伝達《コミュニケーション》の手段であると割り切ってしまいやすい。動物の叫び声も伝達の手段であるから、それも言語と呼んでもよいと簡単に思い込んでしまう。「動物の言語」などという言い方が普及している所以である。かつてわたしは「動物の言語」と言っている人たちをからかって、「動物の伝達の手段を言語と言ってよいならば、ゴキブリが異性を呼ぶために分泌するホルモンも言語と言えるのではないか」と言ったことがある。ゴキブリの分泌液を言語と呼ぶことには誰でも躊躇するであろうが、「ミツバチのダンス」を多くの人は「ミツバチの言語」と言って怪しまない。言語を伝達の手段などと定義してしまうからそういうことが起るのである。伝達は言語の本質的機能の一つではあっても、言語の本質そのものではない。見ることが目の本質であることに疑いがないが、口や舌が言語の本質とはそう簡単には言えない。口や舌があっても言語として発達させせない動物はいくらもいる。どう考えても口や舌は食べることを第一義的な機能としていると言った方が妥当であろう。だから人間の言語の本質は、もっと人間の脳の中にある本質的な機能の中にあるのではないか。それをヘルダーは「理性」と呼んだが、「統覚」とも言ってもよいであろう。ではその起源はどこにあるのか。はたしてそれは動物にないのか、といった問題が生ずる。これが言語起源論の考察の中心となるであろう。

さきに触れたホーレンシュタイン教授は、神経学者I・ジェリソンの新理論を紹介しておられた。それによると言語はコミュニケーションの必要から生み出されたという従来の考えは間違いで、言語は人間の感覚器官の受けるもろもろの刺戟を整理・統合するものとして生じた、というのである。雨に降られれば濡れる（触覚）。あまだれの音が聞こえる（聴覚）。窓から夕立を見る（視覚）。このような種々の体験を統合して「雨」という概念を作るのであるとする。また言語機能は脳の新皮質だけにあるのではなく、非常に情緒的なニュアンスの強いものは脳の古い皮質に納まっているとも言う。

これは「新理論」として紹介されているが、議論の本質自体は新しいものではない。概念を作ることが人間の知力の本質をなし、それがまた人間の言語と本質的に結びついているという考え方は、哲学とともに古いと言ってもよい。大脳生理学がその検証として使われるほど進歩したということであろうか。

言語学を「科学的」にするということから、言語学も自然科学のごとく進歩するという錯覚が普及した。これは構造言語学の台頭以来、顕著になったことである。しかし哲学が科学のごとく進歩すると言ったらおかしいであろう。しかして人間の言語は、人間そのもののごとく、科学的に扱える分野と、思弁的にしか扱えない分野との複合体なのである。

［言語理論］

サピアの現代的意義

1

「サピアはその名著『言語』を、短い走り書きのメモを見ながら、数週間で口述した」とその頃のエドワード・サピアをよく知っていたダイアモンド・ジェニスは伝えている。これは概論書を書く姿勢としては理想的なものと言えよう。概論書は紀要論文でもなければ学会発表論文でもなく、ライフ・ワークでもなければオープス・マグヌムでもない。それは読む者に――それが初心者であれ専門家であれ――今までなかったような鳥瞰図を与えるものでなければならないからだ。鳥瞰とは鳥のごとく見下ろすことである。著者に見えたことしか鳥瞰できない。サピアは『言語』を書いた時に自分の心眼に見えることのみを書いた。心眼という言葉が誤解を招きやすいならば、サピアは自分の記憶にあることのみを書いたのである。

人はしばしば「記憶にある」ということの本当の意味を見そこないがちである。記憶にあることを、単なる情報と混同してしまうのである。しかし記憶はけっして単なる情報などではないのだ。単なる情報は百科事典に収まっている。あるいは図書館に、マイクロ・フィルムに、カード箱にといろいろな形で貯蔵されている。その情報量は膨大で、とても人間の記憶力では把握できない。しかしこういう情報の山を利用できる立場にある学者は、この情報のあちこちを切り取っていわゆる業績なるものを作ることがある。そしてその情報の間口がある程度広ければ、概論書であると称したりする。もちろんそういう概論書はたっぷり情報を与えてくれるから、その意味では啓蒙書たり得るけれども、読者にインスピレーションを与えたり、一挙に知的地平線が広げられた、という感じを与えない。著者自身の心眼に歴々と映じてこないことが——つまり著者自身が記憶のみで書けないことが——どうして読者の心眼に映ることがあろうか。著者が鳥瞰していないことを読者が鳥瞰できるわけはない。

サピアの『言語』が出版されてからすでに半世紀を超えるのに、その評価にいささかのかげりも出ないどころか、ますます類のない名著であるという声価が上がってきているのは、まさにこれが本物の鳥瞰図であったからである。サピアはマンデルボームも言うように、仲間の学者たちに「天才」と讃えられた稀なる人であった。ポーランド境に近いプロシアのユダヤ人教会独唱家の子として五歳の時にアメリカに移民し、最初ゲルマン語学を専攻、後にアメリカ・インディアン語のフィールド・ワークに従事、さらに人類学、心理学、民俗文化学と関連分野に業績をとげ、後には再び印欧語やセム語の研究をやり、そのおびただしい分野のいずれにおいても、専門家の域に達した人である。サンスクリット学者のフランクリン・エジャトンはサピアのことをこう言っている。

彼はわれわれの誰とでも、こっちの土俵で相撲の取れる人のように見えた。彼は多くの分野における細部の点をも拡大鏡で見、しかもそれと同時に、努力の跡をとどめることなしに全地域を概観することができるようであった。

（マンデルボーム編『サピア論文集』ｖ頁）

細部まではっきり見ながら、しかも広大な領域も同時に見わたせる目は、鷲の目である。鷲は数キロ先の野鼠をも見るというが、サピアの知力はまさにそのようなものであって、彼の『言語』は単なる鳥瞰図というよりも鷲瞰図とでも言った方がよい。

この人なみはずれた知的視力は、サピアをして単なるデータの提供者たらしめず、すぐれた理論家たらしめた。彼の『言語』十一章の中には、数えきれぬ「理論《セオリー》」が気どらない叙述の中にちりばめられているのである。ここでわれわれはセオリーという語源が、ギリシャ語で「見る」という意味であったことを想起すべきである。サピアは言語というすぐれて人間的な広大な領域を俯瞰しながら、目にとまったことを、次から次へと口述したのだ。無数のセオリーがあるのは当然である。情報とかデータとかのつぎはぎ細工である凡百の概論書と決定的に違う所以である。だからサピアの『言語』は読む者にアイデアを与えてくれる。後にコペンハーゲン学派の棟梁として言理学《グロッセマティクス》の理論的支柱となったイェルムスレウは、サピアの『言語』を最初に読んだ時の感銘を次のように書きとめている。

それは一種の啓示であった。自分はそれまでの研究法を超えるような比較一般言語学を建設することを漠然と考えていたのであったが、その裏付けを得た思いがした。

（マンデルボーム上掲書、xi頁）

イェルムスレウは啓示を得たと言い、また自分の未来の学問のためのアイデアを得たことを言っているわけであるが、サピアを読めば、誰でもふんだんにアイデアを与えられた思いがするのである。アイデアもそのギリシャ語の語源的意味は「見る」ことだったことを想起しよう。サピアの「見た」ことを見せてもらうがゆえに、われわれは多くセオリーを示され、アイデアを得るのである。しかもサピアの知的視力が鷲の生理的視力のごとく遠くに及んでいたので、われわれは、『言語』の中に、その後の言語学者のほとんどすべての発展方向への端緒を発見するのである。普通はソシュールの流れを汲むと言われるイェルムスレウの言理学にとって、アメリカ・インディアン語の専門家だったサピアの概論が啓示であり得たという不思議な関係も、サピアが遠くに見たものをイェルムスレウは接近して見た、ということなのである。

2

フランツ・ボアズを知ることがなかったならば、サピアは有能なゲルマニスト、あるいはインド・ゲルマニストであるにとどまったであろう。おそらく彼がドイツ生まれであったことも関係あったのか、サピアはコロンビア大学の修士はゲルマン語学でとった。言語学を「学」に仕立てたのは多くはドイツ人の学者であったし、サピアが修士論文を書いていた頃は、それより四分の一世紀前に出たヘルマン・パウルの『言語史原理』(一八八〇年)がゆるぎなき権威を持っていた。修士までのサピアは、青年文法家《ユング・グラマティカ》などによって説かれている言語現象に関する法則を、かなり素朴に、いかなる人間の言語にも適用できると考えていたらしい。まさにそういう時にボアズとの邂逅があったのである。

サピアより二十六歳年上のボアズは、その背景がサピアと共通するところが少なくない。ただボアズの場合は大学までドイツで出て、そこで学位をとってからアメリカにやって来たユダヤ系の学者である。ボアズは元来が自然科学者で、ボン、ハイデルベルク、キールなどのドイツの諸大学で物理学や幾何学をやっていたのであるが、その地理学研究の一環として行ったエスキモーの研究が原始的な文化に目を向ける機縁となり、ついにアメリカに定住することになったのであった。そしてサピアがコロンビア大学に入学する一年くらい前に人類学の教授になっていたのである。

ゲルマン語学、ひいてはインド・ゲルマン語学において発見された諸法則や諸原理を、人類の言語一般に関する真理だと思い込んでいた若きサピアにとって、ボアズのインディアン語に関してなした観察結果は驚駭の連続であった。ヨーロッパの既成の言語学の示す結論のどれに対してもボアズはちょうど反対の現象を、インディアン語の例からいくらでも出して見せたのである。ここでサピアの回心が起る。サピアは文献に残っている言語の研究であるヨーロッパの比較言語学を一時中断して、生きているインディアン諸部族の言語を記述し、分析したいと志すからである。ここにフィールド・ワーカーとしてのサピアが誕生した。そして博士論文はオレゴンのインディアン語の調査結果にもとづいて書かれる。

その後インディアンの研究に十数年従事してから、言語学の概説書を書くことになった時、まずサピアの頭に浮んだことは、師ボアズから受けたあの新鮮な感激ではなかったろうか。走り書きした短いメモから言語という不思議なものを口述する時、それはなまなましく記憶にあるものであったに違いない。そしてヨーロッパの言語学者の知らないような視点を存分に織り込んだものにしようという意図があったに違いない。そうして吐き出した彼の『言語』は、ボアズの言語論と酷似しているのだ。ここでサピアをアイデアの剽窃者と言うつもりはない。彼はボアズの刺激のおかげで非印欧系の生きた言語の研究に入り、ボアズの洞察の正しいことを確認し、それを自分の出会った例を用い、自分の言葉で語っているのであるから。それにボアズの言語に関する論文ははなはだ読みにくいものである。それに反しサピアは実に読みやすい。ボアズ理論の発展と明晰化がそこにある。

ではサピアはボアズのいかなる点を継承したのであろうか。そのいくつかをあげてみよう。

まず第一に、言語に見られるカテゴリーが無意識のうちに成立し、無意識に用いられるということである。わたしが最初にサピアの『言語』を精読したのは、ほとんど四分の一世紀前のことであるが、これはハルトマン教授のゼミナールにおいてであった。そしてわたしに与えられたテーマは「サピアにおける sprachliche Form の概念」というものであった。当時のわたしはまだ sprachliche Form という概念自体があまりよくつかめていなかったが、何度か『言語』を読み返しているうちに、サピアは、各言語の文法的範疇は無意識に成立した、ということを全体の立論の基礎にしているらしいことに気づき、この点からまとめてみたことがある。その時に、「無意識」あるいはそれと同義の意味の単語を含むところを全部抜き書きしてみたのであるが、その箇所の多いのに驚いた。そしてこの言語のパターンの無意識性の重視こそ、ボアズの学問の要石の一つだったのである。民俗的な特徴も個々によって意識され、自分勝手に解釈されたりすると、それだけ雑音が入ることになる。習慣的行為について、その文化圏の個人が意識していなければいないほど純粋で、ステレオタイプ化されていると考えた。その点、言語の文法的・音韻的なカテゴリーやパターンについて、その言語圏の個人の成員はまったく無意識であると言ってよい。ある特定の種族の持ついろいろな民俗的現象のうち、その言語構造こそが、最も明らかに無意識の論理を示す。ボアズは言う、

言語のプロセスのもつ無意識性という事実こそが、われわれが人種学的現象をよりよく理解するのをいちばんよく助けてくれるものであり、その重要性はいくら重視しても過大評価に失することはない。

サピアは『言語』を書いたカナダ時代には、精神分析学にもそうとう深入りしているが、その機縁となったのは、おそらくボアズの言語の無意識性の重視であったのであろう。言語構造はその起源において無意識であったとすれば、言語の変化もその見地から説明されることになる。サピアは言語史の原理として、かの有名な drift《ドリフト》（泉井久之助訳では「駆流」）という概念を持ち出す。

……個人的変異そのものは、あてもなく上げ潮につれて前後に揺らぐ海の波のようにでたらめな現象である。言語の駆流《ドリフト》は方向を持っている。いいかえれば、一定の方向に動く個人的変異のみがその駆流を具現し、またはそれを維持するのである。あたかもそれは入江の波の或る一定の動きのみが、その潮流の輪郭を示すに似ている。言語の駆流は、ある特定の方向に累加する個人的変異を、その言語の話者の側で、無意識の裡に選択することによって定められる……。

（泉井訳、紀伊國屋書店、一五五頁）

この駆流の概念を、ボアズの表現で言えば、言語の歴史的方向を決定する諸条件は、「全く論理的に無関係なものである」ということになる。言語は進歩《プログレス》するのでも、進化《エヴォルブ》するものでもなく、押し流《ドリフト》されるものである、ということは、現在の人々には想像しにくいほど独創的な見解であった。何しろ二十世紀の前半においては、ダーウィニズムは多くの学者にとっては自明のごとく思われていたのであったから。

ところがボアズは、インド・ゲルマン語学の祖語《ウアシュプラッヘ》の概念がインディアンの諸言語にはあてはまりにくいこと、また構造の似ている言語がまったく異なった源から出てくることなどを観察して、言語には進化論を適用することができないという結論に達していたのである。ダーウィニズムに立つシュライヒャーの樹幹説をボアズが痛烈に批判したのは、サピアの『言語』が書かれる一年前であったことも注目しておいてよいであろう。特にサピアが進化論的な考えを明澄な思考をさまたげる最も有力な「偏見」とあからさまに呼んでいることは特筆するに値する。

人心を圧倒的に捉えていたその力〔社会諸科学にしみこんだ進化論的偏見〕は、ようやく今になって衰えかけているが、実はこの科学的偏見には、その大きい先駆をつとめた、もっと人間的な偏見が入りまじっていたのである。これまでの大多数の言語理論家たちは、だいたい一定の型に属する言語を話していた。彼らにとって、この型の言語のうちで最も完全に発達したものといえば、その幼少の頃習ったラテン語かまたはギリシャ語であった。……（泉井訳、一二三頁）

ダーウィニズムの進化の樹をはなれて、言語の変化を「進化」と見ずに、「駆流《ドリフト》」と見たことこそ、ボアズから受け継いだサピアの科学精神だったのである。ところが逆説的に、この言語の「駆流」をなすのは、誰にもわからない無意識であるというところから、ここにサピアは「ある種の神秘な性質を感じないだろうか」と問いかけている。言語のような社会的なものの変化を論じて、進化論という万人受けのするわだちに入り込まなかったことは、ボアズやサピアの言語論が学問的流行の上にあったことを示す一つの見やすい指標である。

3

言語のタイプによる分類が進化論的発想から切りはなされると、それは、言語相対主義と言われるものに落ち着かざるを得ない。ボアズはそのことにはっきりと気づいていた。思考を表現しようとする時、その頭の中のイメージのあの面、この面が、各々の言語によって勝手に選択される傾向があること、つまり言葉が違えば表現されるべき局面が違っていることをボアズはつとに指摘している。ある言葉はどうしても時制やら人称やらを文法的カテゴリーで示さざるを得ないし、別の言語ではそれを無視し得る。ボアズは主としてインディアン語の例によって述べているが、われわれは漢文と英語と日本語を例に考えればわかりやすいであろう。漢文では複数形も時制も文法的カテゴリーとして強制されていない。しかし英語で表現しようとすれば、それらは文法的に強制されるのである。日本語における敬語法や人称代名詞の相対的身分関係なども、他の言語では文法的に強制されていない。特に動詞のアスペクトなどを取り上げれば、おもしろい例はいくらでも出てくるのである。この点に関してサピアはいくつかの箇所でまことに雄弁にのべている。

フランス語では、生物であるなしにかかわらず、対象が男性か、或いは女性かであることは、すぐ判るようになっている。ちょうど、アフリカや東アジアの多数の言語で、まず対象が一定の形状の範疇（例えば「環状」、「球状」、「細長い棒状」、「円筒状」、「薄片状」、「砂糖のように塊状」）に属することを心得ていなければならないのと、同様である。それを心得ていて、はじめて対象を数えることができ……また対象が〈一定の様式で存在し、または取り扱われる〉ことも述べることができる（すなわち、アサバスカ諸語やヤナ語では、小石を投げたり、運んだりすることと、丸太を投げたり、運んだりすることは、筋肉の経験の仕方が異なるのと同様に、言語の上でも区別する）。このような例はいくらでも追加できる。それはほとんど、過去のある時代に、その民族の無意識の心が、性急にも経験の目録をつくり、早まった分類にかけて、ついに改修することを許さずに、その言語の後継者に「知識」（"science"）として課したようなものである。その後継者たちはそれを最早や信じえないのであるが、それかと言って捨て去る力もない。ドグマは、伝統によって厳格に規定されるならば、硬化して形式主義となる。言語の範疇は残存するドグマ――無意識者のドグマ――の体系をなしている……。（泉井訳、九六頁）

このサピア的な考え方のことを、『新言語学辞典』（安井稔編、研究社）は「サピア＝ウォーフの仮説」という項目の下で、次のように巧みに表現している。

われわれの宇宙観や、宇宙の切り取り方、経験の様式、統率のしかたなどは、われわれの用いる言語が異なれば、それに対応して異なるという……。

ここに述べられた表現は、われわれにフンボルトを想起せしめるに十分である。フンボルトの言語学上の大著――と言っても元来はジャワのカヴィ語についての未完の研究の序論として意図されたものであったが――の標題が、『人間の言語構造の相違性と人類の精神的発達に及ぼすその影響について』ということを見るだけでも、ボアズやサピアの考えといかに同質的であるかがわかるであろう。ヴァイスゲルバーが指摘するように、フンボルトの考えによれば、それぞれの「母国語」なるものは、客観的に存在する世界を、精神的・知的な私有財産化するものである。つまり人間が直面する世界は、客観世界そのものではなく、それぞれの人の母国語によって仕分けされ、処理された形で受けとめられるというのである。ということは、各言語の言語構造自体がそれを母国語にしている人間の知的発達に関係があるということである。これは「言語と人種と文化」という人類学のテーマそのものに連なることになるが、これは『言語』の第十一章のタイトルでもある。

この中で、ある民族の言語とその文化の結びつきのあることは観察されながらも、文化と言語とは離ればなれになりやすいことも指摘されている。文化や人種は混同しやすいが、言語の構造はそうではない。にもかかわらず、言語と「思考の溝《ソート・グルーブ》」とは、解けぬほど密接に織り交ぜられていて、ある意味では同一物であることをも認めている。では民族によって思考が違うのであろうか。サピアは、思考内容は各民族とも同じで、思考の術《アート》が違うだけなのだ、と説明する。文化とはその種族が何を考え、何をなすかの「何《ホワット》」にあたり、言語は、いかに考えるかの「いかに《ハウ》」のことであり、この「何」とは本質的関係がないと主張する。

言語の形態法の特定の型と、文化的発達のいくつかの相関的段階とを結びつけようとする試みが、すべて無駄であるということになる……問題が言語形態となれば、プラトーンもマケドニアの豚飼いと同列であり、孔子はアサームの首狩蛮人と同列である。

（泉井訳、二二一頁）

これは言語に関する徹底した相対主義である。もちろんサピアは言語の内容（辞書的・語彙的なこと）は文化と密接に関連することを認めた。つまりサピアは言語と文化を論ずる際に、言語の形態と内容を峻別して見せたことで、明らかにフンボルトのSprachbau《シュプラッハバウ》（言語構造）の概念を引きつぎ、次のウォーフに至る系列を作っている。

サピアの『言語』の至るところにわれわれはフンボルトの声を聞くのであるが、一度もその名は出てこない。もっともフンボルトに限らずボアズも出てこないのであるから、概論書の建前として、学者の名前をうるさく出すのを避けたものと考えてよいであろう。したがってサピアの考えの多くがボアズから来ていることは状況証拠から言っても確かであるが、フンボルトになるとやや不確かである。しかしサピアが元来ゲルマン語学者として出発した事情から考えても、フンボルトを知らなかったと考えることは不自然である。そしてフンボルトを知っていたと考えると、かの有名なエネルゲイアとエルゴンの区別も、サピアにあっては無意識のところにある言語形成力と、その具体的顕現としての言語という風に現代ふうに変容されていると見ることができよう。

4

サピアがインディアン語の研究に示した方法は構造言語学的・記述言語学的であることは言をまたない。その意味で彼はアメリカ言語学の祖なのである。しかしサピアはまず第一に、過去の伝統の継承者であったことに注目しなければならない。ボアズのはじめたことを引き継いだのみならず、フンボルトの学統をも引き継いだと言ってもよいくらいなのである。事実、彼はフンボルトとも似たような学問的背景を持っているのだ。

フンボルトはボップと親交があり、彼をベルリン大学の初代言語学教授にするために骨折ったことはよく知られていることである。つまりフンボルトも言語学には印欧言語学から入ったのであった。そうしてから非印欧語系の諸言語の研究に向かったのである。まずバスク語を研究し、ついでアメリカ・インディアン語、特にメキシコのインディアンとデラウェアのインディアン語を研究した。その後、関心を東洋に向けて、サンスクリットのみならず中国語、日本語、タタール語に及び、さらにセム語まで研究し、最後はジャワのカヴィ語の研究に深入りし、大著をものす予定であった。

彼の同時代でこれほどさまざまな言語を研究した人はいない。この体験から彼の言語相対論的な、また言語と文化への関心を示した例の『人間の言語構造の相違性と人類の精神的発達に及ぼすその影響について』が出てくるのである。そして言うまでもなくフンボルトは哲学や文学批評にもすぐれ、シラーは友人であったし、またゲーテの文学批評家としては一級の人に数えられている。

これらはすべてサピアの学問との奇妙な類似を示すものである。サピアもまたすでに述べたように、ゲルマン言語学から非インド・ゲルマン語、特にインディアン語、さらに中国語からセム語にその研究のスパンが及んだのであった。加うるにサピアは文学にも深い造詣を有していて、活発に文学評論を書いている。また哲学と言うと語弊があるが、人間の精神そのものにも深い関心があって、深層心理学的なことに関する論文もある。

このように学問の遍歴が似ているし、関心の範囲も似ているのであるから、サピアがフンボルトと似たような考えを抱くのも不思議はなかったのである。つまり『言語』を書いた時のサピアには、ヨーロッパ大陸の生んだ最も巨大な言語哲学の成果が流れ込んでいたと言ってさしつかえないのである。サピアが今日なお、言語学の諸分野の研究が進めば進むほど、その懐の深さのゆえに敬意を払われるのは、フンボルトが尊敬されるのと同じ意味なのである。フンボルトが難しくてとっつきにくい人は、まずサピアの『言語』を深く読むことである。フンボルトの最善なるものの多くはそこに流れ込んでいるのであるから。

フンボルトのほかにも、サピアに流れ込んでいる重要な学統がある。それはアメリカが生んだ最初の国際的言語学者ホイットニーの学問である。彼はシュライヒャー流に、言語を過度に自然科学風に仕立てることに反対し、言語を文化、社会、心理、歴史などの面から幅広く考察することを教えたが、その考え方の流れをサピアに見出すことは難しくない。またサピアは『言語』の序文の中で、例外的に名前をあげてクローチェから受けた影響に感謝している。クローチェをよく理解するような言語学者であったからこそ、『言語』の第十一章に見るような言語と文化の問題にも深い洞察を示す章が可能だったのであろう。

サピアにはボアズ、ホイットニーのようなアメリカ人の先輩の学問、フンボルト、クローチェのようなヨーロッパの学者の学問がたっぷりと流れ込んでいる。そしてこのいずれもが今日、それぞれ極めて高く評価されている人々である。彼らのエッセンスを吸収して、自家薬籠中のものにし、明晰な文章でのべたサピアの『言語』が今日なお価値を失わないどころか、ますます類書の少ない貴重なものに見なされるのは当然のことである。サピアがその序文にいみじくも言っているように、「言語研究を専門にするものが、興味索然たる〔不毛なる《ステライル》〕、純粋に技術的な態度から救われるには、かれらの科学が思ったよりも広汎にわたる関係をもつものを知ることが肝要である」（泉井訳、xi頁）時点にわれわれも到達しているのだから。

［言語理論］

チョムスキー以前と以後

チョムスキー以前の風景点描

チョムスキーが出てから日本の言語学界――特に英語で言語学や英語学をやっている人たちの世界――が一変したことを、学説史に興味を持ってきた者として体験的に振り返ってみよう。案外そんなところにチョムスキーの本質を洞察するヒントがあるかも知れない。

話は昭和二十八年（一九五三）頃にさかのぼる。刈田元司先生のところで「こんなものがあるんですがねえ」と言ってベン・ジョンソンの *The English Grammar*（1640）を見せられた。「英国劇作家集《イングリッシュ・ドラマティスツ》」の一冊であった。それまでシェイクスピアとほぼ同じ頃の人に英文法の作品があるとは知らなかった。さっそくお借りして読みはじめたがチンプンカンプンである。中学以来、英文法というものは読めばわかると信じていたのが少しも通用しない。ラテン語の引用文の内容もさることながら、その引用された著者とか本とかが、いかなるものであるのか見当もつかない。さらに悪いことには何で調べるべきかもわからない。唯一の例外は石橋幸太郎先生が昭和二十二年（一九四七）に広島高師の *The Urn* という雑誌に、ベン・ジョンソンの英文法の発音の部分について、コメントされたものがあるだけだった。文法自体についての解説は日本中に何もなかった。そんなことで大学院の後半は、ベン・ジョンソンの厚くもない英文法を解読（?）することに費し、これを修士論文とした。しかしそこでわかったことは、中学以来、何の不思議とも思わなかった英文法というものがどうしてできたのかその歴史がさっぱりわからなかったことである。

修士課程を出た年に──昭和三十年（一九五五）に──幸いにも西ドイツに留学することができた。そこで指導教授として特にすぐれた学者につくことができたことを終生の幸運と考えているが、さすがは英語学を学問に最初にし上げた国だけあって、教授の能力も研究の設備も日本から行ったわたしには舌を捲くばかりだった。英語・英文学に関する十九世紀以来の博士論文はドイツ語圏のものは完全にすべて、その他のものもまずは完全に揃っている。指導教授のシュナイダー先生はまずオットー・フンケの論文と著述の数点の表題の書き抜きと、ホルン＝レーナートの『ラウト・ウント・レーベン』の文献目録を示して「当分、これを読んでみるように、そうすれば次に読むべきものがわかってくるだろう」と言われた。まさにその指示通りで、それだけで十分だったのである。

英文法書の発生と発達について学問的な研究書はドイツ語によるもののほかは皆無であることがわかった。古い英文法書の翻刻はヒュームとジョンソン以外はすべてドイツ語圏の学者によりなされており、したがってその解説もドイツ語である。英文法史の面での唯一の例外としてチェコの学者が昭和二十三年（一九四八）に英語で書いたものがあったが、こちらの知りたいことの書いてある本ではなかった。つまり英文法を歴史として見るための根本資料はほとんどドイツ語で出されていることと、初期英文法書に関する学問的研究はすべてドイツ人によってなされていると言ってよいことが明らかになった。アメリカやイギリスにその方面のものが一冊もなかったのが印象的である。「一冊もない」ということを断言するのは難しいことだが、わたしはドイツにいる間三年近く、引き続きオックスフォードで同じ分野の文献をあたり続けたので、見落しはなかったと信じている。古い英文法書などは研究の対象にするに足りないし、その歴史を書くという発想も英語国にはなかったと言ってよいと思う。ドイツ語圏でも生きている学者でやっているのはオットー・フンケだけであった。

英語学のほかに一般言語学をやることになった。ハルトマン教授がゼミナールで取り上げられたのは最初の学期がプラトンの『クラテュロス』、次の学期がサピアの『言語』、その次がフンボルト、その次がヴァイスゲルバー、その次がヴィトゲンシュタインだった。サピアの時に「genius の意味」、フンボルトの時に「Form と Formen の関係」など小論文を出した。奨学金は一年だけだったので、残りの二年半はハルトマン教授の副手みたいなことで給料と昼食代をミュンスター大学比較言語学科からもらって生活していた。

これが昭和三十年（一九五五）から三十三年（一九五八）までのドイツにおけるわたしの生活だった。わたしは実に幸福な気分だった。中世の思弁文典と十六世紀のイギリスの実用文法書の関係を発見したり、その説明を哲学者ハイデガーの教授資格論文《ハビリタチオンスシュリフト》の中に見出した時など、ぞくぞくするほどうれしかった。サピアとフンボルトを読むと、サピア＝ウォーフの仮説などは何の新しいこともないこともよくわかった。

ところが昭和三十四年（一九五九）頃に日本の教壇に立ち、日本の学会に入ってみると、わたしがまったく平仄《ひょうそく》をはずしていることがわかった。当時――この年代に注目されたい――の日本の英語学の世界では構造言語学が最も進んだ言語学として受け入れられていた。ブルームフィールドは生きた古典であり、英語学をやる人はそこからはじめなければならないという雰囲気だった。英語学者としてはC・C・フリーズだった。従来の品詞分類は現状に合わないとして新しい分類が提示された。文法理解もパターン・プラクティスであり、音声も構造言語学的にやるというふうであった。主として八品詞にもとづく伝統的英文法書は、どうしてイギリスで発生したか、などということに関心を持つ人はまずいなかったであろう。また言語の理解にはフンボルトの考え方が大切だし、ヘルダーの『言語起源論』はその価値を失っていない、などと言っても問題にされる雰囲気ではなかった。

もしわたしが上智大学にいたのでなければ、昭和三十年代のはじめ頃に、英文科の学生を相手にプラトンやアリストテレスの言語観を論じたり、フンボルトやヘルダーの詳しい紹介などをやる時間を持たせてもらえなかったに違いない。いわば勝手なことをやらせてもらったのである。しかし勝手なことをやりながらも、日本における学界の主流は別のところにあることは意識していたし、義務感から構造言語学も少し勉強してその授業もやってみた。ところがその頃わたしは奇妙な体験を二つした。一つはわたしのところで学部卒業論文を書いた学生が、都内の国立大学に進み、二年後には構造言語学で修士をとったことである。その学生がわたしの指導を受けていたのは英文学で英語学でなかった。頭がシャープという印象もなかったし、成績も同級生の中では中位であり、ほかの先生方も高い評価をしていなかった。ところがそういう学生が一度もやったことのない構造言語学をはじめて、二年で修士をとれたということは、おそらく構造言語学そのものが容易であり、幼稚なことを示すものではないか、という疑念が生じたのである。

もう一つの奇妙な体験は、非常勤で出講していた某女子大学におけるものである。ここで一年間、構造言語学入門を教えて試験してみたら、ほとんどが満点なのである。問題の程度はアメリカの大学ならば大学院の言語学の入門程度のものである。数十人の女子学生は、英文学を教養として学ぶため入学したような人たちばかりと言ってよい。これはどうしたことか。わたしがその時に到達した結論は、一応の入試を受けてくるくらいの者は八品詞式の伝統文法をやり、受身の作り方や関係代名詞の用い方を、理屈を通して実践してきた者たちである。一つの文法パラダイムをマスターしていることになる。構造言語学でもIC分析などなど、新しい術語と技法に慣れれば、難しいことはないのではなかったか。つまり日本の大学入試において期待される文法知識や言語学的分析力は、新言語学をやっているアメリカの大学院一年生くらいはあるのではなかろうか、と思いあたったのである。アメリカの学生が、日本の英語の入試問題に匹敵するくらいの程度の高い文章を、まったく語族の違う漢文や日本語でできるほどの言語学的訓練を受けるとすれば、それは大学院でも足りないくらいであろう。つまり公平に言えば、日本の高校や予備校の英文法の授業と訓練は、そのパラダイムが違うだけの話で、構造言語学より程度が低いわけでもなし、むしろずっと高いのではないか、というように考えるようになった。

伝統文法はゆるやかに成長し、実用性によって確認されつつ、また、哲学的・思弁的論争で精練されつつ、中世後期に完成し、その体系は近世初頭、宗教改革のもたらした国家主義的意識の台頭によって作られた各国語の文法体系に適用されたというのが大筋である。伝統文法というと昔の中学校でも教えていたので幼稚で学問的根拠もないもののように考えられていたふしがあったが、それはたとえて言えばカトリック教会の「公教要理」みたいなもので、それ自体は簡易化されているが、その背景には聖トマス・アクィナスらの間然とすることなき神学体系があるのにちょっと似ている。偶然のことから、英語の伝統文法の起源を研究していたため、それを幼稚と考える習慣はわたしにはなかったのであるが、上にあげたような体験を通して、受験用にアレンジされたものでもいわゆる新言語学の大学院生向きのものよりも印欧語に関しては有効な言語分析の手段であると確信するに至った。こんな体験を早大の上田稔氏に話したところ、同氏もアメリカの大学院で教会スラブ語(だったと思う)の入門を新言語学で受けた時の次のような経験を語られたことがあった。そのアメリカの教授ははじめ新言語学のパラダイムで講義をしたが学生には理解しにくかった。ところが上田氏がたまたま持っていた伝統文法のパラダイムの入門書を見たら実によくわかる。他のアメリカ人の学生に見せてもよくわかるという。それで教授に伝統式でやってくれるよう頼んだところ、教授も「わたしも同意見だ」というので喜んで応じてくれたというのである。このエピソードは伝統文法のパラダイムの有効さと、当時のアメリカの大学の「流行」に対する敏感さを示してはなはだ興味深いものがある。

一方、わたしはと言えば、英文法の歴史に関する研究を続け、日本英文学会第三十三回大会（於北海道大学・昭和三十六年（一九六一））においても「チャールズ・バトラーの英文典（一六三三）に見られるアリストテレスの影響」などという浮世離れした、あるいは学界の流行離れした研究発表をやっていた。当時わたしが感銘をもって読んだのは若き日の中島文雄先生の「英語学とは何か」（京城帝国大学法文学会編『言語・文学論纂』第二部論纂第四輯、三五—九八頁、講談社学術文庫所収）くらいのものである。

この後、学界の中心的な活動をなさっている方で、研究サークルにわたしをも加えて下さっていた先生が、「ああいう研究がどういう意味を現在持っているかが問題だね」とおっしゃられたことを思い出す。十七世紀の英文法書などに学問的価値があるわけはない。そんなものにアリストテレスがどう影響しようと問題とするに足るまいということである。当時の通念では、英語学を進めるのは構造言語学の線でなければならないということになっていた。この先生のところに時々集っていた若い（当時）研究者たちも、古英語の研究でさえ、その目的は正確な記述（構造言語学的な意味で）にあると断言していた。

なぜ日本の学界においてアメリカ構造言語学が先端にあると思われていたか、と言えば、それは敗戦のせいだと思う。アメリカの科学技術の進歩は戦時中の日本人の想像をはるかに超えたものがあった。当然、戦後の日本人はアメリカに留学して先端の学問に追いつこうとした。そして英語学や言語学の分野では構造言語学がいちばん新しかったので、それが英語学全体の先端だと思い込まれがちであったのである。幸か不幸かわたしは最初にドイツに留学したため、この流行にまったく関係がなかった。ドイツでは、ただ一人、「これからは構造言語学的な方向に英語学は進んでゆかねばならぬ」と言った先生がいたが、この人はアメリカから来たフルブライト客員教授であった。この人は従来のドイツ的な英語学に対して嘲笑気味であり、当時出版されて二、三年しか経っていないフリーズの *The Structure of English* (1952) を激賞し、これ以前の文法研究は価値があまりなくなった、というようなことを言っていたが、学生に対して影響力を持つというほどのものはなかった。これに反して、日本の学界の主流は明白に構造言語学的であった。

しかし伝統文法のやり方も一つの言語分析と記述の方法であり、その有効性は何世紀にもわたり、多数の国で実証されずみである。従来の品詞を破棄するのもよいが、伝統的なものより実効性があるという証明はまだない、というわたしの考えは動かなかった。それで何度か雑誌に伝統文法の擁護論みたいなものを書いたが、反響はよかった。わたしの学生時代にすでに教授であったような世代の方々からの支持と激励があった。そして昭和四十年(一九六五)に『英文法史』(研究社)が出た時は、意外な好評で、五刷くらいになったと思う。学位論文が数版も重ねるというのは珍しい話だと思うが、それだけ構造言語学の風潮の中にあって、伝統文法の起源と根拠を探ろうとした拙著を歓迎してくれる人たちがいたことになる。

この『英文法史』が出てから間もなく、研究社の河野氏が、大塚高信先生がこれを読んでたいそう興味を示され、わたしに会いたいと言っておられるということを伝えてくれた。中学生の頃から大塚先生の名前はわたしにとって大きな存在であったが、お会いしたのはその時がはじめてである。一見篤農家のような印象を与えた先生は、『英文法史』の序文に興味を引かれたとのことであった。わたしは序文の中で、哲学の研究に哲学史があるように、英文法の研究に英文法史があるべきだと主張していたのである。哲学史があるので、人間の思想にもそれほど新しいものはなく、また新しいものが最善とは限らず、古い思想家の書物の研究にも価値があることが明らかなのであるが、言語学や英文法においては学史のよいものが少なく、現在の研究者たちが先人の業績に無知でありすぎるのではないか、というのがわたしの考えだった。十七世紀の英文法とアリストテレスの関係の研究発表に対し、「それがどういう意味があるか」という疑念を聞かれた時に、哲学の分野でならそんなことを考える人はないだろうにと思ったことであった。さすがに大塚先生はそこのところをすぐ理解されて、ただちに具体的なプランをお立てになったのである。こうして出たのが南雲堂「英語文献翻刻シリーズ」全二十一巻である。第一回目の配本にはバトラー（一六三四）とクーパー（一六八五）のものが入れられ、前者にはわたしが、後者には柴田省三氏が解説をつけた。これは昭和四十二年（一九六七）のことであるから、企画が立てられ、原稿を書いていた頃は、オルストンの壮観とも言うべきスコラー・プレスの英文法書リプリント群は出ていなかった。この方面に関して万事不便で不足している日本で、戦後の世界に先んじて四十点以上もの古い英文典の復刊がなされたことは、学問史的に見て大塚先生と南雲堂の世界に誇るべき業績であったと考える。

わたしはと言えば、この第一回配本の年に、日本ブリタニカの依頼を受けて、構造言語学的英語学の代表的存在であるフリーズの *American English Series* 全巻の総合的解説となる一冊を書き下ろすことになった。これを機会にフリーズを徹底的に研究してみるいい機会だと思われた。そしておおいに得るところがあったと同時に、構造言語学の根本的な言語観に対する不満がはっきりしてきた。それは構造言語学が主として行動心理学にもとづき、行動心理学は究極的にダーウィニズムに根拠があり、ダーウィニズムは人間の「精神」の宇宙における特殊的地位を認めないことであった。これはわたしが学び、かつ確信するに至っていた言語観と違うし、また人間観そのものとも違う。限られた面での構造言語学の有効性はあったとしても、人間の言語の本質を理解するためには極めて不十分な見方であることがよくわかった。構造言語学の長所を積極的に評価するつもりで本を書いているうちにこういう結論に達したのだから妙なものである。

チョムスキー以後の風景点描

しかしこんなことに気がついたのはもちろんわたしが最初ではなかった。そのことについてわたしはまったく見落していたが、チョムスキーは、行動心理学者の泰斗B・F・スキナーの『言語行動』に対して批判的な書評を書いていたのである（*Language* 35, 1959）。それ以前にもチョムスキーは書いていたが、まだブルームフィールドの流れを汲む構造言語学者たちと一線を画していることは明らかでなかった。ハルトマン教授が「チョムスキーは注目すべきだ」という手紙を下さったことがあったが、わたしは新言語学者が一人また出たくらいにしか考えていなかったから、特に勉強する気にもならなかった。

しかしそのうちチョムスキーが極めておもしろく重要な言語学者であることが、新言語学をやっている人々の間でかたまっていった。彼の立場も構造言語学からまったく反対の立場に移っていった。言語学者としての彼の異常な知名度は、ベトナム戦争反対の政治的発言があったからにもせよ、生成文法は次第に構造言語学を押しやり、少なくとも日本では新言語学の中心になったようであった。著名な構造言語学者である友人が、「やはり生成文法理論の方がすぐれているからチョムスキー一色になるのも当然だ」と洩らしていたのをこの頃聞いたことがある。

英語学畑の俊秀と目された人々が、続々と構造言語学から生成変形文法に鞍替えしてゆくようであった。それは構造言語学より生成文法の方が〃より進んだ〃言語学として受け取られたからであろう。かくして生成文法のクリスマス・ツリーはいろいろな雑誌や論文の中で盛観を呈することになる。構造言語学と生成変形文法ではその基盤となる人間観がまったく違うはずなのに、それにはおかまいなしに〃より進んだ〃と思われる方に進むことができるメンタリティが日本人の強さなのであろう。

わたしは、チョムスキーに対して構造言語学に対するような違和感は抱かなかった。根本的な言語観、つまり人間観において同じであると感じたからである。また彼が品詞の名前を変えたりしないのも気に入った。センテンスをNPとVPにわけて分析してゆくのは、受験英語以来のおなじみであり、荒牧鉄雄氏が戦前に出された受験参考書には、クリスマス・ツリー的な表解を徹底的に利用したものがあったと記憶している。もちろんチョムスキーの方では、言語学的術語によって精密に説明されている。そこでは術語の操作が極めて重要である。しかし日本の受験参考書の表解では言語学的術語は極度に抑制され、伝統文法の普通の術語に限って用いてよく、著者が新術語を発明してはいけないことになっている点で両者に大差がある。そのために前者は学問的《アカデミック》であり後者は実用的《プラクティカル》である。しかし取り扱っている文章の内容の複雑さは受験参考書の方が数等上であり、しかも英語を母国語としない日本の少年少女に英米の知識人向きに書かれた高度の内容の文章を理解させてしまうのだから独特の威力がある。一方、生成文法の方はすでに例文の意味がわかり切っているものを分析するので、分析の対象になる文章は受験参考書の例文より一般に幼稚である。もし生成文法書の例文を勉強するだけなら、日本の少し難しい大学の入試には絶対通らないだろう。一方、受験参考書の分析図では、今まで読みこなせなかった複雑な英文も文法的に明確に理解することが期待される。

こんなふうに考えたので生成文法には好意を持ちつつ、これを専門として研究する気にならなかった。いろいろ細かい議論がなされているようであったが、それは学派内論争といったようなものであろうと推察した。類比的に言えば、カントの解釈に関する新カント派の学者たちの論文みたいなもので、その中の人にしか意味はあまりないのではないか。実際、中島文雄先生が岩波新書にみごとにまとめられた『英語の構造』を見ても、わたしの大筋の見方としてはそれでよさそうである。

それは日本の中の話である。チョムスキーが文献学的に世界に顕著な影響を及ぼしたのは何と言っても『デカルト派言語学』（*Cartesian Linguistics*, 1966）である。この著名な本の内容は紹介するまでもないが、簡単に言えば、この中でチョムスキーはデカルトからフンボルトに至る言語理論の展開を跡づけ、目下彼自身が研究している生成文法との共通点を示したものである。デカルトからポール・ロワイヤルの文法の関連はこの本の中で最も目ざましい部分である。ポール・ロワイヤル文法が、部分的にはアカデミー・フランセーズの創設に力のあったボージェラの記述文法に対する反動と見なし得る、などという記述の中に、構造言語学に対する生成文法の関係を読み込んだ読者も多かったであろう。フランスやスペインやドイツやイギリスの十六世紀、十七世紀の学者がぞろぞろ出てくるのみならず、Modistae と呼ばれた中世の思弁文法家たちや、スコトゥスなども出てくるといったぐあいである。チョムスキー自身「言語史の分野の悲しむべき状態」(the sorry state of the field of the history of linguistics) に気づいて、過去のヨーロッパの思想家の言語観を史的に論じたものである。

この本が出た時の日本の新言語学者への衝撃と言うべきものを見たことがある。構造言語学からチョムスキーへと勉強してきた人たちにとって——たいていは英文科の人たちであった——突然デカルトや中世の思弁文法家やフンボルトを出されたのでは文字通り取りつく島もない、といったものであった。「急にフンボルトなど出されてもどうしようもないよ」と、チョムスキーの紹介で最もめざましい活躍をしていた研究者が嘆き、同学の士たちが肯定するのをある懇親会で目撃した。

一般の研究者はデカルトやフンボルトからはじめなくても、生成変形の操作はできるので、この方面の研究者はその線で英語、あるいは言語一般の規則性の解明を深めようとしてきている。しかしチョムスキーのこの著のおかげで、欧米全体では急に言語史への関心が高まり、それまでは欧米の主要大学にでも行かなければ見られなかったような稀覯書も続々とリプリントされ出したのである。チョムスキーが書名をあげただけで、一躍有名になった本もいくつかある。たとえば『ポール・ロワイヤル文法』(*Grammaire Générale et Raisonnée*, 1660)はスコラー・プレスから一九六九年(昭和四十四)にリプリントされたが、ハード・カバーのほかにペーパー・バックも出ている。これはチョムスキーのおかげでポール・ロワイヤル文法が方々の国の大学院などでテキストになったからであると考えてよいであろう。同じくハリスの『ハーミーズ』(*Hermes*, 1751)もスコラー・プレスからハード・カバー版とペーパー・バック版の両方が一九六九年に出されている。ウィルキンズの *Real Character* (1668)のようなフォリオ版の大きなものもチョムスキーがその名前をあげた翌々年の一九六八年にリプリントされた。またロングマン社が「言語学古典叢書」(The Classics of Linguistics)を出して、それまで入手しがたかった十七世紀などの言語学関係書を出したのは一九七二年である。このような復刻や解説がその十五年前に出ていたら、わたしがドイツで学位論文を書く時にどんなに助かったろうかと思ったことであった。ドイツ語の文献でも、チョムスキーが重要視することを明らかにしたフンボルト(*Über die Verschiedenheit des menschlichen Sprachbaues und ihren Einfluß auf die geistige Entwicklung des Menschengeschlechts*, 1836)はその英訳まで出た(*Linguistic Variabilitiy and Intellectual Development*, translated by Buch and Raven. University of Miami Press, 1971)。この原書を手に入れるためにハルトマン教授のお世話になったことなど、うたた今昔の感に耐えぬ、といった事態だった。またアムステルダムのベンジャミンズ書店が、『言語史研究』三巻（一九七三、七四、七五年）を出したのも、チョムスキー以来、澎湃《ほうはい》として起ってきた言語史研究の需要に対するものである。また中世思弁文典までリプリントが行われ、トマス・フォン・エルフルトの *Grammatica Speculativa*（c. 1300）が英文対訳で読めるようになったとは夢のような話である。この原本はドイツの大学でもなかなか見られるものではなく、読むのはさらに難しく、その難点の解釈をたまたまハイデガーの教授資格論文で見つけるなどという苦労をこれからの人はまったくする必要がない。これもチョムスキーのおかげと言ってよい。最近も Stephen K. Land, *The Philosophy of Language in Britain*（AMS, 1986）が出たが、これにもチョムスキーの影響がはっきり見られる。その他この種のものは何点か思いつく。

チョムスキーの功罪と言っても、わたしにはその「罪」は見あたらない。構造言語学とは別の新言語学のあることを示し、言語学史の意味に光をあて、その方面の気運を醸成した「功」をまず讃えたい。言語を考える場合、人間の精神の独自性に新しい光をあて、他の動物のごとく条件反射で説明のつくものでないことを強調した。これは人間の尊厳の認識に連なるものと考える。そして西欧における思考の歴史の最良の部分と連なるものと見なすことができよう。

チョムスキー理論内のことについて言えば、それはチョムスキー研究の専門家にまかせるべきことである。そこでの理論の精密化がいろいろ行われても、それは派内のことであり、それが言語学の最も進んだ部分であると考える必要はまったくない。チョムスキーのおかげで世界の言語学界はそこまで成熟したのである。中世の思弁文法に沈潜するも、ウィルキンズの普遍語の再検討でも、チョムスキーの最近のGB理論の研究をするよりも別に遅れたことにはならないことを言語学史は示しているのだ。チョムスキーの作ったパラドクスとでも言うべきか。

文献学の理念と実践

理念

文献学《フィロロギー》という言葉は普通、大学のカリキュラムにも刷り込まれておらず、まさにそのゆえに「重要でない」とか「時代遅れ」とかの印象を与えやすい。学問の分野はますます専門化され、専門が細分化されればされるほど業績も上がる。近代自然科学の萌芽はアリストテレスにあると言うが、専門化された自然科学が飛び立った後、古いアリストテレスの巣には何が残るであろうか。巣はすでに空なのであって、近代の自然科学者が、論文を書くために、このギリシャの科学者のデータを参考にすることはない。この専門化の傾向は十九世紀の自然科学の急速な発達とともにますます極端になり、同じ人体を扱う医学の中でも、内科や外科、また、その中でもさらに小分けされた分野の中での研究が進み、医学者同士でも話が通じないという事態にまで立ち至った。「各部門がそれぞれ別個の世界にとじこもって他を顧みようとしない(1)」。

自然科学とアリストテレスの関係は、そのまま、近代の人文科学と文献学の関係にあてはまるであろう。近代の文献学の建設者であるF・A・ヴォルフ（Friedrich August Wolf, 1759-1824）やA・ベック（August Böckh, 1785-1867）の頭の中では、古代文献学と言った場合、ギリシャ人、ローマ人の文化、言語、その他いっさいの「知識の総和」というふうに考えていたのである。[2] 特にベックは、文献学の課題を、「人間の精神によって生み出されたもの、すなわち認識されたるものの認識」[3] という有名な言葉をもって表現した。彼によればすべての学問の分野の歴史、一般の歴史、芸術史なども文献学に含まれることになる。たとえば、彼が古代文献学の材料部門として考えたプログラムは次のようなものであった。

（1） ギリシャ人・ローマ人の公的生活
　(1) 年代記
　(2) 地理
　(3) 政治史
　(4) 有職故実
（2） ギリシャ人・ローマ人の私的生活
　(1) 度量衡学
　(2) 外的生活史、つまり経済史
　(3) 内的生活史、つまり社会史
（3） 芸術及び典礼
　(1) 典礼、及び外的宗教

(2)　芸術史

（4）学問・宗教学、すなわち認識としての内的宗教

(1)　神話学

(2)　哲学史

(3)　個々の科学の歴史

(4)　文学史

(5)　言語史

そしてこの膨大な分野に具体的に通暁するという知識の集積と、その集積を解釈するというところに古代文献学が成り立つとしたのである。

ここですぐ常識的に明らかになることは、材料の乏しい古代の場合なら何とか可能であろうが、近代の場合はまったく不可能だろうということである。事実、H・パウル（Hermann Paul）は、ベックの理念には賛成したが、一人でやるわけにはいかないから、分業になることを当然とした。ただし各部門が孤立しないで学問的関連あることを前提とした。彼の編纂した『ゲルマン文献学大系』[4]はその結果であり、この企画には国籍を異にする多くの学者が参加した。[5]ドイツの諸大学も、この文献学《フィロロギー》の名称を保存し、日本語では古典文学科、独文科、英文科、仏文科などと言うところを、それぞれアルト・フィロロギー、ドイッチェ・フィロロギー、エングリッシェ・フィロロギー、フランツォーヅィシェ・フィロロギーと呼んでいる。たしかにエングリッシェ・フィロロギーというのは、デパートメント・オブ・イングリシュ・リテラチャーと言うよりは文献学に近く、古英語のゼミナールに史学の教授が出てきたり、英国地理がカリキュラムの中に含まれていたりする。

しかし、文献学と言っても、大勢は文学史と言語史が中心となり、特殊な場合はテキスト・クリティシズムなどをやることになる。音声学や言語心理学は、自然科学の翼を得てしまい、補助科学として援用されるにすぎない。また、一般歴史、経済史、美術史なども、文献学にとっては補助的、あるいは、参照的な立場にあり、しばしば忘れられる。この対抗策として、ドイツではストゥディウム・ゲネラーレ（Studium Generale）[6]の要請があり、また、アメリカなどにエリア・スタディーズ（Area Studies）の動きがある。[7]しかし旗色はよくないようである。ドイツでは、「今日の学生は就職のため、試験のためのみ勉強する。国家試験合格に必要なことだけをやればよいとして、自分の専門外のことには全く無頓着である」[8]とのことだし、アメリカでも専門家熱（Ph. D. 病《フィーバー》）はあっても、地域研究ブームの話は聞かない。日本でも事情は似ているように思われる。ただ教授の専門家的要求と違った、むしろ元来の文献学的意味での欲求が学生の間に出てきて、ジャーナリズムにも取り上げられるようになってきたことが注目を引く程度である。[9]

では十九世紀初頭に、ベックなどによって掲げられた文献学《フィロロギー》の理念は今日考えてみて正当なものであるか否か。これをもう一度問うことからはじめよう。

その答えは一つしかない。「正当」なのである。この理念による以外には人文科学からいかなるパースペクティブも出てこないのである。[10]

問題は、文献学の理念にあるのではなく、「理念は立派だが、どうするのか」という、実践、あるいは、実践の可能性にあるのである。ところがこの可能性に対する見通しが極めて暗い。アメリカに留学した人は該地の大学の図書の整備ぶりに感嘆する。そしてその次に来るのは絶望——時には正真正銘のノイローゼともなる——である。「これだけの文献は、一生かかっても絶対に読めない」という実感がその原因である。それで果てしもない文献に取り組むのをやめて、自己のテーマを限定し、さらにそれを細分する。そうして一つの「業績」が出来上がる。その業績はさらに文献の量を増やすことに貢献する。そうして研究は細かに、さらに細かになってゆく。そして特に人文科学の場合は、細分化に比例してテーマ自体の価値が減少する危険性が出てくる。三流、四流の詩人が、他に研究者がいないという理由だけで論文の対象となる一方、重要作品は読まれず、また、重要事項が知られないという事態が生じてくるからである。「学者仲間に入るには、たいがい誰でも、これまで知られていないある世紀の底荷のバラストを掻き集めるという、自分にも他人にも無益な仕事でもって、まず学者の株を買わねばならぬ[11]」ということになる。

そこでもっと有益なことをしようとする動きが出てくる。文献学の発生地のドイツ[12]でも、文学は文献的によりは「言語による芸術作品」(Das sprachliche Kunstwerk[13])として見ようとする動きが流行であり、また、英米でも「ニュー・クリティシズム」(New Criticism) というのが盛んである。しかし、この動きは、文献学の重すぎる荷からの一つの脱出形態であってそれに代るものではないことを忘れてはなるまい。学問ではなくて、すでに芸術的働きにその理念が移っているのである。そして芸術的作用の結果は、また、文献学の対象なのである。それは「認識せられたるもの、人間の精神の生み出したもの」であるがゆえに。

総合なき専門化が目に見えて価値低くなる学問に医学がある。その点、文献学と似ているわけである。総合の重要性を説いた先覚者の一人にアレキシス・カレルがあるが、彼の言葉を少し引用してみたい。彼の言うところは、ただちに文献学に置き換え得るのだから。

> 今日まで専門家によって集められた山なす材料は、そのままになっている。何人もこれらの材料を整理して人間全体を研究しようとしないからである。今日たくさんの科学的労働者はあるが、真の学者は非常に少ない……今

日までは科学的労働者として狭い範囲に閉じこもって、実につまらない部分の研究に長年没頭しているような人ばかりが優遇されて来た。つまらない仕事でもそれが変ったものであれば、一科全体の深遠な知識よりもすぐれたものであるかのように考えられて来た……。[14]

しかしながら個人の学者の総合によってのみ、「全体の構造における部分の価値が正しく消化される」[15]とカレルは見たのである。

医学におけるのとおそらく同様に、文献学においても、このようなパースペクティブを学生は自ら得ることはできない。これは与えられるべきなのである。文献学は、具体的に教えられる時はデッサンのような形式になるであろう。にもかかわらず、部分の精密写真のみならず、全体のデッサンが必要なことは、あに医学や造型美術に限らんやである。

文献学の「理念」が正当であること、及びその実践の困難さの問題が了解されたとすると、次に、この理念から何が「要請」されるであろうか。ベックが考えたのは当然「博識」であった。「文献学者は皆自己の専門学科において一流であり、他の学問においても二流すなわちベータでなければならぬ」[16]のである。近代の百科事典の出現は博識を不当に軽蔑する傾向を生んだ。しかし百科事典を持つことと、関連諸科学について博学であることとはまったく違ったものであることを認めるべきであろう。

この例として、幸田露伴をあげられるかも知れない。彼の『芭蕉七部集』を見れば、単なる国文学者ではできない仕事、国文学同様、漢学にも達した人の仕事、しかも正統的な文学史外の文献、有職故実などにも精通した人の仕事という印象を受ける。「最高の学府に俳諧学の教授がをられ、専攻の学徒がゐて、全国には無数の俳人と称する人々の集団があつて、月々の雑誌や出版物のどれかに芭蕉のことが出てゐない時は無いのに、その芭蕉の名を冠した俳諧の書、芭蕉七部集の満足な註釈書一つ、これまで無かつた日本の国であつた。まことに不思議であるといはねばならない」[17]と言うのも、畢竟、東洋の文献学的な「博学」を身につけることが、国文学のテーマで学位論文を書くよりも難しかったことを示すものである。これこそ露伴の注解が尊ばれ、「蕉句、李詩、露註」[18]と言われる所以なのである。もう少し時代を遡れば、新井白石などもすぐれた文献学者と言えよう。

西欧に例をとってみても、イギリス最初の詩史と言われるトマス・ウォートンのもの[19]なども、文献学的なものである。『ケンブリッジ英文学史』[20]は、H・パウルの『ゲルマン文献学大系』式に諸学者の共同によっている。しかし諸学者寄稿という形になると百科全書式な色彩が濃くなり、文献学の意図する全体の中の部分の位置、パースペクティブなどが弱まる危険がある。広大な分野からの知識の集積が一個の頭脳の中で消化、商量される時デッサンができる。協同制作のデッサンというのは価値が少ない。一方、個人の文献学的業績として最近目立つものに、例えばR・F・ジョーンズの『英語の勝利』[21]などがある。しかし意識的に文献学の方法と理念によって研究しようとしている学者には、K・シュナイダー[22]、H・A・ベニング[23]などあり、その成果はすでに輝かしいものがある。

最後に問題が一つ残っている。文献学の理念たる「総合」を了解し、その要請たる「博学」にこたえようとするには具体的にどうすればよいかということである。それには、前に引用したA・カレルの言が参考になるかも知れない。彼の死後出版になった日記、断片集[24]を見ると、最高の総合は毎日生活の煩しさで気の散るような人間にはできないから、大なる精神力と肉体力を持った人が、家庭を作ることを断念し、自己を人類の犠牲に供する意味で、学問的修道院みたいなものを作って、そこに入ってしまうのがよかろうと言っている。しかしカレルの忠告に従うことは難しい。普通、文献学を志す者は、それより一つ低いところの総合になるであろうが、理念を絶えず眼前に据えつつ、不断に進んでゆくより仕方がないであろう。

次に通常の文学史や言語史の網の目からは洩れてしまうが、にもかかわらず文献学的には対象となる二つのテーマに関する実験的小論を試みたい。第一は現代のアメリカとエマソンである。これは紙数の関係からごく概略を示すことができるにすぎないが、文献学的な視野は取り込み得たと思う。第二は、ギリシャの哲学書に現れた考え方が、近代の英文法にどのようにしのび込んだかについてのやや詳しい記述である。

実践 その1――エマソンと現代アメリカ

エマソン(Ralph Waldo Emerson, 1803-82)は現代アメリカの文芸批評家の間ではあまり取り上げられないとのことである。[25] これはさもありなんとも思われる。彼の書いたものは、今日の観念では、文学批評には入りにくいもので、ちょうど、日本の内村鑑三や三木清の随筆的なものが現代日本文学史に入ってこないのと同一事情なのであろう。エマソンが現代の日本の英文科に名前だけでも広く知られるのは、明治から大正にかけての日本の英文学界が今よりもっと「英学」[26]的であったこと、及び、彼がアメリカ文学の創始期にいたため文学者と数えたてられている事情もあろう。『日本書紀』やビードの『英国民教会史』などは元来は文学の本ではないのだが、創始期のものなので文学史に入れられている。エマソンも、今日のアメリカにいたならば、文学史に大きく上がる名前かどうかはちょっと怪しい。

文芸批評は理論的にも技術的にもおおいに発達して精緻になってきた。いい意味でも悪い意味でも専門家のものになって、特に勉強した者でないとわからなくなったのである。文字を読める人にならたいていわかるという当時のエマソンの人生論的なものとは相当違ってきている。だから、高度に専門化してきた文芸評論の分野にエマソンがさほど入ってこないのはむしろ当然と言うべきであって、そしてその現象は正しいと言ってよいのである。

アメリカ文学における批評史が、現代におけるエマソンの位置づけを終ったところから、文献学的に見た現代アメリカの中のエマソンが研究の対象となる。すると、エマソンは依然として、というよりは最近ではむしろ引用される回数が増えているという現象が目につく。そしてエマソンは、彼が書いていた時代と同じように、文学論の専門家としてではなく、人生論者、すなわち、「哲人」として読まれていることがわかる。彼が哲人《セイジ》であって文芸批評家《リテラリ・クリティック》でなかったという事実を再びわれわれに気づかせてくれるには、今流行のハウ・トゥ物（how-to books）を瞥見すれば足りるであろう。

ハウ・トゥ物が人の目を引くようになったのは、デール・カーネギーの『友人を得て人を動かす法』[27]以来だと思われるが、その後、この種の本の進出ぶりはすばらしい。本書は発行以来、半年で四十万部を売り、その後二十六年間世界各国に売られ、しかもポケット・エディションにも入っているから、その総数は莫大なものであろう。この書の中にはエマソンが少なくとも六回引用され、最も高い被引用率を示している。同じく彼のベスト・セラーの書、『悩みを止めて生き出す法』[28]及び、その夫人、ドロシー・カーネギーの『夫の出世を助ける法』[29]にも、エマソンは重要な貢献をしている。

D・カーネギーと並んで、現在のアメリカで、書くところのものすべてベスト・セラーならざるなしの観を示し、また、多くの人の尊敬を集めている人に、牧師ノーマン・V・ピールがいる。彼のものはすでに三種邦訳[30]があり、いずれも好調な売行きを示している。彼は牧師だから、バイブルの引用は多いのだが、それ以外からではエマソンがトップに来る。

三人の人間がアメリカ人の思考過程に重大なる影響を与えたと言ってよいであろう。この三人とは、エマソン、ジェイムズ、ソローである。今日までのアメリカ精神を分析してみるならば、この三人の哲人の教えが相い合して、困難にも負けず、不可能事をも驚くべき能率でやってのけるというアメリカ人独特の精神を創造したのだということが明らかになる。(31)

ピール師は、これにジェファソンとフランクリンをつけ加えてもよいとしている。その他、邦訳が出ているハウ・トゥ物で、しかもエマソンを押し立てている書物を並記すれば、ざっと次のようなものである。

クラウド・ブリストル『信念の魔術』(32)(土屋健訳)

W・G・ダムロース『四十までに成功する法』(33)(小林薫、小池安義訳)

ダン・カスター『精神力――その偉大な力』(34)(大原武夫訳)

このうち、ダムロースの本は週刊誌のトップ記事になって日本でも一躍有名になったし、カスターのものは、エマソンの言葉とバイブルを五分五分に合せたような本である。またアーノルド・ベネットのごとき文学者も、処世訓的な本を書く時はエマソンをあげている。(35)エマソンを直接あげてないが、ピールをしきりに引用しているのには、現代アメリカの代表的販売法《セールスマンシップ》の専門家、エルマー・ホイラー(36)などがある。

これらの邦訳書の出版社がダイヤモンド社であることが示すように、読者は、会社員、経営者、商店主、セールスマン等、すなわち普通の市民である。エマソンの人生観や、以上の書に現れた人生観の哲学的意味の検討はしばらくおくとしても、これらの本の内容はわれわれが漠然と「アメリカ的」と考えているそのものずばりという感じがまぬかれず、前に引用したピールの言の正当さを思わせるに十分である。しかしこれには次のような疑問が出るかも知れない。

（1）帰属論的、範疇論的な疑問で、どういう研究分野に属すべきなのであるか

（2）方法論的な疑問で、どのようにして研究を進めてゆくか

（3）価値論的な疑問で、いったい、学問としての価値があるのか。そもそも研究に値するのか

まず第一の疑問に関してであるが、これは現在の英文科には入らないと思われる。社会学的にアメリカ考現学くらいにはなるかも知れない。また、個々の内容がセールスマンなどに向くので、その方面の指導書となり得る（実際広く用いられている）。アメリカ哲学史は入れてくれないだろうが、アメリカ精神史というものがあれば、入り込む余地がある。また、特定の神学から見れば批判の対象となるにきまっているが、積極的な意味はここでは持たない。教育学中のガイダンスの参考書として用いられはじめており、この傾向は強まるらしい。文献学は、元来こうした明確に学問の一分野にならないものを含むものであるから、好対象となるであろう。

第二の方法の問題は今のところ難しい。文学史や言語史のように一応の参考書目などがあげられておらず、研究者は自らの足を用いて歩かねばならない。その際、エマソンの思想を明確に哲学的、神学的に把握し、その後のアメリカの歴史に通じ、今のアメリカの市民の問題がわからねばならぬという社会学的な知識も必要とされるというわけで、文献学的「博識」が前提とされよう。

第三の価値如何は、正統的な文学史家から出てきそうな気がするが、学問ははじめから自己の持つ価値判断を振り回すべきでないとこたえたい。学問の前には珍味佳肴の蛋白質も排泄物のそれも同じことである。専門的文学者の見るエマソンも、大多数の俗人の見るエマソンも、等しく学問の対象としてアメリカ「精神の産物」というパースペクティブに収めようというのが文献学である。このことは日本にいて外国を研究する場合に特に重要なのではなかろう

か。「日本料理の本には右手に箸を二本持つべし」と書いていないから、日本をはじめて訪れた外人は、左右に一本ずつ持ったりする。ナイフとフォークの連想としてはその方が自然なのだ。アメリカの批評家はエマソンに対する一般人の読み方を自明のこととしているのであろうが、海を隔ててしまうと、その点がわからなくなってしまう。日本の哲学年表で[37]一八七〇年を見ると、哲学書としてはH・スペンサーの『心理学原理』を、西洋文化史上の出来事としては、ボーニッツの『アリストテレス索引』の完成、シュミットというフランス人音楽家の誕生を伝えているが、ローマ法皇の不可謬権《インファラビリティ》のドグマ宣言については報ずることがない。このことの意味と重大性はカトリックには自明であり、その影響はその後のヨーロッパ全体の歴史に歴々と現れてきているのに、普通の日本の大学では視野に入ってこない。これは大学の史学科が教会史を教えず、哲学科は神学に触れないことによる。ベックが文献学の材料部門に、神学のみならず、典礼まで入れたのは卓見であったと言うべきであろう。このように見てくると、「アメリカ一般市民とエマソン」というような文学部の論文のテーマとしては通俗すぎるように見えるものも、パースペクティブを得る文献学からは、十分研究の価値ありとされるのである。

実践 その2——アリストテレスの論理学と近世初期の英文法の関係[38]

アリストテレスのような古代ギリシャの哲学者と、近世の英文法学者を比較することは、時間的には二千年もの隔たりがある上に、研究分野としてもかなりの径庭がある。それでこの両者を比較することは、一見摑みどころがなくて、非学問的という印象すら与えそうである。そしてまさにこの印象のゆえに近世初期の英文法の著作が、英語音韻史の研究資料としてのほかは顧みられずに来たのではないだろうか。この摑みどころのない両者に、将来の研究のために、たとえいかに細かくても、確実にして消えることのない道を一本つけてみたいというのが本試論の目的で、その際問題となるのは、方法論としてどのようなものが可能であるか、資料はいかに選択されるべきかということである。

まず資料としては、アリストテレスの『オルガノン』中、特に文法に関係の深い「ペリ・ヘルメネイアス」[39]と、チャールズ・バトラー（Charles Butler, *c.* 1560-1647）の『英文典』[40]（一六三四年）である。

しかしながら、アリストテレスとバトラーとの間に類似点があるにせよ、それが偶然の一致であるか、アリストテレスからの影響なのであるか決定するのは難しい[41]。にもかかわらず、筆者は次の諸点を考慮の基準にして、バトラーにアリストテレスの影響が見られると推定した。

（1）アリストテレスに見られる諸特徴の中、特に目につくものが、ただ一つのみならず、いくつかバトラーに見出されること。

（2）言語史や文法史の分野で基準的《マスゲーベンヂ》と見なされる参考書、または各時代の主なる原典[42]を調べてみても、アリストテレス以後見当らぬ説明法が、一つ以上バトラーに見出されることは、彼が直接アリストテレスに影響されているのではないかと考えられる。

（3）アリストテレス学者であって、しかもバトラーと時代も近い文法家（たとえばラムス[43]）からの影響と見なされる諸点がバトラーに発見される場合、その影響は間接的にはやはりアリストテレスに帰せしめ得ると思われる。

（4）しかしそれでもなお、偶然の一致という可能性があるわけであるが、当時の文化教養的背景から、バトラーはアリストテレスを読んでいたという強い憶測が成り立ち得る。すなわち彼は元来が神学者であるから、その教養段階においてアリストテレスの諸著作に親しむ可能性があった。また、彼はギリシャ語の標題のある論文[44]もあるくらいで、ギリシャ語に通じていたことは疑いを容れない。特に論理学はアリストテレス以後まったく進歩はないとカントも言っているところであり、[45]当時の神学者は一応はアリストテレスの『オルガノン』は読んでいたと思われる。そしてアリストテレスが、第二章・名詞、第三章・動詞というように、やや体系的な文法論を展開するのは、まさに彼の論理学書『オルガノン』中の一編、「ペリ・ヘルメネイアス」(解釈論)なのである。また、アリストテレスの作品中『オルガノン』と並んで、彼の思想とはあまり関係なくよく読まれる『詩学』にも、『オルガノン』とよく似た品詞論がのべられている。バトラーが「解釈論」か『詩学』の両方、あるいはいずれかを読んでいたと仮定しても、当時の時代、及びバトラー個人の生活史から見て少しも不当でない。否、読まなかったと仮定する方が不自然なのである。

以上の四点から、一応アリストテレスとバトラーの比較は設定し得るとして、特に目につく点をいくつか考察してみたい。

第1　名詞と動詞の区別を時間の見地からのみ見なすこと

プラトンは「ロゴスはオノマとレーマによって思想を示すものであり、前者は叙述されるもの、後者は前者について何かを述べるものである」(『テアイテトス』)としたが、彼の言うオノマ(*ὄνομα*)とレーマ(*ῥῆμα*)は、むしろ「主語」と「述語」を意味していると見るべきであって、「名詞」と「動詞」と訳すのは不適当であるように思われる。[46]しかしその弟子アリストテレスの品詞の定義においては、オノマとレーマに特に比重をかける点、その師プラトンの場合と同じであるが、変化属性《アクチデンチエン》を取り上げて定義づけようとしている点、おおいに異なっている。後にバトラーとの比較の必要もあるのでバイウォーターの英訳で示してみよう。[47]

A Noun or name is a composite significant sound *not* involving the idea of time, with parts which have no significance by themselves in it.

名詞、すなわち名前は、時の観念を含まざる意味ある合成音であって、その各部は、分解すればそれ自体の意味を有していない。

A Verb is a composite significant sound involving the idea of time, with parts which (just as in the Noun) have no significance by themselves in it.

動詞は時の観念を含める意味ある合成音であって、その各部は（名詞と同じく）分解すればそれ自体の意味を有していない。

この二つの定義を比べて驚くことは、名詞と動詞の区別がたった一語、notだけでなされていることである。すなわちアリストテレスは、名詞と動詞の区別を、「時間の観念を含まぬか」（*ἄνευ χρόνου*）か、「時間の観念を含んでいるか」（*προσσημαίνει χρόνον*）によってのみ区別せんとしているのである。[48]ところがアリストテレス以降、バトラーまで、名詞と動詞の区別を「時」によってのみ区別したのは誰もいないのである。[49]少なくとも近世初頭の文法家の中には一人もいない。[50]バトラーの定義は次のごときものである。

A Noun is a word of number and case, without difference of time.

> 名詞は時の区別を有せずして、数と格を有する語である。
> A Verb is a word of number and case, with difference of time.
> 動詞は、時の区別も有し、また、数と格も有する語である。

すなわち、名詞と動詞の定義で異なるところは、with か without かだけであり、まさにアリストテレスの *ἄνευ* か *προσσημαίνει* かというのに照応している。

名詞の定義の場合、ローマ時代や中世の文典は、意味内容論的《ゼマジオロギッシュ》に「名詞は認識の対象となるものは何でもあれ、その名である」というようなやり方を主としてきたが[51]、この代りに、数、格、時制などの変化属性、あるいは第二次文法範疇[52]を主とした定義に置き換えるべきであるとしたのは、ラムスである。しかし彼とても、名詞と動詞の唯一の変化属性上の区別を「時」であるとはしなかったのである。すなわちラムスは、変化属性を重んじて意味内容論的なことを文法から放逐すべきであるとして次のように言っている。

> 文法はほとんど全部、語の意味でいっぱいになっている。曰く、固有名詞、普通名詞、所有詞、派生語、名詞派生語、父祖派生語、動詞派生語、分詞、副詞などの。同じく動詞論においては、意味の形態種類が、例えば、起動動詞、反覆動詞、瞑想動詞などが、大部分を占めているのであって、その他の品詞に至っては、意味以外にはほとんど取扱いを受けていない[53]。文法の素材となるものは、民衆の語であり母国語なのだから、意味はわかっている。だから文法は、語の意味ではなくて、用法を教えるべきなのである。すなわち、語に関してでも、その意味内容[54]でなく、変化属性[55]が教えられるべきである。例えば、数、性、比較、格、人称、時制、など、語そのもの

の領域に属するものをである。そしてもちろんのこと、名詞の変化、動詞の変化はこれから成り立っているわけである。ひとことにして言えば、意味内容的素材は、アリストテレスの原則に相容れない。(56)

またラムスの名詞及び動詞の定義は次のようである。

nomen est vox numeri cum genere et casu.
名詞は性と格を有する有数詞である。
verbum est vox numeri cum tempore et persona.
動詞は時と人称を有する有数詞である。

このように、ラムスは、変化属性を強調しつつも、「時」にはそれほど大きな意味は与えていないわけで、この点、アリストテレスとバトラーは、他の文典に比して断然異彩を放っている。

第2　名詞と動詞の両方に「格」を認めること

アリストテレスは、今日ならば名詞の主格に相当するものをのみ、名詞と呼び、他の格のものをすべて「名詞に非ずして名詞の格」(*πτώσεις ὀνόματος*)であるとしたのである。同じく動詞についても、現在形のみを動詞とし、他の変化形を「動詞に非ずして動詞の格」(*πτώσεις ῥήματος*)であるとした。すなわち、アリストテレスが格と呼んだのは、今日で言う inflection と同じものであると言える。しかしアリストテレス以後、ストア学派に至って、「格」

の概念は、noun に限定され、それからはローマ時代、中世、人文主義時代を通じて、格と言えば常に noun に限られていた。それがバトラーになって突然動詞をも「時の変化を持つ有数有格詞」としたのである。すなわち動詞には二つの格、正格（rect）と斜格（oblique）を認め、前者を第一人称、叙述法現在の能動形とし、後者をその他の形、特に過去形であるとしている。[57] 過去分詞もまた斜格と見なされる。[58] 一方、名詞の定義は、「実名詞の正格は主格であり……斜格は属格であり、これは正格に s あるいは es を付して作られる」[59] と、要領を得ない定義を下している。

このようにバトラーは、アリストテレス以後約二十世紀の中断の後、はじめて再び名詞、動詞に共通する「格」の概念を用いたのである。現在「格」と訳されているギリシャ語の *πτῶσις*（複数形 *πτώσεις*）は、fall という意味で、ラテンの casus（＜cado）はこのギリシャ語の文法概念をラテン文法に持ち込む時に羅訳されたもので、英文法の case もここから来ている。いずれも元来は「落」の意味である。アリストテレスが名詞、動詞の変化形をなぜ「格」（正しくは「落」）と呼んだかは不明であるが、その師プラトンの哲学説の影響ではないだろうかと推測される。

プラトンは「イデアの世界」と「現象の世界」とを対立せしめる。前者は変化以前の本質の世界であり、後者はそのイデアの地上に落ちた世界すなわち変化の世界である。[60] 名詞にも動詞にも基本形とそれに対する種々の変化形があるわけだが、この対立を説明するためには、プラトン流の「落ちる前のもの」と「落ちたもの」を区別するのが便利だったのではなかろうか。これゆえアリストテレスは変化形を格（すなわち「落」）と呼んだのであろう。人文主義時代はプラトニズム復活の時代と言われるが、[61] バトラーもこれに共鳴するところがあったのではなかろうか。この「格」の説明は反プラトンに傾いていったアリストテレスの著作中、最もプラトン的と考えられるところである。バトラーが nominative や genitive という当時すでに皆の文法家に使われていた用語のあることを知り、これを自分の定義の中で使っていながらも、わざわざここに rect（*πτῶσις ὀρθή*）, oblique（*πτώσεις πλάγιαι*）という用語を用いたのではないかと推測される。正格、斜格というのは、古代の蠟板用尖筆を地面に落とした場合に、直角、斜角になるわけだが、それの比喩として用いられた用語であると、五世紀のアリストテレスの「解釈論」注釈者アモニオス以来信じられてきていたが、[62] これはアリストテレスの用語に関する無知のいたすところであって、πτῶσις なる語は、動作としての落ちる（fallen hinabfallen）の意味でなくして、ある特殊形をとる（ausfallen）の意味であったとは、最近の古代文献学の権威ある著者たちの見解である。[63] これはアリストテレスの「格」の使い方に関する筆者のプラトン起源説を裏づけてくれるものだが、バトラーは、この元来の意味ではなくてアモニオス的に用いていることが知られる。

第3　語構成論を品詞各論の前に置くこと

一般論を先にして個別論を後にするという方法論（natura prius praecedat, posterius sequatur）は、ラムスが、アリストテレスのいわゆる、倒逆論法（ὕστερον πρότερον）を避けるために取り上げたものである。この方法論を文法にあてはめると、ラムスによれば、「語構成論を一括して品詞各論の前に置いて取り扱うこと」になる。[64] バトラーはラムスのこの方法を容れて、第三章の品詞論（Of Words）の第一節において、派生語、合成語、格変化に関する一般的説明をなし（簡単なものである）、ついで第二節・実名詞、第三節・形容詞と、やや詳しい記述をしてゆく。

この方法論は、ラムスの、体系を有する学問の三原則の第三、[65]「叡智の原則」と関係しており、広く英国にも影響があったと見え、近世初頭の英文法家でも、バトラーのほかに、当時最大の体系的英文典を書き、また、ミルトンの師でもあったアレグザンダー・ギルが取り入れているし、[66] また、劇作家として有名であり、同時にすぐれた古典学者、文法学者であったベン・ジョンソンも用いている。[67]

第4　二文法の徹底的な用い方

素材を取り扱う時、明晰性のために、二文法（Dichotomie）を用いるのは、アリストテレスの流れを汲むスコラ哲学者の愛好するところであった。[68] 人文主義時代には、例のラムスが強く主張したところである。この傾向を、バトラー、及び、その他のラムスの影響を受けた文法家に見出すことは容易である。[69] 格を二分にしたのもそうであるし、品詞分類でもそうである。

- words
  - words with number and case
    - noun (without time)
      - absolute
        - substantive (name)
        - adjective (quality)
      - imperfect (pronoun)
    - verb (with time)
  - words without number and case
    - preposition
    - adverb (conjunction を含む)

このような徹底した二分法は、一品詞についても押し進められている。例えば形容詞の例をあげてみよう。

- adjective
  - positive (or absolute)
  - respective
    - increasing
      - comparative (one)
      - superlative (many)
    - decreasing
      - diminutive (part)
      - privative (all)

この二分法の体裁をととのえるためには、相当無理をしているところがある。すなわち、不変化詞（words without number and case）のところでは接続詞をはぶき、形容詞のところでは decreasing を加えている。前者は無茶であり、後者は語形成の項で扱われるべき事柄に属する。この二分法の無理な使い方は、中世のアリストテレス学徒の

流れを汲む文法よりも、むしろラムスを通した一派に多く認められることである。(70)

以上の四点を結論的にまとめてみよう。

バトラーの英文典は、もちろんアリストテレス的要素からのみ成り立っているものではなく、彼の独創及び他のいろいろな要素から成り立っているものであるが、上述の第一点及び第二点は、直接アリストテレスの影響に帰する以外は説明し難いように思われる。また、第三点及び第四点は、ラムスを通じて、アリストテレスから来た間接の影響のごとく思われる。

第三点および第四点について言えば、バトラーと同じ方法を用いた英文法家が前にも後にもいるが、第一点と第二点に関しては、彼の前にも後にも近世初期の英文法家には見あたらない。このようなわけで、バトラーの英文法の中に見られる直接アリストテレスからの影響と思われる要素は、近世初期の英文法史上、先例もなく、後例もなく、孤立して現れている現象のごとく思われる。

*

以上の小論は文献学的に言えば、「近世ヨーロッパにおけるアリストテレス」というような大きな視野の中の小点描であるにすぎない、あるいは、大きな建物の石一個、釘一本にすぎないのである。しかしそれがもっと偉大な一個の頭脳によって総合される時があれば、微視的研究の役割は果たされたと言うべきであろう。その石、その釘がそれ自体として使用に耐え得るものであるならば、である。「劫初より造り営む殿堂に吾も黄金の釘一つ打つ」(与謝野晶子)というのが、総合以前の段階における文献学徒の姿であらねばならぬ。

注

（1）戸川敬一「海外評論誌展望――ドイツにおける *Studium Generale* の問題」（『ソフィア』第五巻第一号、九三頁）。

（2）近代の文献学については中島文雄『英語学とは何か』（講談社学術文庫所収）に詳しい。この項では同論文を参考にした点が多い。

（3）"Das Erkennen des vom menschlichen Geist Produzierten, d. h. des Erkannten" (*Encyclopaedie und Methodologie der philologischen Wissenschaften*, p. 10).

（4）*Grundriss der germanischen Philologie*, Strassburg, Trübner, 1896.

（5）参加した学者には次のような人たちがいる。K. von Amira, W. Arndt, O. Behaghel, A. Brandl, O. Bremer, H. Jellinghaus, K. Th. von Inama-Sternegg, Kr. Kalund, Fr. Kauffmann, F. Kluge, R. Kögel, R. von Liliencron, K. Luick, J. A. Lundell, J. Meier, E. Mogk, A. Noreen, J. Schipper, H. Schück, A. Schultz, Th. Siebs, E. Sievers, B. Symons, F. Vogt, Ph. Wegener, J. te Winkel, J. Wright など。

（6）注（1）参照。

（7）戦後は日本でも「地域研究」として東大教養学部に入っている。

（8）戸川敬一、上掲論文、九四頁。

（9）たとえば福原麟太郎「英文科の問題」（『英語青年』一〇七巻一二号）。同氏「文学部組替え論」（『中央公論』一九六二年三月号）。中島文雄「文学部の問題」（『英語教育』一九六二年一月号）。

（10）ニュー・クリティシズムなどに見られるごとく、文学では鑑賞、解釈を主とすることもあり得るが、これは「学」的ではなくて「芸術」的なものである。両者は性質を異にしたものである。芸術的鑑賞自体、文献学の素材、材料、対象となる。詳しくは後述。

（11）C. Hilty, *Glück*, Kap. VI.

（12）中島文雄『英語学とは何か』二一九―三七頁参照。

（13）Wolfgang Kayser の名著と同標題（Bern, Francke Verlag. 1956[4]）。この書は現代ドイツ文芸学の新傾向の金字塔と言われる。

（14）Alexis Carrel, *Man the Unknown*, chap. II.

（15）*Ibid*.

（16）中島文雄『英語学とは何か』四六頁。

（17）塩谷贊『露伴翁家語』二一六頁。

(18) 同上、二二七頁。

(19) Thomas Warton, *The History of English Poetry*, 4 vols., 1774.

(20) A. W. Ward and A. R. Waller ed., *The Cambridge History of English Literature*. 15 vols., 1908-16 & 1927.

(21) R. F. Jones, *The Triumph of the English Language*. OUP, 1953. 本書下巻所収の「書評」参照。

(22) Karl Schneider, *Die germanischen Runennamen. Ein Beitrag zur idg./germ. Kultur-und Religionsgeschichte*. Meisenheim am Glan, 1956.

(23) H. A. Benning, "*Welt" und "Mensch" in der altenglischen Dichtung*. Bochum-Langendreer, 1961. 本書下巻所収の「書評」参照。

(24) *Tagesbuch eines Lebens*, p. 104.

(25) 刈田元司教授談。

(26) 福原麟太郎『英語教育論』(研究社、一九六四年)中の「英学復興」という論文からこの語をとった。

(27) Dale Carnegie, *How to Win Friends and Influence People*. New York, 1936. この書は上智大学でパブリック・スピーキングを教えておられたヒーリー(Healy)教授の推薦参考書であった。蒔田栄一氏の編注で、大学用教科書として成美堂から出ている。また、加藤直士訳『人を動かす』(創元社)は本書の忠実ならざる訳であり、新訳も出ているようだ。

(28) *How to Stop Worrying and Start Living*. Ner York, 1948. 加藤直士訳『道は開ける』(創元社)は本書の忠実ならざる訳で、新訳が出ている。

(29) Dorothy Carnegie, *How to Help Your Husband Get Ahead*. New York, 1954. 邦訳あり。

(30) Norman Vincent Peale, *The Power of Positive Thinking* (相沢勉訳『積極的考え方の力』)。*A Guide to Confident Living* (『確信にみちた生活への手引き』)。*The Technique of Positive Living* (『積極的生活への技術』)。

(31) "It may be said that three men vitally affected the thought processes of Americans — Emerson, Thoreau and William James. Analyse the American mind even to this late date and it is evident that the teachings of these three philosophers combined to create that particular genius of the American who is not defeated by obstacles and who accomplishes 'impossibles' with amazing efficiency" (*The Power of Positive Thinking*, chap. 8).

(32) Claude M. Bristol, *The Magic of Believing*. N. J., 1948.

(33) William G. Damroth, *How to Win Success Before Forty*. N. J., 1956.

(34) Dan Custer, *The Miracle of Mind Power*. N. J., 1960.

(35) Arnold Bennett, *How to Live on 24 Hours a Day*. 1956^2, p. 65.

(36) Elmer Wheeler, *The Wealth Within You*. N. J., 1955. 邦訳に『自分の力を引出す法』（平松晃一訳）がある。そのほか彼の『自分を売りこむ法』『十七日で完成する販売入門』などがある。

(37) 速水敬二編『哲学年表』岩波書店、一九四八年。

(38) このテーマの一部は「Charles Butler's *English Grammar*（1634）に見られるアリストテレスの影響」として、一九六一年度の日本英文学会第三十三回大会で発表したものである。

(39) *Περι ἑρμηνειας*. 普通On Interpretationと英訳されている。アリストテレスのテキストにはローブ（Loeb）双書のものを使った。バトラーのそれと比較するには英訳が便利なので、その注の価値も考えて次のものを使った。*Aristotle's Works*（*Organon*, vol. I), translated by O. F. Owen. London, 1893.

(40) *Charles Butler's English Grammar* (1634), hrsg. von Dr. A. Eichler. Halle a. S., Max Niemeyer, 1910. (Neudrucke Frühneuenglischer Grammatiken, Bd. 4, 1.)

(41) アリストテレスとバトラーとの関係を指摘したり、示唆するような文献は、筆者の知る限り皆無である。

(42) 筆者がここに意味しているのは次の諸文献である。これ以外で、筆者の目に入らなかった関係文献があった場合は、御指教を乞う次第である。

〔通史〕

H. Arens, *Sprachwissenschaft: der Gang ihrer Entwicklung von der Antike bis zur Gegenwart*. Müunchen, 1955.

R. H. Robins, *Ancient and Mediaeval Grammatical Theory in Europe*. London, 1951.

H. Steinthal, *Geschichte der Sprachwissenschaft bei den Griechen und Römern*. Berlin, 1890-91.

V. L. Thomsen, *Sprogvidenskobens historie*, trans. in Tokyo, 1937.

〔中世及び近世初頭〕

A. de Villa-Dei, *Doctrinale*, hrsg. von D. Reichling. Berlin, 1893.

Donatus, *De Arte Grammatica Libri*, hrsg. von H. Keil. Leipzig, 1864.

Priscianus, *Institutionum Grammaticarum Libri XVIII*, hrsg. von H. Keil. Leipzig, 1859-60.

J. Scotus, *Grammaticae Speculativae*. Florenz, 1902.

L. Valla, *De Latinae Linguae Elegantia*. Köln, 1551.

P. Ramus, *Scholae in tres primas liberales artes*. Frankfurt, 1595.

J. J. Baebler, *Beiträge zu einer Geschichte der lateinischen Grammatik in Mittelalter*. Halle, 1885.
M. Grabmann, *Mittelalterliches Geistesleben I*. München, 1926.
H. F. Haase, *De medii œvi studiis philologicis*. Vratislaviensis, 1856.
L. Jeep, *Zur Geschichte der Lehre von den Redeteilen bei den lateinischen Grammatikern*. Leipzig, 1895.
F. P. Graves, *P. Ramus and the Educational Reform of the 16th Century* (Diss.). New York, 1912.
J. Vahlen, *Lorenzo Valla*. Berlin, 1870.
I. Poldauf, *On the History of Some Problems of English Grammar before 1800*. Prague, 1948.
O. Funke, *Die Frühzeit der englischen Grammatik*. Bern, 1941.

(43) Petrus Ramus (1515-72). 著書については注(42)参照。

(44) すなわち **Συγγένεια** (1625)。

(45) I. Kant, *Kritik der reinen Vernunft*, ed. by Kehrbach. Leipzig, 1878. Vorrede zur zweiten Ausgabe, p. 12.

(46) 邦訳のプラトンでは、筆者の知る限り、すべて「名詞」「動詞」としている。

(47) Ingram Bywater, *De Poetica*, chap. 20. オーエンの『オルガノン』の訳で示しても同じことであるが、英訳技術の上から、対照の妙という点でバイウォーターの方がすぐれているので、これを掲げた。

(48) リューフナー（*Unsere grammatikalischen Ausdrücke und ihr philosophischer Hintergrund*. Aschaffenburg, 1959 / 60, p. 8）は、この定義をすぐにアリストテレスの存在論に結びつけて、彼の考えた世界は不変であり、ゆえに時間の観念を除き、動詞の場合は時と関連するゆえにこれを入れたと言っている（“Die Zeit spielt beim Nomen keine Rolle. Aristoleles hält die Welt bekanntlich für ewig und betont daher ... die Zeitlosigkeit der Nomina. Die Verben dagegen stehen in enger Beziehung zur Zeit”）。しかし、これは、「解釈論」や『詩学』の他の部分、たとえば「格」の部分を見てもわかるように、変化属性を述べているのであって、存在論と直接結びつけるのは危険であると思う。

(49) 注(42)にあげた文献以外のものにあるとすれば、筆者の立論は修正を要することになる。

(50) 近世初期の文法家というのは、フンケに倣って、ここでは次の七人を指すことにする。
W. Bullokar, *Bref Grammar for English*, 1586.
P. Gr., *Grammatica Anglicana*, 1594.
A. Hume, *Of the Orthographie and Congruitie of the Britan Tongue*, 1617.
A. Gill, *Logonomia Anglica*, 1619?, 1621.

C. Butler, *English Grammar*, 1633/4.
B. Jonson, *The English Grammar*, 1640.
J. Wallis, *Grammatica Linguae Anglicanae*, 1653.

(51) 古代ローマ、中世を通じて基準的な文典であったドナトゥスとプリスキアヌスの名詞の定義は次のごとくである。

Donatus: "Nomen est pars orationis cum casu corpus aut rem proprie communiterve significans, proprie, ut Roma Tiberis, communiter, ut, urbs flumen."— H. Keil, Bd. LV, p. 373（名詞とは固有、あるいは普通の物体を意味する有格品詞である。固有名詞ではローマとかティベリスとか。普通名詞では市とか川とか。）

Priscianus: "Nomen est pars orationis, quae unicuique subiectorum corporum seu rerum communem vel propriam qualitatem distribuit."— H. Keil, Bd. II, pp. 56-57（名詞とは実体、物体の各々に、普遍の、あるいは固有の性格を賦与する品詞である。）

(52) "secondary grammatical categories" (R. H. Robins, *op. cit.*, p. 30).

(53) これはラムスが、中世の思弁文典（*Grammatica Speculativa*）を意識的に無視していることを示す。ラムスがこれを知らなかったはずはないことは実証し得るが、ここではその煩瑣な考証はさける。

(54) quae significantur.

(55) quae adsignificantur.この語は見なれないものであり、ラムスの造語かも知れない。quae significantur を第一次文法範疇と訳すならば、これは第二次文法範疇とすべきであろう。

(56) "Tota fere Grammatica significationibus vocum referta est: propriarum, appellativarum, possessivarum, derivativarum, denominativarum, patronymicarum, verbialium, participialium, adverbilium: sic in verbi doctrina formae et genera significationum, inchoativae, frequentativae, meditativae, maximam partem occupant: de reliquis orationis partibus ultra significationes nihil fere praecipitur. At materies Grammaticae, est sermo popularis et patrius, id est significationibus notus; nec Grammatica significationes Vocabulorum, sed usum docendum suscipit: ex iis quidem non quae significantur, sed quae adsignificantur: ut sunt numeri, genera, gradus, casus, personae, tempora, aut ê vocum ipsarum finibus: unde nempe nominum declinationes, verborum conjugationes informandae sunt: tota denique ista significationum materia, ad Aristotelis legem illegitima erit." (Ramus, *Scholae Grammaticae*, Vol. I).

(57) "Cases of Verbs, as of Nouns, are two, Rect and Oblique. The Rect is the first person of the first tense, of the first mood in the active voice, as love, confess. The oblique is made of the Rect, by adding ed, and in some, en; is loved ... fallen ..." (Butler, *op. cit.*, p. 42).

（58）"The Passive voice of the Verb Absolute, is formed of the Oblique Case ..." (*ibid.*).

（59）"... The Rect case of a noun Substantive is the Nominative ... The Oblique is the genitive: which is formed of the Rect by adding s or es" (*ibid.*).

（60）プラトンはもちろんこの **πτῶσις** という語を用いており、サイコロ遊戯などの場合にも用いている（『国家論』六〇四年頃）。

（61）たとえばヴィンデルバントは、「これらの人文主義的研究の最初の成果はプラトン哲学の声望を高めたことであった」（『西洋近世哲学史』第一巻、序論第三節）。

（62）Ammonios, *Arist. de int.* pp. 31, 42; *Comment. in Arist. graeca.* IV 5, 1897, p. 104.

（63）たとえば、リューフナー（*op. cit.*, p. 13）は、普遍なるものの特殊化（"die logische Einordnung des Besonderen unter das Allgemeine"）と言っており、ヒアーシェ（R. Hiersche）は正格は基本形、斜格は変化形であったことを詳細に論じ、アモニオスの誤謬を衝いている。（"Die ganze Erklärung ist offensichtlich in Unkenntnis der Bedeutung des Wortes bei Aristoteles gegeben und stellt eine Verlegenheitslösung dar; **πτῶσις** war bei Aristoteles nicht mit der Vorstellung von "fallen, hinabfallen", sondern von "ausfallen" verknüpft ... So bedeutet nun ... **πτῶσις ὀρθὴ** nicht "aufrechter Fall," wie es von den Peripatetikern gedeutet und als widersinning angefochten wurde, sondern "Normalform, Grundform der Deklintio," und **πτῶσις πλαγία** nicht "seitlicher Fall" ... sondern von dieser Grundform abgewandelte Deklinations form ... Entstehung und Entwicklung des Terminus **πτῶσις** 'Fall'", *Aus Arbeit an einem historischen Wörterbuch der sprachwissenschaftlichen Terminologie*. Berlin, 1956, pp. 1-19).

（64）O. Funke, *Grammatica Anglicana von P. Gr., 1594*, p. xix 参照。ラムス自身この原則に忠実だったわけではないが、影響は大きかったようである。

（65）ラムスの方法三原則とは第一「真理の原則」あるいは「普遍性の原則」あるいは「per omni の原則」と呼ばれるもので、学問の対象に、普遍永遠の存在を選ぶべしということである。文法に適用すると、声価の確立した古典作家から用例を求めよ（ex idoneis authoribus）ということになる。第二は「権利の原則」あるいは「均質性の原則」あるいは「per se の原則」と呼ばれるもので、学問の境界線をはっきりさせよということである。この原則を文法にあてはめると、文法の中では意味内容（quae significantur）を論ずべからず、変化属性（quae adsignificantur）を論ずべしということになる。第三原則は「叡智の原則」あるいは「一般論優先の原則」（universaliter primum; generalia generatim et semel, specialia speciatim et saepius）ということで、文法にこの原則をあてはめると、orthography や prosody のごとく、一般的なものは、etymology（accidence）や syntax の前に置くことであり、また、語構成論も etymology の前に置くべしということになる。

(66) Alexander Gill, *Logonomia Anglica*, 1621. 彼は、第二部 etymologia の最初で語構成論を扱っている。すなわち、Cap. VIII, De primitiuis et deriuatiuis, Cap. IX, Compositio, Comparatio, Diminutio である。

(67) Ben Jonson, *English Grammar*, 1640. 彼の文法書も、発音とアクセントの章の後に語構成論を扱っている（Chap. VIII, The Notation of a Word）。ただ彼の用語は、ラテン文法のそれを訳したもので、species は kind に、figura は figure になっている。

(68) Cf. O. Funke, *op. cit.*, p. xix.

(69) たとえば P. Gr., *Grammatica Anglicana*, 1594.

- Vox
  - vox numeri
    - nomen
      - substantivem ……cap. 3
      - adiectivum ……cap. 4
      - pronomen ……cap. 5
    - verbum ……cap. 6
  - vox sine numero
    - adverbium (praep et interiectio) ……cap. 7
    - conjunctio ……cap. 8

ラムスもほとんど同様な分類をしている。拙著『英文法史』研究社、一九六五年、五九、二七三—七四頁参照。

(70) 中世のラテン文典、たとえば Alexander de Villa-Dei の *Doctrinale* などの二文法は、節度もあり、なかなかうまくできている。たとえば syntax については次のようである。

- syntax
  - constructio
    - transitive
      - simple transitive
      - retransitive
    - intransitive
      - simple intransitive
      - reciproque
  - rectio

［文献学］

フィロロジーとフィロロジスト

1

陳腐な語源解釈になるが、英語学、つまりイングリッシュ・フィロロジーの元来の意味は、「英語愛」ということである。普通「文献学」と訳されているフィロロジーを「ロゴス愛」とした古代ギリシャ人のセンスは、哲学を「愛智」としたのと同様、おおいに感心されてよいことであろう。そして言葉というものは先祖伝来のものであるから、どうしてもロゴス愛は伝統愛、あるいは尚古思想になるようだ。ギリシャ世界においてフィロロジーが発生したのはホメロスを読むためだったというのもこのことと関係があると思われる。

言葉が変ってしまったので意味が通じがたくなったホメロスを苦心して注解し読みほぐし、自分たちのそういう行為に「言語愛《フィロロジー》」という命名をした人たちはどういうタイプの人たちだったろうか。それを直接知るすべはないが、想像するよすがないわけでもない。古代のフィロロジストの例として孔子をあげるのは突飛かも知れないが、これは現在の英語学者の姿勢とも関係あると思われるのでここで取り上げてみよう。

孔子はキリストや釈迦と並列して言及されることが多いので、宗祖のように思われやすい。しかし彼の業績はまず第一にフィロロジストとしてのそれであった。『論語』の「述而」第七の冒頭に

子イワク、述べテ作ラズ、信ジテ古ヲ好ム。ヒソカニ我ガ老彭ニ比ス。

とある。「述べテ作ラズ」というのは、古い書物や伝承を記録したり、編集したりして、創作はしなかったということである。朱子の注によれば、

孔子ハ詩書ヲ刪シテ礼楽ヲ定メ、周易ヲ賛シ春秋ヲ修ム、ミナ先王ノ旧ヲ伝エテ、イマダカツテ作ルトコロ有ラザルナリ

ということになる。古代中国詩の集成である『詩経』も、また『礼記』も『楽記』も『易経』も『春秋』もすべて孔子は作ったのでなく編集《エディット》したのだというわけである。そして孔子は古代のことを文献学的に知ることが好きで、ひそかに自分を老彭《ろうほう》という人に比較していたというのだ。老彭という人については詳しくはわからないが、殷の賢大夫で古事を好んだ人だという。

要するに孔子は創作する作家でもなければ自説をうちたてることを意図した思想家・哲学者のタイプでもなく、こつこつと古文書の注解・整理を楽しんでいたフィロロジストである、と自ら断言しているのである。ところが皮肉な

ことには、孔子は世界で最古最大の思想圏の一つを形成するほど創造的だったということである。創造的・独創的であるためにはことさらに創造的・独創的であろうと努める必要はないという一例ともなる。

このようなことはわが国においても例のないことではない。たとえば本居宣長は三十年近い年月をかけて『古事記』に注をつけた。この宣長のフィロロジーのおかげで、儒教や仏教が渡来する前の「やまと心」「かんながらの道」といった概念が明らかにされた。もしこの概念がなかったならば日本に近代的ナショナリズムが生まれるのは百五十年くらい遅れたことであろう。明治維新とそれに続く近代化が世界史の一つの転機になったことは確かであるとすると、宣長は古い書物に注をつけることによって、日本史のみならず世界史の大きな動因となったことになる。この意味で『古事記伝』は『古事記』よりも重要というパラドクスが成り立つ。

このようなフィロロジーの仕事をしている時の孔子の様子は、

申申《シンシン》如《ジョ》タリ、夭夭《ヨウヨウ》如《ジョ》タリ

だったという。「申申」とは朱注（朱子の注釈）によれば「ゆったりとのびやかな風」ということであり、夭夭とは「顔色がやわらいで和悦の様子」のことだという。また宣長は「鈴の屋の翁」の名のあるように、学ぶに疲れると鈴を鳴らして楽しむという優雅さであった。また宣長の弟子には当時としては珍しく相当数の女性の弟子もあり、その雰囲気はやさしく柔らかであったと思われる。

つまりフィロロジーの行われる雰囲気、フィロロジストの態度というのは言葉の最善の意味でエレガントなのである。そして純粋に古を愛し尊ぶ心から発して直接の結果を求めることに汲々としていないのに、結果としては、儒教圏を作ったり、あるいは最初の有色人種の近代国家を作るもとになっているのである。

西洋、特に英国のフィロロジーはこの点どうだったろうか。

2

古英語期のノーサンブリア文化、それより遅れてアルフレッド大王以後の文化活動など、古い時代にも注目すべきものはあった。特にアルフレッドの場合、ヴァイキングに荒らされる前の文化に対するあこがれ、つまり尚古思想からはじまり、翻訳・修史などが行われた点、本式のフィロロジーであったと言えよう。アウグスト・ベックは「哲学《フィロソフィー》はいかなる原始民族にもあるが、過去の精神活動の再認識からはじまるフィロロジーは進んだ文明を持つ国民にしかない」という趣旨のことを言っているが、英国もアルフレッドの頃になると、そこまで国民の程度が進んでいたと言えるかも知れない。アルフレッドにとっては七、八世紀のノーサンブリア文化は孔子における周の世みたいなもので、それを破壊したヴァイキングとの抗争は、春秋の代にあたるのである。

しかし近代的なフィロロジーの発生は宗教改革による破壊の後に生まれた。破壊と断絶の後でなければ古代を尊く思う心は生じないし、そういう尚古思想がないとフィロロジーは生じない。アレキサンドリアの学者や孔子は言わずもがな、万世一系という単一王朝国の日本でも、宣長の頃は『古事記』は「読めなくなった本」になってしまっていたのである。

概論的な西洋史によれば、ローマと手を切ったヘンリー八世の宗教改革は、明らかに英国の近代のはじまりである。しかしその一面、これは伝統的修道院文化に対する目をおおいたくなるようなすさまじい破壊の時代であった。

今日イギリスを旅行する人はワーズワースの詩で名高いティンターン・アビーをはじめ、風光明媚の地には必ずと言ってよいほど巨大な廃墟を見出すであろう。これらの建物はその昔、無数の名もなき修道士たちによって数百年にわたって黙々と書写された古典文学、教父文学、それに古英語、中英語の写本によって満たされていたものであった。それが一朝にして破壊し尽されたのである。われわれはヴァイキングによるノーサンブリア、マーシャ、イースト・アングリア地方の文化の全滅、またその後のノルマン・コンクェストによる破壊について聞き知っている。しかしヴァイキングとノルマン人の破壊を合計しても、宗教改革期に失われた写本の一割にも及ばないのである。貴重な古文書が二束三文で売り払われ、靴をみがくために用いられたり、乾物屋の包み紙に用いられたりした。二つの大修道院の蔵書全部を――今日流に言えば二つの大きな大学の蔵書全部を、といったくらいになる――たった四十シリングで買った男もいたという。わが国でも明治初年の廃仏毀釈の時は今なら国宝ものの天平写経が荒縄で数十巻ずつ束ねられて古物屋の店頭にさらされたとのことであるが、それでも破壊の規模ではヘンリー八世の時のそれとはまったく問題にならない。

3

「六親不和ニシテ考慈アリ、国家昏乱シテ忠臣アリ」とは老子のパラドクスであるが、英国でも大量の古文書喪失があってフィロロジストが生じてきた。これ以後、イギリス人のビブリオフィリア、あるいはビブリオマニアは一つの国民的性質ともなる。

まず最初に出てきたのはジョン・リーランドである。英国においては一五三五年から小修道院が破壊され、三九年からさらに大修道院の破壊がはじまるのであるが、リーランドはこの間ずっと旅に出て全土を回り、救えるだけの古文書を救った。彼は元来、王室の図書係であったが、特に王室古物係に任命されて全土の古い建築物や宝物を調査することになった。元来フィロロジストの傾向があって当時としては珍しく古英語も理解した彼は、関心を主として写本に向けていたようである。しかし彼の職権は強いものでなかったから、大破壊をとめることができなかったばかりでなく、救った古文書も、九牛の一毛にすぎなかった。彼の意図が英国史を書くことにあったことは注目してよい。その計画は実現されなかったが、記録の消失を見て生じた危機感がそうさせたのであろう。これが実現されていれば近代における最初の英国史になったはずである。しかしリーランドの古文書の蒐集はレジンルド・ウォルフを通じてラファエル・ホリンシェッドの利用するところとなり、彼の有名な年代記が生まれた。このおかげで今日われわれはシェイクスピアの『マクベス』や『リア王』などを持つわけである。

リーランドよりははるかに大きな社会的勢力のある人で古文書救済に乗り出した人がいた。これがカンタベリー七十代目の大司教マシュー・パーカーである。彼は自分の高い地位を十分に利用して修道院の廃墟の中から救えるだけの古文書を救ったほか、大陸にも人を派遣して、英国から流出した膨大な量の古文書を買い戻させたのであった。たとえばスティーヴン・バットマンはパーカーの古書蒐集代理人の一人であるが、彼一人だけでも六年間に七千巻に近い古文書を買い集めている。これらの蒐集の多くはケンブリッジ大学にあるが、これこそ十七世紀にトマス・フラーをして「英国古代の太陽」と感嘆せしめたコレクションである。

パーカーという人はケンブリッジ時代から宗教改革に関心を持ち、ルターの影響を受けた人であるが、仲間のようにラディカルにはならず、その後七年間もカトリックの教父たちの古い著作の研究に没頭している。彼は後にエリザベス女王を助けて英国国教会を作るわけだが、国教会自体、カトリックとプロテスタントの中道といった性質になったのは、パーカーの気質によるものであろう。パーカーのフィロロジストとしての性質と知識が、ローマ法皇以外の点に関してはほとんどカトリックと違わない路線をとらせたと言ってもよいかも知れない。フィロロジストには必ず尚古思想、伝統を尊ぶ感じ方がある。英国国教会にそのような見方をしては叱られるかも知れないが、ルターの教会改革にフィロロジストのセンスを加えるとああいう形になるのではないかと思われてならない。

これに関連して思い出されることは十七世紀のピューリタン革命のことである。十七世紀は古文書学、特に古英語研究の一つの隆盛期なのであるが、このフィロロジストはほとんど全部王党派である。大主教のウィリアム・ロードやジェイムズ・アッシャーは当然のこととしても、ヘンリー・スペルマンとそのグループの人々、ボドレーやマトンのような古書蒐集家、スキナーやトマス・ブラウンのような儒医まで、すべてピューリタン革命に反対し、その多くが何らかの被害を受けている。クロムウェルのようなラディカリズムには体質的についてゆけないものをこれらのフィロロジストは持っていた。現代で最もラディカルな思想は毛沢東主義、あるいは文化革命思想であろうが、紅衛兵たちは相当の古文書を焼いたようである。毛沢東は詩を作ったりはする、つまり詩人のセンスはある。しかし彼にはフィロロジストのセンスはない。「申申如タリ、夭夭如タリ」ではコモンウェルスや共産革命はできないのであろう。フィロロジーには何か本質的にのんき気な、あくせくしない、優雅なところ——ブルジョア的なところがある。フィロロジストが必ずしも経済的に豊かという意味ではないが、気質としてはそういうものがある。自分より以前にあったものに精神的につながることを好み、過去の価値を無と見なす革命は肌に合わないと感じるのである。

4

十七世紀に入ると古文書についての研究は趣味的、愛玩的なものから、ますます学問的に秩序立ったものになってくる。何よりも古英語の文献がますます正確に読まれてきた。リーランドの頃はまだアーサー王（ケルト人）がイギリス人の先祖であると信じられていた。つまりイギリス人のサクソン起源ということはエリザベス朝の相当のインテリにも認識されていなかったのである。しかしファーステガン、キャムデンたちの著書が一般に読まれるようになると、イギリス人の間に急速なゲルマン崇拝が広まっていった。これはゲルマノフィリアと呼ばれている。

極端なゲルマノフィリアはアントワープのファン・ゴルプからはじまったが、彼によればゲルマン人の先祖はバベルの塔作りに参加せず、したがってその言語は乱されていない。アダムが楽園で話したのはこの言葉だというのである。イギリスのフィロロジストはこのような極端な形のゲルマノフィリアは取り入れなかったが、ゲルマン人を祖先とすることに対する誇りは感染した。そしてローマ人にすら征服されなかったゲルマン人の子孫であることを喜んだ。その喜びが古英語の研究熱となったらしい。十七世紀には、初頭にスペイトの『チョーサー全集』の再刊があっただけで、新しいチョーサーの刊本は一つもない。これはまさに異常なことであるが、これも当時のフィロロジストの影響である。チョーサーは大量のラテン系の単語を英語に導入した元凶として弾劾されていたのであった。

このような形のゲルマン愛は深く根を下ろし、長く続いた。第一次大戦で対ドイツ感情の悪化をみるまで、英国史の第一章はゲルマンの森にあるというのが通念であった。そしてイギリスのみならず大陸でも、フィロロジストたちはゲルマン語の優秀性を説き、かつゲルマン民族の優秀性を説いた。十七世紀頃までゲルマン人が世界に冠たる優秀な民族という観念はなかったのであって、その信念を作り上げたのは当時のフィロロジストである。

アーノルド・トインビーは現在の世界の人種問題は、白人と有色民族の混合という問題でなく、ゲルマン語を話す民族とその他の民族の間の問題だという興味ある指摘をしている。同じ白人でもフランス人やスペイン人は植民地の原住民とたいした摩擦なく混合する。ところがアメリカではアングロ・サクソンは原住民や黒人とほとんど結婚しなかった。南アフリカのオランダ人、ドイツのユダヤ人迫害など、深刻な人種問題を起しているのは、すべてゲルマン語を話す人たちである。彼らは自民族・自国語の優秀性を信じて、他民族と混合することは退歩と考えているようだ。サピアのあげている例でも、中国語をしゃべる中国人と結婚する英語国民は進化の法則にそむくと立論している人がいる。しかし十七世紀以前にはこのような例がない。ローマ時代には喜んでローマ化したゲルマンの傭兵が大量にいたわけであるから、現代の人種問題の根は十七世紀のフィロロジストにあると言ってよかろう。この場合、フィロロジストは尚古思想のあまり、自己の血を尊びすぎたわけである。

フィロロジストは常に結果を求めず古文書を愛するのだが、いつも意外な結果を生む。アメリカの人種問題、中国の文化革命、日本の第三の巨人としての登場など、現代の世界の最も大きな問題の根が、それぞれフィロロジストにあると言ったら誇張になるであろうか。

ケーベル博士は「哲学は多くを約束するが振り返ってみると空しく、フィロロジーは何も約束しないが実質的な刻印を残す」という意味のことを言っておられたそうである。ケーベル博士は自分の個人的体験を顧みて語られたのだが、これは案外、世界史という規模でも言えるかも知れない。

［文献学］

新座標軸としての文献学

●リアリティの文学研究史

1

文学が好きだという理由で文学部に入った学生が当然とまどわなければならないのは文学史のはずだ。

バイロンの訳詩を読んで感激して——そういう高校生がまだいるとすればの話だが——英文科に入った学生とか、『マジョリー・モーニングスター』の映画を見てその原書でも読みたいと思ってアメリカ文学を志望した学生が、現在の英文科の中で主要カリキュラムとして見出すのは英文学史である。そして『ベオウルフ』という永久に読むはずも、読めそうもない話の筋書を聞いたり、シェイクスピア時代の舞台構造とか、シェイクスピアの作品の制作順序を覚えさせられたりする。そういう学生の大部分は『土蜘蛛』の筋を知らないし、歌舞伎や能だって案外見たことがないかも知れないのだ。

そして憧憬したバイロンもロマン主義時代としてまとめて概説されてみると、あんまり偉そうでもないし、『マジヨリー』など米文学史で扱ってくれる先生などまずいないだろう。だから文学的動機から、あるいは芸術的動機から英文科を選んだ人は当惑するはずである。

ところが英文科は何しろ外国語の入試がきびしいから一応知的水準が高い。それで間もなく文学的・芸術的動機が、知的興味にあまり摩擦なく変ってゆく。英文学科に入った以上は英文学史をやるのは当然、しかも相当緻密に――ということになって、みんなせっせ、せっせと英文学史をやる。そして英文学史以外の講座も、いわゆる「文学史主義」といったものに支配されているので、英文学史のある時代を詳しくやることになる。

わたしは文学の存在する形は作品だと信じ、それは歴史的に存在しているものだと思っているから、結局文学を歴史的に記述することになった。然しこれらは現在に生きている英文学なので、歴史というものが、現在に持っている意味に従っていえば、これが今日の英文学の総体である。

これは福原麟太郎先生の『英文学』（朝日新講座）という英文学史の本につけられた序文の一節であるが、これほど「英文学」即「英文学史」という所信を明快に述べている言葉はないであろう。

福原先生ほど明確な意識はないにせよ、教師も学生も何となく、英文学は英文学史なのだ、ということを受け入れてきている。そして膨大な与件に知的に取り組む。

2

実はわたしもこのようなプロセスで育った英文科生であった。英文学（つまり英文学史）の授業が知的活動、あるいは知的偏重に傾きすぎているというようなことを考えることがよくあった。しかし大学というのはまず体系化された知識——これが学問という言葉の最もありふれた定義だ——を修得する場所だ、と自分を納得させてきたようである。このような議論を問いかけてみた時、恩師や先輩から返ってくる答えもだいたいこの線であった。「その昔、帝大の国文科には『古今集』の歌を一つ読んでは、これはいいですな、と言ってページをめくり、また一つ読んで、これもいいですな、と言うだけの教授もおられたそうですよ」と教えて下さった先生もおられた。なるほどこれでは「学問」にならないだろう、とわたしも幼い頭で考えた。

しかし、「これはいいですな」でも、文学史でもないものがどこかにありそうだという予感がどうしても消えないでいる時に、たまたま読んだのが原勝郎博士の『日本中世史』であった。これは元来明治三十九年（一九〇六）に出版された古いものであるが、わたしが読んだ版は、創元社の日本文化名著選版で昭和十四年（一九三九）頃のものである。ここでは歴史学者が、しかも学問的歴史を文学で書いていることを発見した。わたしは何だか目の前が明るくなってきたような気がしてこの叢書を集めて読みはじめたところ、またしても内藤湖南の『近世文学史論』という驚くべき「文学史」を発見した。これも元来明治三十年（一八九七）に出版された古いものであるが、名著選の一冊として昭和十四年に復刊されたのだった。

なぜこの本が驚くべきものであったか、と言えば、それは日本の近世文学、つまり江戸文学の歴史を扱いながら、近松や芭蕉などをまるで問題にしていなかったからである。主として取り扱われているのは儒者である。次に取り扱われているのは国学者である。医学は付論であり、いわゆる今日で言う「文学」は余論である。文学史というのは、「文字で書いたもの」を「学問」としてやってきた人の歴史であった。これは後でわかったことだが、漱石が「文学」とはじめ思ったのもこういう文学のことであった。だから彼は英文科に入って面くらったのである。

わたしが内藤湖南を読んで「もう一つの文学史」の存在を発見したのは、ラフカディオ・ハーンの卒業論文で悶々としていた頃であったから、おそらく大学四年生の夏休み頃であったろう。そしてこうした意味での文学史は英文学にもあるだろうか、と考えてみたが見当がつかない。たいていのことなら何でも知っておられるK教授も、「さあ、心あたりありませんねえ」ということであった。

3

こういうのは近頃では「学説史」といったもので多少知ることができる。しかし本当はそれでは足りない。ギリシャ・ラテンの古典学の方は、その研究の歴史の古いこと、つまり大学の正科になってからの歴史が英文学よりは何百年も古いこともあって、湖南式の「もう一つの文学史」がよく出ている。ベリントンの『中世文学史』は十八世紀に出た古いものでありながら、西ローマ帝国が四七六年に滅亡するまでの古典文学の状況と、滅亡してから西欧の諸大学で研究されるようになるまでの古典の運命が手にとるようにわかる。つまりわれわれが今日言うところの「西欧人」の開化度がたいへんよくわかるのである。新しいものではサンディズの『古典学の歴史』三巻があって、十九世紀までの西欧各国の「程度」がよくわかる。

ひるがえって英文学の方を見ると、湖南式の「もう一つの文学史」はほとんど見あたらないようである。いずれも作家偏重で学者軽視である。つまりリドゲイトという詩人については学部の学生も知っており、チョーサーよりちょっと後ぐらいの詩人だとこたえるであろう。しかしチョーサーの最初の近代版を出したテリットの名前になると大学院生でも知らない方が多いのではないだろうか。英文学史を皆やりながら、最初の英文学史のウォートンについてはどれほど知られているのだろうか。

それよりも、三流の詩人でもそれが英文学史で珍重されるのに、学者の方は超一流の者も――ドクター・ジョンソンという特例を除けば――まるで文学史の視野に入ってこないのだ。つまり、『古事記』のあることは知りながらも、本居宣長の存在も知らぬとしたら滑稽であろうが、この種の滑稽さは英文学の方では日常である。こういう英文学史の伝統自体がいつ、どんな心性的風土の下で成立して今日に至っているかについて、誰か調べてくれた人があるだろうか。

4

福原先生の『英文学』という題名の本が、内容は英文学史であることに端的に示されるように、英文学史は「史」でありながら、言語学でいう「通時的《ダイアクロニック》」でなく、「共時的《シンクロニック》」なのだ。今、世に出ている英文学史は、その著者の現在の学識をもって見た英文学の史的総体であって、過去のイギリス人が、どの程度に、また、どのように読んだか、ということにはほとんど関係がない。実例をもって語ろう。

グレンデルという怪物がいて、デーン人王フロスガーを悩ます。それを救いに来たのが、スカンディネヴィアの王子ベオウルフである。十四人の家来をつれて、怪物の出没する王の館、ヘオロットへ乗り込む。ベオウルフはそれを追い掛けて、その洞穴に入り、遂に母もグレンデルも殺してしまう……ベオウルフはスカンディネヴィアへ帰る。王が死んで、その後を継ぐ。そして、五十年王位にあるうちに、火龍の害が起る。ベオウルフは十一人の家来をつれて討伐に出かけ、やっとこれを仕止めるが自分も死んでしまう。海岸で火葬が行われる。というのが話の荒筋である。（福原、上掲書、七―八頁）

これは『ベオウルフ』の簡潔な梗概であり、これにすぐれた解説が続く。しかしここに共時的文学史（これはシンクロニック・ヒストリーという矛盾表現なので気がひけるが、ここに問題の本質があるのであえて使わせてもらう）の網の目に引っかからない重要な事実がある。つまり、『古事記』の梗概は出ているが宣長が落ちているのだ。文学史を読んでいると、あたかも『ベオウルフ』をイギリス人は日常的に読んでいたかのような錯覚におちいる。しかし実際は、宣長が『古事記』の注釈を完成した頃でも、『ベオウルフ』はイギリス人の誰一人読めなかったのである。

『ベオウルフ』の写本はどこかの修道院にあったのだが、ヘンリー八世の改革によって失われる寸前にあったのをローレンス・ノエルがどこからか手に入れ、これが有名なコレクターであるロバート・コトンの蔵書に加えられたのはシェイクスピアが活躍していた頃である。そして誰によっても読まれることなく約百年経った頃、ハンフリー・ウォンリーが英国中の図書館にある古英語文献のカタログを作っている時にこれに目をとめた。これは十八世紀のはじめ頃である。ところがこのウォンリーに読めたかというとまるで読めていない。

この書はアングロ・サクソン詩のすぐれた例であるが、この中にはシルディング族のオルトス王の子孫、デンマーク人であるベオウルフが、スエシ族の諸王に対して行った戦争のことが描写されている。と解説している。これを先に引用した福原先生の解説と比較してみられるならば、その珍妙さ加減がよくわかると思う。そしてこれを書いた人が十八世紀初頭の英国最大の古文書学者なのである。

同じく古英詩を多く載せた「エクスター・ブック」の内容カタログを出したのもウォンリーであるが、ちっとも読めていなかったことは明らかである。何しろ『ベオウルフ』がラテン語訳をつけてはじめて出版されたのは十九世紀に入ってから、しかもコペンハーゲンにおいてである。イギリスの読書人が『ベオウルフ』の内容を簡単に知ることができるようになったのはシャーロン・ターナーの『アングロ・サクソン史』以後であるが、これが出たのは十九世紀のはじめ頃である。

つまり、アングロ・サクソンの詩は、『ベオウルフ』をはじめとしてイギリスの精神的資産目録には十九世紀まで入っていなかったのだ。ゲルマン的稟質を示す他の詩――『モールドンの戦』など――も英国人にとっては歴史的現実（リアリティ）ではなかったのである。それを今の文学史でやると、事実《ファクト》と現実《リアリティ》の区別なしにやるから、『ベオウルフ』の後にチョーサーが来て、その後にシェイクスピアが来てまたその後にミルトンが来て……というふうに理解してしまう。『ベオウルフ』の後にチョーサーが来るのではない。チョーサーのはるか後に『ベオウルフ』が登場するのである。

チョーサーの次にシェイクスピアが来たのではない。いや、もっと正確に言えばチョーサーの次にシェイクスピアが来た時代もあった。それは十六世紀の末どまりである。チョーサーの場合は『ベオウルフ』ほどではないが、ほとんど舞台から退いてしまった期間が日本で言えば関が原の戦から田沼時代頃まで続いたのである。

チョーサーの全集は十六世紀に数点出版されたが、十七世紀には十六世紀末のスペイト版が二度印刷されてはいるが、新しい全集は一度も作られていない。一般には「チョーサーの言語は野蛮」というのが通念であった。ゴート人チョーサーという言い方さえ時に見られる。中にはチョーサーを弁護する人もいたが、その弁護は「チョーサーの言語は腐朽しているけれども内容はいいんだ」というような論法であった。このような弁護論は言葉を生命とする詩人にとってはむしろ恥と言うべきものであろう。

さらに悪いことは、古い言葉の研究に関心を持っていた十七世紀の人たちはたいてい、ゲルマン語の優越性を信じ、イギリス人の先祖がサクソン人で英語の先祖がサクソン語であることに半ば宗教的な誇りを持っていたような人たちであった。そういう人たちはチョーサーをラテン系の語彙導入の元凶と思っていたのだから、研究するわけがないのである。研究能力のある唯一の人々が反チョーサーで固まっていたのであるから他の中英語作家に至っては問題にもならない。フランシス・ジーニアスは生まれがドイツ人であるせいか、史的に英語を学びチョーサーの研究もやったのだが、それらはすべて原稿のままで放置され、十八世紀にやっとその一部が日の目を見ただけである。

このようなわけで十七世紀独自のチョーサー関係文書というのは、チョーサーの『トロイラスとクリセイデ』のラテン語訳という奇妙なことになる。これもチョーサーに好意を持った人が、チョーサーの言語を哀れんで訳したのだった。

ミルトンは疑いもなく十七世紀最大の詩人であり最大の学者の一人である。そのミルトンでさえ、ケドモンの詩さえ原文では理解できず、チョーサーを読んでも何の感興も起さなかったのである。その後になるとドライデンがチョーサーの価値を見出したかのごとくであるが、それはあくまでも彼の詩の内容であって、言葉ではない。それでドライデンもポープもチョーサーをモダナイズして詩行を整えて見せる必要があると信じ、それを実行している。チョーサーの詩が詩として一般に理解され出したのは、何といってもウォートンとテリットの功によるものである。テリット版『カンタベリー物語』が出たのは一七七五年であるが、十八世紀前半には『シェイクスピア全集』の方は、ロウ、ポープ、セオボールド、ハンマー、ウォーバートン、ジョンソンと少なくとも六種出ており、しかも多くの版を重ねたものもある。つまり、イギリス人の文学というリアリティの中には、シェイクスピアの後にチョーサーが登場するのだ。

6

現在の英文学史はすべて共時的である。つまり、英文学に対する現在の学者の学識という一つの座標軸しかないのだ。つまり横軸だけで解析をやろうとしているのだ。宣長なしの『古事記』、朱子なしの孔子といった研究法である。そこでは作品が時代順に並べられ、今日的解釈を受けてゆく。作品はデータである。事実《ファクト》である。しかしこの事実《ファクト》がどのようにイギリス人によって認識されてきたのか、という、イギリス人の頭の中にあった現実《リアリティ》はすっぽりぬけている。つまり縦の座標軸が欠けているのだ。

われわれは作品主義オンリーからそろそろ抜け出してもよいのではなかろうか。作品崇拝はロマン主義の産物でその価値は疑うべくもない。しかし古典主義というか、学問、学識を尊重する立場が導入されないと片手落ちである。英文学作品史と並んで英文学学識史が出ないと完全な絵にならないのではなかろうか。セインツベリー、ローリー、ブラッドレーなどの学識の研究をすることは、コンラッドの小説やハウスマンの詩の研究よりもおもしろくないことはないようにわたしには思われるのだが。

［語源学］

新しい語源学について

印欧語源学の二局面

西洋における学問的な語源研究のはじまりは、とりもなおさず印欧比較言語学の誕生である。比較言語学は説得力のある規則、あるいは法則的なものをいくつか導き出したので、その法則的な側面が主眼のように思われている。しかし言語現象の法則性と言っても、もとになる単語がなければ話にならない。今まで無関係と思われていた言葉が——たとえばサンスクリットとギリシャ語が——親戚関係にあるという発見は十九世紀の西欧人にとっては知的新大陸の発見のごときものであった。植民地として見下していたインドの言葉と、西欧の学芸の源泉として尊崇していた古代ギリシャ人の言葉が同根とされた時の西欧人の驚きを追体験することは今では難しい。

そのような途方もないことが受け入れられたのは、莫大な数の単語が同根であることが証明されたからである。つまり語源が同じことがわかったからである。その際、語源が同じことを証明する手段は、一にも二にも音声的・音韻的な法則性であった。グリムの法則やヴェルネルの法則など、いずれも音声に関するものである。そして音声的側面こそ、人間の言語における唯一の自然科学的側面でもある。これによって比較言語学は、音声学的諸法則、諸傾向、諸対応の発見によって、印欧諸語の関係を定立し、無数の単語の語源関係を明らかにした。

これが印欧語源学の第一の局面である。つまり音声的・音韻的な系統づけによって単語の位置を確定し、さらに文献にない語形まで音韻法則的に推定して再構築してみせ、アステリスク符号（＊）をつける、というのがその端的な成果である。もう一度わかりやすく言えば、印欧諸言語の語源学の第一局面は、とりもなおさず印欧比較言語学であり、その方法論はすぐれて音声学的である、ということになる。

この印欧比較言語学はその価値を少しも失ったわけではないが、それを基盤として、第二局面になるような語源学が生じてきた。その台頭が最も顕著であったのは、戦後のミュンスター大学（西ドイツ・ウェストファリア州）であり、そのスターと称すべき学者はドイツ語学のヨースト・トリアーであり、英語学のカール・シュナイダーである。しかし戦後の言語学の一般的風潮は語源学に合わなかった。戦後の言語学にはソシュールの影響が大きかったが、彼は広く読まれた『言語学原論』（小林英夫訳、岩波書店、一九五四年、二五三頁）の中で次のように言っているのだ。

語源学は、分明な一学科でもなければ、進化言語学の一部門でもない。共時論的事実並びに通時論的事実に関する諸原理の特殊的適用にすぎない。

そしてこんなところがまた日本の学界における雰囲気であったと思われる。語源をやっている人は、主として辞書家であり、辞書家の語源学というのは欧米の辞書の語源解釈を広く渉猟することを主として、特に研究して新説を出すというものでなかった。語源は研究というよりは辞書製作の実務という印象があった。

しかしトリアーやシュナイダーの語源研究は音声と語形を中心としたそれまでの語源とは違っていて、ある単語が最初に用いられていた状況を眼前に生き生きと設定することによって、その原義を了解し、派生義を解釈するのである。そのためには、ゲルマン諸語について言えば、古代ゲルマン人の生きていた世界を彼らが知っていたように知り、彼らが見たように見ることからはじめる。そのためには古代ゲルマンの宗教、おまじない、動物観や植物観をさながらに知らなければならない。わたしはトリアーやシュナイダーたちの努力を「イメージの考古学」と呼びたいと思っている。したがって「新語源学」というのは、「イメージの考古学としての語源学」と解釈してよいであろう。

ひとたびこの立場に立つと、語源の研究は古代人の内的世界（宗教、呪術、世界観など）や外的世界（Realien《リアリエン》と呼ばれる具体的事物や文化一般）を知ることなしには不可能であり、また逆に古代人の内的世界も外的世界も、語源の解明によってのみ明らかになることが多いのである。古代人が住んでいた家や道具などはないと言ってよい。特に古代ゲルマン文化は木造文化だったからたいていのものは腐蝕して消えてしまっている。また古代ゲルマン人は日記とか内省的小説などを残していない。だから古代ゲルマン人の実像ははなはだ知りにくいのである。しかし新しい語源学によって、数千年前の彼らの頭の中のイメージを捉えることができ、彼らの見たように森羅万象を見ることができるのである。

ただここでつけ加えておくべきことは、この新しい語源学は、従来の印欧比較言語学と少しも矛盾するものでないどころか、それに基礎を置くものである、ということである。トリアーも比較言語学を背景にしているし、シュナイダーは、印欧比較言語学の泰斗ヘルマン・ヒルトの最後のしかもただ一人の弟子であり、その方面の業績から出発して古英語に集中するようになった人である。

「イメージの考古学」へ

では具体的に新旧の語源学はどのようなものであるかを実例をもって示してみよう。まずトリアーの著作から実例をとってはじめてみることにする（*Wege der Etymologie*. Berlin, Erich Schmidt, 1981）。

英語の *break*（こわす）に相当する高地ドイツ語は *brechen* であり、低地ドイツ語は *breken* である。この関係は子音 *ch*［ç］と *k*［k］の差だけであって、同根であることは簡単にわかり、［ç］と［k］の対応をなす語もほかに見つけることが容易である（たとえば「臭う」を意味するドイツ語 *riechen* と英語 *reek*）。これが *Bruch*（断壊）や *Brochen*（断片）という名詞と関連しているのもわかりやすい。

ところがドイツ語の *brechen* に相当するラテン語 *frangere* との関係となると、これは比較言語学的にやらないと説明できない。ドイツ語の〝b〟がラテン語の〝f〟と対応することは「兄弟」を示す語がそれぞれ *Bruder* と *frater* であること、「ぶなの木」を示す語がそれぞれ *Buche* と *fagus* であることなどから法則性のある対応が見出される。

母音の対応――ラテン語の〝e〟とドイツ語の〝a〟――は一見、無関係のごとくである。しかし *frangere* の過去形の母音は〝ē〟である。(frēgimus＝wir brachen)。つまりラテン語の〝ē〟はドイツ語で〝a〟になるという対応があるのである（そのほかには「食べた」が ēdimus＝wir aßen、「種子」が sēmen＝Same など）。したがって過去形を考えると *brechen* と *frangere* の母音の対応が明瞭である。またドイツ語の *ch* とラテン語の *g* が対応することは、先にあげた「ぶなの木」の例 *Buche* と *fagus* からも明らかである。このようにドイツ語 *brechen* とラテン語 *frangere* という一見何の関係もなかったものが、完全に同根であることが音韻対応の規則性で疑問の余地なく説明された。このようなのが比較言語学的語源の解明ということであり、また語源学の第一局面である。

ところがドイツ語 *leer*（空《から》の）と *lesen*（読む）が同根ということになると、その関係の説明には別の原理が必要である。先にあげた *brechen* と *frangere* は意味が同じであるから特にその点では考える必要がなかった。しかし「空の」と「読む」では意味にまったく関係がない。語形の leer の〝r〟と lesen の〝s〟の対応は、比較言語学的に説明できる（英語 was とドイツ語 war とか、「養う」nähren と「養生してなおる」genesen とかの例がある）。しかし「空の」と「読む」という意味はどうなのか。比較言語学的には何ともしようがない。

これを理解するためには刈り入れのすんだ麦畑をまずイメージとして表象しなければならない。刈り入れのすんだ畑では貧乏な人たちが「落穂拾いする」（*lesen*）ことが許されていた。そういう状態の畑は *lesbar* あるいは *auflesbar*（落穂拾いしてもよい）と言われたのである。それはその畑の所有者である農家から見れば *leer*（空の）な状態ということになる。かくして *lesen*（拾う）と *leer*（空の）という二語の関係はついたが、では *lesen* に「読む」という意味があるのはなぜか。それは「読む」という行為は、元来はルーン文字などを「拾い読み」あるいは「一つ一つ拾うようにして読む」ことをやっていたからである。印刷術が発達してからの読書のように、流れるがごとく分速何十語というようなスピードで読んだわけではない。古代の人の読む行為は、あたかも貧民が落穂拾いをするがごときものであった、というイメージが浮んでくるではないか。これが語源学の第二局面、つまり新しい語源学である。（*Beiträge zur Geschichte der deutschen Sprache und Literatur*, Vol. 51. Halle, 1927 にある Axel Lindquist の論考参照）。

このような意味上の考証を、古代ゲルマン文化は Niederwaldkultur（矮林文化）であったという見地から、トリアーは体系的に押し進める。それとの関係において「語の場」（Wortfeld）という考えがあり、彼の有名な「場の理論」（Wortfeldtheorie）があるのである。

シュナイダーの立場もこれと共通している。彼はルーン文字詩の徹底的解明によって、古代ゲルマン人の内的世界と外的世界を明らかにしてみせた。特に彼の場合はブリテン島に渡る前のアングロ・サクソン人、及び渡来後の最古期のアングロ・サクソン人の研究を中心としたので、英語の語源の解明に新生面を開くことになったのである。

たとえば現代英語で「輪」も「鳴る」もともに *ring* であるが、その両者に語源的な関係があるとは気がつかないのが普通である。しかし「輪」も「鳴る」も語形的には古英語においてもまったく同一である。これは偶然であろうか。シュナイダーはそうでないことをみごとに論証する。太陽が鳴るものであることはゲルマン人の共通表象としてあった。したがって輪、つまり「日輪」には、「鳴る」という動詞の意味があるのである。このような新語源学のおかげで、今までどうということのなかった古英詩が、突如として古代人の精神世界を現出させ、『古事記』の世界にも比すべきその魅力で我々を異教ゲルマン世界に誘い込むのである。

新しい語源学

戦前の日本でも、また戦後の日本でも——少なくともわたしが学生だったり若い教師であった頃は——英語の語源学はまともな研究対象にされていなかった。それにはソシュールの影響も大きかったのではないかと思う。日本でも戦前からよく読まれた彼の言語学講義（『言語学原論』）の中にも、語源は言語学の分野でないというようなことを言っている。実はそう言ったソシュール自身、言語学者としての出発点は印欧語の音韻研究——これは体系化された語源学にほかならない——であり、また晩年はスイスの地名などの語源を調べていた。この方はあまり注目されず、彼の共時言語学の提唱が世界の言語学界の流れを作るに至ったのである。

もちろん語形や語彙の変遷は、ＯＥＤなどの出現もあって、研究がなされ続けている。しかし本当の語源研究となると、語根創生まで含むこととなり、また、文献上の最古の語形・語義のもう一つ先はどうであったかの推定もなされなければならない。それはやらない、というのが大勢であった。日本の英文科は数多いが、こうした本格的な語源研究をカリキュラムに入れているところは寡聞にして知らない。意地悪いかんぐりをやれば、フランス系の言語学では、語源をやろうとすればすぐにラテン語になってしまうので、フランス語の語源学は単なる語史にすぎなくなってつまらない話になりそうである。ラテン語の語源学となればそれは比較言語学の分野となって、フランス語との関係はうすくなる。フランス系の言語学が共時言語学に熱心なのもそのせいかも知れない。また、インディアン語の研究から入ることの多いアメリカ言語学も構造主義からはじまって、共時系なのもうなずける。そして日本の言語学もまたしかりである。

語源は言語学でないというわたしの思い込みを一挙に消してくれたのは、ドイツ留学であった。英語学はドイツで発生・成長した学問で、ドイツが英語学の本場である、という認識は若い世代の英語学者にはなくなっているであろう。しかし、昭和三十年（一九五五）頃までは日本にもあった。市河三喜博士とその弟子たちはそう考えていた。研究社『英語学辞典』（旧版）は世界に類のないもので価値高いものだが、そこには実に多くのドイツ人の学者が紹介されている。それは市河門下の東京外語の佐々木達先生が主として書かれたらしい。また市河博士の後継者となられた中島文雄博士の『意味論』はマルティの *Bedeutungslehre* という難解な本を祖述されたものである。同じ頃に高等師範・文理大（後の教育大→筑波大）の小林智賀平先生もマルティを祖述した本を出しておられる。東大・文理大・東京外語という東京の三官学の秀才たちがドイツ語の文献の研究をしていたということは注目すべきであろう。一昨年（一九九一）講談社学術文庫に入った中島文雄先生の『英語学とは何か』は若い頃の中島先生の力作で、類書が日本にないすぐれた本であるが、言及されている主要文献がすべてドイツ語というすごいものである。このようなドイツの英語学に精通しているということが、市河博士が後継者として中島先生を東大に据えられた理由だ、という話を聞いたこともある。

大学生であった頃、わたしもこういう話は聞いていたから——小林智賀平先生には英語史を習ったし、また千葉勉先生はよく「イギリスの英語学はドイツより五十年遅れている」と言っておられた――ドイツの英語学には敬意を持っていた。ところが妙なぐあいで、英文科助手をしていたわたしにドイツ留学の話が舞い込んだのである。昭和三十年のことであった。そろそろ四十年も昔のことになる。

ドイツでの指導教授はカール・シュナイダー先生であった。古英語と語源の研究では、ヤーコプ・グリム以来と称される学者であった。そこでわたしははじめて、英語の語源研究がいかになされるかを現場で見ることになった。わたしの論文のテーマは英文法の発生であったが、上級ゼミの多くは語源研究に関連していた。そしてわたしも年をとるにつれてますます文法よりも語源に引かれるようになった（この点ではソシュールの気持ちがわかる）。それで最近では若い俊秀たちと古英語テキストを使いながら語源研究をやり、月刊誌まで出している。われわれの語源学の立場は次の四項目にまとめられると思う。

（1）従来の語源学の重視する音韻法則（比較言語学の柱）に加えて、意味の連鎖、イメージの連鎖、さらにはその背後にある神話・宗教・世界観をも重視する。

（2）多くの語根創生は、擬音（onomatopoeia）と音象徴（sound symbolism）の原理で説明し得る。

（3）語根の段階にまで遡って、同一、あるいは極めて近似した形態を示すものは本来同根語であると推定し得るので、現代における意味は無関係に見えても、共通のイメージに遡り得る説明をさがす。（たとえば nubile〔(女性について) 年頃の〕と nubilous〔霧深い、曇った〕では現在では意味の関係がないが、「覆う」というイメージを探りあてると、花嫁のヴェールと、空を覆う雲などの接点が見つかる。）

（4）関係がない言語の間にも、よく似た単語がよく見つかる（印欧語と日本語の間でも）。これまでは同一語系論の見地から、あるいは借用語の見地から苦しい説明が行われることが少なくなかった。しかし人間の脳の本質や発声器官の構造はほぼ同じと見なされるので、類似の擬音と音象徴があってもおかしくない。したがって言語系統論や語彙貸借とは関係なく、諸言語から似たような語根を見出すことは極めて有用である。

このような立場に立つと、英語の語源も身近なものになり、説得力のある推論もどんどん出てくるものである。メンバーの中の若い人の中には、欧米にない英語の語源辞典をもくろむ者も出てきたところである。

［語源学］

英語の語根創生とオノマトペ

語源研究をやっていくと、ついには語根創生の問題につきあたる。この語根創生ということにあたって、最も大きな働きをなしているのが擬音（onomatopoeia）と音象徴（sound symbolism）である。この二つの分類にはさらにいくつかの下位区分があるが、いずれにせよ、語根の大半はこの両者のいずれかによる。擬音の最も簡単な例は、鶏の鳴き声で、これは英語ではcock-a-doodle-dooと聞こえるらしいが、雄鳥を意味するcockはこれと関係があることは言うまでもない。しかし「光」のような音のないものは擬音にできず象徴するより仕方がない。広島の原爆の体験者は原爆のことを「ピカドン」と呼んでいた。ドンは擬音であるが、ピカは強い閃光に対する感じを示す音象徴である。ピカリが慣用されてヒカリ（光）になったことは誰にでもわかる。英語でちかちか光るのをflicker（OE flicorian）と言うが、fli-は語源的にpli-と同じであるから、古英語時代の人は、日本人がピカと音象徴したところを、フリとかプリと音象徴したことになる。

人類の知覚や脳細胞は本質的に似たものであるから、同じような現象に同じような反応を示して擬声語を作ったり、似たような音象徴による単語を作ったりしても不思議はないであろう。ただ、擬声や音象徴で作られたものが、単語として確立すると、各言語の持つ歴史的変化を受けてすぐにはその語源がわからなくなる場合が少なくない。そのような例を擬声から生じた英単語の中からいくつか拾って紹介してみよう。

「風」を意味する現代英語 wind から、擬声を感ずることは難しいであろう。しかし印欧祖語では「風の吹く音」は *wē と擬声されていた。日本語で表記すれば「ヴュー」という感じになる。日本人が「ビュービュー風が吹く」という時のビュービューに通ずる。この *wē（吹く）に現在分詞の意味を持つ名詞語尾 -nd, -nt がついたものが「風」すなわち「ビューと吹くもの」なのである。英語では *wē から派生した動詞は使われず、blow という別系統の単語が使われているためにピンとこないが、ドイツ語の wehen（吹く）にはまだ擬声が感じられる。この現在分詞 wehend《ヴェーエント》 と Wind《ヴィント》（風）の関係も感覚でわかる。

同じように「奇跡」や「驚異」を意味する wonder（ドイツ語の Wunder）も「ウオッ」とか「ワッ」とか驚いた時の擬声が語根をなし、-nd の語尾に、さらにもう一つ名詞語尾がついて、*woh-nd-er から wonder になったと推定される。

このように驚異を示す単語は、その本質上、擬声語から出やすい。たとえば ghost（幽霊）は *gheis から出たとされるが、つまりは「ゲエッと驚く」という意味である。印欧語の中には *ghe- の部分が *zōi- になっている言語もあるが、これは文字通り「ゾーとする」感じを示しているではないか。幽霊に出られたら人はゲッーとしたりゾーっとしたりする。だから古英語 gǣstan（怖れさす）は、語源的には擬声を用いて「ゾーとさせる、ゲーとさせる」と訳してよいであろう。また漢字の「駭《がい》」や「愕《がく》」とも通ずるであろう。

単語はその言語の持つ歴史によって変化を受けることは当然であるが、特に英語の場合は十五世紀における大母音推移（主音節の長母音が規則的に変化した）のために、今からでは語根を感ずることができなくなった擬声語が多い（それだけに語源がわかった時の喜びも大きい）。たとえばwhineは「（幼児・犬などが苦しみのためあげる）長いかん高い泣き声」（研究社『新英和大辞典』）であるが、現在の発音がワイン［wáin］であるため擬声とは今では感じられない。しかし語根は*χwīn-であり、古英語ではhwīnanであった。これならクイーンとかフィーンとか鳴き声がわかる。ところが「イー」という音は大母音推移で「アイ」になったので、擬音性が消えてしまった。ちなみに「犬の」を示す英語canine《ケイナイン》の語源であるラテン語canis（犬）は、犬の鳴き声のキャンから出ている点、漢字の「犬《ケン》」と同じく擬声語である。

OE ġelēafa（belief）の語源について

序論

現代英語の belief と leaf の語幹部の発音が同じ［iː］音であることはその語源の同一性を示唆するものではない。第一に綴りが違うし、また二語の間の一シラブルが同音であることは何も珍しいことではない。しかし現代英語の綴りは極めて不規則なものであって[1]、問題になるのは音であること、また、表音主義的綴りが一般的であった近世以前の文献が重要なこと、また、今でも綴り字と発音の分離がほとんどない同系語のドイツ語を参考にして考えるべきこと、などの諸点を押さえてみると、この両語の類似性はただごとではない。

ＭＥでは多くの共通形があり、ＯＥでは ġelēaf（belief）と lēaf（leaf）であって、語幹部は同じ音価を有していたと考えられる。また現代ドイツ語も Glaube（belief），Laub（leaf）と同音価である。ＯＨＧ（古高ドイツ語）も giloubo (belief), loub（leaf）と同一である。しかしこのような類似にもかかわらず、この二語間の関係に注目した辞書はない。一般的な辞書である*OED*やSweet, *The Student's Dictionary of Anglo-Saxon*はもとより、はっきり語源辞典と銘うったSkeat, *An Etymological Dictionary of the English Language*, Holthausen, *Altenglisches etymologisches Wörterbuch*, Kluge, *Etymologisches Wörterbuch der deutschen Sprache*などにも、この間の関係を暗示するような説明はない。ただ、古サクソン語、古フリジア語等々ではどういう語形であったかを並列してあるのみである。すなわち、現在のbelief, leafの語形上の系列はのべられているが、それがいったい何を意味していたのかについては、ほとんど触れるところがない。ただ、クルーゲが、Glaubenが元来は今言う「信ずる」ではなく、sich etw. lieb, vertraut machen (make oneself dear, intimate to something) が原義でgutheißen (approve) を経て、現在の意味になったのだろう、としているのが目につく。このクルーゲの発言は、われわれがA語の語源はA′形をしていたと語源辞書に書かれている場合、A形もA′形も、意味は同じだったのだと速断することの危険を教えてくれる。

語源辞書におけるこの古形並列主義と並んで、もう一つ目につく主義は、同語形にまったく関係なさそうな意味がある場合、①これこれ②これこれとして意味を並列することである。この意味の並列主義の底には、二つのまったく異なった語が、たまたま同形になったのだろうという仮定が、暗黙のうちによこたわっているわけである。たとえばホルトハウゼンがlēafに1. Blatt（木の葉）unbek. Herk.（語源未詳）…2. Erlaubnis（許可）というように書いた場合、lēafには二つの関係のない語義があるが、その語源はそれぞれ元来は異なっていたであろうが、この段階ではまったく同形に帰一しているという意味である。

ġelēafaとlēafに関して、最初に語源辞書の二つの並列主義から離れて、相互の関連に目を向けたのはG. Kellermann, *Studien zu den Gottesbezeichnungen der angelsächsischen Dichtung* (Masch.). Münster, 1954である。この

論文はすぐれた洞察を持ち、語源研究の新生面を拓いたと言うべきである。この論文の数年後、さらに特記すべき言語学上の発見がなされた。すなわちシュナイダー（K. Schneider）によるフランクス・カスケット（Franks Casket）の右面の解読がそれである（*Zu den Inschriften und Bildern des Franks Casket und einer ae. Version des Mythos von Balders Tod*: in Festschrift für Walter Fischer. Heidelberg, 1959）。シュナイダーやケラーマンの示した古代ゲルマン民族に関する民族学的、考古学的な発見を踏み台にしてみると、ＯＥの ġelēafa の語源も、従来の辞書とは異なった次元から総合的に考察することができ、また、この結果を従来論議のあったＯＥのテキストの箇所にあてはめてみると、解釈が容易になるように思われるのである。

G・ケラーマンの論文要旨

ＯＥの ġelēafa と lēaf の関係に最初に目をそそいだのはケラーマンの上述の論文の第三章付論（pp. 130–60）においてである。彼は従来の史的言語学の方法論——語形並列主義——にあきたらず、いろいろな語形が「一体何を意味していたか」ということを、古代ゲルマン人の宗教や考古学などの見地から考証する態度をとった。彼はマンハート（W. Mannhardt）が蒐集した膨大な資料にもとづいて(2)、次のことを立証せんとした。

ゲルマン人は「木の葉」を彼らの考える「原素神」（Urwesengott）のあらわれ、生命のシンボルと見なしていた。だから木の葉を祝福の印として、あるいは魔除けとして農業、牧畜関係の神事や各種行事に用いた例は、ゲルマン人の形成した各国の古い文献や、今日の農村にもいたるところで見受けられる。英国のメイポール（Maypole）もその一つであるが、十六世紀の文献によっても、これは異教的と断じている(3)。この木を伐り出しに行く時は、娘の三分の

一くらいは処女を失うとまで書いてある。またドイツでも五月一日はいわゆるマイファート（Maifahrt）をやり、老若男女が森に出て若葉を持って帰ってきて、祝福の印とする。また、地方によっては――たとえばウェストファーレンのイザローン――では、五月一日に子牛がgequiektされる。[4] これは暁に伐採された木の枝（quike）で、まだ子を産んだことのない牝牛の乳房を打ったりする。[5] これは地方によって、人間の娘の乳房を打ったりするところもある。いずれも木の枝によって、豊饒の祝福をUrwesengott――神格化された大自然と言ってもよいかも知れない――から受けようとしたものである。

このようなドイツ各地方、及び近隣諸国に見られる無数の例から、ケラーマンはOEのġelēafa, lēafの関係に注目し、ġelēafa (belief) は、der zum Laub, d. h. zur göttlichen Heilskraft Gehörige（木の葉に、すなわち神的治癒力に属するもの）、あるいはder Belaubter, d. h. göttliche Kraft Gewährende（葉で覆われたもの、すなわち、神的な力を授けるもの）という原義を有していたと推論した。この説はシュナイダーのごとくその価値を高く評価した人もいたが、[6] その後のクルーゲの新版にも採用されず、[7] 一般に反響は少ないようである。鋭い洞察ではあるが、もう一歩の説明が欲しいと思われる。

フランクス・カスケットの右面の解読

ケラーマンの論文の五年後にフランクス・カスケットの解読という重要なできごとがあった。一八六七年にフランクス（A. W. Franks）によって大英博物館に寄贈された鯨骨製の小函は、表面にルーン文字と絵が彫刻してあり、学者の関心を集めていたが、一八九〇年にそれまで欠損していた右面がイタリアのフローレンスにある国立博物館（Museo Nationale）で発見されてから、特にその解読に関して諸説がいろいろと提供された。[8] しかし右面に関しては解読不能というのが通り相場であった。小英詩の集大成である *Anglo-Saxon Poetic Records* VI（*Anglo-Saxon Poems*. Columbia University Press, 1942）の編者ヴァン・カーク・ドビー（E. van Kirk Dobbie）も、「その彫刻には稀にみる難解点がいくつかあり……何を示そうとしているのか、また、それに面している人間の像が誰なのか、われわれに知りようがない」と嘆じている。[9] しかしシュナイダーの上記の論文はこの右面のルーン文字と彫刻に決定的な解明を下し、さらにこの小函の成立の事情、年代、場所までも明らかにした。今、この右面の解読のうち、本論文に関係のある部分を要約してみることにする。

右面の彫刻は三つの場所を示し、それに応じたルーン文字が周囲に彫刻されている。それをＯＥに書き改めると次のごとくなる。

hēr hegi(l) sitæp on hærmbergæ:
sigor drigiꝥ swæ.
her i(s) ērdægis græf

særdun sorgæ ænd sefatornæ(10)

この最初の二行が左端の場面に応じ、三行目が中央の場面に応じ、最後の行が右端の場面に応じている。

左端の部分を見ると、人間と動物の混合物みたいなものが石の上に腰を下ろしている。着ている着物は人間らしいが、頭には角があり、足には蹄があり、大きな爪のある手には葉のついた枝を持っている。頭部はヒツジのようだが体は鳥のようで、羽根らしいものがある。これが何であるかは今まで未解決であったのだが、古代ゲルマン人の原素神（Urwesengott）の象徴的な表現であると解される。すなわち、ヤギは生命を与えるものとしての原素神の機能を示す（ヤギの形をした生命の神は古ノルド語のエッダにも出てくる(11)）。また、鳥は生命を滅ぼすものとしての原素神の機能を示す（ワシの形をした巨人が死体を食う話は同じく古ノルド語にある(12)）。そしてこれが手に持っている木はインド・ゲルマン民族に共通な世界木（生命の木）を示す。これが一行目の hēr hegi (l) sitæp on hærmbergæ（ここにハガルの神は勝利の山に腰を下ろしている）の意味である。

この原素神は、木の葉のついた枝で、右手に立っている盾を持ち兜をかぶった戦士の槍に触れている。これに相当するルーン文字の彫刻が、二行目にある sigor drigiᚠ swæ（彼は勝利をかくて得る）である。この戦士の名は彫ってないけれども、三行目に Erdæg（すなわち Balder）の名が出てくるところから、これはバルドル（Balder）の兄弟の Hǫðr（OEでは *Heaðu）でなければならない(13)。サクソ（Saxo）やスノッリ（Snorri）等々の神話によると、この二人の兄弟はナンナ（Nanna）という女を争って、Hǫðu がバルドルを殺すことになっている。このことを示すのにフランクス・カスケットの彫刻者は Hǫðr の方は自分の槍を原素神 Hagal（Hegil）の持つ生命木の葉に触れさせることによって祝福を得たのに、バルドルの方はそれがなく、槍は折れてしまっている（中央場面）という図を彫ったのである。これがルーン文字の「彼は勝利をかくて得る」という文句の意味である。すなわち、生命の象徴としての木の葉に触れて、その祝福を受けることが武運長久（あるいは無事息災）の基になるという古代ゲルマンの信仰が前提となっているのである。

ġelēafa（belief）の語源と意味派生に関する考察

マンハートやケラーマンは「木の葉」を大生命のあらわれとする見方が、ゲルマン人の出産、農業、牧畜などの生産生活の基礎に横たわることを示し、フランクス・カスケットの解読は同じく「木の葉による祝福」が軍事、武運の根源にあることを示した。生産と軍事と言えば、古代人の生活の全部と言うに等しい。その中心に「木の葉」があるとすれば、それが一般に古代人、原始人の生活の中心にあったと言われる宗教生活[14]、すなわち「信仰」と、どこか本質的な関連、あるいは重なり合いを持つと仮定する方が自然である。この見地から ġelēafa, lēaf の語源をたどってみると、この仮定を裏づけるような実例が数多く見出される。

まずホルトハウゼンの語源辞典で「木の葉」を引いてみよう。

lēaf　1. n. Blatt, Laub ... ne. *leaf*

2. Erlaubnis, ne. *leave* ... ahd. *ur-loub* ... s. *lēafa, -e, liefan, leof, lof, lufu*

すなわち lēaf というＯＥの単語には「木の葉」と「許可」という一見関係のない二つの意義があることが知られて

いる。また、この語の第二義「許可」がlufu（愛）などと語源的に関係があるとされている。さらに、これがＯＥのlof（保護、援助、恩寵）にも関係があると指摘し、また、lēafの動詞形liefan（許可を与える、信ずるなどでMod. E. believeの語源）もあげているのに、「木の葉」のlēafには、語源未詳（unbek. Herk.）という判断を下している。すなわち「木の葉」のlēafと「許可」のlēafは同形同音ながら、彼の頭の中では関連しなかったことを示している。一方ケラーマンはこれにＯＥのlybb（毒、魔術）、古アイスランド語のlyb（薬草）、ＯＥのoxnalybb（Mod. E. ox-heal）、古アイルランド語のluib（草、植物）、ＯＥのlybban（治癒する、ME libben, Mod. E. dial. lib）、古高ドイツ語のluppi（毒、魔術）などがあげ得るとし、インド・ゲルマン語の*leubh（木の葉）を想定しようとする。

一方「信仰」の方はどうだろうか。同じくホルトハウゼンによると

ġe-lēafa m. Glaube, me. lēve ... go *ga-lauf-s* „wertvoll“ ... ai. *lōbha-* „Verlangen“

すなわち「信仰」の方はゴシック語の「貴重な」、古代インド語の「要求」に関係ありとされる。これはさらにケラーマンによって、古高ドイツ語のloub（信用になる）とも関係すると考えられ、さらにインド・ゲルマン語の*leubh（好む、愛する、欲しがる）となり得るとする。そしてインド・ゲルマン語の語源では「木の葉」とまったく同じものになるのである。

「木の葉」と同根の語にġelēafa（「神的治癒力を有するもの」すなわち「信仰」）を仮定するのがケラーマンの説の中心であるが、それから上にあげた種々の動詞、名詞、形容詞などを派生させるのは、多少、穴が、いわゆるmissing linksが残されているような気がする。それで、ここで筆者が主張したいと思うのは、フランクス・カスケットの彫

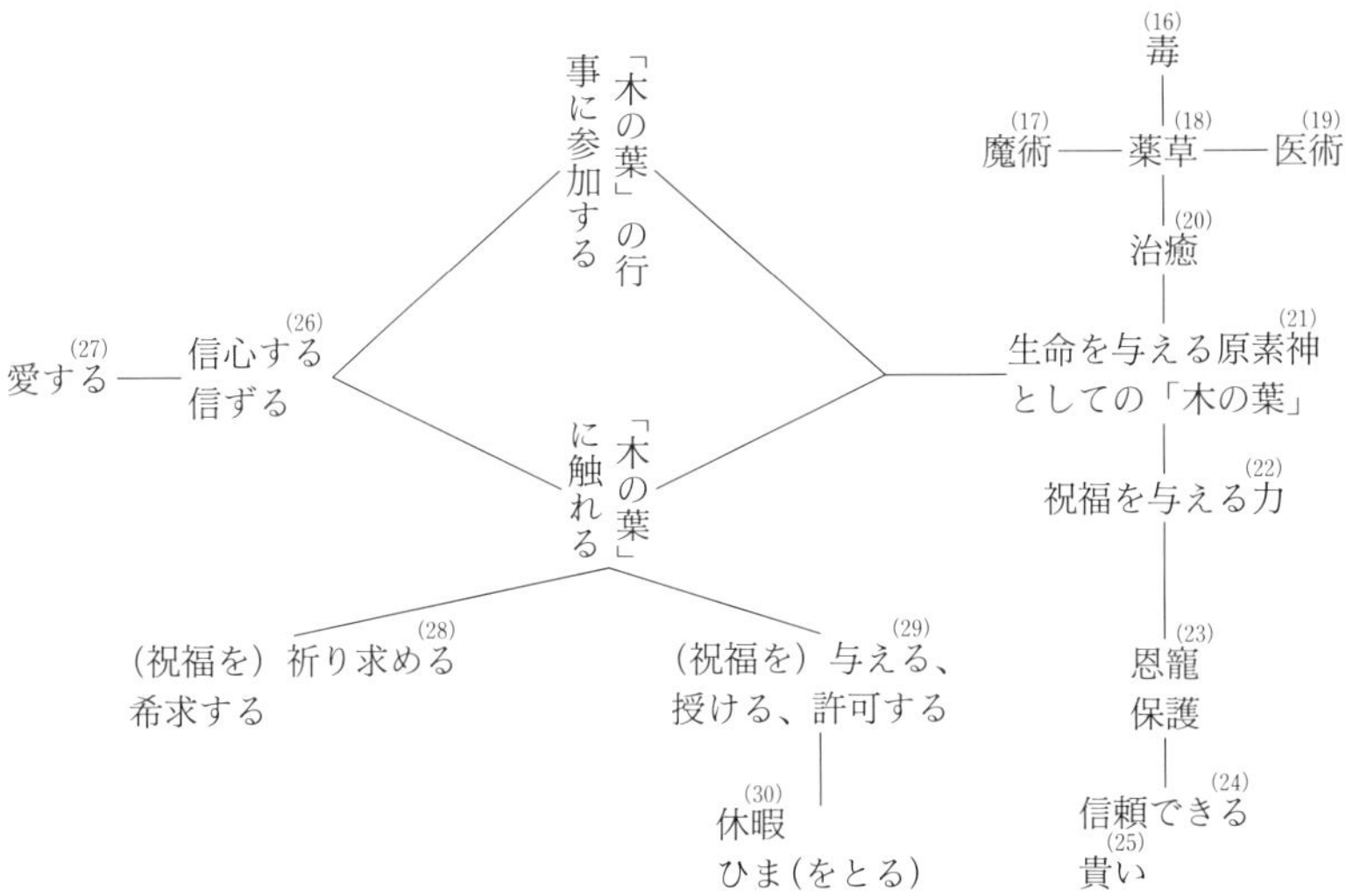

刻を考慮に入れることである。

フランクス・カスケットの場面は、戦士が「木の葉」で祝福を受ける場面をはっきり示している。そしてそれは、「信心」を要する場において、古代では「木の葉」が用いられていたことをわれわれに教えてくれるものである。これは戦士の場合であるが、生産関係の場合でも事情は似ていたに違いない。すなわち、「木の葉を用いる行事、神事に参加する」「木の葉の祝福を受ける、または授ける」「木の葉に触れる、触れさせる」という行為、場面を示す動詞があったと考えねばならない。ちょうど古代人が「生きる」という動詞を「息する」と具体的動作を示す語から引き出してきたように[15]。このことは同時に、belief と同系のインド・ゲルマン語中の諸動詞が、「求める」と「与える」という二極をなしている現象の説明にも好つごうである。

次に、この「木の葉」―「信心行為」と同根と目される、すなわち、インド・ゲルマン語の *leubh から派生したと考えられる諸形の、意味上の有機的関係を示す図を試験的に上に示してみよう。その図で縦書きの部分が、フランクス・カスケットの図に示されたような行為を示す動詞であったと仮定する。

OEのテキストへの適用

以上の語源と派生語義の解明にもとづいて、今度は学者間に見解の相違のあるテキストの箇所にあてはめて解釈にいどんでみたらどうであろうか。ここでは二つばかりの例をあげてみよう。

第一例　韻律呪文（Metrical Charms）のうち、*For Unfruitful Land*（*ASPR*. vol. VI, p. 117）の三十五行目。

gefyllan ƿas foldan mid fæste *geleafan*

この行は、ゴードン（R. K. Gordon, *Anglo-Saxon Poetry* in Everyman's Library, p. 99）の訳によると、

Fill these fields by firm faith

である。シュナイダーによると、前後の関係から言って、「野原を信仰でみたす」というのは実際上無意味である。これはキリスト教時代に入ってから、異教時代の名残りである習慣を忌避してテキストを変えたものであろうと推定し、mid fæste geleafan の代りに、mid fæstum leafan（mit starken od. schönen Blättern）、すなわち「美しき木の葉」を提案している。(31) このシュナイダーの提案の根拠には、*Beowulf* 90-98 の「天地創造の歌」がある。すなわち

... se ælmihtiga eorðan worhte
wlitebeorhtne wang ...
ond gebrætwade foldan sceatas
leomum ond leafum ...[32]

とあり、神も大地の表を飾るには「枝や葉」をもってしたのである。すなわち目に見え、手に触れ得る具体物で飾ったのである。ベニング（H. A. Benning）はシュナイダーの説を採用し、この箇所を mit festem Laubwerk としている。[33] これに反しケラーマンは mit festem Glauben と訳しているが、この Glauben は普通の「信仰」の意味でなく、「原素神の生命力、繁殖力、治癒力」という意味に解している。[34] ともかく三者とも、この箇所が普通の faith の意味に解したのでは不十分だということでは一致しているのである。しかしさらに一歩進めて、ġelēafa, lēaf の語源の密接な関連を考慮に入れて、さらにまた、charms が現存の形になる以前の太古の発生状態まで考慮に入れるならば、ġelēafa には lēaf に通ずる意味がまだあったと考え得る。否、lēaf の総称的な言い方として*ġelēafa（中性名詞）があって、「簇葉」という意味があり、一方、「木の葉の祝福を与える」という動詞の名詞形として ġelēafa（男性名詞）があったのだと考え得る。それが、charms が書き記される時代になって——書き記したのはたぶんベネディクト会士——意味の限定がなされたものであろう。

第二例　*Beowulf* 1272–1273

ond him to anwaldan are *gelyfde*,
frofre ond fultum ...[35]

ゴードンは gelyfde を trusted と訳している。クレバー（F. Klaeber）の *Beowulf* のテキスト（一九四一年）も、用語解説（glossary）で ge-lyfan を believe in または対格をともなって count on や expect confidently としてある。スウィートも同様である。[36] しかし、ベオウルフがグレンデルの母に殺されそうになった時、神様の助けを「信じた」というのでは意味が弱すぎる。はたしてフープス（J. Hoops）は gelyfan m. Akk. d. Sache und *to* oder *on* bei der Person: ‘etwas von jmb *erhoffen*’ と注解している。[37] すなわち「信ずる」というより「期待する」「熱望する」という意味になるとしている。これらの派生的意味は注解者たちが前後の関係から考え出したものであるが、むしろ gelyfan には元来この意味があったと考えられることは上でのべた通りである。「信ずる」というのがむしろ後世に抽象化された意義なのであって、gelyfan というのは、フランクス・カスケットの右面にも見るごとく、元来、「武運を乞う」行為だったに違いないのである。*Beowulf* は韻文であったせいもあって、gelyfan の原義に近く用いられたのであろう。[38]

注

（1） たとえば believe も、フランス語系の relieve の語形にまねて、十七世紀頃に作られた不当な綴り（erroneous spelling）であり、歴史的な形は、beleeve である。Cf. *COD*.

(2) W. Mannhardt, *Wald-und Feldkulte: Der Baumkultus der Germanen und Ihrer Nachbarstämme*. Berlin, 1875, Bd. I.

(3) Stubbs, *Anatomy of Abuses*, 1585. Cf. Mannhardt, *op. cit*., p. 171.

(4) Cf. Kellermann, p. 154.

(5) quîke または quek はＯＥの cwic（living）に相当する。Mod. E. の quick も方言やまた，少し古い言い方では living の意味を留めている（cf. go down *quick* into the hell, a quick fence）。ＯＥの charm にも cwicbeame（life tree, Lebensrute）という語が見える（*Anglo-Saxon Poetic Records*, Vol. VI, p. 117）。

(6) K. Schneider, *op. cit*., p. 13.

(7) F. Kluge, *Etymologisches Wörterbuch der deutschen Sprache,* 17. Aufl., 1957. しかしケラーマンの論文との時間の差があまりないので，採用することができなかったのかも知れない。

(8) この小函について論文を書いた学者の名前だけでもあげると次のごとくである。G. Stephens, K. Hofmann, E. Wadstein, A. S. Napier, W. Viëtor, T. v. Grienberger, O. L. Jiriczek, G. B. Brown, G. Hempl, R. C. Boer, F. Holthausen, R. Imelmann, E. G. Clark, K. Spies, P. W. Souers 等々である。なお詳しくは K. Schneider, *op. cit*., p. 1 の注参照。

(9) "... the inscription on the right side presents some unusual difficulties ... the details are by no means certain," p. cxxvii.
"... what it is intended to present, or who the human figure facing it is, we have no way of knowing," p. cxxviii.

(10) シュナイダーの独訳では次のごとくになる。

Hier sitzt Hegil auf dem Ruhmesberg:
Sieg bewirkt er so.
Hier ist Erdægs Grab.
Sie sehrten sich mit Sorge und Herzkummer.

(11) *Grimnismál,* 25.

(12) *Voluspá,* C. 26.

(13) サクソ（Saxo）による（Balderus）。

(14) 原始人の生活の中心は宗教であり，彼らは１つの Unio Magica の中に住んでいたとは多くの人類学者が示す通りである。それについて記した一般的なものとしては，Lucian Lêvy-Bruhl, *La Mythologie Primitive*（1935）が代表的である。これを古英人に限ったものとしてすぐれた論文に，H. A. Benning, *Welt und Mensch in der ae. Dichtung*（1961）がある（本書所収の「書評」参照）。

(15) Cf. ラテン語（Lat.）spiritus＜spirare
(16) 「毒」古高ドイツ語（ahd.）luppi; ゴート語（got.）lubjaleis
(17) 「魔術」ahd. luppi
(18) 「薬草」古アイスランド語（aisl.）lyb; 古英語（ae.）lybb
(19) 「医術」ae. lybb
(20) 「治癒」aisl. lyb; ae. lybban (verb)
(21) 「木の葉」インド・ゲルマン語（idg.）*leubh, ae. leaf; 近代英語（ne.）leaf; 新高ドイツ語（nhd.）Laub.
(22) 「祝福を与える力」aisl. lyb
(23) 「恩寵」「保護」ae. lof
(24) 「信頼できる」ahd. loub
(25) 「貴い」got. go-lauf-s
(26) 「信ずる」ae. geleafa (noun); ae. liefan; ne. believe; nhd. Glauben.　「愛する」との関係については Kellermann, *op. cit*. 参照。
(27) 「愛する」idg. leubh; ae. lufian; ne love; nhd. lieben
(28) 「希求する」ae. gelyfan; ai lōbha
(29) 「与える」「許可する」ae. liefan; 古サクソン語（as.）or-lif; nhd. Erlaubnis, erlauben
(30) 「休暇」「ひま」ne. leave; ahd. ur-loub; nhd. Urlaub
(31) K. Schneider, *Die germanischen Runen-Namen*. Meisen am Glan, 1956, p. 604.
(32) ... the Almighty wrought the world,
the earth bright in its beauty ...
and adorned the face of the earth
with branches and leaves ... (by R. K. Gordon)
(33) H. A. Benning, *op. cit*., p. 113.
(34) G. Kellermann, *op. cit*., p. 397.
(35) “and he *trusted* for support,
for succour and help...” (by R. K. Gordon)
(36) *The Student's Dictionary of Anglo-Saxon*. Oxford, 1826.

(37) J. Hoops, *Kommentar zum Beowulf*. Heidelberg, 1932, p. 157.

(38) なお、Mod. E. の believe の be- は強意の意味で、OE、MEにおいては、あってもなくてもたいした差はない (cf. begin＝MEの ginne)。OEでは強意形に ge- を用いているわけである (cf. nhd. glauben<mhd. geloube)。名詞 belief の be- は元来名詞には稀なのであるが、これは動詞からの類推である (cf. *OED*)。なおOEの韻文が、散文では失われてしまった古義を残していることについては Benning, *op. cit.*, p. 17 参照。

［語源学］

ヘンギストとホルサについて●言葉と史実の間

はじめに

ピクト族とスコット族とがいっそう大胆不敵になったので、ブリトン人の一酋長フォーティゲルン（Vortigern）は、彼らと戦うために、サクソン人より成る援兵――その隊長はヘンギスト（Hengist）とホルサ（Horsa）であった――を呼び寄せて、剣による助力の代償として彼らに領地を提供したらしく見える。彼らは、島に招じ入れられるが早いか、自分たちの傭主に寝返りを打った、と年代記作者はのべている。（アンドレ・モロア）(1)

これがイギリス人（アングロ・サクソン人）の歴史の第一頁である。この民族は議会を作ったり株式会社を発展させたりして大帝国となり、その旧植民地であったアメリカを含めると、現在アングロ・サクソンの勢力は世界に断然たる覇を確立してわが国もその強い影響下にある。ところでこのアングロ・サクソンの国祖たる二人の兄弟は紀元四五〇年頃に小船に乗って傭兵頭としてブリテン島に招待されたと伝えられる。どこの国でも肇国の頃の事情は曖昧なものであっても仕方がないが、英国の場合は比較的それが新しいというところが研究者の関心をそそる。まずさしあたって次の三つの疑問点が浮ぶ。

（1）ブリテン島に招待されたことについて

（2）ヘンギストとホルサという名前自体について

（3）この二人の系図的な問題について

以下、この各点について手短に考察して後、この三点を統一的に解釈し得るように思われる仮説をのべたいと思う。

招待されたことについて

アングロ・サクソン人の渡海に関する最初の文献は Gildas, *De excido et conquestu Britanniae liber querulus* (564), ed. by J. Stevenson. London, 1888 である。[2] ギルダス自身五二〇年頃に生まれているから、ヘンギストやホルサの渡来のことは、実際見聞した人たちから直接に聞いたものと思われる。[3] ビード師 (Venerable Bede)[4] もかなり詳しくのべているが、七三〇年頃のものであるからギルダスによったものと考えられるし、さらに後世の『アングロ・サクソン年代記』(*Anglo-Saxon Chronicle*) はいずれもギルダスやビードによったものであろう。ME期のジェフリー・オブ・モンマス (Geoffrey of Monmouth)[5] から上に引用したモロアに至るまで、言っていることは同じである。要するに「ローマ軍引きあげ後、北のピクト等が攻め込んできたのでブリテン王フォーティゲルン（ギルダスでは Gurthrigernus、ビードでは Uurtigerno、『アングロ・サクソン年代記』では Wyrtgeorne）が武勇の誉れのあるサクソン人を招待したが、後にサクソン人の方が居直ったのである」と。

近代のイギリス史家たちも、The arrival of Saxons[6]とか English Conquest[7]とか Anglo-Saxon Conquest[8]とか Anglo-Saxon Invasion[9]とか、いろいろな名称をつけているけれども、サクソン人は「招待されて来たか」「やって来たか」である。特に現代の史家たちはそのサクソン酋長の名前には少しも重点を置かず、「伝説上のケルト征服者[10]」と見なしており、いわんやその名前の「語義」には一顧も与えていない。イギリスの史家たちには、他民族による圧迫とサクソン人の渡英を結びつけて考えている者は一人もいないようである。

これに反して英国人以外の書いたものにはいくらかあるようである。日本人の中では、今井登志喜氏[11]は、アングロ・サクソン人渡英の理由を三つばかりあげ、そのうちの一つにフン族の圧迫を考えている。特におもしろいと思われるのはこの三つの理由の中に「大陸から英国へ招待された」というのが含まれていないことで、イギリス人史家たちと際立った見解の相違を示している。もう一人の日本人である戦争史家の伊藤政之助氏[12]は、フン族の背後からの圧力をサクソン人移動の唯一の原因として考えている。

ここで少し当時のヨーロッパ大陸の情勢に目を向けてみる。三七二年にパラミル王麾下ヴォルガ川とドン川の間を通過したフン族騎兵隊はまず東ゴート、ついで西ゴートの領土を侵犯した。さらに四三三年にアッティラ（Attila）は六十万と称される大軍を率いてドナウ、ライン北岸に達している。それから四五一年にパリ東北シャロン付近のカタラウヌムの野で敗れるまで彼は思う存分ヨーロッパを荒れまわっている。伊藤氏の示す彼の版図を見ると、アングロ・サクソン、ジュートもその中に含まれている。特にライン右岸のフランク族は二人の兄弟が王位を争い、その一人はアッティラの援助を得ている[13]。このことはフランク人ワルデレ（Waldere）がÆtlan ordwyga（Attila's champion）[14]と書かれていることからも明らかだ。当時フランク人の力が北海岸まで及んでいたことは彼らの部族神ウォドン（Woden）が後に北欧にまで主神として受け入れられたことによっても知られる。また、『ベオウルフ』（*Beowulf*）にもアッティラへの言及があることは、その影響が北まで浸透していたことを示す。このようにアッティラとフランクの一部が四五〇年頃に相提携して四隣を討ったとすれば、そのすぐ側にいたサクソン人が圧力を受けないことは考えられず、これが彼らの渡英の原因と考えるのは自然であり、これを無視することは不可能のごとく思われる。

アングロ・サクソン招待説があり得そうになかった補足的な理由として、当時、ブリテン島はキリスト教であったのに、大陸のジュート、サクソンなどはまだ異教徒であった事実をあげてもよいであろう。ギルダスもサクソン人を非難して“ut ferocissimi illi nefandi nominis Saxones, Deo hominibusque invisi, quasi, in caulas lupi”[15]（サクソンという神にも人にも敵なる、獰猛にして極悪非道なるものを、羊の国の中に狼を入れるごとく……）と言っている。「神にも人にも敵なる」の神はもちろん、キリスト教の神である。事実、サクソン人が島へ渡ってからも宗教上の反目が激しく、ヘンギストの姪と結婚してキリスト教徒の妻を離婚したフォーティゲルンは反乱を誘発し、王位から自分の息子によって追われているのである[16]。

以上を考慮すると、フン族、フランク族の圧力で海に追い出されたサクソン人はブリテン島に移住し出した。ブリテン王フォーティゲルンは、九一一年にシャルル単純王がヴァイキング王国にノルマンディを与えたようなぐあいに懐柔策としてサネット島など与え、あるいはピクト族との戦闘に傭ったりしたのであって、はじめから「招待」したのではあるまい。イギリスの学者が「招待」説ばかりなのは、自分の先祖がフン族に追われた流れ者だと考えることに対し意識の底で反発しているのであろう――と考えたら、うがちすぎであろうか。

ヘンギストとホルサという名前について

最初にブリテン島へやって来たゲルマン人の酋長ヘンギストとホルサの両方が、「馬」という意味の名前を持っていることに注目した人、特にこれに奇異の念を抱いた人は稀である。[17] 筆者が渉猟した近代の史家の中で、この点に注目したのは今世紀初頭に出たハント（W. Hunt）の『英国教会史』のみである。[18] 彼は言う。

ヨーロッパ中で馬は宗教的感情をもって尊敬され、トーテムとして受け入れられていたらしい。そして昔、戦馬の嘶きは前兆と見なされていた。このようなわけで最初の侵略の時の二人のジュート人酋長もヘンギストとホルサと名づけられたのであった。司祭は牝馬以外に乗ることは許されず、馬肉を食べることは異教の儀式であった。[19]

馬のゲルマン的異教における意味についてのハントの記述は、タキトゥス（Tacitus）の『ゲルマーニア』（*Germania*）の十章によったものと推察して間違いないであろう。しかしこれに最初に渡英したゲルマン人二酋長の名前を関連させたのは卓見であり、いかなる根拠によるものであるか問い合せてみたいものであるが、著者がすでに故人であるので何とも仕方がない。

近代の歴史家はヘンギストとホルサの名前を無視するのに反し、最近になってこれに注目しはじめた言語学者が二、三人ある。たとえばシュナイダー（K. Schneider）はインド・ゲルマン神話の体系の中において、「母なる大地」と「天なる神」、および「母なる大地」と「地なる神」との間に生まれた二人の異父同腹の兄弟神がしばしば「馬」

として表徴され、尊敬されたことから、これが酋長の名前として与えられたものであるとする。[20] シュナイダーの説は、ハントとまったく同じであるが、彼はこの断定に至るまでの根拠を与えているのがおおいに参考になる。タキトゥス（*op. cit.*, chap. 43）に“ut fratres tamen, ut iuvenes venerantur”（兄弟神として、青年神として尊敬する）とあるのもこの神々のことである。これがローマの神で言えばカストール（Castor）とポルクス（Pollux）にあたり、ギリシャ名ではディオスクーロイ（*Διόςκουροι*）にあたるとしたのは、いつもながらのタキトゥスの慧眼であり、現代の比較神話学もこれを支持している。

ただ、神の名前を人に与えるということが問題になるが、これは次節でのべるように、ゲルマン人の間では普通のことであった。ちょうど現代もイマヌエル（Immanuel）とかクリスタ（Christa）という名があるように。特に古代ゲルマン人の神に対する態度はカトリックの保護の聖人、守護の天使に対する態度に似ているところがあるから何ら奇とするに足りない。日本でも多聞丸とか八幡太郎はこの類ではないか。

系図の問題

ヘンギストとホルサは後の文書にどのように記録されているであろうか。

まずビード（chap. xv）では

WODEN ── Vecta ── Victgilus ┬ HENGIST
　　　　　　　　　　　　　　└ HORSA

ここではウォドンが出てきていること、また、[v] 音で頭韻を踏んでいたのが、この兄弟のところで絶えているところが注目に価する。

次に『アングロ・サクソン年代記』(『パーカー年代記』)の五四七年のところに示されるノーサンブリア王朝の系図を見る。

GEAT ─ Godwulf ─ Finn ─ Frithuwulf ─ Freotholaf ─ WODEN ─ BÆLDÆG ─ Brand ─ Benoc ─ Aloc ─ Angenwit ─ Ingui ─ Esa ─ Eoppa ─ Ida

ここではビードで出てきたウォドンの先祖にイェーアト (Geat) があること、ヘンギストとホルサの名が見えないことが興味を引く。

次に同じく『パーカー年代記』五九七年のところに示されるウェスト・サクソン王朝の系図を見よう。

WODEN ─ BÆLDÆG ─ Brand ─ Frithugar ─ Freawine ─ Wig ─ Gewis ─ Esla ─ Elesa ─ Cerdic ─ Cynric ─ Cutha ─ Ceolwulf

ここでもウォドンの子にベルディ (BÆLDÆG) がおり、ヘンギストとホルサの名が見えない。ブリテン島に来た最初のゲルマン人の最初の酋長の名が、その後の『アングロ・サクソン年代記』の系図に少しも現れないのは不思議であるが、これは神話と語源を検討してみることによって明らかにし得る。

ヘンギストとホルサは、馬として表象されたゲルマン人の青年兄弟神の名であることはすでにのべた通りであるが、この兄弟神は、同時に「明けの明星」と「宵の明星」をも意味していた。(21) 北欧神話にはバルドル (Baldr) とフロイ（Freyr）として名が残っている。バルドルは原始ゲルマン語 *ƀalþraz（インド・ゲルマン語 *bhel-t）を語源とし、「輝く」という原意である。[22] ギリシャ語 *φαληρός*（輝ける白土）*φαλός*（白い）とも関連している。フロイも北欧神話で bjartr（glittering）と言われ、彼の住居も Álfheim（Grimn. 5）と言われるが、これは「輝ける館」という意味になる。Álf というのはラテン語 albus（白い）、古高ドイツ語 albiz（白鳥）とも関係がある。[23] いずれもこの兄弟神が明星として表象されたところからくるものである。おもしろいことはユングリンガ（Ynglinga）の系図、およびそれにもとづく *Historia Norwegiae* ではフロイが先祖になっている。[24] これに反し『アングロ・サクソン年代記』の系図ではフロイが消えてバルドルのみが残っている。

これは史実から説明することが可能である。すなわち、『パーカー年代記』および『ロード年代記』の四五五年の項を読むと、ヘンギストの二歳年下の弟ホルサはフォーティゲルンと Ægelesþrep（今のケント州エイルズフォード）で戦い、ホルサは戦死しているのである。したがって弟のホルサの子孫は残らず、ヘンギストの方が残ったことになる。兄のヘンギストは別名バルドル、ＯＥ書きにして Bældæg として記録されたわけである。

ヘンギストとホルサの父（ビードによれば曽祖父）のウォドンについて、十七世紀のゲルマン狂徒（Germanophile）であるファーステガン（R. Verstigan）によると、有名な君主で、彼からいくたの王朝が生じたと言い、[25] ビードもまた同じことを言っている（十五章）。ところがその先祖のイェーアトになると何者なりや、まったくわからない。われわれはイェーアトという名がベオウルフの属していた種族名であることを知っているが、これと何か関係があるのであろうか。また、ヘンギストやホルサが属していた種族は Ingwäonen（Tacitus, *op. cit.*, chap. 2 では Ingaevones）であり、しかもヘンギストの父は神話上では「天の神」（Tiw すなわち Tuesday の語源をなす）であり、ウォドンではない。以下これらのこみ入った事実を総括的に説明し得る脈絡をたずねてみよう。

父なる天——母なる大地

聖なる婚姻（*ιερος γαμος*）

長男（天なる神）	次男（地なる神）	三男（大気の神）
Teiuas（Tiw）	Ingnaz	Istras（cf. ラテン語 Ira）
Erminaz（Irmin）	［古インド語 Manu］	［インド・ゲルマン語 uotaz］
［インド・ゲルマン語 Deriuos］		（Woden）
		［ギリシャ語 ’A*ίδης*］

総括的説明の試み

ヘンギストとホルサという名が元来は神の名前であることが明らかになった以上、史実の解釈にも、この名前解釈の面から光をあててみなければならない。それでもう一度このゲルマンの青年兄弟神の性格を考えてみよう。

神話上の系図から言うと上のようになる。[26] ところが「母なる大地」は北欧神話の示すがごとく多淫にして近親相姦を繰り返す。そして長男と通じて男子をあげ、また、次男と通じてまた一男子を産む。前者がバルドル（ヘンギスト）であり後者がフロイ（ホルサ）であることは前に触れた通りである。この異父同母の兄弟神の位置を最初に比較神話的に考証してその機能を明らかにしたのはケラーマン（G. Kellermann）であり、[27] この説を検討して支持した論文がシュナイダーにもある。[28] それによるとこの青年兄弟神は古代インドのAśvinen（Nāsatyās）に相当する。ヨーロッパではタキトゥスが指摘したごとくギリシャのディオスクーロイやローマのカストールとポルクスに相当する。ここで重要なのはその「働き」であるが、まず彼らの第一の特徴は困った時に助ける神、すなわち「救難」の神である。これは語源的にも[29]

古インド語　nāsatyā <インド・ゲルマン語 *nes（save）
ゴート語　nasjands

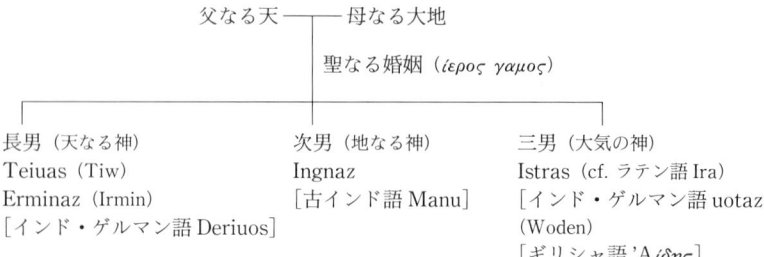

古サクソン語　neriand
古英語　neriend

から明らかである。古英語の neriend（the saving）は古英詩ではキリストの意味であり the Redeemer と訳す。タキトゥス（*op. cit.*, chap. 43）ではこの青年兄弟神を alcis と呼んでいる。この名前に関しては古来いろいろの臆説がなされており、田中秀央、泉井久之助両氏も「今日も遂に分らない[30]」としておられるが、ごく最近の語源学はこの点においても確実と思われる解明をなした[31]。すなわちタキトゥスの alcis は古ゲルマン語では *alxiz（男性・主格・複数）で defender あるいは protector と解される。語源的には古英語の ealgian、ギリシャ語の *ἀλκεῖν*、ゴート語の alhs、古英語の ealh などと関連している。いずれも「守る」とか「聖堂」とかの意味になり、兄弟神の機能の説明になる。

この青年兄弟神の持つもう一つ意外な機能は「船旅の神」である[32]。インドの Aśvinen の神も百の櫂のついた「驚異船」を持っていたと言われるし、北欧神話でもバルドルは Hringhorni という「船の中でも最大なるもの」(allra skipa mestr) を持っていたし、フロイも skiđblađnir という「船の最善なるもの」(skipa betst) を持っていた。また、順風の神としてフロイに呼びかけることは Hallfređar *Saga* にも見えるところである。すなわちバルドル（ヘンギスト）もフロイ（ホルサ）も海難から守護してくれるゲルマンの金比羅様だったのである。金比羅は鰐を神格としたが、ヘンギストとホルサは馬を神格とした。

ここから、この神の名をつけた酋長たちはいずれも海に関係があったのであろう。これは当時ジュートが海賊をやっていたことからも十分に察せられるし、また、さらに一歩進めてアッティラおよびそれと同盟したフランク族に攻

OF THE ENGLISH-SAXONS IN BRIT. 117

THE ARRIVALL OF THE FIRST
Ancestors of English-men out of *Germany* into
Brittaine.

They arived at *Ippersfleete* now called *Ebsfleete*, in the Ile of *Tanet* in *Kent*, in the yeere of our Lord 447. and in the second yeere of the Raigne of King *Vortiger*. And albeit venerable *Bede* writeth that in the yeere of our Lord 429. *Marcianus* Raigned with *Valentinian*, in whose time he sayth the Saxons, were

P 3 sent

め立てられて、アングロ・サクソン族が海に助けを求めて乗り出した時、「救難の神」「海上の神」として、そういう幟を船にかかげたことは十分考えられる。アッティラということを考えると二人は部族の助けの神にも等しい。ファーステガンは何にもとづいたか不明であるが、ヘンギストとホルサの英国上陸図というのを採録している[33]（左図参照）。彼は「馬」に救難、船旅の神の機能があることには気づかなかったが、この二人の名が「馬」の名であることは知っており、馬の旗幟を考えた点、またヨーロッパの諸王家で"Horse argent rampant in a field gules"（赤地に白銀色で馬が後足で立っている紋[34]）を用いていることに注目しているのは、興味深い。この十七世紀初頭の歴史家の目が、現代のイギリス史家のそれよりも、このような点について親切なのは何によるのであろうか。

ここでビードや『アングロ・サクソン年代記』がヘンギストの先祖にウォドンをあげている点を考察しなければならない。この際、ウォドンが実際の神の名前でなくても、ゲルマン人は先祖の名前をつける習慣があり、また、その先祖のいちばん古いところは神代に連なる点で昔の日本史みたいなものであるから、ウォドン王の系統はウォドンの神の子孫と考えてこの場合さしつかえない。アングロ・サクソンはクラウゼ（W. Krause）も示すごとくイングヴォオーネン（Ingwäonen）であって、[35]ウォドンとは直接関係なく、また、ヘンギストは上にのべた神話的系図においてはティウ（Tiw）を父とするのである。そこでどうしてウォドンが系図に入ってきたかは、民族移動時代のゲルマン人の信仰の点から検討されねばならない。ウォドンは「父なる天」と「母なる大地」との第三男で、大気を司る神で嵐の神である。語源的に古英語の wod（近代英語・廃用の wood＝violent, mad）、近代ドイツ語の Wut（＝rage, fury）、インド・ゲルマン語の *uotos（＝storm）などと関連し、[36]「死」を司る神でもあった。ところが民族移動中、死の神は戦の神となる。この時代のローマ人、ケルト人に対する間断なき戦いがそうさせたのであろう。そしてこれはフランク族（Istrawäonen の一族）の部族神から昇格して、他のゲルマン諸族の間でも主神として仰がれるようになったらしい。[37]われわれに伝えられている北欧神話の主 Ōðinn（＝Woden）もその名残りである。ジェフリー・オブ・モンマス（VI, 10）によると、四五〇年にサクソン人が英国に渡る時はすでにウォドンを主神としていたというから、[38]八世紀のビードや十世紀頃の『アングロ・サクソン年代記』が、ウォドンをヘンギストの祖神としても不思議はない。また、ビードもファーステガンもウォドン王から多くの王家が出たと言っているが、これは北欧一帯にウォドン信仰を広めた勢力ある北欧の王と考えてもよいであろう。

また、ヘンギストが生き残り、ホルサが戦死したという『アングロ・サクソン年代記』の記事は史実と考えられるが、同時に神話の記述にも一致する。すなわち、母を同じくしても、最も光り輝く「天の神」を父とした方は不死で、輝く度合が低い「地の神」を父とした方は不死でない。[39]ヘンギストは神話上ではバルドルで天神を父とし、ホルサはフロイで地神を父としている。四五五年の戦いでヘンギストは生き残って諸王家の祖となり、一方ホルサは戦死したのは偶然だろうか。それとも後世の系図作者が神話を知っていて、生きていた方をヘンギスト（Bældæg）にしてしまったのだろうか。

系図の上でさらにいっそう興味のあるのは、ウォドンの先祖にさらにイェーアトがありこれが大祖となっていることである。イェーアトとは何者か知る手がかりはないものであろうか。

ベオウルフの属していた種族イェーアト（Geats）が、今のGautenと同一であることはすべての『ベオウルフ』の注釈者がみとめているところである。[40] これはまたユングリンガ・サガ（Ynglinga Saga）でその先祖をGautarと言っているのに等しい。[41] このイェーアト族は今の言葉で言えば何族であるかについては、あまりこれという主張がなされていないようであるが、最も古くにはファーステガンは

Uites＝Juites＝Geats＝Goths

と考えている。[42] 彼はさらにアルプス山中に行ったジュートはhill-uites＞Heluetia（Cæsar, *Bello Gallico* に出てくるスイス人）であるとし、かつSは男性定冠詞であると考えS＋vitses, vitser＝Suitser（ドイツ語のSchweizer〔スイス人〕）としている。このファーステガンの興味ある見解はその後今日に至るまで三百五十年も顧みられなかったが、彼とはまったく独立に最近シュナイダーは同じような意見をのべた。すなわちシュナイダーは現代の語源学的な成果を利用し、ファーステガンは今では消滅してしまったと思われる古くからの伝承を用いて、お互いに関係なく、三世紀以上の時間を隔てて同じことをのべているのである。すなわち、

スウェーデン語	gaut＜ゲルマン祖語 *gautaz＝Gießer
ゴート語	giutan（gießen）
	gautar, gotnar（Männer）

goti（Hengst, bzw. Samenergießer）

古英語 geotan（gießen）

gyt（Guß）

ラテン語 fundere（vergießen）

古サクソン語 giotan

古高ドイツ語 giozzan

古高ドイツ語 giozo（fließendes Wasser）[43]

そして Goths, Goten, Gutones（<Plinius）, Gotones（Tacitus）などで表示されるゴート族は、語源的に "die zum Gießer Gehörenden, d. h. von dem Urwesen Abstammenden"（〔精液を〕注ぐ神に属する者たち、あるいは元素神より派生せる者たち）という意味になる。元素（Urwesen）の神は、北欧神話ではヘイムダル（Heimdall）、綽名《あだな》はリーグ（Rígr）であるが、これは勃起した男根（Penis Erectus）のことである。[44] したがって、ゴートとかイェーアト、ジュートとかいう種族は、いずれもこのヘイムダルなる元素神の氏子という意味である。

すると古来議論の多いエオテナス（Eotenas）族（*Beowulf* の一〇七二、一〇八八、一一四一、一一四五行に出てくる）が、ジュート族か否かという問題にも一つの解答を出すことができる。たとえばレオ（Leo）[45]、ミュレンホフ（Müllenhoff）[46]、リーガー（Rieger）[47]、デデリヒ（Dederich）[48] などの学者は eoten＝giants と解釈したが、チェンバース（R. W. Chambers）はこれがジュート族であることを詳説しているし[49]、ビヨルクマン（E. Björkman）もこの意見であるらしい。[50] これはいずれもジュート族やゴート族をヘイムダルの氏子とする見解と矛盾しない。しかしチェンバースはイェーアト族（Gauten）とゴート族の名前の間には、もと関係があったけれども、はっきり異なった種族であると言っている。(51)

しかし紀元前二〇〇年頃の北欧を見てみよう。ゴート族は東南スウェーデンに居住し、イェーアト族はそれに隣接した両側に住み、後にイギリスにやって来たジュート、アングル族は、これに隣接して南側に、一部はユトランド半島に住んでおり、一方サクソン族や後の南独に移った各部族は今の北ドイツの臨海平原に住んでいたと考えられる。すなわち、ゲルマン各族は――後世の北ゲルマン、南ゲルマン、西ゲルマンの別なく――バルト海を中心にして円を描いて海岸沿いに住んでいたことになる。その比較的狭いところに住んでいた連中が、ジュート、イェーアト、ゴートというような極めて音韻的に近い部族名を有し、互いに地理的に隣接していたと考える時、その名前の関連性は、もっと重視されなければならない。ここで *Gautaz（ヘイムダルの氏子）という言葉が、いくつかの部落で用いられていたが、これが方言的分化を起したと仮定すると、この関係が言語学的にも民族学的にもたいへんうまく説明がつく。[g] 音は容易に [j] あるいは [i] に口蓋化されることは、ドイツ語とＯＥの過去分詞の接頭詞 ge- を考えただけでも明らかである。さらにこのように考えると Göteborg, Gotland, Göttingen というような地名もよく解釈できるのである。

このような民族史的出来事は、最も現代的な言語研究法の一つである類型論（typology）によっても裏づけし得る。レーゼル（L. Rösel）は各時代のゲルマン諸語の活用形を調べ、各語の親近性が時代によって異なることを指摘した。(52)

200 B. C.	Gothic	＋	Scand.	＋	Engl.		Saxon	＋	OHG		
100 B. C.	Gothic	−−	Scand.	＋	Engl.		Saxon	＋	OHG		
0	Gothic	−−	Scand.	−−	Engl.	−−	Saxon	＋	OHG	−−	Gothic
200 A. D.	Gothic		Scand.		Engl.	−−	Saxon	−−	OHG		
500 A. D.	Gothic		Scand.		Engl.	−	Saxon	−−−	OHG		
800 A. D.			Scand.		Engl.	−−−	Saxon	−	OHG		

以上の表で［＋］記号は極めて強い類似性のあることを示す。［−］はその類似性がやや弱まり［−−］はさらに弱まり［−−−］はさらにいっそう弱まっていることを示す。無記号は完全に別の言葉になっていることを示している。

これによると紀元前二〇〇年頃、すなわちゴート族がバルト海を渡って欧州大陸に出かける前は、ゴート語、スカンジナビア語、英語[53]はすこぶる強い近似性を有し、その差は方言程度と考えてよい。これは上述の「*Gautaz の氏子」という概念とぴったり一致する。また、このレーゼルの研究は印欧語の樹幹説（Stammbaumtheorie）[54]よりも波状説（Wellentheorie）[55]の方が正しいことを示している。われわれは樹幹説の影響を受けて東ゲルマン民族、西ゲルマン民族、北ゲルマン民族というような区分をするくせがあるが、これは空虚な概念であることも明らかである。われわれはむしろ神話学や語源学的整理の仕方が、かえって史実の解明の基礎を与えるものであることを知る。

ここでもう一つ付随的疑問を出すと、『ベオウルフ』の中で、デーン人に Ingwine という名称が与えられていることである[56]。これは「イング（Ing）の神の氏子」という意であるが、これとイェーアトの関係如何ということになる。

答えはやはり神話学的に与えられよう。イングは「父なる天」と「母なる大地」の次男である。そして「父なる天」と「母なる大地」のいまだ未分化の状態の神性がイェーアトであり、また、ヘイムダルなのであるから、「イングの氏子」であるか「イェーアトの氏子」であるかの相違は、日本流の類似で考えれば、「皇太神宮の氏子」か「橿原神宮の氏子」かの相違と同じであり、同一系の信仰系列の中にある。イェーアトの信仰は、ウォドン、イング、トール(Thor)(57)、ティーウ信仰などの上級概念と考えてよいであろう。

おわりに

アッティラおよびそれと同盟したフランク族に圧迫されたアングロ・サクソン・ジュート族は、救難の神、海上の神なるヘンギストとホルサの馬の絵のある旗幟の下、その名を冠した二人の酋長とともに渡英する。神話の示すごとくホルサの方が戦死し、系図にはヘンギストが Bældag という名で残る。彼らは元来イングヴァオーネンであるのにイストラヴォオーネンの神であるウォドンを主神と仰ぐようにすでになっていたので、『アングロ・サクソン年代記』にウォドンの名のあるのは不思議ではない。さらに系図の中ではウォドンよりも前にイェーアトが大祖として載っているが、これこそ全ゲルマン人の主神の名である。そしてこれは『ベオウルフ』中のイェーアトともジュートともゴートとも語源的に同じものであり、それらの名をかざす各種族も元来は密接な血族関係にあった。

このようにして、最初にあげた三つの問題――ゲルマン人の渡英の事情、ヘンギストとホルサという奇妙な名前の背景、その系図上の意味――は、ファーステガンのような古文書学、シュナイダーやケラーマンのような語源学神話学、レーゼルのような形式言語学といった三、四種類の学問のそれぞれの立場から検討してみると、互いに有機的に関連し合う統括的な見解を提供して、ヘンギストとホルサの渡英という歴史的事件をよりよく理解させてくれるのである。

注

（1） André Maurois, *A History of England*, p. 24.
（2） 筆者は上智大学史学科助手朝倉文市氏蔵のものを用いた。ここに謝意を表させていただく。
（3） ジェロルド（D. Jerrold）も "he (Gildas) is our best authority" と言っている（*An Introduction to the History of England*. London, 1949, p. 210）。
（4） Bede, *Historia Ecclesiastica Gentis Anglorum*, chap. XIV-XV, ed. by C. Plummer. Oxford, 1892.
（5） Geoffrey of Monmouth, *Historia Regum Britannia*, *c.* 1150.
（6） R. Verstigan, *A Restitution of Decayed Intelligence*. London, 1634.
（7） J. R. Greene, *A Short History of the English People*. London, 1888.
（8） G. M. Trevelyan, *Illustrated History of England*. London, 1926.
（9） D. Jerrold, *op. cit.*
（10） "traditional conqueror of Kent"——G. M. Trevelyan, *op. cit.*, p. 32.
（11） 今井登志喜『英国社会史』一九四八年、二〇—二一頁。
（12） 伊藤政之助『戦争史（西洋古代篇）』戦争史刊行会、一九三六年、一二一頁。
（13） T. Stechte, *Deutsche Vor- und Frühgeschichte*. Berlin, 1938.
（14） *Waldere*, ed. by F. Norman (Methuen's OE Library), 1933, l. 6.
（15） Gildas, *op. cit.*, § 23.
（16） R. Verstigan, *op. cit.*, p. 128.
（17） ドイツ語では今なお Hengst（牝馬、種馬）という語が生きている。英語では十三世紀の初頭まで（Layamon, l. 3546）

hængest が用いられていた（cf. *OED*）。Horsa はOEの Horse の男性派生語。この語は今のドイツ語で Roß となる。

(18) W. Hunt, *The English Church from its Foundation to the Norman Conquest*. London, 1901.

(19) *Ibid*., p. 13.

(20) K. Schneider, *Die germanischen Runennamen*. Meisenheim, 1956, pp. 338–42.

(21) たとえば J. Grimm, *Deutsche Mythologie*, p. 182; E. Schröder, *ZfdA*, xxxv, p. 241ff; K. Schneider, *op. cit*., pp. 333–42.

(22) Schneider, *op. cit*., p. 338.

(23) Schneider, *op. cit*., p. 333.

(24) *Ibid*.

(25) R. Verstigan, "... the great renowned Prince Woden, from whom many Kings did afterward derive their offspring...." *op. cit*., pp. 118–19.

(26) Schneider, *op. cit*., p. 334.

(27) G. Kellermann, *Studien zu den Gottesbezeichnungen der ags. Dichtung* (masch.). 1954, p. 214.

(28) K. Schneider, *Die strophischen Strukturen und heidnisch-religiosen Elemente der ae. Zauberspruchgruppe ‘wið ƿeofte.’* Heidelberg, 1961.

(29) *Ibid*., p. 47.

(30) タキトゥス『ゲルマーニア』岩波文庫、一四七頁。

(31) Cf. Schneider, *Runennamen*., p. 335.

(32) *Ibid*., p. 336.

(33) Verstigan, *op. cit*., p. 117.

(34) *Ibid*., p. 120.

(35) W. Krause, "Ing" (*Nachschriften der Akademie der Wissenschaften in Göttingen*. phil-hist. Klasse, 1944), pp. 229–54.

(36) Cf. Schneider, *Runennamen*, pp. 310–11.

(37) *Ibid*., p. 371.

(38) *Ibid*., p. 373.

(39) *Ibid*., p. 327.

(40) たとえば J. Hoops, *Kommentar zum "Beowulf*." Heidelberg, 1932, p. 332.

(41) Schneider, *Runennamen.*, p. 231.
(42) Verstigan, *op. cit.*, pp. 125–26.
(43) Schneider, *Runennamen.*, p. 231.
(44) *Ibid.*, pp. 215–16.
(45) Leo, *Beowulf*, 1839, p. 67.
(46) Müllenhoff, *Nordalbingische Studien*, I. p. 157.
(47) Rieger, *Lesebuch*, Z. f. d. ph. III. pp. 398–401.
(48) Dederich, *Studien*, 1877, pp. 96–97.
(49) Chambers, *Beowulf*, 1963, pp. 261–62.
(50) Björkman, *Eigennamen in "Beowulf*," p. 23.
(51) "Similarly, there is certainly a primitive connection between the names of the Geats (Gautar) and of the Goths: but they are quite distinctive peoples: we should not be justified in speaking of the Geats as identical with the Goths." (Chambers, *op. cit.*, p. 23)
(52) L. Rösel, *Die Gliederung der germanischen Sprachen nach dem Zeugnis ihrer Flexionsformen*. Nürnberg, 1962, pp. 115–32.
(53) ここで英語というのは、後世にブリテン島に入ったゲルマン語の古い時代のものという意味で、古フリジア語、古アングル語などを指す。
(54) シュライヒャー（A. Schleicher）が最初に体系づけたもので、進化論の樹のように「祖語」から分派してきたという考え方。
(55) シュミット（J. Schmidt）が *Die Verwandschaftsverhältnisse der Indogermanen*（1877）の中で進化論的樹幹説に反対して展開した説で、後にソシュール（F. de Saussure）の支持を得た（Cf. *Cours de Linguistique générale*, partie 4, cap. 4, § 3）。
(56) すなわち gp. Ingwina (1044, 1319)。
(57) Thor（=Donar）の神は、後に *Inguaz（地の神）を押しのけて入って来た。Cf. Schneider, *Runennamen*, p. 319.

dog の語源

日本語の「いぬ」の語源にはあまりピンとくるものがない。しかし漢語の「犬《ケン》」はk'uān, k'uen, quān などと発音され、クエンクエンという犬の鳴き声をまねた擬声語とされる（藤堂明保『漢和大字典』学習研究社）。これは説得力がある。さらには、この「犬」に対する古訓の「ヱヌ」は今で言えばw音ではじまるからwenuとなり、さらにw音を強く言う時はhw- や kw- とあった場合も想定し得るから、日本語の「いぬ」もウエンウエン（ワンワン）という鳴き声から出た擬声語を語源とするという考え方も十分成り立つ。

漢語の「犬」が擬声語とすると、これは成り立ちが印欧語の「犬」とよく合致する（擬声語だから相互影響のことはあまり考える必要がない）。ギリシャ語 kūōn、ラテン語 canis、印欧祖語 *k̂won- など、いずれもクンクン、キャンキャンという犬の鳴き声からの擬声語であることを示している。ドイツ語の Hund、英語の hound はギリシャ語やラテン語のk音がh音に変っただけで、同根であることを示している。つまり、日本語の「いぬ」も漢語の「犬《ケン》」も、ギリシャ語の kūōn も、ラテン語の canis も、ドイツ語の Hund も、英語の hound も、語根創生は擬声にあったと言ってよいであろう。

ところが同じ「犬」でも英語の dog となるとわたしの知る限りすべての語源辞書は語源不詳とし仮説さえあげていない。たとえば、

OED: previous history and origin unknown（前史、及び起源は知られず）
Klein: of uncertain origin（起源不詳）
Kluge: Ursprung unbekannt（起源不詳）
Holthausen: unbek. Herk.［unbekannter Herkunft］（起源不詳）
Weekley: Origin unknown（起源不詳）
Skeat: Root unkown（語源不詳）
Wyld: etymol. unkown（語源不詳）

したがって現在の時点では dog の語源はまったくわからない、としてよいであろう。

語源とは関係ないが、語尾に関してイェスペルセンが -gga で終る古英語の動物の名前を数個あげたことがある (Otto Jespersen, *Language*. 1922, p. 389)。彼は語形や語尾が人間の classifying instinct（分類本能）によるとここでのべている。ここにあげられている動物は frogga（＝frog）、stagga（＝stag）、docga（＝dog）、wicga（＝wig）である。わたしはかつて鳥の名称が、その鳥の特色を示す動詞や形容詞に k の語尾をつけることによって作られることに気づいたことがある（拙著『英語語源の素描』大修館書店、一九八九年、六〇―六四頁参照）。同じ造語法が古英語の動

物にも働くのではないか。-gga あるいは -cga という男性名詞語尾を動詞につけたと仮定してみよう。

fro-（「速い」「跳ねる」の原義）＋gga
→one which jumps「跳ねる奴」すなわち「蛙」
stag-（stake, steak, stick と同根）＋gga
→one which sticks with stake-like horns「角状のものでさす奴」すなわち「（成獣となった）牡鹿」
wig-（wiggen, wiggle「動きまわる」）＋cga
→one which wiggles around「這い回る奴」すなわち「昆虫」特に「甲虫類」

ここから、

do-（do, perform）or dug-（be strong, good）＋cga
→one which performs［what is orderd］or one which is strong, good and useful

すなわち docga は「言われたことをやる奴」とか「強い奴」「役に立つ奴」という意味だったと考えられる。
事実 dog は英語からほかのヨーロッパ諸語に入り、たいてい English という形容詞をつけられた上で、mastiff、つまり大型の強い犬の意味に使った。ドイツの文献にも「イギリスの Dock（dog）は牛や熊と闘わせる」というのがある。まさに dog は「強い奴」でもあったのである。

ヨーロッパ大陸で「英国犬」――たとえばドイツ語で der (*or* die) englische *Docke* or *Dogge* ――として知られた犬が特別の種類のものであったことは確かである。それは猟犬や番犬などではなく、闘犬あるいは闘牛犬や闘熊犬だったらしいのだ。今こそイギリス人は愛犬精神の権化のような顔をしているが、かつては bull-baiting (犬と牡牛を闘わせる) や bear-baiting (つないだ熊と闘わせる) を大きな楽しみとしていたことで有名 (?) だったのである。ブルドッグの語源も bull-baiting 用の犬からきたというのが通説である。日本でも土佐犬はイギリスのブルドッグやマスチフと和犬をかけ合せて作った闘犬である。イギリスの犬は忍耐強く闘うので有名だった。

牛や熊と闘わされる犬はみじめである。しばしば血まみれになって殺される。そのイメージは暗いのだ。ちょうど「咬ませ犬」になった老闘犬のイメージが陰惨そのものであるように。to lead a dog's life と言えば「絶えずいじめられるような悲惨な生活を送る」であり、to die a dog's death (the death of a dog *or* like a dog) と言えば「みじめな死に方をする」という意味である。こういう句を作った昔のイギリス人の頭の中には熊と闘わされて血まみれになって死ぬ犬がイメージされていたはずである。愛犬精神など爪の垢ほどもない。

同じ犬でも hound の方には「悲惨」というイメージを示す句がない。猟犬や番犬は愛情の対象となりやすいから、ブル・ベイティングやベア・ベイティングで血まみれになる「よくやる奴」のような哀れな姿をイメージされないのであろう。

dog という語が、印欧語に共通語源を持つ hound と別に作られたことにこそ、この単語の出生の秘密がある。それは昔のイギリス人の残酷な趣味である。しかしその習慣は忘れられた。そして今では dog は愛情のこもった単語となってきているのである。

［語源学］

dogのイメージについて

だいぶ以前に「dogの語源」について論じたことがある（本書所収）。これはdogという極めてありふれた家畜の名前が印欧系のどの語にも共通語源を持っていない、ということを不思議に思ったことから出発している。このdogという単語はイギリスの島で作られたものである。といってもケルト系とか、その他の先住民族の言葉の残存とも思われない。そのせいか、ＯＥＤ、クライン（Klein）、クルーゲ（Kluge）、ホルトハウゼン（Holthausen）、ウィークリー（Weekley）、スキート（Skeat）、ワイルド（Wyld）などなど、いつも参考にして得るところの多い辞典も、すべて語源不詳としているのである。

ヨーロッパ大陸の諸語にもオランダ語dog（十六世紀頃にはdogge、あるいはdogghe）、ドイツ語でもdogge, dock, docke、デンマーク語dogge、スウェーデン語dogg、フランス語dogue、イタリア語、スペイン語、ポルトガル語dogo（ポルトガルではフランス語と同綴の表記もある）と出ているが、いずれも英語のdog（時代により綴りは古英語のdocgaからはじまって、dogge, doggue, doig, doggとさまざまある）から出たものである。この間の事情はＯＥＤの解説が簡潔で要を得ている。

So far as the evidence goes, the word appears first in English, as the name of a powerful breed or race of dogs, with which the name was introduced into the continental languages, usually, in early instances, with the attribute 'English.'

これは正確と言ってもよいが、ゲルマン語系の中ではhound（ドイツ語Hund）が用いられているのに、イギリスの島だけになぜdogが出てきたのがわからない。違った語形のものが出たということは、そこに何らかのdifferentiation（分化）があったと見なければならない。つまりhoundとは違った連想あるいはイメージを持つ「犬」という語の必要がブリテン島で生じたと見なければならない。このヒントとなるのはKluge, *Etymologisches Wörterbuch der deutschen Sprache* (Berlin: Walter de Gruyter, 1975^{21}) のDoggeの項目の記述である。それによると一五七〇年代のドイツの文献は、イギリスのdogをbear-baitingやbull-baitingに使っていたことを示している(„die Englische Docken an Bären und Bollen üben")。ちなみにクルーゲではbull-baitingをStierhetzenと言っている。このイギリスからの犬が大きかったことを、十七世紀初頭に出た低地地方の辞書はDogghe に canis molossus, canis magnusという説明を与えることで表している。(Cornelis van Kiel, *Etymologicum Teutonicae Linguae etc.* Alcmariae & Amsteldami: Cornelius Nicolai, 1605. 初版はAntwerp, 1588であるが、渡部蔵のものはLudulph Potter増訂の一六〇五年版である。これは大きくなったものの初版より質が悪いと言われるが、初版が手許になく、比較できない。）molossian dogがどのような犬であるかわからないが、canis magnusは大型犬であるに違いない。

イギリスのdogが熊や牛と闘う犬とすると、dogの語源はfrogga（跳ねる奴、すなわち蛙）、stagga（角で突き合う奴、すなわち牡鹿)、wigcga(這い回る奴、すなわち昆虫、特に甲虫類)にならって、docga(やる奴、すなわち犬)という推察が成り立つことを前稿で述べた。イギリスでは犬と熊や牛と闘わせるということをおおいに好んだ。今のイギリスは犬の愛護で知られるが、それは過去の残酷な趣味に対する反動である。(それは無茶苦茶に太平洋の鯨をとった国が、反動として捕鯨に反対するのに似ているのではないか)。

このイギリス人の残酷な趣味に立ち入った言及をした日本人は、わたしの知る限り夏目漱石だけである。彼が明治三十八年(一九〇五)三月に明治大学で行った講演の題目は「倫敦のアムューズメント」(『夏目漱石全集』岩波書店、第十六巻、三六九—九〇頁)がそれである。これはボウルトンの同名の書を材料として話しているのであるが、bear-baiting、bull-baiting のほかに、闘鶏や人間同士の真剣勝負の見せ物の話もある。この話によると bear-baiting はジョン王の時にイタリア人が熊をイギリスに持ってきてやらせたのがはじまりとのことである。エリザベス女王は bear-baiting が大好きで、これがある日は芝居を禁じたと言う。見物人を芝居にとられないようにという配慮からである。また bull-baiting では、牛の角ではねられた犬が三十尺も上にとんで、三階にいた女の前垂れの上に落ちたこともあるという。牛肉屋の話として、bull-baiting をやられた牛は肉が軟くなるという。漱石が留学したのは二十世紀のはじめであるから、その頃は動物愛護運動も勢力があったと思うのだが、漱石は「少し前まではイギリス人の趣味はこんなに残酷だったんだぜ」と言いたかったのかも知れない。漱石の話によると、熊は貴重だから、犬で責め殺してしまうまでは熊を痛めない、とある。しかし最近読んだ Ken Follett, *The Pillars of the Earth* (1989; Signet paperback, 1990)に、中世の bear-baiting の状況が詳しく叙述されている。時代背景はヘンリー一世とヘンリー二世の間のスティーヴン王の時代(在位一一三五—五四)であるから、ジョン王の前になる。フォレットは巻末に中世の専門家三人の名前をあげて、その時代考証的なことについての謝辞を述べているから、相当根拠のある話であろう。

少し長くなるが、同書から三頁あまりを引用させていただく（pp. 591-93）。これを読めば、dogが「よくやる奴」と呼ばれたイメージをつかむことができよう。

The bearbaiting was about to begin. Jonathan had never seen a bear, and he was fascinated. The animal's grayish-brown coat was scarred in several places, indicating that it had survived at least one previous contest. A heavy chain around its waist was fixed to a stake driven deep into the ground, and it was padding around on all fours at the limit of the chain, glaring angrily at the waiting crowd. Tom fancied he saw a cunning light in the beast's eye. Had he been a gambling man, he might have bet on the bear.

The sound of frantic barking came from a locked chest to one side. The dogs were in there, and they could smell their enemy. Every now and again the bear would stop his pacing, look at the box, and growl; and the barking would rise to hysteria pitch.

The owner of the animals, the bearward, was taking bets. Jonathan became impatient, and Tom was about to move on when at last the bearward unlocked the box. The bear stood upright at the limit of its chain and snarled. The bearward shouted something and threw the chest open.

Five greyhounds sprang out. They were light and fast-moving, and their gaping mouths showed sharp little teeth. They all went straight for the bear. The bear lashed out at them with its massive paws. It struck one dog and sent it flying; then the others backed off.

The crowd pushed closer. Tom checked on Jonathan: he was at the front, but still well out of the bear's reach. The bear was clever enough to draw back to the stake, letting its chain go loose, so that when it lunged it would not be brought up short. But the dogs were smart, too. After their initial scattered attack they regrouped and then spread out in a circle. The bear swung around in an agitated fashion, trying to see all ways at once.

One of the dogs rushed at it, yapping fiercely. The bear came to meet it and lashed out. The dog quickly retreated, staying out of reach; and the other four rushed in from all sides. The bear swung around, swiping at them. The crowd cheered as three of them sank their teeth into the flesh of its haunches. It rose on its hind legs with a roar of pain, shaking them off, and they scrambled out of reach.

The dogs tried the same tactic once more. Tom thought the bear was going to fall for it again. The first dog darted within its reach, the bear went for it, and the dog backed off; but when the other dogs rushed the bear it was ready for them, and it turned quickly, lunged at the nearest, and swiped the dog's side with its paw. The crowd cheered as much for the bear as they had for the dogs. The bear's sharp claws ripped the dog's silky skin and left three deep bloody tracks. The dog yelped pitifully and retired from the fight to lick its wounds. The crowd jeered and booed.

The remaining four dogs circled the bear warily, making the occasional rush but turning back well before the danger point. Someone started a slow handclap. Then a dog made a frontal attack. It rushed in like a streak of lightning, slipped under the bear's swipe, and leaped for its throat. The crowd went wild. The dog sank its pointed white teeth into the bear's massive neck. The other dogs attacked. The bear reared up, pawing at the dog at its throat, then went down and rolled. For a moment Tom could not tell what was happening: there was just a flurry of fur. Then three dogs jumped clear, and the bear righted itself and stood on all fours, leaving one dog on the ground, crushed to death.

The crowd became tense. The bear had eliminated two dogs, leaving three; but it was bleeding from its back, neck and hind legs, and it looked frightened. The air was full of the smell of blood and the sweat of the crowd. The dogs had stopped yapping, and were circling the bear silently. They too looked scared, but they had the taste of blood in their mouths and they wanted a kill.

Their attack began the same way: one of them rushed in and rushed out again. The bear swiped at it halfheartedly and swung around to meet the second dog. But now this one, too, cut short its rush and retreated out of reach; and then the third dog did the same. The dogs darted in and out, one at a time, keeping the bear constantly shifting and turning. With each rush they got a little closer, and the bear's claws came a little nearer to catching them. The spectators could see what was happening, and the excitement in the crowd grew. Jonathan was still at the front, just a few steps from Tom, looking awestruck and a little frightened. Tom looked back at the fight just in time to see the bear's claws brush one dog while another dashed between the great beast's hind legs and savaged its soft belly. The bear made a sound like a scream. The dog dashed out from under it and escaped. Another dog rushed the bear. The bear slashed at it, missing by inches; and then the same dog went for its underbelly again. This time when the dog escaped it left the bear with a huge bleeding gash in its abdomen. The bear reared up and went down on all fours again. For a moment Tom thought it was finished, but he was wrong: the bear still had some fight left in it. When the next dog rushed in, the bear made a token swipe at it, turned its head, saw the second dog coming, turned surprisingly fast and hit it with a mighty blow that sent it flying through the air. The crowd roared with delight. The dog landed like a bag of meat. Tom watched it for a moment. It was alive, but it seemed unable to move. Perhaps its back was broken. The bear ignored it, for it was out of reach and out of action.

Now there were only two dogs left. They both darted in and out of the bear's reach several times, until its lunges at them became perfunctory; then they began to circle it, moving faster and faster. The bear turned this way and that, trying to keep them both in sight. Exhausted and bleeding copiously, it could hardly stay upright. The dogs went around in ever-decreasing circles. The earth beneath the bear's mighty paws had been turned to mud by all the blood. One way or another, the end was in sight. Finally the two dogs attacked at once. One went for the throat and the other for the belly. With a last desperate swipe, the bear slashed the dog at its throat. There was a grisly fountain of blood. The crowd yelled their approval. At first Tom thought the dog had killed the bear, but it was the other way around: the blood came from the dog, which now fell to the ground with its throat slashed open. Its blood pumped out for a moment longer, then stopped. It was dead. But in the meantime the last dog had ripped open the bear's belly, and now its guts were falling out. The bear swiped feebly at the dog. The dog easily evaded the blow and struck again, savaging the bear's intestines. The bear swayed and seemed about to fall. The roar of the crowd grew to a crescendo. The bear's ripped guts gave out a revolting stench. It gathered its strength and struck at the dog again. The blow connected, and the dog jumped sideways, with blood oozing from a slash along its back; but the wound was superficial and the dog knew the bear was finished, so it went right back on the attack, biting at the bear's guts until, at last, the great animal closed its eyes and slumped to the ground, dead.

この作者のケン・フォレットはおもしろい男で、犬が残酷に使われた状況を、その小説にたっぷりと使う男である。次に掲げるのは、ratting という、犬と鼠の闘いである。これは彼の *A Dangerous Fortune* (1993; Pan Books paperback, 1994, pp. 83-87) からとったものである。

小さなピットに犬を入れて、特別飼育した大型の鼠七十二匹と闘わせる。それに賭けるのである。犬が勝つか、鼠が勝つか。鼠が勝ち残ったとしたら何匹残るか。それが賭けの対象である。この犬の種類は明記されてない。しかし鼠を捕る犬はテリアに違いない。テリアは terra（土）に入り込んで、狐や狸を追い出したり、rat を捕るからテリアの名がある。日本では「猫と鼠」というが、英語では cat and rat は組合せにならない。rat を捕ることは cat にはできない。cat は mouse を捕る。テリア犬が rat を捕る。しかもこのテリアはブルテリアであるに違いないとわたしは推定している。情景は以下の通りである。

Suddenly the dog growled and started to run around in frantic circles, pulling on its chain, the hair on its neck standing up. Micky looked around to see two men coming in carrying a cage of huge rats. The rats were even more frenzied than the dog, running over and under one another and squeaking with terror. All the dogs in the room started to bark, and for a while there was a terrific cacophony as the owners yelled at the animals to shut up.

The entrance was locked and barred from the inside, and the man in the greasy coat started to take bets. Hugh Pilaster said: 'By Jove, I never saw such big rats. Where do they get them?'

Edward answered him. 'They're specially bred for this,' he said, and turned away to speak to one of the handlers. 'How many this contest?'

'Six dozen,' the man replied.

Edward explained: 'That means they will put seventy-two rats into the pit.'

Tonio said: 'How does the betting work?'

'You can bet on the dog or the rats; and if you think the rats will win, you can bet on how many will be left when the dog dies.'

The dirty man was calling out odds and taking money in exchange for scraps of paper on which he scribbled numbers with a thick pencil.

Edward put a sovereign on the dog, and Micky bet a shilling on six rats surviving, for which he got odds of five to one. Hugh declined to bet, like the dull stick he was.

The pit was about four feet deep, and it was surrounded by a wood fence another four feet high. Crude candelabra set at intervals around the fence threw strong light into the hole. The dog was unmuzzled and let into the pit through a wooden gate that was shut tight behind him. He stood stiff-legged, hackles raised, staring up, waiting for the rats. The rat handlers picked up the cage. There was a quiet moment of anticipation.

Suddenly Tonio said: 'Ten guineas on the dog.'

Micky was surprised. Tonio had talked about his job and its perquisites as if he had to be quite careful how he spent money. Was that a sham? Or was he making bets he could not afford?

The bookmaker hesitated. It was a big bet for him, too. Nevertheless, after a moment he scribbled a slip, handed it over, and pocketed Tonio's money.

The handlers swung the cage back, then forward, as if they were going to throw the whole thing into the pit; then, at the last minute, a hinged flap at one end opened, and the rats were hurled out of the cage and through the air, squealing with terror. April screamed with shock, and Micky laughed.

The dog went to work with lethal concentration. As the rats rained down on him his jaws snapped rhythmically. He would pick one up, break its back with one hard shake of his huge head, and drop it for another.

The smell of blood became nauseating. All the dogs in the room barked madly, and the spectators added to the noise, the women shrieking to see the carnage and the men shouting encouragement to the dog or to the rats. Micky laughed and laughed.

It took a moment for the rats to realize they were trapped in the pit. Some ran around the edge, looking for a way out; others jumped up, trying without success to get a grip on the sheer sides; others formed themselves into a heap. For a few seconds the dog had it all his own way, and killed a dozen or more.

Then the rats turned, all at once, as if they had heard a signal. They began to fly at the dog, biting his legs, his haunches and his short tail. Some got on his back and bit his neck and ears, and one sank its sharp little teeth into lower lip and clung on, swinging from his lethal jaws, until he howled with rage and slammed it against the ground, and at last it released his bleeding flesh.

The dog kept turning around in dizzying circles and caught rat after rat, killing them all; but there were always more behind him. Half the rats were dead when he began to tire. The people who had bet on thirty-six, and got long odds, now tore up their slips; but those who had bet on lower numbers cheered louder.

The dog was bleeding from twenty or thirty bites, and the ground became slippery with his blood and the moist corpses of the dead rats. Still he swung his great head; still he cracked their brittle spines in his terrible mouth; but he moved a little less quickly, and his feet were not so sure on the slimy earth. Now, Micky thought, it starts to get interesting.

Sensing the dog's fatigue, the rats became bolder. When he had one in his jaws, another would spring for his throat. They ran between his legs and under his belly and leaped at the soft parts of his hide. One particularly big creature dug its teeth into his hind leg and refused to let go. He turned to snap at it but another rat distracted him by leaping on his snout. Then the leg seemed to give way — the rat must have severed a tendon, Micky thought — and suddenly the dog was limping.

He was much slower to turn, now. As if they knew that, the dozen or so remaining rats all attacked his rear end. Wearily he snapped them up in his jaws; wearily he broke their backs; wearily he dropped them on the bloody ground. But his underside was raw flesh, and he could not hold out much longer. Micky thought he might have bet wisely, and there would be six rats left when the dog died.

Then the dog gained a sudden access of energy. Spinning around on three legs, he killed another four rats in as many seconds. But it was his last gasp. He dropped a rat and then his legs buckled under him. Once more he turned his head to snap at the creatures, but this time he caught none, and his head drooped.

The rats began to feed.

Micky counted: there were six left.

ご覧のように、この犬は実に六十五匹の鼠を噛み殺したのである。しかしはじめは逃げるだけだった鼠が途中から突然反撃に出て（窮鼠犬を噛む——呵々）、犬に噛みつき出す。そして犬は今一息のところで力果てて鼠に食い殺されてしまった。鼠と自分の血の海の中で死ぬのだ。これをヴィクトリア朝のイギリス人たちは賭をしながら見ていたのだ。まともな人間なら愛犬運動でも起したくなるではないか。こんな悲惨な死に方があろうか。そこから to die like a dog, to die a dog's death という表現が出てくる。しかしこれを日本語に訳しただけでは悲惨のイメージがわかない（近頃のネイティブ・スピーカーも同じかも知れないが）。また to lead a dog's life も、今のペットの dog からはイメージが湧かない。fight dog, fight bear も bear-baiting のシーンを思い浮べなければ、何のことやらわからない。

重要なことは、こういう悲惨を連想させる場には、同意語の hound がけっして使われないことである。ドイツ語で Hund に関する言葉も「みじめさ」を感じさせるものがある。しかし to die a dog's death に相当する表現はまだ見つけていない。wie ein Hund leben は「みじめな生活をする」であるが、これは野良犬ぐらいのイメージではないだろうか。形容詞で hundeelend（ひどくみじめな）は語義としては英語の dog's life に通ずるが、イメージの方はどうだろうか。また auf den Hund kommen（ダメになる）も悲惨な感じがするが、元来は農家が（昔はだいたいが農家だ）潰れる時、土地を売り、家を売り、馬を売り、牛を売り、鶏を売りなどして、金になるものはみんな売って、ついに「犬まで」という意味のようであって、悲惨な死をとげる犬のイメージとは関係ない。ひどく寒いのは hundekälte だが、これは「元気なのは犬ぐらいの寒さ」であって、犬自体の悲惨さとはまったく関係ないのである。

このように見ると、dog という単語が、イギリスに生まれたのは、イギリス人の残酷なアミューズメントの発生と関係があるのであろう。それは領主とともに fox-hunting に出かける颯爽とした hounds ではない。しかし今ではもちろん、むしろ hound の方が特別な犬で、ペットとして愛される犬はおしなべて dog である。

現在、dog が bear-baiting や bull-baiting に使われた有様を知る参考書を見つけるのは難しい。ケン・フォレットのものは偶然見つけたので煩をいとわず引用した。ついでながら、ratting を書いた参考書はまだ見つけていない。

ＯＥＤなど ratting を引いても、それは人間のやる鼠とりのことになっている。これらのことを書いた本をご存じの方があったらご教示をたまわりたい。

〔追記〕

Century には ratting の定義として次のものがあると宮脇正孝氏（専修大学助教授）より指摘がありました。

A low sport consisting in setting a dog upon a number of rats confined in a tub, cage, or pit, to see how many he will kill in a given time.

ＯＥＤだけでなく、風物については、*Century* は引き忘れることを許されない辞書であることをあらためて思い出しました。

III　英語教育

［英語教育］

言語教育としての外国語教育

1

中学と高校で英語の授業が減らされるそうだ、という噂を聞いた時、正直のところわたしは「いよいよ来るべきものが来たな」と思ったものである。しかしかなり多くの英語関係者には、それは青天の霹靂だったそうである。「今のままでも英語を身につける学生が少ないのに、時間を減らせるわけはないじゃないか」と現場の先生たちには感じられたはずだ。また英語は戦時中でも中学で教えられた学科であり、それがこの国際化時代に縮小されるなんておかしいではないか、と局外者でも思う。しかし現実はその逆の方に動いていった。それはなぜだろうか。その理由を考えつくままにのべて、それに対するわれわれのとるべき態度といったものを考えてみたい。

第一に考えられる理由は、根強い排外思想である。攘夷思想と言ってもよい。戦前においてすら英語教育廃止論はあったのである。敗戦後は英語をやることは当然ということで英語が主要科目になることに反対する人はほとんどいなかったが、根強い排外感情はけっしてなくなったのではなく、むしろ休火山のようであったのだろう。それが日本の経済力が自由世界第二位となり、GNPでは間もなく超大国ソ連を越すらしいというふうになると、苦心して外国語を学ぶのが日本人だけというのは不公平で、もっと外国の方でも日本語をやったらどうだという気が何となく国民の間にも出てくる。第一この頃は外国旅行に行っても、主要都市のホテルや商店は日本語で間に合うところが多くなっている。「英語を知るより、日本円を持つ方が大切だ」ということを、農民もOLも肌で感じてきているようだ。それに造船業は、昔は英国を手本としていたのに、今では英国の十倍、しかも一人あたりの賃金も英国の造船関係者よりもよいとなると、ますます「あこがれ」としての英語は姿を消す。

第二は、第一ほどの強い理由ではないが、なぜ英語が外国語として圧倒的に重要なのかということである。英語圏は自由主義国で、私立大学なども認められている国々を主としている。しかし日本人の中には、英米式の議会民主主義や個人尊重の社会に反感を持つ人も少なくない。できるならロシア語や現代中国語を教えたいと思っている勢力だってある。そういう人たちからすれば、英語教育そのものが体制協力と見えないこともない。

第三には日本の有力者たちが学んだ英語が実際の場で役に立たなかったことである。戦後、日本の政界・官界・財界の要人たちがアメリカ人と接触する機会が急に増大した。この人たちの中には戦前の大学を出た人が少なくなく、いずれも十年も英語をやったのに少しも役に立たないのに腹を立てたのであった。しかるにアメリカ人で特殊訓練を受けた人は、わずかの間に日本語を話すようになるのを見て、これは日本の英語教育が間違っているに違いないと思ったのである。この点に関しては英語教師も同じような感じを持っていたところであり、反省も強かったので、新しい英語教育の研究と実践が急に広まった。ところが成果の方は一向にはかばかしくない。新しい英語教育を受けて英語が上手になった連中も、外国に行ったことのある者が多く、結局、国民全体に英語を教えるのは無理ではないか、と先生方まで考えはじめた。

このような要因がかさなり合って、英語の時間が中学では削減、高校では選択ということになったものと思う。そしてこれらの反英語要因は今後は強まりこそすれ、弱まることはあまりないと思うので、正直のところ、英語教育の前途はあまり明るいとは言いがたいのである。しかしわたし自身は、英語教育の後退は国民教育の衰退にまっすぐつながっていると考えているので、英語教育を何とかしてもり立ててゆきたいと思う。それで「なぜ英語教育は後退してはいけないか」について、日頃、わたしの考えていることを参考までにのべておきたい。

2

まず英語教育に反対する意見に対する反論からはじめておこう。

第一に排外思想であるが、この極端な形がどのような悲劇をわが国にもたらしたかを考えてみるだけでもほぼ十分である。今日GNPがいくら増えたとは言え、日本はそのエネルギー源のほとんどを海外に仰ぎ、また輸出によらなければ必要物資を購入できない国であることを忘れてはなるまい。夜郎自大的な発想法は、戦前の青年将校でもう十分な経験をしているはずだ。

第二の点については相対的な問題だけに、英語と他の国語との比較的な重要度ということになろう。しかしこれも客観的に見て、英語を選択するのがほぼ妥当であることは、通商に用いられる英語の量と、その他の外国語の量を比較してみればわかるであろう。したがって、外国語を日本国民全体に教える場合、まず英語を主とし、余力ある者が第二外国語としてこれを修得するという現状は、ほぼ妥当な線ではあるまいかと思われるのである。

しかしこういう実用的な面に英語教育の意義を限りたくないというのがわたしの根本主張なのである。もし英語教育が実用的見地にのみ限るならば、それは新しいパターン・プラクティス式のやり方でよいわけである。しかし外国語教育の価値を実用に限ったこと、また実用的見地からしか見られなくなったことこそ、英語教育界が犯した最大の誤りであったと思うのである。

3

歴史的に見て日本の精神文化財の極めて多くが漢字とともに渡来したり、漢字を用いて日本で作られたりしていることに異論のある人はないであろう。この点において、日本の精神文化は漢字文化に負うこと極めて大であったという平凡な事実が改めて認識し直されるのだ。わたしはよくこう言うのである。「もしも日本に漢字文化が入ってこなかったら、極めて純粋であろうが、極めて単純・原始的な神道（この神道という名前自体が後世の漢字文化の影響によって作られたものであるが）のみを精神文化として持つにすぎなかったであろう。しかし漢字文化のおかげで、儒教・道教・仏教など多彩な文化が日本で栄えることになったのである。漢字文化なくしては聖徳太子も弘法大師も北条時宗も徳川家康も夏目漱石も何もないであろう。それは日本文化自体がなかったのとほぼ同意義になるくらいのものだ」と。

日本の知性はまずもって外国語の研究から生じたのである。『日本書紀』によれば応神天皇の御代から漢字文化が入ってきたことになっているが、私塾がはじまったのは、聖徳太子が観勒に命じて学生数人に教えさせた時だとされている。観勒は僧侶であるから漢訳仏典などを教えたと思うが、これはサンスクリットの漢訳ということだから、インド思想を中国語を通じて学んだことになる。学校は天智天皇の御代に鬼室集斯《きしつしゅうし》を学職頭《ふみのつかさのかみ》に任じたのがはじまりだと言われている。鬼室という名は百済《くだら》のものだから、この人もたぶん帰化人だったのであろう。つまり日本の学校は、外人による外国語教育をもってはじまったのである。主として大和ことばを使って書かれた『源氏物語』の著者なども、すべて『白氏文集《はくしもんじゅう》』や『文選《もんぜん》』などの外国の詩文を精読していたことは最近の比較文学のよく示すところだ。また、たとえば『百人一首』にもある大江千里の歌「月みれば　ちぢに物こそ悲しけれ　わが身一つの秋にはあらねど」も、「燕子楼中霜月ノ夜　秋来只一人ノタメニ長シ」という『白氏文集』の翻訳だったと指摘されているくらいであって、秋は悲しいものだという季節に対する感受性すらもおおいに外国文学によって規定されてきているわけである。

このように日本の精神は漢字文化により思想的に豊かにされたのみならず、物の感じ方まで豊かに、深く、多様化されたのである。国粋主義者もこれを排撃するとは言わないであろう。そしてこれは別に恥でも何でもないことは西洋の文明、特に維新以来、日本がその手本と見てきたイギリス、フランス、ドイツなどの文化も、ちょうど、日本の文化が漢字文化のおかげをこうむったように、ギリシャやラテンやヘブライの文化のおかげをこうむって誕生したものであることを考えてみればよくわかる。たとえばイギリス国王の次に高位と考えられていたカンタベリーの大司教なども、古くはイギリス人から見て外国人であった。そしてその外国人たちが教会を建て、教育を行ったのである。この点においては、日本の古代と事情は同じであったと言ってよい。そして実に二十世紀に至るまでイギリスの中心的人物となった人たちが受けた教育は、ギリシャ・ラテンの古典を精読するという外国語教育であった。

4

この場合の外国語教育とは何か。それは文法と辞書を頼りにして異文脈の文章を読むことが中心である。そしてその外国語で作文をやるところまで徹底する。何しろ古典語のことだから会話はあまり問題にならない。そしてこのような学習法は、旧幕時代までの日本の漢学と極めて類似していることがすぐわかるであろう。精読に徹して作詩できるまで実力をつけるというのが漢学の方法だった。そしてそういう教育を受けた旧幕の「頭脳」が新しい西欧文化に接した時、またたく間にこれを消化して、有色人種としては唯一の近代国家を作ったのであった。ところが日本の漢学みたいな伝統を持たなかった他の有色民族の諸国民は、大国中国も含めて、西欧の植民地、あるいは半植民地にされたのである。第二次大戦後は、いろいろな独立国家が生じたが、これらはいずれも直接間接に日本の影響、あるいはその真似によって生じたと言ってよい。

このことは次のように言い換えてもよいかも知れない。近代文明を消化したのは、古典教育を受けた西欧人と、古典教育を受けた日本人のみであり、他の諸国は、一部の人を除けばまだ市民生活に消化されていない、と。古典教育は外国語教育である。それはどういう言語教育であったのであろうか。

5

ここまで来るとどうしても「言語とは何か」という根本問題に触れざるを得ない。言語とは人間の言葉であるがゆえに、人間と同じく両面性を有すると思う。人間は動物であるが、単なる動物と一線を画する霊魂、精神、理性——

その呼び方はどうでもよいのだが——といったものも持っている動物だと言ってよいであろう。したがって人間の言語にもこの二面性がある。つまり動物の叫び声などと共通のものと、それとは質的に違った段階のものとの二つである。もっと別の言葉で言えば、条件反射的な説明が可能で、条件反射的に修得できる言語というものがある。これは挨拶とか初歩の会話、買物の仕方といったものである。

しかしこれとは別に、人間の言語には非条件反射的な面がある。プラトンの対話篇を精読する場合のギリシャ語の修得と、ギリシャ旅行するために学ぶギリシャ語とはまったく次元が異なると言ってよい。ギリシャ旅行をして不自由しないために学ぶのなら、条件反射的に、刺激反応（stimulus and response）式に、新教授法的に学んだ方が有益だし、手っ取り早いであろう。しかしプラトンやアウグスティヌスをstimulus and response式のギリシャ語学習法やラテン語学習法ではいかんともしがたいのである。人間に二側面があり、人間の言語にも二側面があり、したがって外国語学習にも二側面があるのだ。

西欧人はどうして森の中の野蛮人から進歩してあのような文明を作り得たか。それは一にも二にも非条件反射的外国語学習によってであった。本国人と接することなく外国語を正確に理解するためにはまず文法から入らねばならぬ。千年間も徹底的な文法研究が行われ、そこで蓄積された思考力が自然科学を生む基盤になったことはホワイトヘッドの指摘するところである。ロゴス（人間的言葉）をロゴス的に（文法的に）研究することによって、研究者のロゴス（人間的理性）が目覚めたのだ。

山ばかりの島国日本が封建時代からたった半世紀で近代的大国に変身した明治時代は人類史上の驚異である。この変身を可能にした日本の頭脳は古典的漢学によって作られたものであった。また世界中を相手にして戦ったあげくの悲惨な境遇から、たった三十年たらずで通商経済大国に変身させた日本の頭脳は、「古典的」英語教育で入試を通ってきた人たちが中心であった。

教室で教える英語教育はいかにあるべきか。それは古代日本人を開化し、明治日本を近代化し、敗戦日本を再建させた方法、つまり野蛮なゲルマン人を文明的西欧人にしたあの方法、つまり古典的な方法がいちばんよいのだ。文脈が異なる外国語を、条件反射的方法によらずに読んだり書いたりできるようになることは、どうも人間の頭の働きをうんとよくするものらしいのである。数学の方程式を解くと同じくらいに、いな、それ以上に人間の精神集中を要求し、衝動性を抑制し想像力を活発にさせ、しかも感受性を鋭敏にするのが、文法訳読作文法（grammar-translation-composition method）なのである。これを徹底してやるには教える側に断固たる信念がいる。この点における信念を欠いて、stimulus and response 式の英語教育を「教室内」でやれば、どっちみち成果不十分で、生徒の尊敬も受けない英語教育となろう。会話ならハワイに遊びに行った方が確実に上手になるのだから。英語（外国語）教育も、もう一度、「言語教育」という原点に戻って考え直す必要があるのではなかろうか。そして言語には二つの面があるのであるから、言語の動物的側面に重点を置いた外国語教育と、言語の人間的側面においた外国語教育の二つがあるべきであろう。前者は植民地や新教授法によって行われるもので、実用的・速効性であることが強みになっている。したがって学校でやるとすればクラブなどでやるのがよいであろう。後者はいわゆる古典的言語教育であり、思弁的・遅効性であるが、人間の精神に新しい展望を与えるという意味で教室内に適していると思われる。そしてこれなら授業時間数が少なくとも一応それなりの効果を収めることができよう。そして山国の少年でも新しい未来の世界に入るための頭脳の準備をこれによって有効に行うことができるであろう。

必要な具体的目標

●「英語教育の改善に関するアピール」を読んで

今回の「英語教育の改善に関するアピール」は、英語教育についての専門家が多数お集まりになって、十分の討議を重ねられた上で、その「合意」のあった点をまとめられたものであるから、いずれも結構な趣旨のものである。わたしとしても同意せざるを得ぬものばかりである。したがって普通の意味でのコメントの必要もないと言ってよい。そこでここでは、別の次元からの考え方を参考のためにのべさせていただきたいと思うのである。

学習指導要領について

学習指導要領は「ある程度の」英語の習得水準までもっていくことを目的にしているに違いない。ところがその期待されている水準がまったく具体的でないところが、第一の問題である。「読み、書き、話せるように」と言っても、問題は程度なのであるが、この「程度」のきめられ方があいまいであると思う。中学英語の期待される水準は、高校入試ができる程度であり、高校英語の程度は、大学入試ができる程度にする、というのでは何の解決にもならない。

ところが、かつては修得すべき水準が極めて具体的に示されていた時代があった。それは昔の漢学である。たとえば四書を読めるようになる、というのが一つの大きな眼目である。目標が明快だからおおいにやりやすいし、その効果を疑う人はあまりいなかった。『論語』や『孟子』や『中庸』や『大学』を読めるようになることは、それが読めなかった時に比べれば、明確な違いである。この四種の本に出てくるボキャブラリーを全部おぼえており、しかもその内容への言及ができたり、また言及があった場合にただちに理解できるということは、誰だって疑い得ない明白な価値である。

四書を上げた人は五経を読んだり、『史記』や『資治通鑑《しじつがん》』を読んだりする。これも明確な段階であって、目標がはっきりしているから、やる方も教える方も、方法論に疑問がない。少なくとも方法論を考えることが語学教育の中心になったりなどはしない。そして効果は顕然たるものであった。日本語から見れば、漢文はまったく異質の言語である。その異質さの程度は、今の英語を学ぶ場合の異質さに劣るものではない。しかし昔の日本人はよく漢文をマスターしたのである。

昔の日本人がどの程度に漢学をマスターしたか、吉川幸次郎博士の「紅梅」(一九五六年三月四日)という随筆から一例をとらせていただく。それによると大分県の南のはしに佐伯市があるが、江戸時代の中頃、そこの藩主に毛利高標という殿さまがいた。二万石の小藩であるが大量に中国の本を買い集めた。その大部分はその子孫によって幕府に献上され、今は宮内庁の楓山の文庫に保存されているそうである。この殿さまの書いた本や、書物奉行にあてた手紙に吉川博士は感心しておられる。この殿さまは、当時の中国、つまり清朝のはじめの頃の最新の著述を集めて、そして読んでいるという。吉川博士はこの短い随筆を次のような疑問形で結んでおられる、「昭和時代の地方都市の図書館は、ヴァレリ、ハイデッガー、T・S・エリオットを、必ずしも原書では蔵していないであろう。日本は江戸時代にくらべて、進歩したのか退歩したのか」と。

これは九州の田舎の話であるが、北陸の田舎でも、東北の田舎でもそういうことが普通であった。漢学をやるほどの人は必ず筋のよい愛読書を原書で持ち、おまけに漢詩まで作れるのが普通であった。このような語学教育は過去の話だけでなく、今日でもそうである。また日本だけの話でもなく、西洋にもある話である。今から二十年ほど前のドイツの大学では（今でもおそらくそうだと思う）、専門の試験を受ける前提として古典語の試験があった。小ラテン語試験（クライネス・ラテヌム）とか大ラテン語試験（グローセス・ラテヌム）という試験があったし、ギリシャ語にもそういうのがある。それが漢学のやり方と同じだったので非常におもしろいと思った。小ラテン語試験というのは、シーザーの『ガリア戦記』とタキトゥスの『ゲルマーニア』を読めるようになることである。目的が実に明快だ。すべての文法の説明も、またボキャブラリーもその目的のために向けられる。だから「小ラテン語試験に通った」ということは、「シーザーとタキトゥスを原文で読めるようになりました」ということである。「小ギリシャ語試験に通りました」ということは、クセノフォンの『ソクラテスの生涯』を読み上げた、ということである。

それに反して、日本で義務教育の英語を上げた、ということは何をやれることになったのか。高校英語は何を読めるのが基準とされているのか。いずれも明確でない。文法事項も文法事項として教えるというのは、文法好きの人間でないといけないし、文法事項を教えるためにリーダーの教材を作るというのも本末転倒している。何か読むべきものがあり、それを完全にマスターするためには、これだけの文法事項の説明が必要であり、これだけのボキャブラリーが必要であると言えば、目的が明快であるから、教える方も教えられる方も余計なまよいが少ないのではないだろうか。日本における漢学や西欧における古典語教育が文化形成力となるほどの成功を示したのは、段階における目的がしぼられているところに負うところが多いと思う。

英語教育でも昔は極めて幼稚だったはずであるのに、意外と原書を読んでいる人がいる。思うに、昔は*Use of Life*を読むとか、*Intellectual Life*を読むとか、あるいは*Self-Help*を読むとか、だいたい青年向きの穏健な人生論書を上げることに何となく目標が置かれていたからではないだろうか。あるいは『ナショナル第何読本』を上げるというのもあった。「学習指導要領」という多分に抽象的なものでなくて、具体的にこれこれの本を読めるようになるかならぬか、ということで判断していたから、教える者にも教えられる者にも、一種の共同目的があったようである。今の中学校や高校の英語の教科書を一生の伴侶として大切にする人などはいないであろう。しかし*Self-Help*や*Intellectual Life*は結構、一生の伴侶となり得るのである。あの三宅雪嶺博士が、晩年、いつも手もとに置かれたのは*Self-Help*であったそうだ。雪嶺先生も明治の書生として若い頃にこの本を読まれたのであろう。そしてそれは終生の伴侶であった。わたしの知っている老人にも、*Self-Help*を一生繰り返して読んでいた人が二人いた。今の高生ぐらいの時の英語の教科書を一生読んでいるのだから、近頃の英文科出の人などよりは、かえって危なげのない読書力があるのである。そういう人たちは英語をやってしみじみよかったという実感を持っているのであって、英語教育の価値などについての疑念はいささかも持っていなかったことが印象的であった。

このような視点から見ると、文部省の学習指導要領の「基本的な事項」とか、定価や頁の枠とかを論ずることは、いささか末梢的に見えてくるのである。たとえば欧米に対する精神的な窓として、英訳のバイブルや、シェイクピア物語(たとえばラムのもの)を読めることが大切であるという合意があったら、あまり気を散らさないで、それを正確に読めることを目的にして英語教育を編成することもできよう。文法の説明なり、背景的知識なりも、ただ漫然と与えられるのではなく、特定の本をカッチリ上げるためになされるのであるから効率がすこぶるよいはずである。昔の四書にならって、四冊ぐらい選定してもよいかもしれない。もしこのようなゴール設定型の語学教育が可能になれば、学習指導要領も、またそれに関するアピールも不要になろう。

授業時間数とクラスサイズについて

この問題はある意味では最もアピールしやすい問題である。英語の教育効果を上げようとするならば、なるべく英語の授業時間数を増やし、クラスのサイズをなるべく小さくし、担当教員の負担をなるべく少なくするように訴えればよいからである。しかしこれはどの教科にもあてはまることだから始末がわるい。数学の教員も、数学教育の成果を上げるためには、授業時間数を増やし、クラスのサイズを小さくしたいであろう。体育の先生も、図画の先生も、国語の先生も社会の先生も、みんな自分の担当する学科の成果を上げるためには同じことを言うであろう。したがってこの問題の解決は、社会全体のムードとして、英語をどのくらい重視しているかにかかっているのであって、英語という教科の内容にかかっているのではない。日本の中で英語無用論が強ければ、一週あたりの「標準三時間」の枠は、二時間にもなるし、一時間にも、またゼロにもなりうる。したがってこの問題はアピールの問題であるというよりは、英語教育必要論を一般同胞にどれほど認識してもらうかにかかっているように思われる。

教員の研修について

これもどの学科の教員についても言えることであるが、ただ英語教員の場合、特に海外研修の機会を広く与える制度を強化するというのは望ましいことである。近頃のように、生徒の方が海外生活や海外旅行の経験があるのに、英語の先生の方が「まだ踏みもみず　赤ひげの国」では、ちょっと、さまにならない。理科の授業でも、生徒が実験したことがあるのに、先生はその実験をやったことがないのでは、おかしなものであろう。

また逆に、英語教員を採用する時に、学生時代、海外研修旅行に加わったことのあるような人を優先的に採用するというのも一つの「手」である。ドイツで英語やフランス語の教員になるためには、それぞれの国への滞在経験が前提とされている。学生時代にそれをやっておかないと、そもそも教員試験を受けることができないのだから徹底している。もちろんドイツの場合は、イギリスにでもフランスにでも簡単に行けるし、東京の人が北海道に行くよりも近いくらいのものであるから、日本人の場合とは費用の点で問題にならない。しかし英語国への責任ある研修旅行を一、二カ月やった人を、英語教育界が教師資格の一つとして認めるようにできたら、すばらしいと思わざるを得ない。外国人と初歩の会話もできず、今の時代に外国を見たこともなく、しかも外国語の教員としてメシを食おうというのは、やはりあるべき姿ではないからである。昔は日本も兵隊に武器を持たせて何十万人も海外に出したのだから、高価な武器の不要な教員を大量に研修に出しても比較にならない安い出費である。この点では特にわたしもこのアピールに唱和させてもらいたいと思っている。

［英語教育］

平泉・渡部論争始末記

去年（一九七四）の四月二十日頃に、「自由民主党政務調査会」からハトロン紙の封筒が郵送されてきた。そういうものが家に来ることはないので、いぶかりながら開封したところ、そこには、英語教育に関するいわゆる「平泉試案」が同封されていたのである。

そこで思いあたったのは、それより何カ月か前に、英語教育に関する公聴会みたいなものがあって、わたしも招かれて出席したことであった。その機縁でこのペーパーを送ってくれたのであろうと思って読んでみると、実に歯切れよく今までの英語教育を批判し、また思い切った提案がなされている。さすがは有能な政治家でやることの黒白がはっきりしていて気持ちがよい。そしてこのような提案を行った平泉氏にわたしは好感を持ったのである。しかしこの中には、戦後、英語教育に対して行われてきた世の中の批判や恨みつらみがみんな結晶体で入っている。これを使えば、わたしが以前から考えていた外国語教育の意義を有効な形で世に問うことができるのではないか、とも思った。

この私案の使い道はすぐにあった。ちょうどその頃、東京都の私立高校の英語の先生方の集まりのためにスピーチをするように頼まれていたので、こういうホットな素材があるとたいへんつごうがよかったのである。その先生方の集まりの運営にあたっておられる方々もまだこの私案が出たことはご存じなかったのであるから、一般の先生方の中で、これについて知っておられた方は一人もなかったのではないかと思う。こういうよい材料があればスピーチはまことに簡単である。その晩の会合は成功だったように思われた。出席の先生方が強い関心を示して下さったからである。中には平泉私案を英語教育廃止案ととられた方もあったようだ。平泉私案は一見、英語教育強化案のように見えるから、これを廃止案と見るのは被害妄想のようにも思われる。しかしその被害妄想が実は正しいのだということをわたしも直観していたのである。ただ、そういう確信がその時はまだなかったので、口にはしなかったのであるが。

その後この問題をフォロー・アップすべきだったかも知れないが、日本語の仕事の方が忙しくなってしまった。『諸君!』に出した「日本語について」に引き続き、『日本語のこころ』（講談社）を夏休みに仕上げ、秋には『ドイツ参謀本部』（中央公論社）を仕上げた。いくら新書版の本とは言っても、単行本となれば関心の集中を要求される。それに本職の方でも、『英語青年』に「英文法の成立」を連載しつつ、『英語学史』（大修館書店）の最後の仕上げに忙しかった。英語教育論までは手がまわりかねたのである。ただ去年（一九七四）の英文学会の大会のシンポジウムでも英語教育について所感をのべる機会を与えられたので、その時、「英語が実際すぐに使いものになることを学校教育に求めるのは無理ではないか」と言ってみた。それに関連した意見を『英語教育』に三回くらい連載したが特に反響はなかった。「先生方だってみんなそう思っているんだろうな」と考えた。本音から言えば学校教育で国際的文化交流にそのまま役立つ英語を教えられるわけはないと思いつつ、しかしよく勉強すればそうなるようなことを言う教える側の偽善や、そう思い込まされている生徒側の過剰期待から来る幻滅とそれにともなう教え方への不満などがあるかぎり、とてもじゃないがまともな英語教育は成り立たないだろう、とも思った。一方、ほかの英語教育の研究団体でも平泉氏を招いて討論会を開くなど、ようやく平泉私案に対する教員の関心が増大してきているようであった。わたしはそれを横目で見ながら、クラウゼヴィッツの軍学とジョミニの軍学の相違と、そのもたらした影響などについてせっせと書いていた。

年末に田中内閣が倒れたのに感ずるところがあって「腐敗の効用」（『諸君！』二月号）を書いた。「あれは好評だったから何かまた一つ」などと編集部にすすめられてその気になった時テーマとしてまず第一に浮かんだのは、半年前に講演で取り上げてそのままにしてある平泉私案であった。わたしは五十枚書いて、これに「ルサンティマンの英語教育――英語教育界を震駭せしめている平泉私案の読み方」というたいへんおとなしい題をつけた。ところが編集部から電話があって、「亡国の英語教育改革私案」としたいがどうか、と言う。その論文の中でたしかにわたしは「亡国の」と言っているけれども、それを標題にするのはどうかな、とちょっとためらった。編集部の方では「これをうまくもり立てれば立派な論争になりますよ」と言う。標題をきめるのは編集者がうまいからおまかせすることにした。はたせるかな、自分の私案に「亡国の」という形容詞をつけられた平泉氏は、憤然として猛虎のごとく反撃してきたのである。『諸君！』編集部の図にあたったと言ったら失礼かも知れないが、少なくとも結果的にはそうなるであろう。

それまでは平泉私案が問題になったと言っても、それは英語関係者内だけであった。『諸君！』によって問題は国民の共通の立場に出たことになる。読者からの投書が続々と編集部とわたし宛に寄せられた。はじめの二、三通には返事をさし上げたが、その後はいっさい失礼している。編集部の方も、「こんなに投書が来たのは、共産党批判を取り上げた時以来のことかも知れませんよ」ということであった。国民一般の英語教育に対する関心はそこまで高まっていたのである。それを政策問題とされた平泉氏はやはり目があったのだ。

これより少し前、文部省の「英語教育改善協力者会議」というのができて、わたしもそこに呼ばれていたが、平泉氏はわたしの論文を読まれると、わざわざこの会議のメンバーと会合を持つという熱心さであった。その会合の時、平泉氏はわたしに向かって、「おかげさまで有名になりました」と上機嫌そうに皮肉だか本音だかわからない挨拶をしてくれた。平泉氏は英語教員の集まりにでも何にでも出席して自説を説き、納得させようとされていたのであろうが、その熱意と、自己の知力に対する絶対の自信には目を見はらされるものがある。たしかに日本の政界には稀に見る人材であろう。

この文部省で行われた協力者会議のメンバーとの話し合いは非常に有益であった。わたしはほかに先約があったので中座したが、前々から直接平泉氏にお聞きしておきたいと思ったことをすべて聞き出したのである。たとえば平泉氏自身はどうして語学をものにされたのか、とか、もし平泉案の五パーセントを超えて、英語教育を希望する者があったらどうするか、などの点である。そのほか、英語教育を政策として取り上げるようになった個人的動機に関することなども、警戒心のまったくない彼の談話から拾い取ることができた。「これでこの論争はどんなことがあってもこっちの勝ちだ」とわたしは内心雀踊《こおど》りするほどであった。中座する時、わたしは彼に深々と頭を下げて退場したが、それは単に儀礼的なものでなく、この機会を作ってくれたことに対して心から平泉氏に感謝していたのである。

『諸君！』の影響力は方々に出てきたが、その一つはフジテレビの「ビジョン討論会」へのお誘いである。これは二度、朝と夜に放送されたので、数百万の人の目に入った。この放送のことは知らせなかったのに、田舎の姉も、出張中の義兄もそれぞれ偶然に見ている。昔、わたしの教えた学生で工学部出身の男も、「どおりで自分の英語は役に立たないと思っていたら、留学したことがないことにテレビを見て気がついた」と言って、それから約一カ月後にアメリカに留学した。こんなのはほんの一例であるが、テレビというのはまったく恐ろしい。

テレビの時も平泉氏は待合室みたいなところで意見をのべておられたが、それはいずれも手のうちを覗かせてくれる類のものであった。そのテレビの二、三日後に平泉氏の論文「渡部昇一教授に反論する」が『諸君！』に出た。永井文相ご自身が平泉氏に、政治家がこのような舞台で学者と論争するのは、まことに結構なことであるから、おおいにやってくれ、というような激励をなさったと聞いている。論争の火は確実に燃え上がりはじめたのである。

平泉氏の反論はよかった。それは政治家の「作文」ではなく、文字通りの反論であった。平泉氏は多忙の身なので、これを徹夜で書き上げたとも聞いている。大名にも準ずる名家に生まれ、高名な学者を父とし、抜群の成績で外交官試験にパスして諸外国を歩き、世界一の建設会社の副社長から政界に順調に入ってこられた平泉氏にしてみれば、一英語教師の反論などは鎧袖《がいしゅう》一触《いっしょく》のはずだった。事実、今までそうだったのであった。「私案」の反響から言っても、私案反対者は教師くらいのもので、一般人はたいてい平泉案支持だったのである（これはテレビでもそうだった）。しかしここで平泉氏は反撃の時に、ボクシングの言葉で言えば、体を浮していた。わたしは次の反撃においては、アンダーブロー二つとバッティング一つをひそかに用意していた。興味のある方は『諸君！』六月号の拙論を注意してお読みいただけばお気づきになるかも知れない（『英語教育大論争』文春文庫、一九九五年、所収）。

平泉氏の反論は政治家的文章でなかったから、アンダーブローもバッティングもまことにぐあいよく深々と入ったのである。もっとも慧眼なる編集者はアンダーブローに目をとめられて、「このままでよいのですか」と念を押してこられた。編集者に気づかれたアンダーブローは引き下げることにした。「明日までそこを十行けずって別の文章を入れましょう」と約束した。ところがちょうどその夜は、『オール讀物』の編集長と、研究社社長とわたしの三人で飲む約束になっていたのである。小酒井社長は労組との交渉のため急にこられなくなり、「その代り後日一席を持つ」という伝言があったが、だからと言って飲む機会を失うようなことはしない。われわれだけでおおいに飲んで家に帰ったら真夜中すぎであった。こたつに引っくり返ったらそのまま寝てしまって目がさめたら朝の四時頃であった。起きてゲラ刷りに手を入れようとしたが、手が震えて字が書けないし、十行ばかり削除し二十行書き足してつじつまの合うような文章はとてもまとまるような頭の状態でない。「別に編集部もそれを要求しているわけではないし」と横着をきめこんで、論文の最後のパラグラフを一つ書き足して長さを合わせて、またひっくり返って人事不省のさまで寝てしまった。それが六月号のものである。一般の読者にはわからないところでバッティングが利いたため、平泉氏はこれ以上論争できないと言ってリングを降りるという意向を示された。

平泉・渡部論争などという言葉がこの頃時々目につくけれども、その論争は『諸君!』六月号のわたしの番で実質的に終了したのである。もう論争する気のなくなった平泉氏にもう一度書かせたのは編集部の熱意と、もう一度チャンスを与えようというフェア・プレーの精神である。しかし『諸君!』七月号の平泉論文は、少なくともわたしとの論争ではなく、氏の憂国の情の吐露にすぎない。『諸君!』八月号の対談は、平泉氏の希望を容れて、鈴木孝夫氏に潜在的介添え役をかねた司会をお願いすることにして行われた。わたしはもうバッティングは出さないことにしていたから、鈴木氏の名司会もあって、格好がついた。第一、福田屋みたいなところでご馳走を食いながらでは、わたしのような食いしん坊は食卓の方が議論より気になってくるのだ。それに平泉氏のような大金持ちが、わたしと同じ銘柄のドイツの安い白ワインを常用していると知って意気投合し、話が酒の方に流れるのを編集部は苦労してレールに乗せたのである。

その後、イーデス・ハンソン氏との対談（『週刊文春』）が出て、さらに関心を持つ人の層が広まったと思ったら、『ニューズウィーク』が取り上げたりしたので、インターナショナル・トピックになってしまった。小さな火種をここまで大きくした『諸君!』の編集者の力量にはただただ感服のほかはない。ただ気になることは、平泉案を反駁する過程で、英語教師の現状（status quo）を弁護しすぎたのではないか、ということである。生徒はともかく英語教師だけは英語ができなければならないのだから。

［英語教育］

自家用の英語教育論

英語教育論というのは一つの専攻分野であって、その方面の専門家もおられるわけであり、わたしのような素人の出る幕ではないかも知れない。しかし英語教育論の専門家にも素材が必要であろう。以下はその素材の一つになるものと考えていただきたい。

心理学に、白ネズミやハトを使ってやる方法がある。これは「対象を客観的に観察」することから成り立つ。資料を集め、それを処理することによって結論を出す。それとは別に「個人の内省」にもとづく心理学もあるはずである。「内省」は主観的なものであるから科学的ではないという見方もあろうが、他方、自分の観察の対象が自分であるということは、いわゆる心理の科学的研究には見られない、人間的な価値があるとも言える。わたしは英語を学びはじめてから約三十年、そのうち二十八年間くらいは、英語で飯を食うということを前提とした勉強であった。その三十年間の体験をわたしは飽くこともなく、するめでも嚙むように繰り返し繰り返し反芻してきている。材料は一つだが観察は細やかなはずで、しかもいわゆる体験の裏打ちから生ずる信念みたいなものがないわけでもない。もちろん過去の追憶は事実をゆがめる傾向があるだろう。しかし科学的な調査の結果と言われるものが、どうも自分の体験とそぐわないように思われる場合は、わたしは客観的なデータより自分の内省を取る。

中学一年の一学期の英語の点は落第点であった。田舎の小学校の成績もクラスの半分くらいのところであったので、何かの間違いで中学の入試に通ったような気がしていたわたしは、英語を教えられた時、まさか一つ一つの単語のスペリングの暗記を要求されるとは思っていなかった。まことにのんきな中学生だったわけである。ところが一学期の試験ではschoolという単語のスペリングを書け、などという問題が出たのであるからどうしようもなかった。

せっかく無理して中学に入れてくれた両親に対して、落第したのでは申しわけがないので、二学期からはスペリングをも覚えることにした。よほどよい成績を取っていないと、一学期が落第点である以上、学年末の平均がこわいから必死であった。そのおかげで英語はまずまずの成績で進級することができたのであるが、最初はまったく不可能と思われた英語の単語のスペリングも、毎日少しずつやっていけば覚えられることを発見したのが大きな収穫であったと思う。戦後の漢字制限の思想といい、平泉案といい、暗記力というものを罪悪視することが発想の基盤になっている。しかし人間の脳というものは、銀行の預金通帳とは違う。銀行預金なら、衣料費を節約すれば豊富に食べられるとか、食費の分を衣料費にまわして流行の服を着るということが可能であろうが、人間の知力はそんなものではないようである。暗記させることが脳に対する負担になると言って暗記させなくても、その分、数学的思考力が増したり、理論物理学にすぐれた成果を上げるものでもなさそうである。逆にむしろ、基礎的なことを暗記させられたために、脳の力が開発されるというのが真相なのではあるまいか。

この体験は後になってからも役立った。英文科の学生として突如ドイツに留学することになった時、英語もろくにマスターしていないのにドイツ語までどうしてできるようになるのだろうかと不安になった。その時この中学一年のことを思い出し、まったく覚えることが不可能のように見えることも、断乎として毎日やればできるかも知れないと思ってやり出したのである。そしてうまくいった。中学一年の一学期にスペリングを知っている単語がほとんど一語もなかったことはわたしの頭が並等以下であることを示している。また大学院を出てもドイツ語の本もろくに読めなかったことも同じことを証明している。にもかかわらず、何とか英語もドイツ語も役に立つようになったのは、毎日少しずつ根気よくやったからにほかならない。別の言葉で言えば記憶力を罪悪視する考え方を知らなかったために、弱い頭を励ましてやったからである。物を覚えることはあまり価値のないことであって、創造力や思考力の開発が大切だ、などという新しい教育理念がわたしに吹き込まれていたら、とうの昔に勉強とは縁のない生活に入っていたに違いない。

戦争末期の頃である。もう学校では英語の時間はなくなっていた。学校動員で引っ張りまわされたわけだが、たまたま休暇で帰省して一年上の先輩を訪ねてみると、驚いたことには英文法を勉強しているのである。もちろん敗戦後にそなえてというわけではないし、入試のためでもない。それは純粋に知的な興味からであったのである。当時の学校生活は、工員生活や土方の生活と変らず、強いて違っているところと言えば、皇道思想を吹き込まれる点だけであった。『神皇正統記』や『国体の本義』はもはや知的には教えられず、精神的なものとして「鼓吹」されるだけであった。当然、学生は知的なものを求める。その先輩は知的なものの象徴として英文法をやっていたのであった。数学や物理は、あまりにも戦争に必要なものとして、つまり海軍予備生徒の入試用として教えられたので、本来の知的な性格が著しくゆがめられていたと思う。たまの休暇の午後を、英文法を読んで過ごしている先輩の気持ちがわたしにはストレートに通じた。わたしも同じような気持ちでいたからである。

英文法が知的なるものの象徴であり、その背後にある英米の生活が文化的なるものの象徴としてわれわれの頭の中に定着していたことは、今から考えても驚くべきことである。当時は何しろ沖縄で死闘が繰り返されていた頃で、鬼畜米英だったのだ。そして三、四年上級生の中にはもう空で戦死する人が少なからずいたのである。それなのにたまさかの休暇に英文法を読んでいる中学生の心理はどういうものであったのだろうか。おそらく、中学一年や二年の頃までは、まだ三省堂の『キングズ・クラウン・リーダー』だったので、そこで文化の匂いをかいだ気がしたのであり、英文法の説明の時に、知の働きを垣間見た気がしたのである。それで戦局が絶望的になった時、そして自分たちのこれからの生命のさきが知れたような気がした時、かえって英文法を懐かしむ気になったのではあるまいか。

ところが戦後の英語教育はこれとまったく別の方向に行ってしまったような気がする。英文法は悪者扱いである。それは必要悪ですらなく、無用悪になった感じがしなくもない。それに日本のGNPの飛躍的な上昇に比べて、イギリス人の経済力の相対的急降下があり、アメリカの治安の悪化がある。今や日本は国全体としての経済規模がイギリスをはるかに超えているのみならず、一人あたりの個人所得でもイギリス人を超えている。日本人はイギリスに遊びに行けるが、イギリス人は東洋に遊びに来る経済力はないのだとさえ言われる。そしてアメリカ式の生き方も、われわれよりも高級なものとはかぎらないという感じが出てきた。新宿の夜を女性が歩いても、危険を感ずることがあまりないことにアメリカ人は驚く、というような話もみんなに知られてきた。つまり、今日の英語教育からは、英文法の知的魅力も、アングロ・サクソン文化への憧憬もなくなっているのである。教師の方には昔の記憶があるけれども学生の方にはないだろう。英語から知的魅力と文化的憧憬をマイナスしたら何が残るか。実用価値のみということになるが、これだけで教室の英語を維持することは至難のことであろう。昔は頭のよい中学生は英語が好きだったが、この頃では、できる中学生は英語はつまらないと言っているのではないか。そうだろう、そうだろう。

戦後再び英語の授業が再開された時、先生方も生徒の方も、英語が「主要課目」であることに疑念はなかった。わたしはここで偉大な教師にめぐり会って、英語で身を立てる決心をした。もう故人になられたが、お名前は佐藤順太と申される。ご子息も教職に就いておられ、今も交際を続けさせていただいている。佐藤先生は最初、戦前の中学二、三年用のやさしいシェイクスピアを使われた。最初は『リア王』だったが、先生ご自身が原文の『リア王』をよく読んでおられたことは明らかであった。「教養の英語」と言うけれども教師に教養がなければ話にならない。佐藤先生は和漢洋の学問に通じておられた。教室で使う『リア王』は極めてやさしい改作版だったけれども、先生が説明の折々に洩らされる言葉から、われわれはシェイクスピアの世界やら、老齢という人生の問題を垣間見た気がした。もちろん佐藤先生は文法の説明も明快であり、さすがは若い頃の岡倉先生の教え子であった。今でも「教養英語」という言葉を聞くとわたしは佐藤先生の授業を思い出す。そして教養英語というのは、「生徒に教養をつけてやろう」という英語ではなく、「教養ある先生が教える英語」だと理解したいと思っている。もし英語の教師が不断に原書を読み、また日本の古典などをも読む人であったなら、教室内外での言葉のはしばしにも、若い生徒の向上心や教養を求める志向を刺激するものがあるはずだと信ずる。

教室の外では古本屋で買った受験参考書を何度か繰り返して読んだ。これを精読したおかげで、辞書さえあれば、たいていの英語は読めるし、何とか意味の通る英語は書けるという気持ちになった。教室では次の年はベーコンの『随筆集』(*Essays*)の中の「学問について」(Of Studies)であったが、文法的に正確に把握するのに苦労はあまりなかった。佐藤先生の内容解説もご自分の読書体験をふまえた上でのそれであったので、まことによく理解できた。新制高校三年生くらいの年齢で、ベーコンのエッセイをこのくらいよく理解できる生徒は、イギリスやアメリカにもそんなにいるまいとうぬぼれるほどであった。それまでわたしが読んだ英語の量は知れたものであるのに、こんな自負が生じたのは、文法に従って正確に文脈をたどっているという自覚があったからにほかならない。文法はまことに魔術のごときものであって、二百五十年前のイギリスの大法官を、東北の田舎中学生の眼前に髣髴たらしめたのである。

受験参考書というのは諸悪の根源のごとくに思われているが、わたしは一度もその価値を疑ったことがない。とにかく一年間くらいそれをやれば、英語の概略に通じ、応用力も出るし、相当の語彙も身につくからである。しかも受験という「実用性」をふまえているから無駄がない。すぐれた受験参考書はジェット機の美と合理性をそなえていると言いたいくらいである。無駄があったり、合理性に欠けたりするならばジェット機は落ちるが、受験者だって駄目な参考書を使えば落ちるのだから。わたし自身、受験参考書から得た利益が大きかったので、ラテン語もこういうもので勉強したいと思った。向こうの学校でも入試にラテン語があるのだから当然、日本の受験参考書に相当するものもあるに違いないと思ったのである。そしていろいろと探してみたが、ついに日本の英語受験参考書に相当するものは、欧米にはないことがわかった。日本の受験参考書というのは、日本の特殊な事情から生まれたものであり、外国語教育の一つのメソッドとしてはユニークな地位を持つものだと思う。日本人のやっている英語学には本当の独創はまだないと言ってもよいくらいのものだが、受験参考書は完全に、日本人の独創である。したがってわたしは、受験参考書を「上げる」知力も根気もない学生は、大学の教育にあまり向いていないのではないかと思ったりする。外国語を文法的に分析したり、文法用語を操作したりするのは、比較するものもないくらいすぐれた概念操作の訓練であり、将来、法学をやろうと経済学をやろうと、自然科学をやろうと、すべて役に立つ。第一、国語を意識的に操れるようにもなる。

さて上智大学に入ると、テキストに適当なものがなかったこともあって、『リーダーズ・ダイジェスト』が用いられた。それはおもしろい話に満ちてはいたが、教室でやるには何だかしっくりしなかった。教授の方もそう考えられてか、間もなく出たばかりのブランデンの講義集を使われた。これは大学一年生にはたとえ英文科生にせよ少し難しかったかも知れないが、しっくりした。教室のテキストはジャーナリスティックにおもしろいものは不向きで、古典的なものがよいのではないかと思う。また英米の大学を出た先生でも、日本の大学入試を通っていない方は、日本の学生に英語の訳読や文法を教えることができないという珍現象も発見した。これは後になって藤村作博士の回顧録で読んだのだが、明治二十年代でもそうだったらしい。

日本語のできない外国人から英語を教えていただいたことは大なる幸いであった。一週四時間の英語の授業中に英詩を暗記させることだけしかやらなかったイギリス人の先生がおられたが、おかげで有名な英詩をいくつか完全に覚えた。これは確実な知的財産である。だから英詩を論じても、暗記していない研究者をわたしはあまり尊敬しない。また日本語を知らない外国人のよいことは、日本的な発音がいっさい通じないことである。日本人なれした外国人、日本語のできる外国人は、下手な発音でも通ずる。これは訓練としての語学としてはマイナスである。通じない外国人に通じさせようとしているうちに発音のコツを悟るのだから。したがって単なる語学トレーニングの外国人教師のローテーションは二年くらいがよいのではないかと思う。もっとも、英語で講義するような人の場合はこの限りでないが。

上智では英語関係の授業の半分以上は英語でなされていたと思う。したがって英語の授業のノートをとり、答案やレポートを英語で書くことには著しい進歩をとげた。ともかく日本語の下書きなしに英語でそのまま答案を書いたり、レポートや卒論を書いたということに対してわたしは大学に心から感謝している。しかし会話がうまくなるのは教室では不可能だということもよくわかった。会話とはシチュエーションであり、シチュエーションがなければ駄目なのである。外国人商社や進駐軍関係のところにアルバイトに行っている人たちはめざましく上手になった。わたしはと言えば、郷里に帰ったとたんに方言しか出なくなり、東京に出ると方言がほとんど出ない。同じ家の中でも、父の顔を見ると方言、女房の顔を見ると標準語である。日本の大学で、かしこまって会話ができる気質ではなかったようだ。授業中の質問にこたえる英語は会話ではない。

大学院を出るとその年のうちにドイツに留学する機会を与えられた。ドイツ語会話などやったことないし、第一、ドイツ語は読むことだって怪しいし、書いたことは一度もないという状態であった。しかしドイツに行ってからの上達のぐあいは自分でも信じられないくらいであった。それは何と言っても英語の伝統文法を徹底的にマスターしておいたおかげだと思う。二、三カ月目からは、ドイツ語で書いた手紙を同宿のドイツ人学生に訂正を求めて見せても、直すところはない、と言われるようになった。わたしは英語で頭の中で作文し、それをドイツ語に置換することからはじめたのであった。英語を書いた時の習慣で、日本語の下書きは絶対にしなかった。半年目からはレポートもドイツ語で書き出し、二年目には三百頁の学位論文を書き上げた。ドイツ人の教授たちは、ドイツ語をほとんど知らない状態で来たのに、たちまちドイツ語で、下手ながらもバリバリ書いているわたしを誇大なまでにほめてくれた。しかしわたしにしてみれば、そこにはタネがあったのである。英語を十年以上もやってようやく到達したレベルのドイツ語に一年くらいで到達したのは、英文法の知識がことごとくドイツ語に生きてきたからである。わたしはここで印欧語という意味を実感した。各言語の相違に注目することも大切だが、印欧語という語族《ファミリー》の本質的同質性に注目することも同じくらい重要なのではないだろうか。その点、どの印欧語にも応用のきく伝統文法の知恵はすばらしい。

それにもまして驚いたことは、現地において会話を習得することの容易さであった。半年後には電話で話していても、日常の短い話なら、日本人だと気づかれないですんだ。それに比べると英会話では何という苦労をしたことであったろう。会話はシチュエーションなるかな、シチュエーションなるかな、である。しかしこれから後も、気軽に

『タイム』を読めるまではなお五年の月日を、気軽にペーパーバックで五百頁、千頁の小説を読めるようになるにはさらにそれから五年の月日を要した。しかもアメリカで生活した上での話である。以上はあくまでも私個人の体験であり狭いものである。しかし少なくともこの体験からみると、現在行われている英語教育論や改革論の多くはいんちき（phony）のように思われてならない。

[英語教育]

英語教育のインパクト

●日本語の変容をもたらしたもの

1

鎖国が決定的な要因であった。もし鎖国がなかったら、英語教育のインパクトもまったく違ったものになっていたと思うのである。

突如の開国が日本人に与えたインパクトの最大なるものは、日本語蔑視の思想である。これは初代の文部大臣になった森有礼の日本語廃止案に極端な形で見られるので、まず彼の意見を考えることからはじめてみよう。

森有礼は薩摩藩士の子として生まれ、慶応元年(一八六五)十九歳の時に、つまり明治維新の起る前にすでにイギリスに渡って、ロンドン大学で化学や数学を学び、さらに三年後にはアメリカに渡ってそこで教育を受けた。旧幕時代の鹿児島の田舎の青年が、ヴィクトリア朝のロンドンに行った時、どれほどのショックを受けたかは、ほとんど想像に絶するものがある。何から何まで度肝を抜かれるようなものであったことであろう。その時の彼の祖国に対する苛立ちぶりも想像できる。絶望的とも見える文明の格差の大きさ。事態がdesperate（絶望的）に見える時に、人はdesperately（死物狂い）になって、そこからの脱出法を考える。森有礼は武士の子である。決断力に不足はなかった。

わずか二十四歳の時に最初の駐米公使となってアメリカに赴任した森有礼は、よく日本からの留学生に向かってこう語ったそうである。「日本語のような貧弱な伝達手段によっては、西洋文明を吸収し、文明開化を図ることはできない。自分は日本語を廃止して英語を採用したいと思っている。まだこれだけでも不足であって、日本人を人種的に改良しなければならない。だから日本人も白人と雑婚する必要がある。諸君も留学中にアメリカ人の娘と交際し、結婚して帰国すべきである」と。つまり、言語的にも肉体的にも日本人を根本から改造してしまおうというものであった。彼の日本語廃止案は、イェール大学の言語学者ホイットニーの懇切ていねいな忠告もあって、実行されないですんだが、ここに見られるのは、「国語性悪説」である。

ここでわたしは森有礼を非難しようとは思わない。むしろ彼我の落差の大きさに驚き、一日も早くそれを埋めようとした彼のひたむきな愛国心をほめてやりたいくらいに思う。しかしここに彼の登場を願わなければならないのは、彼が一つの「典型」だからである。もし鎖国がなかったら、欧州の文明はもっと緩やかに流入し続けていたはずだから、こんなショックはなかったであろう。そしてこのショックは劣等感に連なり、その劣等感のもととなったのが日本語なのであった。国語に対するこのような態度を、わたしは「国語性悪説」と呼ぶのである。

2

森有礼のような極端な欧化論や、極端な国語性悪説は間もなく消えたが、もっと緩やかな形では残り続けていたように思われる。つまり、英語は論理的な言葉であり、日本語には論理がない、ということは学校の英語教育の場では常識になっていた。英語には主語があり、動詞があり、補語あるいは目的語がある。とにかく英文法をやれば、上手下手は別として、英作文ができるくらいに論理的な構造を持っているという実感があった。これに反して、日本語を国文法で教えるわけにはいかないだろう、というのが一般的な感じ方であったと思う。

もちろん英語だって古い時代にはそれほど整理はされていなかったのだが、なにしろスクール・グラマーに関するかぎり、ラウスとマレーの線でがっちりできあがっていたのである。したがって、旧制の中学くらいから入試にかけての英文法の問題は理屈で解釈できる面が大きかったので、「英語は論理的な言葉である」という印象を与えたのであった。

英語はたいていの中学校で教えられたけれども、原書で文学を読める人などはあまりいないから、翻訳で読むことになる。そしてつい最近までは、翻訳調の日本語というのがかえって好まれる向きすらあった。西洋の物語が、あまりこなれた日本語で訳されたのでは感じが出ない、という声も聞かれたものである。学術論文の日本語となれば、伝統的な日本語にはないような口調である。そういう普通の日本語とは違った文体が忌避されなかった根底には、やはり「日本語性悪説」が横たわっていた。西欧文明をになった英語を訳すのに、旧来の日本語でよいはずはなく、必ず一味違うはずだ、という気持ちがどこかにあったのだろうと思う。

これは現在の英米人が日本のものを英訳する場合と考え併せれば、その特殊性が明らかになる。今、外国語から英訳する場合を考えると、その訳文が英語としてよい文章であるか否かが問題にされるだけであって、正確さはそれほど問題にされない。原文に忠実であろうとして、一風変った英語で訳すならば、その翻訳は「失敗」という烙印を押されるにきまっている。名訳と言われるアーサー・ウェイリーの『源氏物語』の英訳は、明治以降の日本人の翻訳に対する態度を基準として判断すれば、非常な悪訳であるということになろう。というのはウェイリーは、たとえば、紫式部が人称代名詞を用いていない文章にも he とか she を使うし、また、原文に主語がなくても、必ず主語を補っている。しかし日本人の翻訳者は、それまでの日本文ならば人称代名詞や his とか her などにあたる言葉をけっして用いないような場合にも、原文に忠実にそれを入れて訳した。もちろん英語の原文にある代名詞をすべて用いるわけではないけれども、それまでの日本語に比べれば、格段に回数が多くなっている。第一「彼女」などという単語自体の新しさを考えるだけでもよい。人称代名詞などはほんの一例であるが、一事が万事である。ウェイリーは英語に自信があったから、日本語に合せて変な英語を書くことは絶対にしなかったのである。これは現在サイデンステッカー氏などの訳し方とも共通である。これに反して日本人の翻訳者たちは、日本語に対する自信が欠如していたから、つまり国語性悪説を頭の隅に持っていたから、英語に合せて変な日本語を書くことを当然としたし、読者の方も、それを諒としたのである。

これは英語からの翻訳にとどまらず、他のヨーロッパ語からの場合でもほぼ同じである。というのは、日本のインテリの大部分は、まず英語をやり、旧制高校に進学してから独・仏をやったからである。独・仏はまったく英語と同じようなやり方でなされたので、基本的パターンは同じと言えるのである。

森有礼の日本語廃止論は、このようにして日本の英語教育へと変っていったのである。学校の英語で「直訳」し、入試英語で「直訳」して、意味はなんとか通ずるが奇妙な日本語を「書く」ことによって、日本のインテリは最もインテンシブな日本語作文の訓練をしたのであった。そうして育ったインテリの日本語が、現代の日本の「標準的書き言葉」を形成しているのである。新聞の論説を標準的な書き言葉と呼んでいいかどうかは別として、ああいう日本語は、名作落語の日本語とは相当異質である。これをわたしは「英文法をくぐってきた日本語」と呼ぶ。

明治以降のこうした日本語の変容を、だがしかし、わたしはおおいに歓迎する。というのは、このような変容なしに、日本が西洋文明、あるいは近代文明をみごとに消化することはできなかったであろう、と思うからである。明治の初年に森有礼は、日本語は貧弱な伝達手段であって、西洋文明を吸収することはできないと考えたのであるが、彼の予想に反して、日本語は短期間にキャパシティを拡大して、何でも飲み込むリヴァイアサンのごときものになったと言ってよかろう。

簡単な例をあげよう。最近『ヴィトゲンシュタイン全集』が出たが、そのうちのある巻のごときは、原文よりもよくわかる。これは昔はほとんど考えられなかった現象であった。谷崎潤一郎も『文章読本』の中で、翻訳書のわかりにくさを指摘し、そういう場合は原文を見るとわかると言っている。しかし現在ではそういう翻訳は数少ない。翻訳技術もさることながら、日本語自体が変容をとげたからである。

この日本語の変容の舞台まわしをやったのが、伝統的な教室英語の時間である。そしてこのことは、わたしに中世ラテン語の特質を解明した碩学フリードリヒ・パウルゼンの言葉を思い出させる。彼はローマの学問がギリシャの哲学を吸収しようとして千年近く努力した結果、古典ラテン語は中世ラテン語に変容したと言う。つまり、「ギリシャ哲学をくぐったラテン語」が中世ラテン語なのであり、それによってのみ、スコトゥスやアクィナスの精密な哲学が可能になり、かつ、深い心情を表現する宗教詩も可能になったという説なのである。その説は十分に説得力があり、異論はあまりないと思う。このアナロジーからいっても、日本の旧来の英語教育の功績は巨大なものであると言ってよいのではないだろうか。

4

敗戦とともにもう一回ショックがあって、「国語性悪説」はさらに極端な形で復活した。志賀直哉のような作家が母国語廃止論を唱えたのである。これと軌を一にして、ローマ字化とか、仮名文字化とか、いずれも国語を徹底的に変えることによって国語の性根を叩き直し、商売やタイプにつごうのよいだけのものにしようという動きがあった。日本の敗戦の原因が非合理な国語のせいにされた点で、文明開化の遅れを日本語のせいにした森有礼の復活であった。

また敗戦後の英語教育は、「英文法をくぐった日本語」を教えるという重大な文化的使命を、少なくとも理念的には放棄したように見える。戦後の英語教育論はさまざまあるが、英語を直訳に近い日本語にすることの、知的・教育的・文化的価値を主張したものは見あたらない。「すぐ役に立つ英語」の教え方の工夫がいろいろ示されたのであるが、そうして教えられた学生の英語がどれくらい「本当に役立つか」はこれからの結果を見なければならないといったところである。

一方、誰ひとり「理論的に」、あるいは「理念的に」ほめてくれる人はなかったけれども、直訳的英文和訳技術は、入試というものがあるおかげで、「実践的に」にはすこぶる徹底的にやられている。この業火をくぐらなかった青年は将来、高級な専門職（profession）に入ることができにくいことになっているが、それはまた当然のことでもある。英語教育には、英語が使えるようになるという公理的な目標のほかに、日本の場合は、日本人の頭脳水準を支えるという機能があることを認めてもよいのである。

［英語教育］

英語の顔・日本人の顔

天神様の国

物の認識は、その認識手段による、というのが認識論のABCである。たとえば「海」を認識する時、味覚だけしか使わなければ、それは塩辛いものである。触覚だけしか使わなければそれは冷たい液体である。視覚だけでしか使わなければそれは青や紺の広がりである。聴覚だけしか使わなければ、どどどーん、どどどーんと響く音だけである。しかし人間はいくつかの感覚を用いて「海」という表象を作り上げる。そうした場合でも、画家にとっての海と、漁師にとっての海と、海洋生物学者にとっての海と、海軍軍人にとっての海ではまるで違ったものに見えるであろう。つまり対象は何種類もの「顔」を持っていると言える。一つの顔は絶対でない。対象のどの顔を見ているのか、という反省が時々必要であろう。

「英語」というのもさまざまな「顔」を持っている。したがってアプローチの仕方によってさまざまな英語教育論が出る。英語教育論の専門家という職業もあるくらいである。しかし多くの場合、英語というものの持つ顔をあたかも一つのごとく考えて議論することになっているのではないだろうか。

去年だったと思うが、英語の学習には「漢文習得型」と「韓国語習得型」の二つがあるのではないか、ということを『英語教育』誌でのべた。それを読んでおられない方も多いと思うので、その要点を繰り返しておきたい。

日本に漢文が入ったのは欽明天皇の頃だと言われる。西暦五五二年という説と五三八年の説があるが、どっちにしろ六世紀の前半と考えてよいであろう。『千字文』とか、『論語』とか、仏典などが入ったとされる。仏典といっても漢訳したお経だから、要するに漢文である。その場合、話し言葉としての漢語も使われたに違いないけれども、それがどの程度のものであったかよくわからないし、その伝統は、一般に消えたと言ってもよいであろう。字が書いてある本を読むといういとなみが、国民教育の中心として残り、栄えた。われわれは平安朝の頃の学者の代表者、いな学問の神様として菅原道真という人がいたことを知っている。この人は天満宮の御神体ということで、今日なお、受験生の参詣人が絶えない。わたしの田舎の家にも小さな天満宮があって、頭がよくなるように、毎日おがめと教えられた。

この日本の学問の神様の学問とは、漢学中心である。漢詩もすらすらと作ることができた、という。では菅原道真は当時の唐の人たちと、自由に話したり、その話のヒアリングができたか、と言えば、できなかったと推測するのが正しいようである。つまり日本の学問の神様は、外国文学者であり、しかもその外国語が話せなかったのである。何と典型的に日本型外国語学習法だったことであろうか。

この伝統はその後千年も続く。中には例外的に中国語を話せる人もいたらしいが、話す中国語が日本の教育の中で確固たる座を占めたことがない。鎌倉時代の禅僧には中国から来た偉い人が何人かいた。しかし筆談が多く、後世への影響も書物によると言ってよいであろう。日本人はカタカナを発明して送り仮名とし、いつの間にか漢文という、直訳しながら外国語を読むという奇想天外な外国語修得法まで完成した。単語にもほとんど例外なく音と訓をつけてしまった。たとえば主を「シュ」とも読み、「あるじ」とも読む。英語で dominus を「ドミヌス」とも読み「ロード」(lord) とも読むといったらおかしなものであろう。少数の例外は etc. を et cetera と読む代りに and so on と読むことなどである。しかし日本の場合、輸入したほとんど全漢字を二つに読めるようにした。単語のみならず、文章まで日本語のシンタクスで読むというやり方なのである。しかもそうした世界無類のやり方でやった漢学の水準はけっして低いものではないのだ。韓国語あるいは朝鮮語では日本と違い訓読を発達させなかった。それが世界的な通常の外国語の入れ方である。しかし日本語はまるで別のやり方でいったのだ。

もし日本漢文の到達点が低かったらただ反省すればよいだけであるが、そうでなかったから話は複雑になる。故吉川幸次郎博士などの書いたものによると、江戸時代の漢学者のある者は、同時代の中国の研究よりも進んでいたところがあるという。かくして江戸時代には、漢学者と長崎通詞というものがいた。

漢文習得型教育で育った人たち

中国大陸の高度な文明に、日本は主として漢学者、仏典学者で対応し、その精髄を輸入し消化した。これは外国語に対する一つの対応の仕方である。この型を漢文型学習法と呼ぶことにする。

ところが長崎で清国の商人などと直接交渉する人たちは、長崎通詞を必要とした。これは漢学者とは異なる。これは今の言葉で言えば実用中国語 (practical Chinese) の習得ということになるであろう。この "practical" な外国語習得というものをよく見るためには、現在の東南アジア諸国語の勉強とか、韓国語の習得を考えてみれば便利であろう。漢文の対比として便利なので韓国語を学ぶ場合を考えてみよう。

まずわたしが韓国語を学ぶとすれば、教養ある韓国人に教えてもらう。まず発音を正しく、会話できるようにする。発音や会話をいい加減にして、韓国語をしゃべれない日本人の先生について、韓国語文法などからはじめることはしないと思う。われわれが韓国語の勉強をはじめた場合のことを考えると、語学教育の本道とされているものがよく見えてくると思う。

では中国語を学ぶとすればどうするか。まず実用中国語からはじめるであろうか。それでよい、あるいはその方がよい、という学習者もいるであろう。つまり長崎通詞の系統である。しかしちょっとまってくれ、という学習者も出るであろう。菅原道真や伊藤仁斎、あるいは夏目漱石のごとく漢文をやりたい、という人だってある。人によっては実用中国語で学びたいことはあんまりないが、漢文をマスターして、漱石のごとく中国古典を読み、あわよくば漢詩を作りたい、などという人だっている。漱石や乃木希典は実用中国語はできなかったが、清の文人を驚かすだけの漢詩を作れた。日漢の古典を縦横に読み、そこから教養や喜びを得たい、という人だっているのである。もしわたしがどちらかを選べ、と言われるなら、漢文をとる。そして日本人の大漢学者につきたい。

ところが複雑なのは、今の英語は、韓国語学習型のアプローチを必要とする面と、漢文学習型のアプローチを必要とする面とがあるのである。つまり顔が二つあるのだ。商売をする人、自然科学の情報交換などを国際舞台でやる人などは、韓国語学習型を求めるであろう。しかし英語はどうしても漢文型学習法を入れないと駄目な面もあるのだ。戦前のように、外人の直接的接触がうんと少なかった時代には、漢学的アプローチでも相当に有効であった。そして外国留学というような特別な機会が起ると、あわてて英会話をはじめるというようなぐあいで、その実用的な語学の水準は、例外をのぞけばひどく低かったようである。

たとえばわたしがドイツ留学中、その大学の心理学の大家M教授のところに、日本で高名なドイツ系心理学の教授がやってきた。この人はまったくドイツ語がしゃべれないので、大学から通訳するように依頼がきた。（日本のその分野の代表的な学者ということで、公式ルートの招待だったらしい。）この人とともに、M教授を訪ねた時のことである。ちなみにM教授は戦前はベルリン大学にいて、全世界の実験心理学の最高峰として、日本からもたくさんの留学生がそこに行っていた。わたしの案内した日本人心理学者が聞いた。

「先生のところには、戦前にも○○教授、△△教授、××教授のような人たちが研究に行っております。先生から見られた日本人の研究者はいかがですか」。これを通訳しながら、この心理学者もずいぶんいやらしいことを聞くもんだなあ、と思ったがそのまま通訳した。するとM教授は、こうこたえた。「戦前から、わたしの教室には、たくさんの日本人が来ました。しかしわたしの研究室で発言した日本人は一人もありませんでした。したがって彼らが何を考え、何を学んでいったか、わたしには何もわかりません」と。

日本では、M教授門下という心理学者が戦前から主要大学の教授として何人もいた。しかしM教授に研究のことで発言した人は一人もいないというのだ。当のM教授が言うのだから間違いない。しかしそういう無言の留学生たちは、しかるべき参考文献を確実に読み、正確に理解して帰国し、日本の心理学の水準を欧米並みにすることに貢献したのである。戦前の有色人国でそれを成し得た国はほかにないのだから、漢文型学習論も極めて有効であった、ということを認めないわけにはゆかない。

日本の学者が漢文型で育ちながら、韓国語型をも身につけたのは、戦後のガリオア、フルブライトなどによるアメリカ留学ということがきっかけである。今までのところ、英語で学問的交流をやっている人は、日本の漢文型をマスターした上で、英語国に住む体験を持った人だけであると言ってもよいくらいである。もし漢文学習型の勉強抜きで実用英語のみ、あるいは韓国語学習型勉強のみで、どのくらいまでうまくゆくかはまだ何とも言えない段階にあると思われる。向こうに住みついて何十年もそこにいたら、英語もマスターし、学問的にも専門家になるであろうが、それは要するに移民として帰化することにほかならないので、日本の英語教育の対象にならないのではないか。

高級言語学書としての学参もの

英語は漢文学習型によってマスターされる面と、韓国語学習型によってマスターされる面と二つあることになる。この両方を要求されていることを十分に認識しないと、英語教育者には挫折感のみ大きいであろう。旧制中学や旧制高校の語学教師たちは、語学教育であまり挫折感がなかったのではないか。漢文学習型に徹しているようなところがあった。実際、できる学生は難しい本をどしどし読むようになったからである。韓国語学習型の方は、外国人教師にまかせたり、外国人がいない時は簡単に無視した、と思う。そうされて育った人たちだから、戦後、急に外国との接触が多くなると、英語でしゃべれない、聞きとれないことをしきりに批判するようになる。漢学者の門に入って、長崎通詞としての能力が身につかなかった、と言っているようなものであった。特別に例外的な才能と努力の人を除けば、外国人と交際したり、外国に住む機会がなければ、役に立つほどの会話力は身につかないものであると割り切った方がかえって無理な期待がなくて人を誤ることが少ないのではないかと思う。

日本の学校英語の時間はさらに少なくなるそうだ。生徒の素質にもよることだから、地域ごとに、あるいは学校ごとに事情がおおいに違うであろうが、相当の粒の揃ったクラスで、漢文学習型に徹すれば、相当の効果を上げ得ると思う。この場合、生徒側の自習を前提としなければならないが、学校文法（伝統文法）の大筋を叩き込み、基本文型を暗記せしめ、基本的文法問題に習熟せしめ（たとえば能動型を受動型にするとか）、やさしい作文をやらせ、文脈を追って英語を読む方法を仕込む。漠然たるスピーキングなどを含めた週四時間よりは効果が上がるのではないか。この場合、英語の持つ韓国語学習型の顔を切り捨て、これを課外のクラブで有志にやらせるのだ。その場合、外国人コーチがつけば理想的である。教室は漢文学習型の顔だけを立てるということになる。

日本の漢文は独特の外国語習得法であるが、日本の英文法というのも独特だと思う。英米人のためにできた英文法では、やはり読解力は十分につかない。そこで南日恒太郎、小野圭次郎、山崎貞などという日本式英語勉強法の系譜ができた。わたしの知っているのは以上の三人のほかに、松川昇太郎、須藤兼吉、原仙作などの諸氏であるが、こうした本を一冊上げると、文法の力も語彙もぐんと増える気がしたものである。日本中の青少年がたいていそう思ったのではないか。たしか、戦前の荒牧鉄雄氏の参考書であったと思うが、英文の構造の説明に線を用いたものがあった。今、手もとにないのが残念であるが、ああいうやり方を整理し、細かにして偉そうな術語をつけると新言語学になると言ったら叱られるだろうか。

しかし受験英語と言われるもので英語の操作になれた日本人の学生にとっては、新言語学は難しいものではないようである。かつてある大学で変形文法の初歩を教えたことがある。試験してみたらほとんどの学生が満点だった。同じことはそれよりもさらに何年か前に構造言語学の初歩の試験をやった時にも体験した。新言語学でも深く入っていろいろな学者の理論が対立したりする点になれば難しいのであろうが、基本的なことは、日本の受験英語の参考書をかっちりと仕上げた人たちには非常に理解しやすいもののようである。

多少難しいのは、新言語学で使われる新しい術語であるが、これも何回か練習させるならば、受験参考書を上げた学生なら覚えることができる。ただ、はじめから意味のわかっているやさしい外国語の文章を、どうしてこんなにいろいろと術語をつけてやらなければならないのか、という懐疑心が出るといけない。受験参考書の方の文法は、文法的知識と読解力が比例して進む、というところがあったが、新言語学の方の文法は、すでにわかり切っている内容の文章の操作なので、その操作自体が好きでないとやれないであろう。

文法というアプローチで見る英語の「顔」も、文法の種類によって、また二つの別の「顔」になるのである。つまり読解力増進という手段としての文法に見せる顔がある。今まで読めなかったり、意味のとれなかったりした英語の意味が明らかになる、つまり英語の実力をつける文法がそれである。もう一方の文法は、意味ははじめからわかっている。そのわかっている英語の文章の勉強をするのである。そうした言語学的研究によって見えてくる英語の「顔」、第三の顔もある。しかし順序から言うと、まず未知の英語の意味を把握させてくれる文法が必要である。これに習熟すれば、それで十分であるし、その力があれば、もう一つの文法の方に進む能力はあるとしてよいであろう。あとは好みの問題ということになる。

普通、新言語学で操作する文章は、容易な、つまり初歩的な文章である。ところが日本の入試参考書の扱う文法の文章は、英米の一流の文人が大人向きに書いた堂々たるものであることが多い。世界の言語学で、これほど高級な文章を分析し続けることを使命とするものは消えつつあるのではないか。昔はギリシャやラテンの古典を読めるようにさせるために、欧米でも日本の受験参考書みたいな文法教育が学校教育の主流であったが、今はまったくはやらないようである。日本の受験生は、英米の大学生以上に英文法に通じている。イギリスの大学の英文科の学生でも、vt.（他動詞）とかvi.（自動詞）とかいう辞書の中の記号がわからなくなっている、とスコットランドの大学教授が嘆いていた。日本人の中高生は、非常に高級なことを学んでいると言えるわけである。さもなければ、大学入試に出てくるような文章を、外国に行ったこともない少年少女が読みこなせるようになるわけがない。日本の作家のものを外人にその程度に読ませる「学参もの」が外国で工夫されたとするなら、高級な言語学書に見えるのではないか。

伝統的な文法教育から入って、英文を読んだり、作文をしたりすること——この方法によって英語に近づく人には、英語はその最もいい顔を見せてくれるのではないかと思う。もちろん、韓国語習得型によって見る英語の顔も、生き生きした魅力的なものであるが。

英語を通じて見せる日本人の顔

「顔」という言葉を使うついでに言っておけば、英語を通じて日本人が英米人に見せる顔と、ほかの国の人が英語を通じて見せる顔とはだいぶ意味が違うことがあるのではないか、と思う。二、三年前にわれわれの一家はエディンバラに一年住んだ。高一、中一、小五の三人の子どもは同じ私立の音楽学校に入った。ところが何か規則があるらしく、新しくやって来た外国人の子どもたちは、そのほかにも英語補習校にも通学せしめられるのである。

うちの子どもたちも行ったが、三人ともその英語補習学校には絶対に行きたくない、と言い出して譲らない。いろいろ事情を聞いてみると、そこでは三人とも低能児扱いされるらしいのだ。そこに来る子どもたちは旧植民地などからの新移民者の子どもである。英語が不自由だと言っても、会話は相当できる。うちの子は会話はほとんどできない。末子は小学五年生だから英語は少しも習っていなかった。そこで何も通じない子は低能児ということになる。

英語補習校の先生は、長年の経験で、英語で応答できる能力が、その子どもの全実力と見なす習慣がついている。そしてそれでほぼ通用するのである。旧植民地から来た子どもは、英語で表現できる知識が、知識の大部分を占めているので、その子の知力の全発達段階を英語の進歩で測定してもほぼ間違いがない。ところがうちの子どもたちの場合は、知識や知力の発達段階と、英語による表現力がまったく無関係である。氷山の一角という言葉があるが、その一角にもならない。

調べてみるとこういう事情がわかったので、英語補習校は退学させて、自宅に週三回、家庭教師をつけることで代用することを認めてもらった。英語補習校は嫌いぬいたうちの子どもたちも、音楽学校には欣々として通学した。英語の通じない点では同じはずなのに、こっちの学校は楽しいのである。というのは、こっちの学校の方では、うちの子どもたちの知識や知力を英語の表現力ではからないのである。英語はできないが少なくとも音楽はできる。バッハが、ベートーベンが、あの程度暗符で弾けるためには、どれだけの記憶力、集中力、練習が要るか先生にも同級生にもよくわかる。だから英語はできなくても誰一人軽蔑的な態度に出ない。また、私立の音楽学校に入っている生徒たちは一人残らず地区などの特別奨学生、つまり優等生であり、しかも親もクラシックの素養があり、楽器も家にあるという、相当教育のある階級の子どもたちだけである。うちの子どもたちはこの学校では本当に楽しい一年を送り、友だちもできたようだ。英語に不自由なうちの子どもたちと、同級生たちは根気よくつき合ってくれた。不自由な英語の表現の背後に、もっと実質的なものがあると信じてくれたからである。それに反して英語補習校では乏しい英語表現力の背後には、表現すべきものすらない白痴同様のものとして、先生も見、同級生も見る傾向があった。

これは日本人の一つの目立った傾向ではないかと思う。日本に来たばかりでよく事情をのみこめない外国人教師の中には、時々、英会話のうまい学生を秀才と思い込み、会話のできない学生を愚鈍と思い込む人がいる。しばらくすればわかってくるのだが、戦争直後は特にその傾向が強かったのではないかと思う。それに反してラフカディオ・ハーンは、松江中学や熊本の高校にいたおかげで、日本人の学生を英会話の力という「顔」で見てはいけないことを知ったという。彼は東大で講義するようになった時、わかりやすく話すという努力はしたが、話の内容を下げることはしなかった。彼の講義したものが、今なお名著として残っている理由はそこにある。

英語の持つ顔はいくつもある。その顔を一つだと思い込んでしまうといろいろな混乱が起るであろう。戦後の英語教育の中心問題は、韓国語習得型によって接近すべき英語の顔が欠けているという批判によって起きたものであると言ってもよいのではないだろうか。現在はこの方面の議論は急に鎮静化してきているように思う。それは外国と関係の深い家庭では子どもを外国に出したり、また外人との交際を深めたりという機会が多く、学校に英会話をあまり期待しなくなったからであろう。実用的な英語は、根本的に条件反射によるという認識にもとづいた解決策によるべきであろう。

一方、漢文習得型によって接近すべき英語の顔は、ますます重要性を持つであろう。一年のイギリス滞在の経験から観察しても、日本で中学の文法を終え、高校入試の終ったいちばん上の子が断然上達が早く、作文もクラスの中で書けるようになった。中学で少しやったばかりなので、向こうに行ってから大急ぎで初等文法を上げた二番目の子は、上げた時から急に進歩が早くなった。文法を何もやらなかった小学生の子は、帰るまでののしり言葉（swear-words）と少数の短文しか口から出てこなかった。英語を生成するためにも、変形させるためにも、その能力を養ったのはどうやら学参ものと呼ばれる英文法であったようである。英語の持つ二つの顔はこのようにして統一する可能性がある。すると外国人に対する日本人の「顔」もその本当の「心」と一致してくるのではないだろうか。

［英語教育］

大学の英語教育はこれでいいのか

日本の英語教育のあり方は、改善の努力の方向が完全に時代の流れに逆行し、「改善」の実があがればあがるほど、有効度が落ちてきているのではないか。もちろん世の中に「これでよい」と言えるほど完全な制度・方法があるわけではなく、不断の改良の工夫が必要であるという意味では「これでよくはない」のであるが、いわゆる改善の方向は、大局と逆方向になっているのではないか、という危惧の念はこの頃、深まるばかりである。

英語教育の問題が出されると、それが中学・高校の場合であれ、大学の場合であれ、わたしはすぐに知り合いの家庭のA家の場合を思い出してしまうのだ。A氏は昭和三十年代の中頃に渡米し、向こうの大学も出、そこで活躍することになった。そして十年以上もアメリカにいた。彼は自分を成功者と見、周囲もそう見た。たまにアメリカから帰国する時は、都心の有名なホテルに滞在し、彼の恩師もそこに会いに行く、といった調子だった。日本人の渡米はまだ難しく、フルブライトが頼みの綱という感じであった時の話である。ドルはもちろん公定で三百六十円、ヤミではもっと高かったであろう。

Ａ氏も夫人も英文科出身ではないが、耳がよく、語学的才能もあったと見えて、日本人ばなれした流暢な英語を語るようになった。Ａ氏夫妻は自分たちが英語で苦労したから、子どもたちは英語で苦労しないように配慮した。ところがその後、天下の大勢が一変したのである。アメリカの大学では日本人のスタッフとの契約を延長しないケースが増え、また収入も日本にいた方がむしろ有利という、昭和三十年代や四十年代の前半では想像もできないことが起ってきたのである。Ａ氏夫妻は三人の子どもを連れて帰国した。Ａ氏自身の祖国への融け込みも難しかったようだが、子どもの場合はもっと難しかった。Ａ氏夫妻は日本で教育を終えているから日本語に問題はなかったが、子どもはそうはいかない。典型的な帰国子女問題である。しかも当時はまだこの問題の「はしり」であって、受入れ態勢は日本側にはほとんどなかった。

この場合の問題のありかは明白である。Ａ氏夫妻は自分たちが英語で苦労したので、子どもに英語をマスターさせることには熱心であったが、日本語などは、あまり努力なしに覚えられると高を括っていたのだ。なるほど日本人には日本語で苦労した記憶はあまりない。しかし子どものときに日本語を覚えそこねた人が、学齢期を過ぎてから日本に帰った場合には、今さら日本語の難しさを知っても、ただただ驚くより仕方がないのだ。Ａ氏は長男が日本の学校に入ってやってゆくことは不可能と判断せざるを得ず、その子どもは一人でアメリカに戻った。長女は正規の日本の学校に入らず、次男だけが、まだ学齢期以前だったこともあって何とか進学したが、それもスムーズなものではなかった。

今ではありふれた帰国子女のケースをながながとのべたてたのは、まだこの問題がジャーナリズムなどに登場する前の時期だったせいか、Ａ家の子どもたちをよく知っていたこともあって、印象が強烈だった上、それまで考えたことのない視点を提示してくれたからである。わたしとＡ氏はほぼ同じ世代の人間だ。英語の習得に青年期のいちばんよい時間を大量に注ぎ込んできた。「英語を自由に使って交流できたら」ということは青年時代の夢だった。自分の子どもがその英語を確実に身につけ得る機会が現れたら、何が何でもやらせたいと思う。ここにわれわれの世代の人間の引っかかりやすいワナがあったのだ。子どもにとって容易に英語を身につけ得る環境や機会が与えられることは、容易に日本語を身につけ得る環境や機会を奪われることだったのである。そのことをその次の人たちはよく悟るようになった。帰国子女問題が意識され出したということは、つまりはそういうことだったのである。

古い日本の学校英語教育で十分でないことは明らかであった。戦前の英語教育を受けた人たちは、戦後、突如、英語が実用として用いられる場面に置かれた時に当惑した。「十年やった学校英語では挨拶もできぬ」ということで、英語は非難の的となったのである。英語教育は改善されなければならないものになった。改善は抜本的であることに越したことはない、と誰でも思いやすい。

自分が欠如を痛感したもの、あるいは習得に苦労したものが目につきすぎて、「それを習得するため」と聞くと、自分が得ていたものの価値を過小評価するという、かの心理的なワナにかかるのではないか。英語の習得に目がくらんで、日本語の方は努力しなくても身につくくらいにしか考えなかったA家のようなことが、英語教育の中にもあるのではないか。

戦前からの日本の英語教育、特に高専・大学の英語教育の目的が、「原書の読破」にあることには、教える者の側にも教えられる側にも異存がなかった。大学では特に専門分野における原書の読破こそが、まさに語学教育の存在理由そのものであったのである。

これが間違っていたのであろうか。わたしにはどうしても間違っていたと思えないのだ。日本だけが、非印欧語民族の中で、ただ一カ国だけ、戦前において近代化に成功したのは、まさにこの点にあったと思うからである。これは欽明天皇以来、日本がすぐれた外来文化への接触法としてやってきた方法である、と言えば話が古くなるから、旧幕時代の蘭学からの話にしてもよい。オランダ人と実用会話の機会が持てる以前に、蘭法の本を読めるようになった国が日本であり、オランダ人やイギリス人といくらでも接触する機会があったのに、欧米の専門書を読みそこねたのが、ほかの植民地や半植民地になった国々である。明治以降の日本の歴史については、いろいろの思想的な立場から、いろいろのことが言えるであろう。しかし日本が植民地になるよりはよかったとしなければなるまい。そして日本が植民地にならなかった最大の理由の一つとして、「原書を読む」ということが高等教育の目的として、ゆるがない地位を占めていたことを数えてもよいと思う。

「原書を読む」という精神的姿勢（mental attitude）は、過去の日本では当然であった。それは漢学や蘭学を通じて養成されてきた民族的な遺産といったものなのではあるまいか。そしてそれは、一度失ったら取り返しのつかないものなのではあるまいか。

ここでまた十年以上も前の体験を思い出した。あるアメリカの高校を卒業した女子学生のことである。彼女の卒業成績は悪くなかった。ところが日本の大学に入ってみると、クラスで使っているテキストが読めないのである。その時は G. K. Chesterton の *Orthodoxy* の講読をやっていたのだが、きちんと直訳できない。文法がいつもあやふやで、関係代名詞の that と名詞節の that の区別がつかない。説明しても関係代名詞（relative pronoun）とか名詞節（noun clause）という術語も知らず、その概念も持っていない。わたしはやさしい例文を黒板に書いて説明したが、よく飲み込めないのだ。クラスのほかの者はあっけにとられている。この学生はついに「正確に読む」ということの何たるかを身につけ得なかった。それでも英語はできるつもりなのだった。似たような例はいくつも思いつく。レポートをさらさらと英語で書いて出す外国の高校出の女子学生もいた。文法上の細かいことは別としても、あまりにも単純な英文の羅列であり、しかも内容も何もない。では「日本語で書いてきなさい」と言ったら、日本語はなおさら駄目なのだ。同級生たちは、挨拶はろくに英語でできなくても、はっと思うほどの内容のあるレポートや卒業論文を書けるのだから、英会話力、コミュニケーション能力はともかく、頭の中は中学生と大学生の差があるのである。それは何やら、昔のイギリス植民地における土着民の上流子女という感じであった。「原書を読む」というmental attitudeが日本を植民地にしなかった、という実感はこんな時にも湧いてくるのである。

大学の英語教育がこの「原書を正確に読む」という本筋を忘れないかぎりで改善されるならば、申し分のないことである。しかし新しいことに熱心になると、古いことの持つかけがえのない価値を忘れがちという、例の心理的落とし穴は常に指摘し続けなければならない。これに対して、新しい時代には原書読みのようなものでは間に合わない、という意見があるであろう。しかしわたしの見るところでは、新しい時代の英語の需要の質は、さらに原書読み型を志向するはずなのである。

たとえば貿易を考えてみよう。戦争直後ならば、バイヤーに品物を見せ、速成会話か、進駐軍で働いたことのある人の経験英語でも使えば何とか間に合った。さらに外国から輸入する場合も、品物と値段がわかれば、あとは好意を交換できる「英会話」であればよかった。しかし今は新しい段階に入っていると思う。何しろ向こうに工場を建てたり、現地会社を設立したりしなければならない。書類が読めないことにはどうしようもないのだ。契約書の内容を知ったり、弁護士との打ち合せを「英会話」でやるわけにはいかないであろう。経営の書類は母国語でも相当の学力が必要だ。実用会話の英語でどうなるわけのものではない。わたし自身、数年前イギリスにいた時、民事訴訟に巻き込まれ、控訴裁判までいった経験がある。相手の訴状、こっちの反論、弁護士への指示その他、実用会話などでは何の足しになるものでもないし、また、その辺のことは普通の通訳をやとったとしても難しいと思った。その時に実感したことは、これからの英語というのは、外地にあって、裁判関係の文書も読めるものでなければなるまいということであった。事実、外地にいる日本人の企業の責任者は、少なくとも弁護士と事件の内容について正確に意見交換できるくらいの英語力が要求されてきているようである。

そういえば数年前に、大商社での入試試験には英会話を除くということを聞いたことがあった。商社の幹部要員になるような人は、筆記試験の方が重要であるという認識が出ていることを知って、おもしろいと思った記憶がある。英文和訳や和文英訳という旧式の試験で優秀な成績をとるほどの者ならば、会話の方は特訓して、現地に送れば間もなく使えるようになる。しかし入社試験時に英会話ができるということは、それが筆記試験の裏づけがないかぎり、利用範囲が狭い。契約書や高度の経営問題を含む文書を読む力は、「原書を読む」訓練のある人でなければ、まずは無理であろう。そして英文和訳の日本語がまともであることは、相当以上の国語力が必要である。ところが国語力までつけてくれる「新しい」英語教育法というのは、まだ聞いたことがない。

今までの大学英語教育の足りなかった点は、「原書を読む力」をも十分つけてくれなかった点であり、内容のある英作文をする能力をも十分開発してくれなかったことである。つまり昔のやり方が徹底しなかったことがいちばん欠陥なのである。だから大学英語教育を改善するなら、新しいことを考える前に、まず、どうしたら原書読破力を増し、どうしたら英作文力を増すかという、古い目標をもう一度見直すことであろう。古い目標は少しも価値を減じていないどころか、日本の置かれた新しい状況においては、さらに急速にその重要性を増してきているのである。新しいことを考える前に、昔のことを徹底させることである。大学英語教育の場合でも、そこには王道も新道もないのだ。

［英語教育］

伝統文法と実用

日本には「不易と流行」という便利な概念がある。英語教育についても同じことが言えると思う。

不易の面

本を読んだり、論文を書いたりするようになるためには、伝統文法をマスターする必要がある。これは日本人が日本語で育つかぎり、二十一世紀になろうが二十二世紀になろうが変らないであろう。英語国に成長期を過ごし、英語国の小学校や中・高、大学を出る人にはそんなに必要ではないかも知れないが、その場合でさえ、知的職業に就くためには、伝統文法のマスターが必要とされる。ハーバードのようなエリート大学においてすら、高校の時に英文法をちゃんとやってきていない学生は、英作文の補修コースをとらされているのだ。日本語の中で日本に育った人間が、ちゃんとした英語の本を読み、英文契約書を検討し、会議で通用するようになるためには、伝統文法の完全マスターと、組織的な英作文の練習が必要である。これは明治・大正時代でも、昭和でも、二十一世紀でも変らない。いわゆる新言語学の実用性は実証されないままになる可能性が高い。

流行の面

客観的な条件の変化は甚大である。日本人の給与は世界最高になり、英語国からネイティブ・スピーカーを導入することは、経済的に極めて容易になる。発音指導や会話はネイティブ・スピーカーにどんどん渡すべきである。中学・高校では英語教育の三分の一くらいはネイティブ・スピーカーにすべきだ。またテレビやビデオの発達のため、英語に触れる機会が増える。また日本の会社や工場には留学生がうんと増えて、英語を話す機会が激増するであろう。外国旅行や滞在や留学もうんと容易になる。実用英語はネイティブ・スピーカーによって、また精確な読書や文法は日本人教師によって、という役割分担が進まなければならない。

［英語教育］

理想は〝東大に入った帰国子女〟

英語教育が社会の話題にならなくなってからすでに久しい。かの平泉案が出た頃までは、英語教育について誰かが発言すると、大きな反響があり、月刊誌も喜んで取り上げたものである。英語教育についてのこのおおいなる沈黙あるいは無関心こそ、今の英語教育の置かれた状況を最もよく示すものであり、ひいては英語にかぎらず、外国語教育一般のこれからのあり方を示唆するものである。

英語教育が社会的関心であり得た頃、それには二つの前提があり、それは当然のこととして受け取られていたので、あまり議論の対象にならなかったのである。その暗黙の前提の第一は、外国語と言えば英語であり、ほかの言語は大学に行ってから考えればよい、しかしそれはフランス語かドイツ語かが中心であり、その他の言語は普通の大学でもなかなかやる機会がなく、またそういう機会がなくても、それが当然という雰囲気であった。第二の前提は、学校でちゃんと教えてくれれば、生徒は英会話も英文解釈も英作文もできるようになるだろう、という学校信仰である。そこでまず学校信仰の方から考えてみよう。

旧制中学以来の秀才と自負する人たちが、戦後の国際交流が深まり、かく広がる中で、痛切に感じたことは、自分たちの習った英語がいかに役に立たないかということであった。話すことも聞き取ることもうまくできない。十年以上も英語をやって、初等会話もできないとは何事であるか。英語教育がなっていないからだ、という批判が澎湃《ほうはい》として起ったのである。これに対して英語の先生たちは、ひたすら恐縮し、mea culpa, mea maxima culpa（わが罪なり、わがおおいなる罪なり）と胸を打つばかりに反省し、フリーズ英語教育法をはじめ、多くの新しい英語教育を学び直すことに努力した。その真面目な先生方の姿は尊いものであった。しかしその効果はあったか、と言えば別問題である。英会話、つまり「役に立つ英語」については、効果はゼロであったと言ってもよいのではないか。わたしがこのように厳しく断定する理由は、帰国子女と呼ばれる多くの青少年たちを見ているからである。

たとえばテレビで見ても、幼い時に数年間、海外生活を送ったことのある人の英語というのは、日本の教室の中で日本人の先生に習ったものとは異質のものであることがわかるであろう。音の質も、受けこたえの自由度もまるで違うのだ。もし帰国子女並みの英語を日本にいて、日本の学校の教室で学ぼうとしてもまずは不可能である。それこそわが恩師ロゲンドルフ先生も言われた通り、「馬鹿にならなければできることではない」のである。今まではっきりしてきたことをまとめれば次のようになる。

実用になる英語をマスターするには、日本の学校の教室は相性が悪いのである。できる話ではないのだ。したがって、学校の教室にはいわゆる「役に立つ英語」は期待しないことである。

事実、多くの親はそれを知っている。青年もそれを知っている。それで近頃はこう言われている。「帰国子女で東大に入るのが理想コースなのである」と。帰国子女には日常会話的な苦労はなくなる。一生、英会話の苦労はない。あとは旧来の名門校に入ればよい、というわけである。

これはどぎつい表現である。しかし三十数年も英語教育に関係した者として、そこに真理の粒があることを認めざるを得ない。その場合、問題は育った環境のウェイトが大きくなりすぎて、機会均等の教育の理念に反するのではないか、ということである。まさにその通りである。「役に立つ英語」に関しては、成長期の環境が絶対的な意味を持つ。これは否定しがたい。

しかし世の中の親がすべて海外勤務できるわけではない。そこで出てくるのはそれを補う方法である。かつてAFS(American Field Service)で高校時代に一年ばかりアメリカに行ったことのある学生の英語力は際立ってすぐれていた。もともと英語のできる生徒であったせいもあろうが、これは大成功だったと思う。然るべきホームステイをする家庭があって、一年くらい中学か高校の時代に英語国で生活して、ハイ・スクールの生活を体験することができれば、「役に立つ英語」の目的はあらかた果たされたことになるであろう。一生英会話の苦労はない。

この点においては、海外にコネのある家庭は自力で解決している。外交官や大企業の経営者などでなくても、最近は海外と取引きのある中小零細企業の数がうんと増えて、そのコネを使って家族ぐるみのつき合いをする家庭が実に多くなった。こういう家庭ではもはや日本の学校に「役に立つ英語」などは期待しない。また一方、ホームステイや海外研修などを斡旋する企業や団体もあるようだが、どのくらい信用できるかは、一概には言えない。わたしの知っている専門学校では、アメリカの四年制の大学にサマー・プログラムをやってもらって、目ざましい成功をしているところもある。一般の大学や短大も、経営者の努力によってその道を拓いて、日本における英語教育を補完することができよう。

一方、大量の外国人教師を中学・高校に入れることも考えられる。英語教師の三分の一がネイティブ・スピーカーであれば「役に立つ英語」には役立つであろう。しかしすべての中学や高校がそれをやることは難しいので、一地区にいくつかのそういう学校を作ることからはじめることになるであろう。専門学校や塾の方が思い切った「役に立つ英語」を教えるには向いているような気がする。また、最近ではアメリカの大学も積極的に日本に進出してきて、アメリカの学位を出すようになった。アメリカの大学は日本では各種学校扱いになるが、日本にいて「役に立つ英語」をマスターするには有効な道の一つであろう。

ここで再び強調しておくべきことは、今までの学校の教室における英語教育では、いかように努力しても、本当に「役に立つ英語」のためのヒアリングとスピーキングはできないということである。耳と口は、生物学的条件反射を基礎としているのであって、条件反射ができ上がる条件のそろっていないところでは、「馬鹿にならなければできない」話なのである。若い頃の環境が圧倒的な重みを持つことを率直に認めよう。

では学校英語は無用か、と言えばそんなことは絶対にない。帰国子女は日本だけに育った子どもたちよりも、会話力は断然すぐれているという共通点はあるが、その帰国子女にも二種類ある。それは伝統的文法訳読法（grammar-translation method）による英語の理解ができる者と、できない者である。会話ができるからと言って文法訳読法による学習をちゃんとやらない生徒は、日本の大学生としては不適格、またはそれに近い。英語の学校文法を一応マスターすることは、日本語と英語をともに反省的に把握できる知力を開発することである。英語をきちんとした日本語で訳せること、また日本語を文法的な英語に訳せることは、知的なレベルで国際的に活躍するための基礎である。中学生や高校生で外国生活をする機会を持たなかった者も、文法訳読法の訓練によって、英語の本を読み、かつ英語の文章を書くことができるようになれる。機会を求めて（たとえばテレビの英語講座などで）耳を英語の音にさらすことに努め、機会を求めて初等会話をやっておけば、大学生になってから、あるいは社会人になってから英語国に行っても、たちまち適応できるであろう。事実、英語を使って活躍している大部分の人は、文法訳読法の優秀者だったのである。日本語をしゃべれるだけでは日本人も日本で知的な仕事について活躍することは難しい。英語だって同じことである。そして知的活動を可能にするほどの英語力の基礎は、文法訳読法が正道である。

このように見てくると、巷間よく言われる理想的あり方——帰国子女で東大に入ること——は、本当に理想的なのである。帰国子女というからには英会話はできる。東大に入る以上は、文法訳読法の英語教育についてゆける訓練をしたことになるからである。「東大」の代りに、相当難しい入試をやるところならどこの大学を持ってきてもよい。帰国子女でなくても、ネイティブ・スピーカーと交って生活するような環境に、ある期間だけ身を置くように心がけるよう指導することであろう。

英語の代りに別の外国語はどうか、ということは、今の段階ではあまり必要はないであろう。近隣諸国の言葉のどれか一つやるよりも、英語の方が近隣諸国全体に通ずるからである。つまり英語をマスターしてから、余裕のある人は、自分が最も関心ある言葉を次に学べばよいであろう。

[英語教育]

「英語公用語化」論に一言

●それはエリート官僚英語の問題だ

ある言葉を「公用化する」という意味を、それを唱えた人たちが十分理解していたとはとても思えない。いつかベルギーの王様のお話を聞いたことがあるが、フランス語とフラマン語と二カ国語なのである。一節ごとに、もう一度同じことを別の言葉で言い直すのだ。日本人が役所に出す書類も、その説明書も二カ国語になるのだが、そんな面倒なことを日本人に誰が強制するのか。占領軍がいた時でも、普通の日本人にはそんなことは必要でなかった。しかしアメリカ軍の占領が百年も続いていたらそのようになったかも知れないが。

もっとも外国語を公用語としなければならない国もある。インドなどはいろいろな言語が多すぎるので、「英語も」公用語の一つとして採用されている。しかしこれは長い間、イギリスの植民地だったという特殊事情から生じたものである。アフリカなどでは旧宗主国の言葉が公用語として用いられている。これも部族語が多かったり、また、自国語だけでは近代的な学問をやったり、近代的な諸概念を示すことができないからである。

もう三十年以上も前のことになるが、アメリカの大学で教えていた時、インド人の同僚がわたしに向って「日本の大学は何語を使っているのか」と聞いたことがある。その時はそんな質問自体にびっくりしたものであったが、考えてみると世界には、自国語で大学教育のできない国がうんとたくさんあるのだということを実感したものだった。日本だって明治初年は短期間であったがそんな時期があった。短期間でその段階を卒業したということが日本の誇りなのではないか。

しかし英語公用語化論の出てくる背景はよくわかる。国際会議に出る政治家、官僚、学者などがよく議論に入ってゆく語学力がないことが痛感されてきているからであろう。同じ嘆きは、第一次世界大戦にケリをつけたパリ平和会議の時にすでにあった。全権大使の牧野伸顕は、日本の外務官僚の語学力の貧弱さに驚いて、若い外交官の留学制度を決めたという。

このエピソードの中に、英語公用化問題の本質が露呈されているのだ。日本の国益を代表するような国家公務員は、国際的舞台で国益を護る発言ができるような語学力を持つべし、ということなのである。それが今でもよく機能していないから、英語教育改革案から始まって英語公用語化論まで至っているのである。だから国際舞台でちゃんと日本の「言い分」を通せる国家公務員を作ればよいだけの話であって、それなら解決策はある。

それは第I種国家公務員試験の受験資格に、英語国の大学（これは国が五〇くらい選んでよいだろう）でB. A.あるいはM. A.（M. S.でもよい）のディグリーを持つ者であること、と規定するのである。今の制度では、エリート官僚になってから留学させるから効果が少ないのである。たとえば、大蔵省のエリート官僚を受け入れた大学の経済学部の教授は、その留学生を大切なお客様扱いにすることは明らかだ。本物の試験など成り立たないことは言うまでもない。だからタダの学生の時に留学して、その国の学生と同じレベルで生活を共にし、同じ教室で議論し、同じ馬鹿遊びをし、試験も同じように受け、嫉妬したりされたりしてディグリーを取る経験を持つことが本質的に重要なのである。そして帰国して日本の学士なり修士なりを取り（そうしないと日本語が信頼できない）、それから国家公務員I種試験を受けるのである。年齢は今より二、三年高くなるがそれは少しもかまわない。

若い頃、同じ資格で外人学生と議論したり、喧嘩したり（なぐり合う必要はない）、恋を囁いたりした経験がない人が、突如、国際的舞台で英語で議論せよ、と言われても無理であろう。

さらにもう一つつけ加えておけば、国家公務員になる人のためには、東京裁判に関する『パル判決書』を試験科目にする必要がある。これで近代における「日本の言い分」が何であるか、客観的によくわかるからである。東京裁判史観をひきずっていたのでは、「日本の言い分」がわからないからだ。東京裁判史観は、その裁判をやらせたマッカーサーが帰国後公式に否定しているのに、東大法学部で生きているのだから。

国家公務員の英語さえしっかりしてくれればあとは心配はない。民間会社は戦前からその問題は解決しているのである。今は中小企業主でも子どもの時からホームステイなどをやらせている。英語公用語化問題は、要するに高級官僚の英語問題と観るべきである。

Ⅳ 文化

［文学］

悪王の秘密

●リチャード一世の再評価

1

西暦一一八九年、獅子心のリチャードは、ヘンリー二世の王座を継いだが、彼は父王にはなはだしき傷心の痛手を与えた息子であった。すでに見たように、リチャードは少年時代より父王に謀反を起している。ところで彼自身は謀反を起されても仕方のないような王になったが、それでも自分が王になってみると、反逆ということが大悪事であることをさとるようになる。そしてこの敬虔な発見に熱したあげく、かつて自分に味方して父王に背いた主立った人々を全部処罰した。このことは彼の真の性格を示すことよなき例であり、また、獅子のごとき心を持った主君に追従するもの、寄生するものに対するこの上ないよい戒めになるであろう。彼は同様に父王の財務長官を鎖に繋ぎ、地下牢に放り込んでしまった。彼が再び釈放された時は、すべての王室財産のみならず、彼自身の金もすっかりなくなっていた。このように、リチャードは、獅子の心《ライオンズ・ハート》を持っていたかどうかは別としても、

このあわれな財務長官の財産の獅子の分け前《ライオンズ・シェア》を得たことだけは確かである。(1)

これはディケンズの『少年英国史』第十三章の書き出しの文句であるが、これから受ける読者の印象は、暗黒時代中世の典型的暴君のそれである。また、「彼の生涯はまるで激しい狂乱の発作みたいなものであった」(2)とも「悪い子で、悪い兄弟で、悪い夫で、悪い国王だった」(3)とも大人向きの英国史には書いてある。十二世紀の一吟遊詩人(4)は彼を「否か応かのリチャード」と呼び、これにちなんでモーリス・ヒューレットも歴史小説を書いた。(5)最も重厚なる法制史家ウィリアム・スタッブズも、リチャードの生涯をのべた後、こう結論している。

彼は悪王であった。彼のおおいなる武勲も、光栄も濫費も、その詩情も、冒険的精神も、人民に対する同情、いな顧慮すらも彼はまったく欠いていたという事実を蔽いかくすことにはならないのである。(6)

このように、子どもや一般の大人向きのポピュラー・ヒストリーから、法制史のような堅い本に至るまでリチャード一世を悪王と断定しているが、それでも以上あげた本は彼のためにかなりの紙数を割いている。けだし悪王であるにせよ、リチャード一世の生涯は第三回十字軍をはじめとして話題が豊富にあるからであろう。ところが、正規の英国史家によって書かれた英国通史にあっては、リチャード一世の位置はさらにわびしいものとなっている。すなわち無視されているのである。ヴィクトリア朝時代から名著と讃えられ、(7)最も広く読まれてきているJ・R・グリーンの『英民略史』(8)は、リチャード一世の十字軍参加とそれに引き続く冒険物語はのべる必要がないと数行で片づけ、ただ彼の帰国後におけるフランスとの領土争いがやや詳しくのべられているにすぎない。フリーマン、フルード、スタッブズ、グリーンと続く英国史家の系統の最後であり、最大と言われたG・M・トレヴェリアンもやはり同質の評価をリチャード一世に下している。彼は十字軍の概観のために三頁ばかり割いているが、リチャード一世自身に関する記述は、彼の著名なる『英国史』七百数十頁中、半頁そこそこであり、そこには「リチャードは英国王としては無視し得る存在であり、人気のある不在地主で、武者修業騎士の性格にふさわしかった」と書いてあるにすぎない。また、トゥインビーの『歴史の研究』六巻を一巻に要約して学界に感謝されているD・C・サマヴェルの『英国史』も、「武者修業王リチャードと無頼王ジョンは、スティーヴンと同じくらい国を統治するには不適な者であった」とあるだけで、さらに簡単に片づけている。もっともこの傾向の強いのは日本のもので、松浦嘉一『英国史』（研究社）は、三百五十頁もあるかなり詳しい英国通史でありながら、リチャード一世にも十字軍にもひとことの言及もないから、これ以上簡単にはなり得ない。換言すれば、これほど明瞭な価値評価はあり得ない。トレヴェリアンは「無視し得る《ネグリジブル》」と言ったが、日本の通史には完全に「無視した《ネグレクテド》」ものもあるのである。

以上の概観から、だいたい次のようなことを結論し得よう。

（1）ディケンズやモロアのような通俗《ポピュラー》な英国通史は、リチャード一世に相当の紙数を割いているが、いずれも、彼がいかに悪い王であったかをおもしろく書いている。

（2）グリーン、トレヴェリアン、サマヴェルのごとき職業的歴史学者は、リチャード一世の歴史的価値を認めないという傾向が強い。

（3）両者に共通していることは、十字軍に対して冷淡であることである。

2

しかし以上の英国史家のうち、G・M・トレヴェリアンが、popular absentee（人気ある不在地主）と言っていることに注意したい。すなわち、近代の通俗英国史によって悪者扱いにされ、学者の英国史によっては軽視、無視されていながらも、彼はその当時は人気があったのである。W・スコットの歴史小説『アイヴァンホー』を読んでみても、リチャードが十字軍に出ている留守中に王位を僭称した弟のジョン（彼は欠地主と言われ、リチャードの後に即位したが、大陸における英国伝来の領土をほとんど失い、マグナ・カルタをつきつけられた）が、盾にDedischadoと書いた無名の騎士のトーナメントにおけるあざやかな試合ぶりを見て戦く様子、また、「リチャード様ではないか」という囁きが起った時の観衆である人民たちの期待ぶりなどをあざやかに描いている。なお、リチャード一世は日本の子どもたちにまで、ロビン・フッドの義侠に感じて彼を召し抱えてやった王様として人気がある。

彼はただ人気があっただけではない。彼は在位十年の間中、半年も英国にいなかったが[13]、その留守中の彼の部下たちは当時としては珍しく王に忠誠、忠実であった。彼の家来がよかったのであろうか。否。たとえば、彼がパレスティナに向かう時後事を一任したイーリの司教ウィリアム・ロンシャンは悪い代理者であった。彼は王の留守中、カンタベリー大司教も従軍中のこととて、教会でも国事においても英国の最高権を一身に集め、豪奢に贅沢に暮し、親戚のために便宜を計り、賄賂をとり、不合理な金を取り立て、国中の恨みを買った。にもかかわらず、この男は国王に対してだけは一貫して忠実であった[14]。

悪い家来であってさえそうであるから、一般国民、貴族、王のよき代理者に至ってはさらにそうである。リチャードがドイツ皇帝に捕われた時、その身代金は国王の歳入の二倍にもなる膨大なものであったが[15]、国民は進んで出し、しかも王を熱狂的に歓迎している。聖ヒュー・オブ・リンカーンも最後まで王を愛した。特に王の代理者であり、カンタベリー大司教であったヒューバート・ウォルターの忠誠と能力は実に驚嘆に値する。張良《ちょうりょう》の智、蕭何《しょうか》の才を兼備したものと言えよう。このように聖人、俗人、愚臣、賢臣、一般庶民から圧倒的な支持を得た王というのは――このような王が当時なんと稀であったことか――やはり漢祖の徳があったと見るべきであろう。

彼はほとんどイギリスの歴史とは関係がない。悪い子で、悪い兄で、悪い夫で、悪い王だった、と彼は今まで言われてきている。だが彼を批判する際には、その伝説と、その人気と、その人民の忠誠ぶりとを考慮に入れなければならない。疑いもなく彼は文芸復興期の若干の傭兵隊長や、十八世紀の若干の自由思想家たちと同じく、今日でこそ非難されているが、その当時は世論から支持された、奇妙にでき上った一つの典型的人物だったのである。

という言葉をもって、アンドレ・モロアはその『英国史』の第六章を終えている。これはリチャード一世に対する当時の人気と部下の忠誠を計算に入れることを主張しているほとんど唯一の記述として注目を引く。しかしモロアは、リチャードがどのように人気があったかの具体的記述を欠き、しかも、なぜ人気があったかその理由についてはヒントすら与えてないのである。

　われわれは鼠小僧次郎吉が盗賊であったことを知っている。それでも彼が江戸の市民にたいへん人気のあったことも知っている。なぜか。彼は大名屋敷から金を盗んで貧民に与えたからである。われわれはリチャード一世が莫大な英国の富を使いはたし、多数の英国人の血を戦場に流させたことを知っている。それでも彼が当時の英国民からこそって支持され敬愛されたことも知っている。なぜか。その理由は近代の英国史家は与えていない。ろくなヒントもない。(16) さらに不思議なことはその理由を求める気配が歴史家にも読者の側にもあまり見受けられないことである。これはおかしなことではないか。それでこのリチャード一世に関する当時の人気と現在の不評の間によこたわる謎を解いてみようというのが本稿の趣旨なのである。

ここでもう一つ付け加えておきたいことは、「獅子心」(Cœur de Lion, Lion-heart)とか「英国の獅子」(Leo Angliae)とかいう、当時、彼に対して与えられた綽名《あだな》のことである。われわれは今日、リチャード一世に関する限り、獅子といっても、猛獣の「猛」の要素しか感じない。しかし獅子には「百獣の王」という「王者」に対する連想があるし、特にスコットランド王家の紋章が一角獣《ユニコーン》であるのに対してイギリス王家の紋章が獅子《ライオン》なので、一国を象徴する力があるのである。日本人が「菊」に対して感ずるものに通うものがあるのである、否、少なくとも当時にはあったはずなのだ。獅子《ライオン》に対して野性の荒々しさしか感じていないように見える歴史家たちの語感の鈍さをこの際指摘しておきたい。

3

リチャード一世の伝説的な話は、今日ではかえって手に入れがたいものになっている。正規の歴史は前にのべたように彼に対して冷淡であるし、百科事典も十分に詳しくはない。ネルソン百科のごときは、その書き出しからして、「英王。一一八九年即位するや、十字軍に行くため全力をあげて金を集む」といったぐあいなのである。それでスタッブズやジェロルドなどの慎重な史書によってチェックしながら、彼の生涯の概略をたどってみよう。当時の伝説的なものも採用したが、これは彼の人気、臣下の忠誠などを説明するために、したがって彼が当時どのような印象を英国民に与えていたのかを見るためには、無味乾燥な年代記にも劣らぬ価値があると思ったからである。(17) 大岡政談が、全部事実であるかどうかわからないにしても、少なくとも彼が明敏公正であった証拠にはなるというのと同じである。

まず当時の大勢を瞥見してみよう。

セルジュク・トルコが勃興して、キリスト教徒は聖地巡礼ができなくなった。このパレスティナ巡礼はずっと前から大きな信心行為として見られていたのであるから、当時の西欧にとっては相当の衝撃であった。たとえば当時の英国人にとっては、聖地パレスティナはウェストミンスターよりも心理的には近かったのである。(18) それで教皇ウルバヌス二世はクレルモンの宗教会議により十字軍を起すことにして君主、騎士に呼びかけ、また、隠士ペーター・フォン・アミアンは独仏各地を遊説してまわった。翌々年（一〇九九）エルサレムは第一次十字軍の手におち、ラテン・エルサレム王国が建設された。しかし従事者には庶民も多く、キリスト教徒の損害は莫大であった。ニケーアに集合した約六十万の軍のうち聖地に到着したものが約四万である。この後はわりに平静であるが、それから約半世紀するとエルサレムは再び回教徒に脅かされる。それで聖ベルンハルト・フォン・クレヴォが熱烈に遊説して、仏王ルイ七世と独王コンラッド三世をついに説き伏せる。コンラッドは七万の武装した騎士を率いて聖地に向かったが、小アジアにおいて、彼の半ば餓死した兵はトルコ兵に殲滅せしめられる。命からがら海路パレスティナへ行き、フランス王とともにダマスカスへ向かったが、連戦連敗し、意気消沈して帰国した。

このようにヨーロッパを熱狂させ、莫大な損害もかえりみずに敢行された十字軍は、主として独仏軍であった。

その間、イギリスは何をしていたか。王は、ウィリアム征服王の次男、ウィリアム・ルーフス（赤顔王）である

が、彼はいっこうに無関心であった。彼は

ノルマンディを腕ずくで横領することには成功しなかったが、しかし兄（ノルマンディ公ロベール）が第一回十字軍に赴く際、赤顔王は兄に一万マルクを貸して、その担保としてノルマンディ侯爵領を受け取った。赤顔王自身、一度も十字軍に出征しなかったし、彼の臣下の者たちも、王同様何らの宗教的熱情を示さなかった。当時フランスの田舎の至るところで見られた光景、すなわち、農奴たちが妻子を車に乗せてエルサレムへ出かけてゆくという光景は英国では一度も見られなかった。(19)

ただノルマン系貴族の何人かが、宗教心と冒険心から参加しただけである。第二次十字軍も英国には関係がない。ヨーロッパ大陸の騎士が惨澹たる敗北を喫していた頃、英王ヘンリー二世は、エレオノール・ダキテーヌと結婚した。彼女はヘンリーにリムーザン、ガスコーニュ、ペリゴールを合せた広大なアキテーヌ地方とオーヴェルニュとトゥールーズ伯爵領の宗主権を持参した。さらにヘンリーはトマス・ア・ベケットと争い、これを殺し、また王妃エレオノールを投獄した。一方ヘンリー二世は意をもっぱら内治に用いて近代国家をさえ連想させる政府機構を作り上げた。彼は慈悲深いところのある偉大な王ではあったが、犬儒主義的なところがあり、リアリストで、自発的に小アジアに冒険旅行をしそうもない男であった。要するに、英国は第一次、第二次十字軍には没交渉に己れの道を歩んでいた――時には他人の戦争を種に利益を得ながら。イギリスが模範的騎士国になるのはその子リチャード一世以後である。

第二次十字軍の惨敗の後約四十年して、今度はエジプトから起った回教勢力が、有名なサラディンに率いられてパレスティナに侵入、一一八九年にヒッテンの戦いでキリスト教軍をさんざんに敗り、同年エルサレムを占領、キリスト教エルサレム国王ガイを捕虜にした。ここにおいて第三次十字軍が開始され、まず第一にドイツ皇帝フリードリヒ・バルバロッサが進発する。英国では、聖戦の十字架を受け取ったヘンリー二世が死んだのでリチャード一世が即位、ただちに十字軍に参加する。これにはフランスのフィリップ二世（フィリップ・オーギュスト）も参加するので、英独仏の三国王が指揮する大壮挙となるのであるが、その前にリチャードの即位の状況から説明しなければならない。

リチャードは父王ヘンリーとフランスで争っていたので、後者が病没すると戴冠のためイギリスへ渡った。母のエレオノールは投獄されていたが、これを解放した。その後の二人の関係は実にむつまじく、子は母を信じ、母は子をかばっているようである。「悪い子」というリチャードに対する評は、父に対する場合はあてはまっても、母に対してはあてはまらない。

リチャードは最初から十字軍に参加することばかり考えていたようで、英国へ来ても、最初にやったことはヘンリー二世のたくわえた金を手に収めることである。この金額は膨大なものであったが[20]、これでは足らず、父が従えておいたスコットランドを解放したり、その他、地位采邑《さいゆう》を売りに出して出征資金にする。一一八九年九月三日、戴冠式が行われたが、この式典は荘厳華麗をきわめたもので、その後の英国王戴冠式の典範となったのである。ここで大司教より聖油を注がれ、大誓願を立てる。それからただちに英国内の重立った聖地巡礼をした。彼の滞英期間が二カ月しかなかったことを考えれば、彼の信心深さは注目に値する。その後パイプウェルに会議を開き、国事を決裁するが、その際、父の生前は自分の敵であり父の味方であった人にも応分の待遇を与えてやった。リチャードに対して批判的な法制史家スタッブズも、「彼は父の友人を辱しめる気はなかった」[21]と言っているし、「民衆も貴族も彼の即位を歓迎した」[22]とも言っているから、リチャードは上陸そうそう英国民上下の心を収攬してしまったようである。彼の一連の行為は明確にキリスト教的であり、しかも彼の寛容さは当時にあっては珍しいほどで、その度量の平凡ならざることを示すものである。危険で金を食う彼の十字軍参加も特に反対にあっていない。当時のキリスト教ヨーロッパは一つなのであって、その前線がパレスティナと考えられていたのであるから、[23]騎士の出征は当然とされたのであろう。後世、近代諸国家において戦争がはじまっているのに出征を拒否する職業軍人がいるはずがないのと同じである。リチャードは出征に先立ち、留守中に騒動を起しそうな弟——実際、反逆行為に出るのであるが——のことは母后エレオノールに託した。

一一九〇年の九月、シシリー島メッシナに到着したリチャードはここで仏王フィリップと落ち合った。ちょうどこの島の王にはリチャードの妹が嫁していたが、国王亡きあと、王位僭称者タンクレッドはこの前国王妃、すなわちリチャードの妹を牢に閉じこめていた。すぐにリチャードはタンクレッドを圧伏して妹を釈放させる（当然のことである）。そして後のことまで考え、タンクレッドの娘と、この妹の息子アーサーを将来結婚させることを約束させて、タンクレッドの王位を認めてやった。しかしこのことはシシリー島を狙っていた後のドイツ皇帝ハインリヒ六世の恨みを買い、将来の不幸を招くことになるのだが、やったこと自体としてはリチャードには悪いところがない。

このシシリー島で英仏の、しかもいずれも凡ならざる二王が冬を越し、しかもこういう継承問題まであったのだから、両者の間に気まずい空気が生じてきたのは当然である。タンクレッド処遇の問題に関して、フィリップは嫉妬し、リチャードがメッシナで専横な振る舞いをしていると非難するが、リチャードはそういうことは一切無視して傲然と構えている。第一、二人の性格がまったく違っている上に[24]こういうことがあり、さらに悪いことには、リチャードは婚約中であったフィリップの妹を捨てて、ナヴァール王の娘ベレンガリアと恋に落ちたのである。そして一九一一年の春、母后エレオノールを説いて、同王妃を連れてメッシナにまで来てもらうのである。

このフィリップの妹との婚約破棄ということは感心したことではないが、リチャード側にも言い分はある。すなわちこの婚約は父王ヘンリー二世がとりきめたものであり、しかもヘンリーは後にこのことをくやんで、生存中は二人に結婚することを許さなかったのである。今リチャードは愛する姫を見出したとすれば、愛する方と結婚するのが正しいのではないか、婚約はいかに荘厳なりとも、秘蹟ではないのだから。しかもリチャードは婚約不履行の責を負って、一万マルクの慰籍料をフィリップに支払うことになった。しかしリチャードはベレンガリアとすぐに結婚はしなかった。というのは彼女と母后エレオノールが到着したのはちょうど三月で、まだ四旬節中だったからである。一方仏王フィリップとその軍勢はエレオノールら一行がメッシナにつく前に聖地に向かって出帆しており、リチャードも十日遅れて出帆した。しかし途中で嵐に遭い、リチャードの一行はキプロス島にたどりついたが、キプロス帝コムネヌスは入港を許可しない。それで怒ったリチャードはたちまち全島を征服し、コムネヌスを捕虜にしてしまう。そしてここで結婚式をあげる。(25) しかし悪いことにはこのコムネヌスはオーストリア公レオポルドの親戚だったのである。喧嘩の原因はどっちにあるにせよ、リチャードはこれで、独仏墺三国の主権者の恨みを買ったことになった。そしてこの三国の王たちがリチャード自身のごとき騎士道精神をわきまえていなかったことは彼にとってまことに不幸なことであった。

リチャードは行動の人としては父王ヘンリーにまさっていた。しかしリチャードの個々の行為が何らかの目的に関連するということは絶えてなかった。何にもまして、彼には父ヘンリーの本能的とも言うべきタイミングということがまったく欠如していた。(26)

と史家はリチャードの道草を非難している。なるほど、シシリー島やキプロス島事件のため、ほとんど一年、十字軍の戦闘が遅れている。そのため、ドイツ皇帝は一一八九年の五月、単独でラティスボンから出発しなければならなかった。このドイツ軍は装備の優秀な大軍である。また、これと時を同じくしてロンドン人、北欧人、フリジア人の小船団がダートマス港より出帆した。いずれもめざしたところはパレスティナの海岸都市エイカーである。ところで皇帝フリードリヒ・バルバロッサは六十七歳もの高齢のゆえもあってか、水浴中、頓死した。にもかかわらず麾下のドイツ軍はエイカーに達し、ここでイギリスの先発隊や土着のキリスト教エルサレム王国のフランク人たちと合流してエイカーの町を包囲した。しかし二年も経たないうち、包囲したつもりが逆包囲され、疫病が発生して潰滅寸前となった。そこにようやくフィリップのフランス軍とリチャードのイギリス軍が到着したというわけなのである。このリチャードの遅参は一応理由があることであったことはすでにのべた。シシリーでは自分の妹を救い、キプロスでは十字軍遠征隊が嵐に遭っても港を貸そうとしないけしからぬ奴らを誅していたのであるから。ここでも明らかになるのは、リチャードの生一本とも言うべき正義感で、途中で不正を見ると我慢できなくなるらしいのである。彼を典型的な遊歴騎士、ロマンスに出てくるような正義の騎士と当時の民衆が受け取ったのは当然と言うべきであろう。

彼がエイカーに到着したのは、そこにいたキリスト教軍にはまったくの救いであった。彼はキプロス島から、十分なおみやげを持ってきていたし、また、戦術的にもパレスティナ沿岸に近い同島は自軍の重要な基地になった。到着後五週間にしてエイカーは十字軍の手に落ちた。この時リチャードは自ら二十ポンドの大戦斧を振るって城門を開いたという。また、落城後、オーストリア公レオポルドがいちばん高い塔に自分の旗を掲げたので、リチャードは怒って引き下ろさせ、ずたずたに破いて溝に捨てさせたと伝えられる。

エイカーの落城は一応の勝利とも言えようが、それは空虚な、割に合わないものであった。フランス王はこれを見て――「彼は根本的なところで利己主義者だった」[27]――自軍の半分を率いて八月三日にさっさと帰国してしまう。すでに、十字軍の先発隊の指揮者、数千の従軍者が戦死やら疫病死をしていた。たとえば、前にのべたドイツ皇帝のフリードリヒ・バルバロッサ、その息子のシュヴァーベン大公、女王シビラと二人の娘、総大司教ヘラクリウス、フランダースのフィリップ、ブロアのセオボルト、カンタベリー大司教ラヌルフ・グランヴィル（王の代理を兼任していた）、ダービー伯ウィリアム、そのほかに四人の大司教、十二人の司教が死んでいた。当時の司教というのは大領主でもあったことを思えば、皇帝はじめ二十人以上の指導者たちが死んだことになる。一方、一般の騎士、兵士たちはどうであったかと言えば、「真面目さをまったく欠き、信仰も忘れ果て、慈悲心のかけらもなく、神々も御照覧あれ、わたしがこの目で見なかったら信じられないような状態だった」と、この戦争の生き残りの一人は語っている。[28]

エイカーが陥落しても問題はのこった。まず第一にパレスティナ王国の王位継承権の問題である、これについては英仏墺が立場を異にして争ったが、なんとか一応解決された。だが回教側との折衝は未解決である。サラディンはエイカー陥落の時、聖なる十字架の返還、十字軍の捕虜の釈放、二万ポンドの賠償金（三ヵ月分割払い）を約束した。しかし期限が来てもサラディンは支払う様子がなく、交渉してみると支払う意思もないことが判明したので、サラセン側の捕虜を全部処刑した。英国側の年代記によれば、サラセン側ではこれより先に十字軍の捕虜を殺してしまっていたとのことである。[29]

土着のパレスティナ軍は無力であり、先発した連合十字軍はほとんど潰滅し、フランス軍はすでに半分帰国してしまった。得たものは海岸都市一個である。この絶望的事態に立ち至った時にはじめてリチャードの実力は遺憾なく発揮され、彼は従軍していた全欧の十字軍騎士の偶像になるのである。そして後の世になってもサラセンの母たちは、言うことをきかない子をたしなめる時、「そらリチャードが来るよ」と言ったというし、また、サラセン騎兵も、自分の馬がものに驚いたときは、「はいどうどう、リチャードが待ち構えているわけじゃあるまいし」と言って制御したとのことである。

さてリチャードがとった作戦は、まずエイカー以南の海岸沿いの諸都市を確保して南アスカロンに至り、それから、エルサレムへ向かうというのであった。これは右手を海、左手を砂漠にさらしながら重要都市を攻略して進むという危険があった。左翼からは間断なくサラセン軍が猛攻を加えてくるが、リチャードはみごとに撃退しつつ南進した。ケザレアを攻撃しサラセン軍をヤーファ街道に誘導し、九月七日アスルーフで決戦してこれを殲滅した。二日後にヤーファに入城、三週間後にリダ占領、十一月にはラムレーに到達した。ここに至ってサラセン軍はアスカロンを自発的に放棄し、エルサレムの地中海沿岸の諸都市は十字軍の手に帰した。このあたりからリチャードはサラディンと交渉を進めながら進軍する。彼はサラディンの改宗さえ意図した形跡がある。十二月にはバイト・ニューバに至った。ここからエルサレムまでは十マイル足らず、しかもサラディンは遠く後退して前面に敵はなく、後方また不安がない。エルサレムは手に入ったと同じである。

ここで注目すべきことは、リチャードが七月にパレスティナについてから酷暑のもと瘴癘《しょうれい》の地でほとんど休むことなく、攻城、野戦、進軍を展開していたにもかかわらず、リチャード直属のイギリス軍は終始士気高く、人員の損耗も軽微で、しかも道徳的にもかなりしっかりしていたらしいことである。聖地における十字軍の根本的欠陥の一つは道徳の頽廃であり、該地におけるヨーロッパ婦人の不足はさらに事態を悪化させていた。だからエルサレム王国生まれのフランク人は多く病弱で子種を作れず、しかも短命であった。第一次十字軍以来、何とか聖地が保てたのは、まったく聖堂騎士団《ナイツ・テンプラー》と聖ヨハネ騎士団のお蔭であった。これらに属する騎士はすべて貞潔の誓願を立てていたので、体力的にも気力的にも戦闘に耐え得たのである。リチャードの軍は貞潔の誓願を立てていたわけでないのに、終始、強力精鋭であり得たのは、その厳正な軍紀に大きな理由があったとしか考えられない。リチャードが抜群の統率力を持っていたことを示すもので、このような例は、約二百年間繰り返された十字軍の中でも例を見ない。また、小勢の遠征軍がサラセンの大軍を蹴ちらし追いちらし連戦連勝したのもまた例がない。すべての他の場合、十字軍は大軍でも小勢の回教軍に潰滅せしめられていたのであった。

当時、エルサレムを奪取することは簡単であったが、そうはしなかった。それは少しもリチャードの罪ではなく、まったくキリスト教軍の中の、特にフランス軍、オーストリア軍の、リチャードの赫々たる武勲に対する嫉妬と、地元のフランク人領主たちの利己主義的小人根性からである。

まず第一に、先にフランスに帰っていたフィリップは、前にリチャードと荘厳に誓った約束を反古にして留守中にリチャードの領地を侵そうとした。彼は全力をあげて教皇庁に働きかけ、リチャードとの誓約から解放されるようにと許可を求めた。教皇はさすがに教会のために外地で奮戦しているリチャードの害になるようなことを許すことを欲せず、フィリップの願いを却下した。この後もフィリップは陰謀をやめず、フランスに帰るとリチャードの弟ジョンをそそのかしてリチャードの領地をとろうとした。しかし母后エレオノールはリチャードに味方し、また、ロンドン市及び英国残留の諸侯もジョンに反対して、この謀反は不成功に終った。一方、フィリップは独自に軍を動かしてリチャードの所領であるノルマンディを手中に収めようとした。しかしフィリップ麾下の諸侯自体がリチャードの留守中にその領土に攻め込むことを肯んじなかった。

このような本国におけるフィリップやジョンの策動がリチャードの耳にとどいたのは一一九二年の四月頃らしい。しかもこれのみならず、パレスティナのフランス軍指揮官ブルグンド公は、フィリップの秘命を受けて、絶えずリチャードを陥れようとしていた。リチャードは背後の不安を感じて先に占領したアスカロンを確保する必要から兵もろともに引き返した。帰って見ると、該市はすっかり破壊されている。そこで必要に駆られて要塞を急に築くため、王自ら奴隷のごとく働いたと伝えられる。この時、働くことを軽蔑して立っていたオーストリア公レオポルドをリチャードは蹴とばしたというが、真実は期しがたい。ただこのアスカロン後退作戦は非常な難戦だったと伝えられる。このようにして再び沿岸諸都市と、沿岸からエルサレムまでの諸要塞を確保し直したリチャードは二度目のバイト・ニューバ進攻に成功、作戦の妙によってエジプトから来るサラセン軍の宝石や軍需物資を積んだキャラバンを捕捉、ラクダ四千七百頭をぶんどったりした。

しかしエルサレム占領が無駄であることはリチャードには明瞭であった。まず第一に土着のキリスト教フランク人領主たちは、自分たちの領土、自分たちの要塞、自分たちの港を確保してもらえばそれで満足なのであった。沿岸諸都市を占領してもらった以上、これ以上戦いを続ける必要があろうかといった態度であり、戦いを望む者は、エルサレム周辺に私領を持つ者だけであった。しかも戦術的に見て——リチャードとその参謀ウォルター（のちのカンタベリー大司教）は判断した——土着のフランク人諸侯がさらに内陸のダマスカスまで進み、これを保持する気がない限りエルサレム占領はまったく無駄である。しかるに、北部パレスティナのマンテオークやトリポリのフランク人諸侯は、今や海岸都市が確保されたので自領に危険はないと消極的であり、また、ジェノヴァやピサの商人たちは沿岸都市さえ自由になれば商売に困らないとしており、また、多くの十字軍兵は戦いに倦んでいるので、どちらを見ても早期平和を望む声のみである。これに加えて祖国では謀反騒ぎがあるし、戦争に従軍している諸侯は、十字軍の総大将みたいに大きな顔をして厳しい軍律を自分たちに押しつけるリチャード——だからこそ勝利を得、殲滅させられずにすんだにもかかわらず——に対して反感と嫉妬でいっぱいである。残るのは賢明なる講和のみである。

こうする間にも、サラディンは長駆して沿岸都市ヤッファを攻撃、そこにいたキリスト軍は全滅に瀕した。リチャードは再び兵を返して救援するのに成功した。とにかくリチャードがいないところではキリスト教軍は必ず負けるのである。

リチャードは賢臣ウォルターをして折衝せしめ、サラディンもこれに応じた。停戦期間は三年三カ月三日三時間というのであった。それによってとりきめられたのは主として次の三カ条である。

(1) キリスト教フランク人がジョッパからタイアにいたる沿岸を保持する

(2) キリスト教徒の聖地巡礼は自由であり、妨害を受けざること

(3) アスカロンは破壊し、双方駐兵しないこと

ここで不思議に思われるのは、十字軍の目的である聖地奪回が武力的に可能でありながらリチャードはあえてこれをなさなかったことである。しかし十字軍のエルサレム放棄がいかに賢明であったかは、この条約がその後百年守られたことからも明らかである。沿岸都市が自由であったことは東方貿易を可能ならしめ、巡礼の自由はキリスト教徒の良心を満足せしめた。もしリチャードが軍事力にものをいわせてエルサレムを占領してみても、リチャードがいなくなれば、百年どころか百日もすればエルサレムのみならず沿岸諸都市がサラセンの手に落ちることは火を見るより明らかである。ここで一歩譲ってエルサレムに入らなかったため、サラセンも以後一世紀の間は巡礼に害を加えなかったのである。「真に恒久的に勝たんと欲せば、敵の首都に兵を入るるべからず」とは十九世紀の大外交家ビスマルクの言である。ビスマルクはウィーンもパリも占領し得る実力を持ちながら入城しなかった(30)。これによって彼はドイツを統一することができ、ヨーロッパに数十年の平和をもたらした。リチャードはあばれん坊として多くの史書に現れているが、彼の外交条約は深い英知を含んでいたのである。人は、それはリチャードでなくウォルターのおかげだと言うかも知れないが、賢臣を登用することこそ明君なのであり、王者の器量というものなのである。

リチャード自身熱病にかかった時、これを聞いた敵の大将サラディンは、ダマスカスから新鮮な果物と山からとってきた雪をどっさり贈って見舞ったという。上杉謙信を思わせる美談である。「公論は敵讐より出ずるに如かず」とは東洋の諺であるが、サラディンもさすが一世の英雄、宗教は異なっても、英雄を知って礼を尽したものと見える。これに比して、味方であるはずのキリスト教諸侯の何と卑劣低俗であったことか。

条約締結後、一一九二年十月九日、リチャードの帰路は不運であった。リチャードはエイカーより海路故郷に向かう。家族のものはそれより先に船出していた。しかしリチャードの船がアキレイアで難破したのである。当時の教会及び国家のすべての法律は、十字軍参加者は信仰で一致し、すべての個人的なことは忘れて目的のため従軍すべきこと、また、その帰国の道中においては何人によっても攻撃されることなかるべしということを規定していたが、これはリチャードのためにはさっぱり守られなかった。

難破したリチャードはそのまま欧州を通って帰国はできなかった。途中のオーストリア大公、ドイツ皇帝、フランス国王などいずれもリチャードに反感を持ち、一矢を酬いようとしていたからである。それでリチャードは巡礼に身をやつし商人ヒューと名を変え、供の少年を連れて歩いてゆくことにした。しかしこの情報は欧州全土に広まり、諸侯は逮捕の手配をする。彼がオーストリアのフリザックに来た時、そこの代官は一騎士を派遣して、「商人ヒュー」なる者の身もとをしらべさせた。この騎士はリチャードを見知っていたので、ただちに「商人ヒュー」の正体を看破った。しかし彼は十字軍からの帰途にある英雄を裏切ることを欲せず、かえってリチャードに馬を与えて急いで逃げるようにすすめた。しかしリチャードは無事に逃げることができず、ウィーン近郊の宿屋で、指輪を怪しまれたことから遂にオーストリア大公レオポルドに逮捕され、ドナウ河畔の一要塞に幽閉された。一一九二年十二月二十日、待降節中のことである。

国王が捕えられたことは間もなく本国にも伝わったが、一体どこにいるのかわからない。そこでロマンス文学時代にふさわしい伝説――『三国演義』ぐらいの信憑性はあろう――が残されている。

国王リチャードは武の方ではキリスト・イスラム両教圏に並ぶものなき大豪であったが、同時に詩人でもあり、さらに唄もよくした。ミンストレルを愛したばかりでなく、彼自身ミンストレルであったのである。ところで、リチャードの愛顧を受けていたミンストレルにブロンデル・ド・ネッスルという者があり、王を見出さんものと欧州各地を遊歴していたが、ある時ドナウ河畔にいわくあり気にものものしく警固された要塞があるのを見た。月明の夜その要塞に近づいてみると、中からハープの音が聞こえてくる。ブロンデルは自分のハープをとりあげリチャードの愛好する曲の一部を弾ずると、要塞内の音楽は一度とだえ、それから今弾いた曲の次の部分が聞こえてきた。これをもって主君のありかがわかって本国に知らせることができたが、それもあまり役に立たなかった。というのはリチャード逮捕の話を聞いたドイツ皇帝ハインリヒ六世は、レオポルドに強要してリチャードを取り上げ、トリフェルスの地下牢に幽閉したからである。

ホーエンシュタウフェン家出身の皇帝ハインリヒ六世は当時ウェルフェン家のハインリヒ獅子王と争っていた。ところが、リチャードの義理の娘は後者に嫁していたのである。リチャードは皇帝に個人的恨みをはらさせる機会を与えたのみならず、自分を人質として利用させる機会まで与えてしまった。さらにその後リチャードは裁判にかけられることになった。罪状はリチャードがパレスティナでハインリヒを毒殺しようとしたとか、友人を殺したとかいった愚劣なものであった。しかし裁判の席上リチャードの答弁は堂々としており、心をうつものがあったので、列席の諸侯も感涙にむせんだという。それで王の待遇は改善され、身代金を払えば釈放されることになった。この間にもフランスのフィリップ二世は陰謀をやめず、ドイツ皇帝に贈賄してリチャードを抑留するように働きかけた。彼はリチャードの不在を奇貨としてカペー王朝の伸長を計っていたのである。

英本国からの使臣がリチャードに出会ったのは三月十九日、オクセンフールト・アム・マインであった。その時使臣はリチャードに、弟のジョンが「兄は帰国途中殺害された」と言いふらし、王位を僭称しているとの報告をしたが、リチャードは無関心の態で、(31)「ジョンは武力で王位に就けるような男ではない」とこたえただけで、むしろパレスティナ従軍の時から忠義と知恵にぬきんでたウォルターをカンタベリー大司教にし、かつ、王の司法行政総代理にすることにはるかに深い関心があった。異国の獄舎内からの王命は忠実に実行され、ウォルターは同年五月三十日にカンタベリー大司教に選挙され、その後ただちに王の総代理となった。ここにおいてもリチャードの判断力は正しかった。実際後になってみるとわかるように、ジョンの叛乱などは、リチャードが帰国してみればものの数ではなく、一ひねりだったし、それよりも、多大の身代金、軍資金を調達し、しかも王の留守中英国の治安を巧みに維持したウォルターの抜擢の方がはるかに本質的だったのである。

王の身代金は十五万マルク、そのうち十三万マルクをハインリヒ六世、二万マルクをレオポルドが得、そのほか、リチャードは、キプロス王を釈放すること、姪のブルターニュのエレノアの領土をレオポルドに与えることなどを要求された。身代金についてはいろいろなことがあったあげく、英国王の歳入の二倍にあたる十万マルクになった。(32)この支払いを受けて、ハインリヒ六世が正式にリチャードの釈放を宣言したのは一一九三年七月二十九日である。この知らせを聞いた仏王フィリップは、ジョンに、「注意せよ、悪魔は鎖をはなれたぞ」と言ったという。しかしハインリヒはなかなか約束を守らず、リチャードの母エレオノールがドイツ全諸侯の名誉に訴えてやっとはじめて実行されたものである。それでリチャードがケントのサンドウィッチに上陸したのは翌年の三月十三日である。(33)

リチャードは全英国民の熱狂的な歓迎を受けた。国民は身代金の支払いのために莫大な特別税を支払わされたにもかかわらず、このキリスト教圏の唯一の勝利者を愛し尊敬していたのである。この時リチャードについて来たドイツの使臣はこの様子を見て、身代金をもっと高くすればよかったと後でハインリヒに洩らしたとのことであるが、ありそうなことである。

帰英後彼は二カ月の間にジョンの問題を片づけ、非常に寛大にこれを許した。リチャードは稀にみるよい兄である。その後ただちにフランスに渡り、フィリップが留守中に侵した領土をとりかえそうとする。リチャードは一一九四年五月十二日英国を去ってフランスに向かい、一一九九年四月十一日（枝の主日であった）に聖者ヒュー・オブ・リンカーン[34]によって埋葬されるまで丸五年間、間断なく戦い続け、間断なく勝ち続けた。これに要した人員と金銭は多大であった。さすがのリチャード贔屓のイギリス人にも税金反対の声が起る。そこでリチャードの留守をあずかったウォルターは、租税の取り立て機構を改革し、負担の重さに対する恨みが王に及ばぬようにし、新しく中産階級を対象として租税源を開拓し、中世の議会の濫觴となさしめ、かくして英国普通法《コモン・ロー》の形成に与って力があった。

王はと言えば、シャイユ城を包囲している時、ベルトラン・ド・グルドンという青年の射た弩弓を左肩に受けた。はじめ傷はたいしたものとは思われず、攻撃は続けられ、城は陥落し、防御兵は絞首刑に処せられた。しかし王はその時までに敗血症を起して余命いくばくもないことがわかった。王はグルドンを連れてこさせ、自分を殺すようなことをした理由を尋ねた。この青年が自分の父も二人の兄弟もリチャードの手にかかって屠られているとこたえると、リチャードは彼の縛を解かしめ、百シリング与えて放免してやるよう家来に命じた。間もなく王は陣中に没したが、この彼の最後の命令は服従されなかった。なんとなればリチャードを失って悲しみかつ怒った部下のものたちは、グルドンを絞首刑にしてしまったからである。

4

以上、長くなるのをいとわずリチャードの一代記をのべてきた。目的はリチャードがなぜ、またどのように具体的に人気があったかを知るためである。これでリチャード一世の秘密を解く予備的資料を得たことになる。

では以上の記述から浮び出てくるリチャードの姿はどうであろうか。近代の史家の言うがごとく、「悪い子で、悪い兄弟で、悪い夫で、悪い国王だった」ろうか。はたして「その生涯は激しい狂乱の発作みたいなものであった」ろうか。否。父王ヘンリー二世との不和を除けば、彼に対する近代の非難はことごとくあたっていない。彼に対する当時の人気は彼の事蹟を瞥見すればあたりまえなことがわかる。念のために要点を整理しよう。

（1）母と仲よく、弟にはこの上なく寛大。また、家来に対する態度も温厚で、賢臣をよく用いるが愚臣をもはなはだしく罰しない。妹には義侠心ある兄であり、妻とは多大の犠牲を払って恋愛結婚をしている。

（2）開始以来軍事的汚辱に満ちた十字軍の諸遠征のうち、唯一の赫々たる勝利者である。サラディンとの講和も実質的恒久的なものであった。

（3）十字軍参加の諸王諸侯のうちでも最も無私で最もよく十字軍の精神を示している。君主たちの中には義理の出陣みたいなのが多く、私怨のために公義を忘れているが、リチャードは公義に忠実のあまり私怨を買っているようだ。だからリチャードと個人的に喧嘩する必要のなかった敬虔な人たち、すなわち一般従軍戦士、貴族、国民、また教皇は、彼に好意的である。彼はまた、教会の典礼などにも忠実だった。

（4）十字軍関係での税金に対して国民の反対はほとんど見受けられなかったのに反し、帰国後の対仏戦ではいろいろ反対があった。ただしこれは巧みに処理された。

(5) リチャードはよく喧嘩をしたが、原因はいずれもリチャードにはなく、元来は相手の方が悪い。

(6) 武力のみならず、詩歌にも秀でる。

(7) 付随的なことながら、この不在君主は英国コモン・ロー及び中世議会の形成に大きな貢献をした。

ごく簡単に言えば、リチャードは理想的・典型的なロマンスの騎士の権化であった。信仰厚く、騎士物語を愛した当時の人に人気のあったのは当然である。それに、彼が体軀堂々、眉目秀麗、碧眼にして薄黄色の金髪――当時はこれが特に尊重された[35]――であったという、外見上の要素をつけ加えてよいであろう。彼は、その精神においても身体においても、王者たるにふさわしい、特に獅子を紋章とするイギリスの王たるにふさわしい人であった。「獅子心王」――彼にとっては何とぴったりした綽名であったであろう。

5

当時におけるリチャード一世の人気のぐあいと理由がわかった以上、残る問題は、「なぜ彼は現在不評なのであるか」ということだけである。問題を具体的に考察できるように二つの例を引いてみよう。

第一の例は先にも触れたグリーンの『英民略史』である。彼のリチャード一世を扱った第二章第九節は約三百六十行の叙述を含んでいるが、そのうち、三百五十五行までがリチャードが帰国してからの対仏戦、及びその結果についてのべたもので、残りのたった五行がリチャードの十字軍遠征について触れているにすぎない[36]。すなわち、英国史の見地からはリチャードの十字軍遠征はまったく無意味という見地をきわめて明瞭に示したものである。

第二の例はチョーサーの『カンタベリー物語』のプロローグである。ここでチョーサーは登場人物の紹介を軽妙無比な筆致で行っているが、まず第一に登場するのは騎士である。

また、異教の国々に
彼ほど遠く馬を進めた者はなく
武勇のほどはいたるところで尊敬のまと。
アレキサンドリア攻略にも参加した。
プロシャでは列国将士の宴席の
首座についたこともしばしば。
あるいはリトアニアにあるいはロシアに
彼ほど遠征の数を重ねた騎士はなかった。
グラナダのアルジェシラス攻撃にも参戦、
またベンマリンにも遠征した。
リアス攻略にも
アダリア攻略にも参加した。
地中海でもあまたの聖戦に従った。
死闘を経験すること十五たび
トレムレンでは異教徒と一騎打ちを三度、
そのつど相手を倒した。

またあるときはパラティア王に加担し
トルコの異教徒と戦い
大いに勇名を馳せたこともあった。
……
外征から帰ったその足で
お礼まいりにかけつけたのである。[37]

（プロローグ、四三―七八）

この騎士が戦ったいろいろの地名は、その方面の学者の考証によれば、十字軍関係のものはアレキサンドリア、リアス、アダリア、パラティアであり、対ムーア戦争関係のものはグラナダ、アルヘシラス、ベンマリン、トレムレンであり、対東北欧蛮族戦関係のものが残りのリトアニア、プロシア、ロシアである。これらの地名を見てすぐ気づくことは、キリスト教ヨーロッパ内のものが一つもないことである。[38] しかしチョーサーがこれを書いていた時代にはかのギャラントなエドワード三世が百年戦争の前半をかざる大勝利を、クレッシー及びポワティエで得ていた。チョーサー自身百年戦争には巻き込まれているのだから、戦いと言えば、フランスとのそれを連想すべきなのに、そうではないのである。ここに近代の多くの歴史家や文学史家の見落している重要なポイントがある。すなわち当時の騎士の理念から言うと、王冠《クラウン》同士の領土争いに参加するのはたいした意味がないのであって、十字架《クロス》のために戦うことこそ真の誉れだったのである。チョーサーがこの騎士を「まことに完璧、非のうちどころなき、高貴なる騎士」（A verray parfit gentil knight）[39] とほめ讃えたのはこういうふくみがあっての上であった。「われらの主キリストが茨の冠を戴き給いたるに、人間の王は黄金の王冠など戴くべからず」という思想もまだ生きていた頃の話なのである。

ここに至れば近代のグリーンと中世のチョーサーとのものの見方における径庭がはっきりする。すなわち近代史家グリーンは、十字軍のことは言及に値せぬと見、ただ重要なのは英仏間の領土争いだとした。これに反して中世の文豪チョーサーは英仏間の領土争いこそ言及するに足らず、重要なのはキリスト教圏とそれを包囲している異教圏との争いであると見たのである。それは根底において両者における戦争観の相違からくるものである。この相違はまことに本質的なものであって、国家主義者の戦争観とマルクス主義者の階級闘争観にも匹敵する大きな違いである。そこでわれわれはどうしてもリチャード一世の時代における戦争観というものを把握してかからなければならない。

6

中世においては――カトリックにおいては今日でも――「保護の聖人《パトロン・セイント》」という概念が生きていた。(40) 各国、各町、各村、各ギルド、各個人には保護の聖人がいる。そしてイギリスの保護の聖人は聖ジョージであることは広く知られている。ではイギリスがいつ、どうして聖ジョージと関係を生じたのか、また、聖ジョージとはいかなる人かということは、グリーンもトレヴェリアンもモロアも教えてくれない。(41) しかしこれほど十字軍とリチャードの特徴を端的に示すものはほかにない。すなわち全イギリスを聖ジョージに捧げたのはリチャード一世その人であり、しかもそのことはパレスティナにおける回教徒との戦闘のゆえに決定されたものなのである。

聖ジョージは古代小アジア東部のローマ領カッパドキアの軍人で、最後のキリスト教迫害で殉教したと言われる聖人である。時代も古く資料も信ずべきものは少ないわけであるが、古くから東方で人気のあった聖人で、「竜と戦って迫害されている教会を救った」という伝説がある。コンスタンティヌス大帝もこの聖なる軍人を崇敬してビザンティンに教会を建てた。西欧で有名になったのは第一次十字軍の頃で、エルサレムに入ったキリスト教徒は、この聖人が自分たちのために戦ってくれている幻を見たというのだ。それでブルグンドとアキテーヌは聖ジョージを保護の聖人にし、後、ブルグンドのヘンリーがポルトガルをも同じ聖人の保護の下においた。それから約百年して、リチャード一世が英国をこの聖人の保護の下においたが、その趣旨は王にもその部下にも明瞭で疑う余地がないものであった。すなわち、「教会を怪物から救うこと」、これである。当時回教圏は竜か怪物のごとく感ぜられていたのであるから。これ以後イギリスの騎士は戦いに臨む時、"St George for merry England" と叫ぶであろう。そしてまた、「聖ジョージと聖ミカエルの名において汝を騎士に叙す」というのが騎士叙任の典礼となる。聖ミカエルは大天使で、悪魔と戦ったということになっている。すなわち騎士というものは悪魔とか怪物とかと戦ってキリスト教会を守護するというのが最高の使命である。だから多くの騎士団が聖ジョージ、あるいは聖ミカエルの名を冠し、また、チョーサーの理想的騎士は侵攻してくる異教徒のみと戦っているのである。

だからキリスト教国同士の戦いというものは微妙になる。聖ジョージを英国の騎士が保護の聖人とすれば、フランスのそれは聖デニスである。それは皮相的には聖ジョージと聖デニスとの戦いになるが、キリスト教徒は聖人同士は決して戦わないことを知っている。だから中世のヨーロッパ内の戦争は王位継承戦のみとなる。これしか正義の戦争の名目はなくなるので、他に絶対的な戦争の原理はないのだ。対異教徒戦のみ原理的に可とされた正義の戦争である。例を一つあげてみよう。(42) 靴屋のギルドの保護の聖人は聖クリスピンで、皮屋のギルドのそれは聖バーソロミューである。聖クリスピンのバッジをつけた靴屋の徒弟と、聖バーソロミューのバッジをつけた皮屋の徒弟がある夜ロンドン市街で大喧嘩したとする（これはおおいにあり得ることだ）。しかしこの二人は喧嘩している時といえども、聖クリスピンと聖バーソロミューが天上界で喧嘩しているとは思わない。その喧嘩を見ている見物人だってそうだ。この二人の徒弟は原理的に争っているのでなく、二次的な原因で喧嘩しているのだということは誰の目にも明らかである。王冠《クラウン》同士の争いだって結局はこの二人の徒弟の喧嘩みたいなものだというのがチョーサーの理想的騎士が間接的に暗示していることであり、G・K・チェスタトンがその作品のいたるところで言及している所以である。

さらにリチャード一世が英国を聖ジョージに捧げたということには近代人の多くが忘れてしまった重要な意味がもう一つあった。それは聖ジョージがイギリス人でないということである。(43) 異国人を自分の国の保護の聖人にすることがいかに近代的にはあり得ないことであるかは、ちょっと想像してもわかることだ。たとえば大ピットことチャタム伯は、プロシアの陸軍、特にフリードリヒ大王を尊敬し、これを支持した。一般イギリス人も当時そうであった。しかしフリードリヒを英国陸軍のシンボルにすることなどは考えられもしないことである。ところが中世ではこれが普通なのである。愛国心が特に強いスコットランドでも、保護の聖人聖アンドリュースはもちろんスコットランド人でない。フランスの聖デニスも同様である。スペインやアイルランドには数えきれないほどの聖人がいるのに、保護の聖人は土着の人ではない。(44) これらは明らかに、中世においてはヨーロッパは一つの精神的共同体であったことを示すもので、近代的な意味での国境、国家の絶対性ということはまだ存在しなかったのである。宗教改革後生じた近代国家が本質的にいかなるものであったかはその「戦争観」から見ると最もわかりやすいのではあるまいか。

近代国家というものはある意味で「保護の聖人」の否定から生じたとも言えよう。そのため「原理的」な戦争がキリスト教ヨーロッパ国内に可能となってきた。これがいかなる結果を生んだかは、今次大戦をクライマックスとするヨーロッパ内の国家主義を見ればそれ以上の説明を要しない。国家はすでに一個の有機体なのであって、それは自己を保存し、他を攻撃する権利を持った個々ばらばらの生物である。最高価値はこの有機体の成長に貢献することであり、敵対する他の有機体を蚕食してやることである。

7

ここまでのべてくれれば、リチャード一世が近代の史家の間に不評な理由もおのずから明らかになるというものであろう。リチャード一世、及び当時のイギリス人の持っていた十字軍観（結局、騎士道観）、保護の聖人観は、近代の史家のそれとは異なるのである。だから、イギリス人がリチャードの十字軍関係費用はよく出したのに、対仏戦用の費用は出し惜しんだということも、今ではよく了解されないのである。ここに二、三典型的な英国史家の十字軍観を分析してみれば、それがリチャードのそれといかに遠く離れたものであるかもわかると思う。一つトレヴェリアンを見てみよう。

戦争の方法は改善され、封建的キリスト教国の自信が回復されてくると、外部への膨張を求めてくる……十字軍は新しいヨーロッパの休息を知らぬ精力的な諸民族の外的膨張の第一局面であって、これは地球を蔽い尽すまで熄《や》むことを知らぬものである。それはヴァイキングを勇気づけたと同じ精神である……しかし十字軍運動は英国の国家的行事にもならなかったし、伝統にもならなかった。この点フランスと違うところである。この理由は明瞭である。すなわちフランスは地中海に面していたのに英国はそうでなかったということである……(45)。

この著名な英国史家が、このように驚くべき単純な誤謬を犯しているのを見ては唖然とせざるを得ない。今それを列記してみよう。

（1）「新しいヨーロッパ」とここで言われているのは中世のキリスト教的封建制度確立ということである。ヨーロッパが日本をのぞく全有色人国を植民地あるいは半植民地にしたのは、近代の国家主義、帝国主義のゆえである。この両者を一連の発展と見るのは宗教改革の存在を無視するもので、暴論もはなはだしい。神武天皇の御東征と維新の薩長軍の東上をごっちゃにするのに近い。

（2）十字軍とヴァイキングが同じ精神で動いたと言う。ヴァイキングはキリスト教圏への攻撃である。中世前期に栄えたイギリス文化をほとんど破壊し去ったのはヴァイキングである。サラセンの勃興と戦ったのが十字軍である。ヴァイキングと十字軍が同じ精神などというのはプラスとマイナスが同じだと主張するようなもので、こういう高等数学的史観にはついてゆけない。

（3）十字軍が、英国の伝統にもならず国家的行事にもならなかったと言うが、それは本当だろうか。リチャード一世の時は国をあげて戦ったではないか。フランスほど多くの庶民が参加しなかったということは確かである。しかし当時の航海、船舶の状況を考えれば、庶民はそう簡単に海を渡れなかったのである。英国の伝統にならなかったというが、はたしてそうだろうか。われわれは百年後にエドワード一世が依然として十字軍に従軍しているのを発見する。「彼は立派なモデルに従って作られた人間で、その天性は高潔であるし、また、経験の与えた教訓を利用するという、当時の君主には稀な能力を示すものである……短気で、傲慢で、頑固で、時には苛酷だが、しかし仕事好きで、正直で、かなり理性的なこの騎士は、まさに一個の政治家である」[46]とアンドレ・モロアもほめている。ブリテン島を統一したこの王の最後の念願は、スコットランドの叛乱を叩き潰すこと、及びこの戦いに勝ったらキリスト教徒に対して武器をとることを絶対にやめ、再び聖地に赴いてそこで死ぬことだったのである。そして死ぬ時の遺言の中には、「百名の騎士をつけて自分の心臓を聖地に送ること」というのがあった。特にリチャード以後イギリスには俄然欧州第一の騎士国としての伝統が生じ、文学でもアーサー王物語をはじめとするロマンスがおおいに栄える。トレヴェリアンはウィリアム二世やヘンリー二世のことだけを考え、リチャード一世以後の英国のことはまったく無視しているとしか思われない。

（4）最後にトレヴェリアンが示している危険な見解は、フランスは地中海に面してそこに大なる利害を持っていたから十字軍によく参加したが英国はそうでないということである。ではそれにもかかわらず英国が参加した理由が不明になる。この最後の点は相当に真理を含むだけに、あまり重点を置きすぎると歴史の原因を唯物論的にしか見られないことになって危険だと言えよう。これは多くの他の人もとる意見なので、次に代表的なのを二、三とり上げて参考に供する。

まずシュテファン・ツヴァイクに登場を願うことにしよう。彼は言う。

> 十字軍は決して（往々ロマンチック化して述べられるがごとく）キリストの墓の所在を異教徒どもの手から奪還しようという単なる神秘的な宗教上の試みではなかったのである。このヨーロッパ・キリスト教同盟は、同時にあの紅海にいたる往来止めの鎖の関所を突破し、ヨーロッパのため、キリスト教国のため、東方貿易を解放しようという最初の、条理の通った目的を意識した努力のあらわれでもあった(47)。

藤田信勝氏はこの見解を支持し、「十字軍」とすべき一章を「十字軍と胡椒のための戦争(48)」としている。「はじめに調味料ありき。そして十字軍ありき。さらに十字軍の失敗の後、道を海に求めて、コロンブスやヴァスコ・ダ・ガマの冒険ありき(49)」という発言まで現れ、一般読者を喜ばせているわけである。こういう唯物的な「うがち」はたまたま歴史の最も深い真理と思い込まれ、すなおに事実を受け取る妨げとなる。胡椒を買う気であったら、リチャードは遠征費だけでいくらでもサラセンと取り引きできたろうし、エドワード一世もあのような遺言を残さなかったであろう。なるほど胡椒の問題もあったろうが、主流現象と随伴現象の区別はなされなければならない。日露戦争は三菱財閥を富ました。それだからといって、三菱財閥を発展させる目的で日露戦争が起り、東郷元帥がバルティック艦隊を敗ったというのは原因と結果のとり違えであり、滑稽である。

8

「リチャード一世の十字軍参加は、英国史においては、あたかも学校生徒がエスケープして海に冒険にいったくらいの意味しか与えられていない[50]」といってチェスタトンは嘆いている。「その本質においては、近代の責任ある英国人が戦線に出たのと同じであり、十字架のために戦うか、ユニオン・ジャックのために戦うかの相違だけであるのに」。近代国家主義が発生してからの英国史家の目には、リチャードは国富を蕩尽して無益の血を流させた悪王にすぎないのだ。この意味においてトレヴェリアンはナチスの御用歴史家と同質の見解を有する。トレヴェリアンとナチスの史観が同質であるといったら謗りを士林に獲る恐れがあるが、必ずしも暴言でないことを示してみよう。ルドルフ・ヘルツォクの『ドイツ民族とその指導者の歴史[51]』は十字軍に対する価値判断を、超国家主義の立場から疑義のない明瞭な語句の中に結晶せしめている。

十字軍を率いたものは教会の旗であり、皇帝の旗ではなかった。人々は……決して地上の祖国のために身を捧げたのではなかった。勇敢な血は熱狂のために流されたのであってドイツの興隆と強大のためにではなかった[52]。

近代の史家が多かれ少なかれ近代国家を中心にしてしかものを考えることができなかったこと、換言すれば、程度の差こそあれ、ナチスの御用史学者的立場しか知らなかったこと、そして宗教改革の頃を境にしてヨーロッパとか国家とか教会とかに対する価値概念がすっかり変ってしまったこと――このことさえ洞察できれば、本稿の書き出しで提示したリチャード一世に対する当時の人気と近代の不人気に関する秘密が解けたと言ってよかろう。

最後に一つ大胆な、しかも日本史の学者にも多少は参考になると思われる対照例を引いておきたいと思う。

乃木希典は一九四五年まで日本人の間に絶対的人気のあった将軍である。彼は何をしたか。彼は旅順の要塞を百五十五日かかって攻撃、十三万人の精兵を率いてそのうち五万九千余人を失った。特に爾霊山の攻略にあたっては、この海抜二百三メートルの丘に六万四千の兵員を用い、一万七千人を失った(53)。この事実をこれから数百年――あるいは数十年でもよかろう――たって、日本とソ連が同じ基盤の上に立つ場合の政府の下で育った人たちが知るとしよう。そうすれば乃木なる軍人は悪鬼羅刹のように思われるに違いない。そしてやや慎重な歴史家はこう書くかも知れない。「乃木は残酷無残な司令官と言われてきている。しかし彼を批判する際には、その伝説と、その人気と、その部下の心服ぶりとを計算に入れなければならない。疑いもなく彼は今日でこそ非難されているが、当時は世論から支持された、奇妙にでき上がった一つの典型的人物だったのである」と。

国家主義、日本帝国至上主義が完全に忘却の淵に沈んだ時の乃木将軍の歴史的評価はこうなるに違いない。中世の教会を中心とする汎ヨーロッパ思想が忘れられた時のリチャード獅子心王に対する批判は上にのべてきたようなものであったのである。しかしリチャードの場合は、最近カトリックの伝統的理念を根底にふまえた欧州共同体などの動きが具体化しつつあるので、再び中世の理念に同情を持つ史眼によって再評価される時があるかも知れない。

注

(1) C. Dickens, *A Child's History of England*, chap. XIII.

(2) たとえば André Maurois, *A History of England* (translated into English by Hamish Miles, London, 1937), chap. VI. 訳文は、アンドレ・モロワ著、水野成夫他訳『英国史』(白水社、一九四〇年)による。

(3) *Ibid.*

(4) Bertrand de Born of Périgord.

(5) Maurice Hewlett, *Richard Yea and Nay*. 1900.

(6) William Stubbs, *The Constitutional History of England*, Vol. I, p. 512.

(7) 本邦でもたとえば斎藤勇博士のごとき英文学史家は次のように言っている。「叙述の筆致の清新発剌たる、政治経済と文芸とを関連せしめて国民生活を観察せる、史眼の烱々として透徹せる、殊に一般民衆の生活に対する注意と同情との著しき、いづれも本書を不朽の名作たらしめるものである」(『英文学史』研究社、一九三八年、参考書目解説の項参照)。また、徳富蘇峰も、このグリーンの本は「常に予の座右を離れなかった」と言い、「その視野きはめて広く……見識の闊達なるに感心せざるを得なかった。その文章もまた立派な史筆である」と激賞している(『読書九十年』講談社、一九五二年、五八―五九頁)。

(8) *A Short History of the English People*. London, 1874.『英民略史』という訳語は蘇峰のものである。ショート・ヒストリーといっても八百五十頁にも及ぶ浩瀚なものである。

(9) 英国歴史家の系統に関する要約的記事は、*Asahi Evening News*, Aug. 14, 1962 に "Passing of a Great Historian—A Twice-Monthly Commentary from the British Embassy" として出ている。ここで A Great Historian というのは、昨年(一九六二)七月二日、八十六歳の高齢で亡くなったG・M・トレヴェリアン教授のことである。

(10) G. M. Trevelyan, *Illustrated History of England*, p. 164.

(11) D. C. Somervell, *A History of England* (Nau'undo's Contemporary Library), p. 20.

(12) 第三次十字軍に対して比較的詳しい記述があるのは、S. C. Goodrich, *A Pictorial History of England*. Philadelphia, 1845. 学者のものとしては D. Jerrold, *An Introduction to the History of England*. London, 1949.(ジェロルドについては、『ソフィア』一巻一号、一二〇頁、及び四巻一号、一一二頁に掲載の書評を参照されたい。フィリップ・ヒューズ(Philip Hughes)師の宗教改革史をゲラ刷りのうちに読んで通史の中に取り入れた人である)。チェスタトン(G. K. Chesterton)は、その風変りな『小英国史』(*A Short History of England*. London, 1917)の第六章で、十字軍の意義とリチャード一世のことを扱っている。例によってパラドクスの連続であるが、最もおもしろく最も深く鋭い洞察をふくんでいるように思われる。本論文も同書よりの示唆に負うところが大きい。

（13） リチャードの在位期間は十年であることに疑いはないが、滞英期間についてはいろいろの説がある。藤田信勝『生きている西洋史』（鱒書房、一九五三年）——本書は通俗書であり、リチャードに関する記事が意外に大きい——は「在位十年のうち二年しかイギリス本国にいなかった」（一九四頁）としてあるが、これは誤りらしい。ジェロルドは十カ月、グッドリッチは四カ月としている。筆者はスタッブズにより、即位後滞英二カ月、十字軍から帰ってきてからさらに滞英二カ月とあるので、四カ月前後と見る。これはグッドリッチのそれと一致する。

（14） Stubbs, *op. cit.*, p. 498.

（15） *Ibid.*, p. 501.

（16） 「チェスタトンという例外を除けば」という言葉を入れてよいであろう。しかしチェスタトンは、「詩、劇、小説、批評など行く所として可ならざるはなき才人」（『英米文学辞典』研究社）としての名はあるが、歴史家という人はないようだ。

（17） チェスタトンは、「老婆の昔噺をそのまま信ずれば荒唐無稽なことにもなろうが、極めて少ない記録しかないのを信ずることから生ずる誤謬ほどには荒唐無稽であるまい」（*op. cit.*, p. 28）と言っているが、筆者はこの意見を支持するものである。

（18） Chesterton, *op. cit.*, p. 70.

（19） Maurois, *op. cit.*, chap. III.

（20） その金額は九十万ポンド（Bened. ii）とも言い、十万マルク（Hoveden iii. 8）とも言うが、前者の説では多額すぎ、後者の説では少額すぎるというのがスタッブズの考えである（cf. Stubbs, *op. cit.*, p. 495）。

（21） Stubbs, *op. cit.*, p. 496.

（22） *Ibid.*

（23） Chesterton, *op. cit.*, p. 61.

（24） "Richard, though proud and domineering, was brave and generous. Philip was equally proud, but shy and deceitful." (Goodrich, *op. cit.*, p. 95)

（25） 正確な場所はリマソル、時は一一九一年五月十二日。司式はボルドーの大司教が行った。

（26） Jerrold, *op. cit.*, p. 530.

（27） *Ibid.*, p. 531.

（28） すなわち大司教ボールドウィン付司祭。*Ibid.*, p. 553.

(29) *Ibid*., p. 534.
(30) 普墺戦争の場合はウィーン近郊のニコルスブルグに大本営を置いて交渉し、普仏戦争の時はヴェルサイユに大本営を置いた。
(31) Jerrold, *op. cit*., p. 536.
(32) Cf. Stubbs, *op. cit.,* p. 501.
(33) *Ibid*.
(34) 彼の伝記は *Saints and Ourselves*（ed. by Philip Caraman, S. J., London, 1953）の中にレネイ・ハイネス（Renée Haynes）によってよく描かれている。
(35) Goodrich, *op. cit*., p. 94.
(36) "We need not follow Richard in the Crusade which occupied the beginning of his reign, and which left England for four years without a ruler —in his quarrel in Sicily, his conquest of Cyprus, his victory at Jaffa, his fruitless march upon Jerusalem, the truce he concluded with Saladin, his shipwreck as he returned, or his two imprisonments in Germany." (Green, *op. cit.,* p. 112)
(37) 訳は主として御輿員三『二十六の群像』（南雲堂、一九五九年）による。
(38) この点に関するすぐれた見解は G. K. Chesterton, *Chaucer*（London, 1932）p. 63 に見られる。
(39) G. Chaucer, *Canterbury Tales*, Prologue, 1. 72.
(40) Cf. G. K. Chesterton, *op. cit*., chap. VI.
(41) ただチェスタトンのみこの重要さとその含蓄を教えてくれる。
(42) Cf. Chesterton, *op. cit*., p. 159.
(43) Cf. Chesterton, *op. cit*., pp. 58-60.
(44) 前者は聖ジェームズ、後者は聖パトリック。
(45) Trevelyan, *op. cit*., p. 163.
(46) Maurois, *op. cit*., bk III, chap. 1.
(47) 藤田信勝、上掲書、一八七頁。
(48) 同右、一八八—九六頁。
(49) 同右、一八八頁。
(50) Chesterton, *op. cit*., pp. 60-61.

（51） Rudolf Herzog, *Geschichte des Deutschen Volkes und seiner Führer*. 邦訳は『独逸民族史』（稲木勝彦訳）として聖紀書房から出ている（一九四一年）。

（52） *Ibid*., p. 140.

（53） 沼田多稼蔵『日露陸戦史』（岩波書店、一九四〇年）の資料による。

［文学］

シュレーゲルのシェイクスピア

●翻訳と批評に残した足跡

1

「アウグスト・ヴィルヘルム・フォン・シュレーゲル[1]は研究家たちによって継子扱いにされてきている。決定的な伝記もなければ、詩人、批評家、学者としての彼の意義を十分に解明したものもない[2]」。

シュレーゲルについて何ほどのことを知ろうとする者は、他の作家を研究する場合と反対の困難に逢着する。すなわち、多くの他の作家を研究する場合はそれに関する研究書の膨大な量を眼の前にして吐息をつくのであるが、シュレーゲルの場合はその資料の少なさに嘆ずるのである。

シュレーゲルに対する批判は言い古されている。曰く「思考の深さと独創性の欠如」、曰く「極端な体験、詩に対する全き献身の欠如[3]」等々である。しかしわれわれが現実的にドイツの演劇を考える場合、彼の影響力を軽視するわけにはいかない。ところが、影響力の点からシュレーゲルを重視することにも反対する声があって、W・カイザーのごとく、人はシュレーゲルが最も影響多きロマン派思想家であることを認めながらも、彼が最上のものでないことをつけ加えないと気がすまないのである。(4)

シュレーゲルに対する学者たちの見解は、要するに、「彼は影響力はあったが独自の価値は少ない」というところに帰着するようである。文学の世界において、独自の価値が少ないという判決の下された人を誰が本気で研究する気を起すであろうか。かくして彼に関する文献は寥々たらざるを得ないのである。(5)

しかし影響力といってもいろいろある。シュレーゲルの場合は、「彼自身はたいしたことはないが、影響するところは大きかった」などというありきたりの片づけ方ではすまないものであることを指摘したい。われわれは、翻訳家としてのシュレーゲルの中に「シェイクスピアをドイツの作家にした(6)」魔術師を見るのであり、また、劇詩論家としてのシュレーゲルの中にイギリス文芸批評の源泉を見るのである。どの一面を取り上げても、文学史的に重要な顧慮を与えられるべきもので「継子扱い」にしておかれるべきものではない。そのほか彼にはインド学建設者として、また、詩人としての面もあり、今さらながらそのスケールの大きさを感じさせられるのであるが、ここでは彼の最初の二つの面だけを考えてみたい。

2

「最も人気があり、最も愛されているドイツの劇作家はシェイクスピアである(7)」。

このパラドクスは、アメリカ・ジャーナリズムの軽薄な発言としてとられるべきではない。事実を見れば見るほど、これは洒落でなくて、われわれに示唆するところ甚大なる現実なのである。

まず『タイム』誌が昨年（一九六三）一月に伝えている事実を見よう。それによると、一九六二年のシーズンにドイツ語国（ドイツ、オーストリア、スイス）で上演されたシェイクスピアは、回数にして二千三百九十六回、上演した劇場数は百十二である。[8] これはシェイクスピアの記念祭とかのある特別の年でなく、平年の数なのである。この数はドイツのシェイクスピアと言われるゲーテと比較する時、[9] さらに印象的なものとなる。すなわち、ゲーテの上演回数は二位で、一千九百八十回、劇場数は八十六、すなわち回数にして四百回以上、劇場数にして二十数カ所も水をあけられているのである。残念ながら平年のイギリスにおける上演数がわからないけれども、普通、劇場で行われる回数はドイツをはるかに超えるということは絶対にないだろうと推測される。それはドイツは文化的に地方分権的で、地方小都市の劇場が極めてよく発達しているからである。

このドイツにおけるシェイクスピアの異常な人気はわれわれにいくつかの問題を提供する。第一に、人気ある翻訳は文学史でいかに扱われるべきか、すなわち、ドイツ人のごとく、他国の作家を「われらの某々」と言ってもよいか。第二は、詩人としてはあまり重要でないシュレーゲルが、なぜ、「シェイクスピアの原典よりもすぐれている」[10] という翻訳をなし得たのか。また、翻訳は原典よりまさり得るかという一般的問題もこれに関連して生じてくる。

3

シェイクスピアの真の故郷はどこであろうか。

それは地理的にあるいは形而下的にこたえることはやさしい。それはイギリスであり、もっと詳しく言えば英国中部ウォリックシャーのストラトフォード＝アポン＝エイヴォンであることは誰でも知っている。しかし天才の地理上、物理上のではない真の故郷はそれをよりよく理解してくれる人の心の中、すなわち、理解者のいちばん多い国であろう。劇作者の場合ならば、その理解者の最も多い、上演回数の最も多い国である。天才に対しては人類万人が権利を持つ。理解する人の中にのみ天才は生きるのである。

このことは他の芸術の分野においても容易に見られよう。シュトラウスやモーツァルトは疑いもなくオーストリア人であり、ヨーロッパ人である。しかしもう数世代も経ったら日本もその権利を主張し出すかも知れない。すなわち、モーツァルトの演奏回数や、演奏できる人の数、演奏の質が彼の地理的な母国を凌ぐことがないとも言えないからである。日本古来の音楽はなくなっても我慢できるが、モーツァルトやバッハがなくなったら困るという日本人が大量に出てきつつあるのである。そして卓絶せるモーツァルト演奏家が輩出した時、われわれ日本人も、「われらのモーツァルト」と呼び出す日があっても悪くない。事実、われわれが日本芸術と考えている多くの分野――建築、彫刻、絵画、陶器、碁、等々――は、その源が中国にあるにもかかわらず、日本が本場になってしまった場合が少なくないのである。これが単なる民芸・民謡と天才の芸術作品の根本的な差である。単なる民芸・民謡は地理的、環境的制約が強いので、他国においての方がより盛んであることはまずない。しかし天才の作品は外見上はその母国（言語をも含めて）の諸条件のもとに置かれながら、それを超える普遍性を持つのである。(11)

したがって、天才の作品、あるいは天才そのものは、あまり地縁的、血縁的条件に重きを置かず、もっと現象学的に見て、どこの国でどのように受容されているかを考えた方が、文化史的、あるいはもっとはっきり言って精神史的によいのではなかろうか。このことは宗教においては当然のこととされているのに、文学や芸術の面ではそうではないのである。たとえば釈迦は地縁的にはインドであり血縁的にはインド人である。釈迦の教えは今では故国インド以外で栄えていながら、これを誰もあやしまない。そして釈迦の教えを受入れる人のいるところが仏教国である。なぜならば釈尊の教えは万人のものだからである。もちろん、文学芸術は宗教ではないが、天才の作品は万人のものであるがゆえに、そしてそれを受入れる人がいるところにのみ真の故郷を有するがゆえに、宗教史を扱うがごとき態度で扱う方法論があってもよい。むしろその方が本当なのではなかろうか。今の文学史の方法論は外的なことに主点を置いて精神史的面が希薄になっているのである。この立場からドイツ人がシェイクスピアを「われらのシェイクスピア」と称することは日本人が自らを「仏教国」と呼ぶ意味において許されよう。

これと関連することであるが、翻訳は一国の文学史の中でどのように扱われるべきであろうか。これに対して、最近ブランデン氏の注目すべき発言がある。

英語をマスターしたら、シェイクスピア。ほかのものはいいんです。シェイクスピアよりも大事なものというとたった一つしかありません。御存じのように聖書だけです。(12)

英訳聖書の重要さは英文学史も英語史も十分教えてくれるし、同じことはルター訳のドイツ語聖書についても言える。ブランデン氏は、翻訳物である聖書を、英語を勉強した報酬として読める作品としてはシェイクスピアより重要であるとしているのである。

このようなわけで翻訳物が創作品に比すると二次的重要性しかないとはじめからきめてかかることは許されない。特にシュレーゲルのごとく、百五十年も経た今でも、ゲーテ以上に人気があるというような翻訳者の文学史的地位はいかにすべきであろうか。この点でも文学史は新しい方法論の導入を必要とするであろう。

4

「創造的発表力の才能はないが最も繊細なる詩感を有する」[13] 天才があり得るとすれば、ヴィルヘルム・シュレーゲルこそはまさにその人であろう。創作はできるが翻訳はさっぱり駄目な人と、反対に、創作は駄目だが翻訳はすばらしい人という二つの型を、心理学者のするように衒学的に説明する必要はない。世の中には、稀有の詩的感覚を有しながら、テーマを自ら作ることをしない人がいるのである。自分が画けば特に優れているわけでもないのに、すばらしく絵のわかる岡倉天心のような人もいるし、演奏や作曲はしないのに人の演奏の上手下手はよくわかる人もいる。このような人は一般に批評家になるのであるが、事実シュレーゲルは今日なおヨーロッパに強く残っている文芸批評の祖であった。ただシュレーゲルが凡百の批評家と異なっていたことは、ただ外国文学がわかるのみならず、これを母国語に移し植える特殊な才があったことである。

シュレーゲルの頭脳はどのように働いたのであろうか、これを勝手に想像することは、凡人には許されないことである。しかし幸いなことに、われわれ日本人はかなり似た例を比較的身近に持っている。すなわち上田敏である。彼が尋常ならざる文学的センスを有したことは疑問の余地がない。また、彼が正確な語学力、博洽《はっこう》な学問を持っていたことも確かである。しかし彼の創作はほとんど後世に残るものなく、その訳詩集『海潮音』によってのみ文学史に著名である。詩の鑑賞眼の鋭さ、学者としての活躍、そして自らの創作の乏しさなど、奇妙なまでにシュレーゲルを思わせるのである。

シュレーゲルも上田敏も、特にどこの国の文学ということに自己を限定しないところが特徴的である。上田敏は近代西洋諸国の詩の翻訳に比類ない玲瓏な傑作を残し、シュレーゲルはギリシャ、ラテン、スペイン、ポルトガル語の作品（たとえば *Blumensträusse italienischer, spanischer und portugiesischer Poesie*, 1804）、特にスペインの劇（*Spanisches Theater*, vol. 2, 1803-09 にはカルデロンの劇五編が訳されている）、それにインドの大叙事詩たる『ラーマーヤナ』、イタリアのタッソー、ペトラルカ、それにアリストテレス、さらにシェイクスピアと、天馬空を行く感がある。シュレーゲルのシェイクスピア訳は当時すでに全ドイツの視聴を彼のいるイェーナに集めしめ、さらに彼に教授の椅子を与えたほどのものであった。また、スペイン文学、特にカルデロンの翻訳と、その時代のスペイン劇壇とエリザベス朝劇壇の比較研究は、本格的比較文学のはしりと称すべきものである。上田敏もシュレーゲルも、文学そのものの理解力が抜群で、その作品の国境などあまり問題にしない態度で、すなわち文学を真の芸術家の態度で見た。ドイツ音楽しか演奏しないピアニストがいたら滑稽であるし、また、ドイツ音楽しか聴かないという聴衆もいない。コンサートのプログラムには各国の作曲家の作品が並んでいても誰も奇としない。それは、音楽は芸術であって国境を越えていることを誰も知っているからである。シュレーゲルも上田敏も、「音楽がわかる」という意味において文学がわかったと考えたらよいのではなかろうか。

5

シュレーゲルが翻訳に対してどのような抱負を持っていたか直接知ることはできない。しかし幸いに上田敏の翻訳に対する考え方は、彼の象徴論に示されている。シュレーゲルがこれと同じ見解を持っていたということにはならないが、その文学活動において不思議なほど類似した特徴を示している二人のことであるから、この点においても多少の類似があったと考えた方が、その反対の仮定をするよりはより自然である。上田敏は言う、「されば静かに象徴詩を味ふ者は自己の感興に応じて、詩人も未だ説き及ぼさざる言語道断の妙趣を翫賞し得べし(14)」と。

この象徴詩というのは、一般に「詩」あるいは「文学」と置き換え得よう。するとここに示された上田敏の見解は、「詩の鑑賞者は作者も表現しなかった妙趣を味わうことができる」ということである。鑑賞が原作に示された以上にまで及び得るということは、一見奇矯の言のごとくであるが、上田敏の翻訳を知っている者は、少なくとも上田敏に関してはそうであったろうと思わざるを得ない。そして同様なことをシュレーゲルに仮定することも許されてよいであろう。

作者の説き及ばないことを悟るということを一歩進めて、作者が真に意図したことを直接出さず別の衣を着せて、すなわち換骨奪胎して示す翻案というのがある。黒澤明が『マクベス』を日本の背景において「蜘蛛の巣城」を作り、イギリス人——プライス＝ジョーンズのような人をも含めて(15)——を感心させたのもその一つである。「結局シェイクスピアっていうのは、今の映画監督がやっていること、あるいはテレビが何百万の視聴者相手にやっているのと同じことをやっていたわけ(16)」であるから、ある意味では、黒澤の映画は、オールド・ヴィックにおけるシェイクスピア上演よりもシェイクスピアに忠実だと強弁し得るかも知れない。

換骨奪胎と言えば、シェイクスピアの劇にはすべて種があったことは、つとに指摘されることで、「実はシェイクスピアは素材の点ではもっと無精者だった(17)」のであり「素材、原話はほとんどすべて他人まかせ(18)」なのであるが、彼は「極めて凡庸拙劣な先輩作者の手からこれを受け取って(19)」これらに「起死回生の神技を施した(20)」のである。すなわちシェイクスピアは一種の翻案家なのであり、その意味で彼の作品は、厳格に言えば近代文学における「創作」ではない。

翻案が原作に優り得ることはシェイクスピアの例だけで十分である。翻案が原作に優り得る以上、翻訳が原作に優って悪いことはない。この意味で、「シュレーゲルの訳がシェイクスピアの原作よりもよい」ということは一概に否定できない。もちろん、これは、シュレーゲルの訳の優秀性を讃える誇張としてとるべきことは当然であり、シェイクスピアとその素材となった作者ほどの差があるという意味でないことは言うまでもない。

6

最後にシュレーゲルとシェイクスピア批評についてひとこと触れておかなければならない。シュレーゲルのシェイクスピア批評家としての名は、翻訳者としての名ほど有名でないが、その重要性はある意味においてそれに劣らない、すなわち彼はシェイクスピア批評史の一時代を画したからである。

英文学を学んだ者は、シェイクスピア批評（あるいは批評一般）におけるS・T・コールリッジとW・ハズリットの重要性を知っている。特に前者は、シェイクスピアを「芸術品」として見、そう扱った点において、同時代人及び十八世紀の思考法と袂をわかつのである。そこで、シュレーゲルとコールリッジの関係を見ることからはじめよう。[21]

コールリッジは一八一一年十二月十二日にかの文学史上有名な『ロミオとジュリエット』についての講演をしたが、この講演会が終った後、B・クルーゼ[22]という名の一人の聴衆が出てきて、「貴方のロミオ論は、A・W・シュレーゲルのウィーン大学における講義を想い出させます。引用されている例まで同じです」と言った。これに対しコールリッジは、その講義については何も知らぬとこたえた。事実、シュレーゲルの有名な『演劇術と劇文学に関する十五講[23]』が出版されたのは一八〇九年から一〇年にかけてであり、コールリッジの講演のほぼ一年前ぐらいであるから、彼がシュレーゲルの本をまだ読んでいなかったことはあり得るわけである。

しかしここに是非指摘しておきたい事実がある。すなわちコールリッジはワーズワースといっしょに『抒情詩集』(*Lyrical Ballads*)を出版した一七九八年にワーズワースとその妹ドロシーとともにドイツへ行き、ゲッティンゲン大学で十四カ月聴講生となって帰国、シラーの『ヴァレンシュタイン』(*Wallenstein*)を翻訳したことである。この事実は、コールリッジがドイツ語に熟達し、しかもシラーとその周辺に関心を持っていたことを示す。ところが一方、ゲッティンゲン大学はシュレーゲルの母校であり、当時シュレーゲルはシラーの主宰する『ホーレン』(*Horen*)誌に関係していた。しかも一七九七年にシュレーゲルはこの『ホーレン』誌に「ロメオとユリア論」を書いている。これはシェイクスピアの作品を最初に純粋に芸術作品として評価したもので、ために全ドイツの視聴を集め、ゲーテなども訪問するようになったのである。したがってコールリッジがドイツにいた頃、シュレーゲルのこの雑誌論文を見なかったということは、むしろたいへん不思議のように思われる。しかもロミオ論という題目まで同じなのである。コールリッジがシュレーゲルのロミオ論を知らなかったと言っても世間では通用しないことである。ただし、コールリッジが「知らなかった」とクルーゼにこたえたのは、ウィーン大学の講義集についてであるから、嘘を言ったことにはならないが、それより十四、五年前の『ホーレン』誌に出たシュレーゲルのロミオ論の方についてはどうだろう。コールリッジはそれを知っていて黙っていたのかも知れないし――彼の人格は相当怪しいところがあることは周知の事実だ[24]――、あるいは善意に解して、コールリッジは読んだことは忘れていたが、いつの間にかそういう考え方が身についていたとも考えられる。

クルーゼはその翌日コールリッジにシュレーゲルのウィーン講義集を持ってきたが、その時コールリッジは唖然とした――彼はその中に自分自身の考えを読んだからである。[25]それでコールリッジは次の講演(すなわち第九番目のもの)では、聴衆にシュレーゲルの講演集のことを話したのみならず、古代文学と近代文学に関するシュレーゲルの分類、彫刻と絵画の比較、その他無数の言葉を引用している。この後彼のシュレーゲルに対する関心はますます深まって、一九一三年から翌年にかけての連続講演にあたっては、書店に厳命してシュレーゲルの講義集を探し出させている。したがって二回目の連続講演で、コールリッジが極めて強いシュレーゲル色を出しているのも当然であろう。当然のこととして「剽窃」という非難の声が上がった。これに対してコールリッジは自分もシュレーゲルもともにカントを出発点にしているのだから剽窃ではないと言っているが、これも通用しない弁解である。[26]

一方、シュレーゲルはコールリッジのことはあまり知らなかった。コールリッジは、ワーズワースやドロシーと一八二八年に再びドイツへ旅行した時、シュレーゲルと個人的にバート・ゴーデスベルクで出会っている。コールリッジがたどたどしいドイツ語で話すのに対して、相手は英語で話しかけ、かくて対話は英語で行われたとのことである。

7

その後の英国におけるシュレーゲルの運命はどうであろうか。簡単にその跡をたどってみよう。

一八一五年ハズリットはこの年に出たシュレーゲルの講演の英訳[27]を読んで感激、一八一六年の『エディンバラ・レヴュー』誌二月号に重要な書評をよせ、英国内外でこれまで現れたシェイクスピアに関する論評のうち「最善のもの」という断定を下し、将来のシェイクスピアの出版に際しては、各々の劇に関するシュレーゲルの分析を付することが望ましいと言っている。このハズリットの希望は後、一八四〇年にR・H・ホーンによって叶えられた。

その後もシュレーゲルは『クォータリー』、『マンスリー・レヴュー』、『フォーリン・レヴュー』、『ジェントルマンズ・マガジン』などの雑誌において絶賛を博している。特に注目すべきなのは、『ブラックウッズ・マガジン』誌である。この雑誌はシュレーゲルを当代第一の審美学者と呼び、そのウィーン大学講義集はたいていの人の手にあると言っている。また、J・マッキントッシュ[28]は、シュレーゲルに、「貴殿は我が国の国民的批評家《ナショナル・クリティック》になられた[29]」と書き送っており、ウィーン大学講義集ほど多く読まれ、また議論の種にされた本はないと報じている。さらに一八四六年、この講義集は「ボーン叢書」(*Bohn's Standard Library*)に入った。スコット、サジー、ド・クインシー、ラスキンなどによって、賛成反対は別として、言及されている。コールリッジはシュレーゲル、ティーク、ゲーテの三人を「ドイツ文学界の最も輝しき三つの星[30]」と言ったが、これと同じことを一八六九年に近代英詩の濫觴であるG・M・ホプキンズが言っているのに驚かされる。シュレーゲルがゲーテと肩をならべてドイツ文学を代表せしめられるのは不当とするドイツ人学者[31]がいるのは当然であるが、すでに引用したドイツの劇場における上演回数を考えてみても、既成の文学史の概念を捨て、精神史的な要素を考えるならば、必ずしも不当ではないであろう。

かくしてシュレーゲルは英国で伝説的人物となり、英国の文学史家たちは、真面目にシュレーゲルと取り組んだ。J・P・コリアー、H・ハラム、J・A・シモンズ、A・W・ウォード、W・J・コータプ、G・セインツベリなどがそれである。『ケンブリッジ英文学史』(*Cambridge History of English Literature*)が至るところでシュレーゲルに言及していることはよく知られたことである。比較的新しいところでは、演劇論の大家アラダイス・ニコルがシュレーゲルから非常に多くの引用をしているのが目にとまる。さらに大西洋を越えて、E・A・ポーの批評論にもその影響を見るのである[32]。さらにカーライルがシュレーゲルの批評を自分の手本とし、また、シュレーゲルを権威としてしばしば援用していると言えば、英国におけるシュレーゲルの意味がだいたい察せられよう。

8

シュレーゲルの影響がイギリスであまり目につかなくなったのは何といっても第一次世界大戦後である。フリードリヒ大王の頃から、イギリスとドイツの関係は極めて良好であり、特にナポレオン戦役では英独は同盟軍であった。シュレーゲルの愛人スタール夫人は有名な反ボナパルト派の雄であり、また、この夫人の斡旋でシュレーゲルはスウェーデンの宮廷に仕え、一時は外交官を夢みて反フランス的活動をしたこともあったくらいである。

シュレーゲルは政治的に反仏親英であったのみならず、演劇論的にもそうであった。彼は一八〇八年ラシーヌとユーリピデスを比較して、フランスの古典演劇論を痛烈に批判する論文を仏文で書いた[33]。これはロマン主義の立場から古典主義を批判したのであるが、具体的にはイギリス人を喜ばせ、フランス人を怒らせたのである。この間の事情をシュレーゲルの英訳者ブラックは次のように伝えている。

> フランスの批評家たちが神聖と考えていた諸規則、また、フランス国民一般が長い間誇りに思っていた作品に対する大胆な攻撃は、フランスにおいて彼の作品に対する常ならざる憤怒をよび起した。『パリジャン・ジャーナル』紙において彼に向けられた敵意を見るのはなかなかおもしろいことである……しかしこの国（英国）においては、彼の作品はきっと非常に違った受け入れられ方をするであろう……彼が我々の敵の文学を容赦なく攻撃したことは彼にとって不利にならないだろうと思われる[34]。

すなわち、シュレーゲルが当時のイギリスでは敵性文学の批判家として歓迎されたことがこれで明らかである。そしてこの同じブラックは一八一五年に、「ドイツの批評家が、最初に英国民のシェイクスピア崇拝の真の啓蒙された解釈者となり、われわれの誰よりもわが国の最も輝かしい詩の誉れ（シェイクスピア）に通じているとは驚くべきことである」[35]と言っている。換言すれば、シュレーゲルがどのイギリス人よりもよくシェイクスピアを理解し、彼がシェイクスピア批評の真のあり方をイギリス人に教えてくれたことを認めるにやぶさかでないという空気が、当時イギリス人の中にあったことを見すごすべきではない。イギリス人はこのドイツ人に（またドイツ人一般に）好意を持っていた。それでシュレーゲルの功を率直に認めたのである。われわれはここで日本美術史に対するフェノロサを考えてもよいかも知れない。

しかし第一次世界大戦をもってイギリスの世論はすっかり変った。世論とともに知的世界の意見も変ったことは、チェスタトンを例に引くまでもないであろう。そしてドイツ人がイギリス人よりもよくシェイクスピアを理解したとか、シェイクスピアの真の理解と世界文学への紹介はドイツ人によってなされたなどということは誰も言わなくなる。はじめは意識して言われなかったのかも知れないが、しばらくすると皆がシュレーゲルの名を忘れ出す。そのうち第二次大戦がはじまり英独間の関係はさらに悪くなる。大戦後は英米においてシェイクスピアの研究批評が極めて盛んになったが、シュレーゲルをほとんど誰も忘却の淵から救い上げようとしない。ドイツ人自体が忘れたるがごくである。ただそれとはお構いなしに彼の翻訳が実際の舞台で盛んに行われてアメリカの雑誌記者の目を引いたのはおもしろい。シェイクスピアの近代批評がコールリッジであったかシュレーゲルであったかを論ずるのは益なきわざとする人もいるし[36]、また、どちらが早いかは疑問とする人もいる[37]。しかし当時のことを多少調べる気になってみれば、疑いの入れようもないことは上述のごとくである。「原作以上の翻訳」「本国人以上の理解」とイギリス人に呼ばれたシュレーゲルの批評は、シェイクスピア批評の古典としてあるいは里程標としてもっと注目されてもよいのでは

なかろうか。少なくともA・C・ブラッドレーくらいには、あるいは少なくともコールリッジ以上には。(38)

9

「独自の国民性がだんだん失われて、西洋でも日本でも、人間は同じ画一性に向かって動いているようです……従って、人間性そのものが共通であるだけでなく、現代人としてのあり方がだんだん似通って来ているわけですね。このためシェイクスピアへの接近も容易になると思います(39)」。

これは本年(一九六四)四月二十八日、上智大学講堂で、シェイクスピア生誕四百年記念座談会における司会者のしめくくりの言葉であるが、二十世紀後半を最も特徴づけるものの一つは国境の消失になろうとしていることは注目に値する。人はみんな国境にかかわらず同じくプロブレマティックな立場に置かれている。

この国境のぼやけてゆく世界はある意味においてロマン主義批評の立場であることはあまり気づかれていないのではなかろうか。ロマン主義は、それが当時ナポレオンによって国家としての政治的実体を失ったドイツの産物であるがゆえに、コスモポリタンである。ロマン主義者は自分の国だけにでなく、すべての国、すべての時代に人間の偉大さを認める。それはインドにもあり、スペインにもあり、中世にもあり、シェイクスピアの作品にもあり、アテネの森の中にもあるのである。そして偉大なものの中に偉大さを認めるのは、その地縁的、血縁的後継者ではなく、偉大なものを認める能力を持った魂のみである。

われわれ日本人はシュレーゲルの中に一つの慰安を見出すはずである。外国文学を自国文学以上に理解し得るか、また、これを原文以上に再現できるかという、ともすれば外国文学研究者を憂鬱にする問題に対し、シュレーゲルは断乎たる「肯定」を与えてくれるからである。少なくともわれわれはシュレーゲルの中に、外国文学研究者は本国人より鑑賞力や理解力がアプリオリに劣るものではないという実例を見出すことができるであろう。

注

(1)『タイム』誌、一九六三年一月十一日号、四〇頁にあるドイツにおけるシェイクスピア上演に関する記事は Gentle Wilhelm という標題を与えている。ドイツ名 Wilhelm は英語名 William にあたり、これが、偶然にも、シェイクスピアとシュレーゲルのクリスチャン・ネームになっている。シェイクスピアは周知のごとく Gentle Shakespeare と呼ばれていた。

(2) W. F. Schirmer, *Kleine Schriften.* Tübingen, 1950, p. 153.

(3) *Ibid.* また *Encyclopaedia Britannica,* Vol. 20, 1963, p. 73 も彼を "As an original poet Schlegel is unimportant." としている。

(4) "...gaben Mme de Staël (*De l'Allemagne*) und August Wilhelm Schlegel (*Vorlesungen über dramatische Kunst und Literatur*) zwar nicht die neuen Denkens." (W. Kayser, *Das sprachliche Kunstwerk.* Bern, 1956^4, p. 23)

(5) 今世紀になってからシュレーゲルに関して出版された研究書の主なるものは、次の二点にとどまる。しかもそのうち一つは彼の弟といっしょに扱ったものである。R. Genée, *Schlegel und Shakespeare,* 1903; J. Koerner, *Romantiker und Klassiker: Die Brüder Schlegel in ihren Beziehungen zu Schiller und Goethe,* 1924. 短いものでは、注(2)のシャーマーの「小品」を入れるべきである。これは彼が一九三八年にロンドン大学で行った三つの講演を収めたもので、第一講ではシュレーゲルの生活史を、第二講ではその作品を、第三講ではイギリスとの関係をのべている。いずれも短いものではあるが、筆者は教えられるところが少なくなかった。

(6)「彼は……特にシェイクスピアを翻訳した。シェイクスピアは彼のおかげでほとんどドイツの作家となるのである」(J. F. Angelloz, *La littérature allemande,* Collection Que Sais-Je? N° 101. /原田義人訳『ドイツ文学史』白水社、一九五一年、八〇頁)。また、ドイツ人はシェイクスピアを、しばしば unser Shakespeare(われらのシェイクスピア)と呼ぶ。

(7) "The most popular and beloved German playwright is Shakespeare — gentle Wilhelm, the bard of Stuttgart-am-Neckar and every other Hamlet from Rosencrantz to Guildenstern." (*Time, ibid.*)

（8） これに関しては、「シェイクスピアと現代世界」（『ソフィア』十三巻二号、一一九頁）と題する座談会で、ロゲンドルフ教授により言及されている。
（9） *Time, ibid.*
（10） "He（A.W. Schlegel）was such an accomplished poet himself that people who know both languages often claim that the German versions of Shakespeare's plays are better than the originals."（*Time, ibid.*）
（11） 普遍性という点から考えて、単なる民芸品と自然科学にもとづく工業製品を比べてみることも参考になる。自然科学は普遍性そのものであるがゆえに、アメリカで発見したトランジスターが日本で製品化されたり、また、ドイツで基礎を置かれたロケットが、米ソにおいてより発達してもおかしくない。
（12） 『ソフィア』上掲号、一二六頁。
（13） "... er feinstes dichterisches Fühlen besass ohne die Gabe schöpferischer Aussprache...."（W. F. Schirmer, *op. cit.*, p. 153）
（14） 上田敏『海潮音』（明治三十八年〔一九〇五〕）の序に付せられた詩論から。
（15） 『ソフィア』上掲号、一二〇頁で、同氏は、「あれはわたし見ました、偶然に。すばらしい映画で関心しました」と言っている。筆者もこの映画がオックスフォードの名画座で上演された時、偶然見る機会を有したものであるが、同映画館は大学生で満員であり、極めて好評であった。
（16） 『ソフィア』上掲号、一二二頁。
（17） 『ヴェニスの商人』（中野好夫訳）岩波文庫、一九三九年、一一頁。
（18） 同右、八頁。
（19） 同右、一二頁。
（20） 同右、一一頁。
（21） Cf. Schirmer *op. cit.*, pp. 199-200.
（22） コールリッジはKrusveと書いているが、Kruseが正しいと思われる。Cf. Schirmer *op. cit.*, p. 193.
（23） *Vorlesungen über dramatische Kunst und Literatur*, 1809/10. これは元来一八〇八年にウィーン大学で講義されたもの。上智大学図書館の版は *Kritische Ausgabe eingeleitet und mit Anmerkungen versehen von Giovanni Vittorio Amoretti*, Bonn u. Leipzig: Kurt Schroeder Verlag, 1923. である。この講義は文学上のみならず社交的にも成功したもので、聴講生は約三百人、第一列を占めているのはたいてい公爵、伯爵、大臣、将軍、学者、芸術家、及びその妻たちであった。このためシュレーゲルは教授らしくない、社交界の紳士らしい優雅な服装で教壇に立った。最新流行型の銀灰色の燕尾服、絹の下着、素敵な靴、カンバーランド風の高襟飾で文字通りのハイカラー紳士であった。これに相応して、講義の内容形式ともに衒学的なところのない、堂々たる演説であった。聴衆の一人、スタール夫人（Madame de Staël）も、“je fus confondue d’entendre un critique éloquent comme un orateur, et qui, loin de s’acharner aux défauts, éternel aliment de la médiocrité jalouse, cherchait seulement à faire revivre le génie créateur” と言っている。

(24) S. Smiles, *Character*. London, 1907, p. 110.

(25) “The grounds, train of reasoning, etc. were different in language only—and often not even in that. The thoughts too were so far peculiar, that to the best of my knowledge they did not exist in any prior work of criticism.” Quoted by W. F. Schirmer, *op. cit.*, p. 103.

(26) 事実コールリッジは、文字通りシュレーゲルの言葉を使っていながらも、引用の旨を言っていない箇所が多い。

(27) *A Course of Lectures on Dramatic Art and Literature* by Augustus William Schlegel. Translated by John Black, Esq., late editor of *The Morning Chronicle*. 上智大学図書館にあるものは A. J. W. Morrison の訂正版で、一八四六年刊である。

(28) 彼は、シュレーゲルの同棲者で愛人であり、*De l’Allemagne* の著者として有名なスタール夫人の滞英時代の個人教師であった。

(29) “... I know of no book so generally read and followed or opposed as your lectures on Dramatic Poetry. You are become our National Critic.” Quoted by W. F. Schirmer, *op. cit.*, p. 197.

(30) *Letters*, Sept. 10, 1814.

(31) たとえば W. F. Schirmer, *op. cit.*, p. 198.

(32) *Ibid*.

(33) *Comparaison entre la Phèdre de Racine et celle d’Euripide*.

(34) “The boldness of his attacks on rules which are considered as sacred by the French critics, and on which the French nation in general have long been proud, called forth a more than ordinary degree of indignation against his work in France. It was amusing enough to observe the hostility carried on against him in the *Parisian Journals*.... In this country the work will no doubt meet with a very different reception ... and it will be no disadvantage to him, in our eyes, that he has been unsparing in his attack on the literature of our enemies.” in J. Back, “Preface by the Translator,” *op. cit.*, p. 1.

(35) “It will hardly fail to astonish us, however, to find a stranger better acquainted with the brightest poetical ornament of this country than any of ourselves; and that the admiration of the English nation for Shakespeare should first obtain a truly enlightened interpreter in a critic of Germany.” *Ibid*.

(36) John Crow, "Less fruitful have been the disputes about precedence and originality in the romantic movement." *Encyclopaedia Britannica*, Vol. 20, p. 454.

(37) 中西信太郎『シェイクスピア序論』研究社、一九三九年、一一八頁。

(38) 比較的最近に再版が出たニコル・スミスのシェイクスピア論史も、シュレーゲルの功績を過小評価しようとするイギリス人の努力を示している。すなわち、シュレーゲルの言っていることは、それ以前に言われていたとする見解である。"Many of Schlegel's acute and enthusiastic observations had been anticipated at home." in P. Nichol Smith, *Eighteenth Century Essays on Shakespeare*, p. xii.

(39) ロゲンドルフ『ソフィア』上掲号、一四〇—四一頁。

［文学］

「髪の毛のない女神」について

『言語』一九八五年二月号に掲載されたグロータース先生の『カルミナ・ブラーナ』の「気まぐれな幸運の女神の歌」についてのエッセイを非常におもしろく読ませていただいた。この有名な歌のひどい誤訳が日本において繰り返し行われていること、またレコードにつけられた英語訳の方も二つとも間違っていたというご指摘はおおいに参考になった。

最初にわたしが『カルミナ・ブラーナ』のレコードを聞かされたのは、ドイツのラテン語の先生の家に招待された折であった。目の前に別世界が顕現したような感動を受けたことを今でも覚えている。さっそく、そのテキストを買ったが、それはインゼル叢書版六二六（一九五七年）の小冊子である。ラテン語にドイツ語訳が対応させてある。それがドイツ語でも唄えるような韻文訳になっているので、逐語訳ではない。その訳者エルンスト・ブッショーはラテン語を正確に把握していたと見えて、日本語訳や英訳に見られるような誤りはおかさず、女神が前髪はふさふさしているが後頭部はハゲであるというイメージを正確にとらえている。参考のため、問題の箇所の原詩と、ブッショーの独訳をかかげてみよう。

Verum est quod legitur
Fronte capillata,
Sed plerumque sequitur
Occasio calvata.

（原詩）

Wahr ist jenes alte Wort
Vom gepackten Schopfe,
Doch man greift nur fort und fort
Nach dem kahlen Kopfe.

（独訳）

原詩に対するグロータース先生の和訳をもう一度かかげてみると次の通りである。

昔から本に書かれている通り、
幸運の女神には、
前髪がある。
しかし、後から追いかけると
女神には、後髪はない。

ドイツ語訳は、詩になっているために意訳になっているが、そのドイツ語を参考のために直訳すれば次のようになる。

つかまえられた前髪について
昔から言われているあの言葉は本当だ。
しかし人間というのはただ
ハゲた頭をつかもうと必死に手をのばすだけ。

両者の訳は相当違うけれども、「運命の女神の前髪はふさふさしているが、後頭部はハゲているから、機会は前髪でつかまえなければならぬのに、後ろからハゲたところをつかもうとするのが人の常である」という原文のイメージを両者とも間違いなくとらえている。ドイツ語には、die Gelegenheit beim Schopf ergreifen（機会を前髪でつかまえる）という熟語が普通になっているから、イメージしやすい。そういえば英語でもグロータース先生もご指摘のように幸運の女神に関する言及は少なくないし、また、take opportunity by the forelock という熟語はありふれたものである。英訳が二種ともこのイメージをとらえそこねているのはむしろ不可解と言うべきであろう。

このようなわけでわたしはグロータース先生の所説にまったく賛成と言ってよいのであるが、細かなことで二つばかりお聞きしたいことがある。まず原詩を先生は Occasio *calva* としてあるが、*calvata* が正しいであろう。意味から言えば同じようなものであるが、唄う時は綴り字数で Occasio の読み方に変化が生ずる。おそらくこれは単なる誤植の問題なのであろう。

次にお聞きしたいのはsequiturの訳し方である。グロータース先生はここを二様に訳しておられる。すなわち最初においては「後から追いかけると」と能動形で訳され、ついで直訳とことわられた訳では「追いかけられる時には髪がない」と受身形に訳されている。能動形の場合は主語が人間ということになるが（独訳はそう意訳している）、それならばOccasio calvataという格が合わないように思われる。また後の場合のように受身形に訳せばOccasioの格はよいとしてもsequiturは異態動詞（verbum deponens）であるから、受身の意味は放棄（deponere）されているはずである。このsequiturという動詞の使い方を中心として、その主語や目的語（あれば）を明確にご指摘下さった上、この原詩の直訳（英・独・仏・日のいずれでも）をお示し下さり、小生多年の蒙をお啓き下されば幸甚です。

髪の毛のない女神 ●言葉の罠

W・A・グロータース

子供の頃、父から教わったラテン語の諺にFortuna（またはOccasio）post calva.――フォルトゥナ（オカジオ）・ポスト・カルヴァというのがあった。逐語訳をすれば、fortuna（occasio）好機の女神。post 後《うしろ》には。calva（彼女は）髪の毛がない。つまり、こういう意味である。好機は前方からやって来る時にこそ捕えなければならない。女神には前髪があるから、それをつかめばいい。ところがいったん通り過ぎると、もう捕えることはできない。後髪はないからである。

作曲家カール・オルフ（Carl Orff, 1895-1982）は、一二、三世紀頃作られたと思われる詩集『カルミナ・ブラーナ』(*Carmina Burana*)に曲をつけた。それが出来上がったのは、一九三七年のことである。この中に、今述べた、気まぐれな幸運の女神の歌が収められている。

Verum est quod legitur
Fronte capillata
Sed plerumque sequitur
Occasio calva

昔から本に書かれている通り、
幸運の女神には、
前髪がある。
しかし、後から追いかけると
女神には、後髪はない。

さて、一九七五年三月、NHK交響楽団は、定期演奏会で『カルミナ・ブラーナ』を演奏した。今あげた歌の訳は、こうなっていた。

真実、書にもいわく「黒髪豊かな若者も時くれば失う　その髪を」と。(I氏訳)

この訳は、当日プログラムをもらって初めて知った。わたしは、翌日NHKに手紙を書いて、その誤訳を指摘した。時は流れ、一九八三年十月のこと。NHKのある課長からの話で、一九八四年四月の演奏会に、ふたたび『カルミナ・ブラーナ』を取りあげる予定であることを知った。わたしは自分から、「事前にその訳を見てさしあげましょう」と申し出た。課長は、「ありがとうございます。でも今度はしっかりした人ですから、大丈夫ですよ」。今度の訳は、ある音楽大学のA教授の手によるものであった。定期演奏会当日に配られた訳は次のようになっていた。

朝《あした》に紅顔
暮《ゆうべ》に白骨。
げに諺に言うごとく
人の世の常ならぬ。

前回一九七五年の訳には、この部分を含めて誤りが八つ含まれていたが、今度の訳では、二〇にもふえてしまった。最初にあげた諺を思い浮べながら、こう思った。一九七五年、NHKは機を逸し、後髪のない女神を捕えることができなかった。しかし、一九八四年には、女神がむこうからNHKにやってくるのが分かっていたのに、それなのに、その女神には、なんたることか、前髪すらなかった。

ここまでを一九八四年六月に書いて、翌七月、米国ボストンの甥の家に行った時のことである。たまたまそこにも『カルミナ・ブラーナ』のレコードが二枚あった。それには、それぞれ英語訳が付いていた。両方の翻訳を注意して見た。誤訳は全体で二カ所しかなかった。しかし、ここにも髪の毛のない女神がいた。

共に、例の「不運な」文の箇所である。そこ以外に誤訳はなかった。一つはこうである——

Truly it is written that the head may be hairy but often there follows a season of baldness.

「人は実際、初めのうちは髪の毛が多い。しかしその後には、しばしば髪の毛のなくなる季節が来る、と書かれている。」

もう一つはこうなっている——

It is true, as they say that the well-thatched pate may soonest lose its hair.

「まこと、書にある如く、ふさふさの頭髪も、すぐになくなるやも。」

正直な所、二人の訳者とも、古典ラテン語の諺が分かっていない、と言わざるを得ない。しかし、ラテン語の訳を引き受けるからには、多少なりとも文法知識があるはずだ。fronte capillata は、いわゆる奪格別句（Ablātīvus Absolūtus）だから、この主語は fortuna である。すると直訳すれば、「女神には前髪はあるが、追いかけられる時には髪がない」となる。

ラテン語の文法知識がなければ、それを補う方法は二つある。一つは *SOD* を引くことである。マーロー（Ch. Marlowe, 1564–93）からの引用文がある。"Occasion is bald behind, slip not thine opportunity."（好運の女神に後髪はない。好機を逸するな)。もう一つはOxfordの『引用句辞典』(一九七九年)を見ることである。ミルトン(J. Milton, 1608-74)の『復楽園』からの引用がある。"But on Occasion's forelock watchful wait."(しかし、好運の女神の前髪を注意して待て)。

ところで、ボストンで見た誤訳には、ちょっとした法律上の問題がある。それには「版権・ドイツグラモフォン協会」とある。自分の愚かな誤訳を版権で守ろうとするなんて、そんなことがあるだろうか。

(W. A. Grootaers・言語地理学)
(佐々木英樹訳)

［日本語／日本論］

魅力ある日本語文法を

旧制中学というところは妙にエリート意識があったところであったから、実用価値のまったくないことを教えられても文句を言わないという気風があった。選ばれた人間たちなのだから、中学に入らない人たちの知らないことを教えられること自体がありがたいという感じがあったのではないかと思う。そういう中学生たちでさえも、「あれはかなわん」と言って辟易した数少ない学科の一つが国文法であった。

それでも古文の文法なら多少存在理由がわかる。「係り結び」などというものを知らないと訳せないこともある。しかし現代文法となるとまったくいけない。動詞活用形があることを知るということ以外には、まずは何も習うことなどはない。しかもよく勉強したところで何の役にも立たないのだ。われわれが用いていたのは橋本進吉博士の教科書だったと思うが、「このところを某博士はこう言っている」などと国語の先生が言われたのは逆効果だった。まったくおもしろくもなく、役に立たないと思いながらも、試験のためには覚えようか、と思っていたのだが、別の学者は別のことを言っていると知って、そうする気さえそがれたことを覚えている。

旧制中学以来、現代国語文法とはまったく関係も関心もなく今日に至っている。それに反して中学の英文法は、それによって知的興奮を知り、その助けを借りれば英語を読んだり書いたりすることができるようになるという実感を持った。英文法に対する敬意と感謝の念は大きく、どうしてこのようなものができたのか、その歴史を知りたいと思う気持ちがだんだん固まって、ついに英文法の歴史を本職にすることになってしまった。国語文法に対する冷淡さと、英語文法に対する熱意との差があまりにもはなはだしいことにわれながら驚くことがある。

「自分は拝外者で、外国のものをありがたがりながら、日本のものを低く見たがるタイプの人間なのだろうか」と自分に問うてみる。「いやそんなことは断じてないはずだ」と自分にこたえる。日本という国や日本語や日本の歴史を愛し尊ぶことにおいて、自分はそんなに人に劣ることはないだろうと思う。すると問題は、現代国語文法そのものにあるのではないか。

現代国語文法と言われても、何ら知的な魅力を感じない。新しい言語学で、部分的に日本語の文法を説明しようという試みをやっている論文などに時にお目にかかる。うまくいった論文でも、「そういう理屈も言えるだろうなあ」というだけのことであり、別の説明法もあるだろうということはすぐわかる。つまり書いた人には悪いが、読んだ時間とエネルギーが無駄だったという感じがなきにしもあらずである。つまりおもしろくもなければ何の役にも立たないのだ。

英文法の時はどうだったろうか。それによって、まったく知らなかった言葉が確実に読めるようになるという知的興奮があった。しかも知らない言語を理解するのに自信さえ湧いてくるのを感じたものだった。その文法を使って外国に手紙を出すと、魔訶不思議、ちゃんと返事が来るのである。こういう喜びを現代国語文法はけっして与えることがない。

文法というものはこういうふうに役に立たなければ本物でないのではなかろうか。別の言い方をすれば、間違いか間違いでないかをはっきりさせてくれる力がないとありがたくない。伝統英文法は、それを頭に叩き込んで文脈を正しく追えば明らかに意味がとらえられるし、それでないと文意が通じなくなるというところがある。文法的に正しく書けば正しく意味が伝わるし、それを間違えると誤解を生じやすい。だから伝統英文法には「規範力」があると言えるであろう。

近頃の風潮ではしばしば見すごされるのだが、文法を「学び甲斐がある」と感ずるのは、この規範力を身につけたという自覚が生じた時からである。母国語は直感的にわかるから規範力は意識にのぼりにくい。そういう時代の言葉は破格だらけとも言える。イギリスで言えばシェイクスピアなどは英文法を意識しなかったであろう。しかしだんだんこれでは困るという意識が生じてくる。そして無数の英文法書が十六世紀の末から出てくるけれども、規範性が出てきたのは十八世紀の半ばに、ラウスの英文典が出版されてからである。これは辞書の方でジョンソンが画期的な規範力を持ったものを作ったのと時期がほぼ同じである。国家にはその国語に規範性を求めるようになる時期があるのかも知れない。十八世紀の末に、マレーがラウスの線を発展させて、その後百五十年近く大綱において通用する規範文法を作った。

規範文法は学校文法とも言われる。そこには今では軽蔑の意味もこめられることがあるようだ。しかし文法というものが、「おもしろくてためになる」という性格を示すのは、まさにその規範性のおかげなのである。学校の先生は規範文法をふりかざして、英文学史上の大家の文章の文法的誤りや不適切さを指摘できたりする。こういうのはよくない、というのも一つの見方であるが、そこまでこなくては文法はおもしろくないという見方もあり得る。アメリカでは構造言語学が学校文法の批判をはじめ、それが定着した頃から、若い者の「書く英語」の混乱がはなはだしくなり、大学生に作文教育のやり直しをしなければならない事態が生じていることも見すごし得ぬことである。

現代日本語はまだシェイクスピア時代の英語みたいな段階にあるのかも知れないと考えることがある。すると規範的な力のある文法が生ずるまでは待つより仕方があるまい。しかし外国人は日本語を書けるようになるために、何らかの有効な規範性ある文法を求めているはずである。そして彼らはそれを見出すであろう。その影響力が日本人の国語文法学者に及んだ時が一つの転機になると思われる。英文法の歴史でも「外国人のために」というのが常に重要な動機だったのである。外国人が使える日本文法なら、日本人にも役に立ち、学ぶ価値のある規範性も示されるであろう。

［日本語／日本論］

音読みと訓読みのある言語

1

日本の子どもが国語を習得する際に、まず教えられること、そして覚えなければならないことは、日本語の表記には漢字と仮名があること、すなわち日本語の表記は「漢字まじり仮名」が常態であることである。その次に知らなければならないのは、仮名には読み方が原則として一つだが、漢字には読み方が二つあるのが原則だということである。つまりたいていの漢字には「音《おん》読み」と「訓《くん》読み」があることである。

漢字には音訓《おんくん》二様の読み方があるのであって、これを知らなければ普通の日本文は読めないのである。これは厳たる事実であって、これを無視した日本語論は重大な欠陥があるとしなければならない。そしてこの音訓にこそ日本語表記の最大の特徴があるのであり、かつ、それはそういう表記法を発明し使用し続けてきている日本人のメンタリティの特異性を示すものでもある。

ところが国語学者が学問的対象として、この音訓問題を扱っている例はほとんど見あたらない。たとえば全八巻より成る『日本の言語学』（大修館書店）は現時点における国語学の一大集大成と考えてよいと思われるが、数千頁の中に、音訓の問題に触れてある箇所は総計しても二頁か、せいぜい三頁くらいのものである。それに対する言及があるだけで、本格的な考察はないと言ってよい。

では音訓の問題は重要ではないのか、と言えばそんなことは絶対にない。音訓なしで日常の国語運用ができないという実用的価値のほかに、音訓問題は日本語と日本人の特質を洞察するための最も基本的な手がかりになるものである。音訓があるということの意味は、原則としてそれがない言語——つまりだいたいほかの全部の言語ということになる——と比べてみればおのずから明らかになると思う。たとえば歴史的に日本語と似た条件に置かれたコリア語と、印欧語の代表として最もよく知られている英語の場合を考えてみよう。

コリア語も日本語も巨大なる漢字文明を持った中国文明の周辺にありながら、中国語とは系統的に関係がない。そしてコリアにも日本にも中国文明——この場合、漢訳仏典による仏教文明も含む——が漢字とともに入ってきた。漢字で書かれたコリアの書物文化の水準は非常に高いものがあった。十数世紀にわたり、コリアの文化人たちは漢字を使って物を書き続けたが、それは中国文化に忠実な漢文・漢詩であって、漢字を訓読みすることをしなかった。日本語の仮名に相当するものはハングルであるが、漢字にハングルのルビを振って訓読みにするという話は聞いたことがない。漢字はいわば音読みだけであり、ハングルはハングルである。日本人とコリア人の漢字に対する態度は——どちらがよいかという価値観はいっさい含めない——決定的に違うと言ってよいであろう。

もう一例として英語の例をあげてみよう。イギリス人はその文字アルファベットをローマ文化から学んだ。表記の単位となる文字は英語とラテン語では同じであると言ってよい。ラテン語で「水の」ことをaqua《アクア》と表記するが、イギリス人がそれをウォーターと読むことはない。日本語の訓というのはaquaと書いてウォーターと読むようなものである。われわれは子どもの時から馴れているから、「水」と書いて「みず」と訓読みしても、「すい」と音読みしたりして少しも不思議に思わないが、英語の例で考えてみてもわかるように、それは実に珍奇なやり方なのである。

ただくわしく言えば、英語には訓読みがないわけでもない。英語の本文の脚注などへibid.とある時、われわれは普通「イビッド」と読んだり、省略されない形でibidem《イビデム》と読んだりする。イギリス人はこれをイバイデムなどと英語式に読むことがあるが、いずれもラテン語の音読みである。しかし時として、ibid.をin the same placeと意味をとって読むことがある。するとこれは英語の訓読みということになる。このような例はいくつかあるが、ごく普通に用いられるものをあげてみよう。

e. g.＝exempli gratia（たとえば）は普通for exampleとかfor instanceと訓読みにする。

etc.＝et cetera（その他、などなど）は普通and the restとかand so onとかand so forthと訓読みする。

i. e.＝id est（すなわち）は普通that isと訓読みする。

viz.＝videlicet（すなわち）は普通that is to sayとかnamelyと訓読みする。

もちろんetc.を「エトセトラ」と音読みしてもよいのであるが、それをペダンティックと嫌う人もいるので、「アンド・ソー・オン」と訓読みにした方が無難であると、かつて英語の時間に教えられた記憶がある。

そのほか英語で音読みと訓読みの両方が許されているのは化学分子式である。たとえばH_2O（水）はエイチ・トゥ・オーと読んでもよいが、これをウォーターと訓読みにしてもよいわけである。

このように英語の例を見ると、ラテン語の略語で記号化しているもの（i.e. や etc. など）や化学分子式のような記号は、日本語の中における漢字のごとく、音訓両様の読み方が認められている。これらのラテン語の略語や化学分子式に共通な点は、いずれも「表意性のある記号」ということである。このようなものに対しては英語といえども音読みも訓読みも許すのである。ただ日本語の中におけると漢字と決定的に違うことは、「量」である。英語においては、音訓二つある表意的記号は例外であるのに反し、日本語の中における音訓二つある漢字は通例である。

よくこの頃、「日本の常識は世界の非常識」ということが言われる（竹村健一氏の作ったキャッチ・フレーズとされている）。この言い方に倣えば表意的記号を音訓両様に読むという点において、「日本の通例は世界の例外」と言えるであろう。

2

音読みには、漢音読みや呉音読みの差があるが、それは本質的なものではない。「言語」を「げんぎょ」と読んでも「ごんご」と読んでも、音読みであることには違いがない。それぞれ中国語の発音を真似して読んでいるつもりなのであるから。これに反し「言」を「こと」と読み、「語」を「かたり」と読めば、それは訓読みであって、本質的に異なるのである。そして両者が本質的に異なることを日本人は昔から直観的に知っていた。そして音読みの場合はそれは「外来語」であり、訓読みの場合は「大和ことば」であるとしたのである。つまり、音訓の差は英語で言えば foreign word として意識されるか native word として意識されるかの差になる。

ところがここで問題になるのは、「大和ことば」とは何かということである。昔ならば「訓読みになるのが大和ことばである」と言ってよかった。しかし語源学が進んだ今日では簡単にそうとも言えないからである。たとえば「白梅」を「はくばい」と読めば音読みであり、「しらうめ」と読めば訓読みである。そして「はくばい」は漢語であり、「しらうめ」は大和ことばである、と言えばかつては十分であった。ところが、「梅」の発音の bai は mai とも発音が通ずる（b音とm音は交替し得る）。そして mai は mei と通ずる。この mei が ume となったと考えられる。これは「馬」を ba とも ma とも発音でき、さらに uma となったと考えられるのと同じことである。昔の人は白梅《しらうめ》や白馬《しろうま》を大和ことばと信じていたのであるが、今や「馬《うま》」や「梅《うめ》」が大和ことばでないことは明らかである。そうすると元来がいくつかの言語が混合して成立していると考えられる日本語においては、「大和ことば」という概念は極めてあやふやなものになる。学問的な用語としてはふさわしくないように見られても仕方がない。そんなことから国語学者が音《おん》と訓《くん》という昔からの分け方に学問的関心を示さないのであろう。

すると音と訓の区別は価値がないのであろうか。ここに語源研究と母国語という民族心理的なものの重大な相違があるのである。というのは、母国語（mother tongue, vernacular language）における大和ことば的要素というのは、多分に民族心理学的な存在物であって語源学では解決できない広大な領域を持っているのである。つまり母国語における大和ことば的要素というのは、ある集団が民族として自覚した時——心理的・精神的現象である——に、遠祖《とおつみおや》から使い続けてきたと受け取った言葉のことである。梅《うめ》も馬《うま》も大和民族が自覚的に成立した時にはすでにその語彙にあったと考えられるものであり、梅《ばい》や馬《ば・ま》はそうではない。そのほか、大和ことばと言われるものも、語源をたどればレプチャ語、ドラビダ語、マレー語、福建語、パプア・ニューギニア語、ウラル・アルタイ語などなどであると解明されるものがあろうが、大和民族が一民族として自覚した時に、すでにその版図の中で使われていたものは大和ことばである。そして後に文字とともに、意識的に習得されたものが漢語であり、その読み方が呉音であろうと漢音であろうと音読みにされ、外来語として意識されたのである。古来、和歌は大和ことばとして意識された語彙を用いて作ることを原則としていたから、和歌に梅《うめ》はあっても梅《ばい》はないのである。

こういう大和ことば意識は英語にも見られる。アングロ・サクソン人がまだ大陸にいた頃にラテン語から入った単語である皿《ディッシュ》とかチーズとかさくらんぼ《チェリー》などは、外来語として意識されないのである。大和ことばとか音《おん》とか訓《くん》とかいう概念は、語源的（etymologically）に扱うのでは足りず、民族心理的（ethnopsychological）な考察が必要であり、言霊《ことだま》の解明もこの面から音声禁忌（cacolalophobia）を考えるべきなのである。（この面についてのやや詳しい考察は拙論 "The Ethnopsychological Aspect of Native Words and Foreign Words in English and Japanese," *Allgemeine Sprachwissenschaft, Sprachtypologie und Textlinguistik: Festschrift für Peter Hartmann,* hrsg. von M. Faust. Tübingen: Narr, 1983, pp. 317–23 参照。）

［日本語／日本論］

職人の言葉をめぐって

「これホシオクリなの？」

という会話の一片を放送局で聞いた時、どんな尖端をゆく職業にも、そこには「職人の言葉」が発生するのだな、と思った。ひとくちに十九世紀は石炭と蒸気機関の時代でその中心はイギリス、二十世紀は石油と内燃機関の時代、つまり自動車と飛行機の時代でその中心はアメリカ、そして二十一世紀はポスト・石油エネルギーとエレクトロニクスの時代で、その中心はひょっとしたら日本などと言う人もいる。とにかくエレクトロニクスは技術の尖端である。その職場でテレビの宇宙衛星を使っての中継放映のことを、ホシオクリ（星送り）とわざわざ大和ことばで言っているのだ。

われわれは「職人の言葉」というと、何となく「古くからあったもの」と考えやすい。しかし実際はそれが最新の技術や概念を示していた時代があるのではないか。法隆寺や唐招提寺を建てる時、あるいは奈良の仏像を作る時、技術者の多くは隋や唐や朝鮮半島から来た人であったに違いない。その時に使われていた言葉も漢語で表記されているものであったろう。「星送り」の「星」はサテライトで「送り」は「リレー」である。それを「宇宙衛星中継」と訳すのは担当の技術者、つまり職人の外の世界にも通ずる一般語である。しかし技術者のうちわでの言葉は、つまり職人の言葉としては、「ホシオクリ」という、幼稚な語彙による表現となる。ホシもオクルも三歳の童児にも通ずる言葉でありながら、二つ合せると実際には特定の技術者集団にしか通じないものになっている。法隆寺を作った職人――当時の尖端的技術者たち――はひょっとしたら五重塔を五重塔と呼ばずに、「片手《かたて》」とか「ずか」などと言っていたかも知れないのである。

大学は知識の尖端にいる者たちの集団であるが、ここでも意外なところで幼稚な言葉が幅をきかしていることがある。「コマカズ」というのは大学関係者にとっては最大関心事の一つだ。担当授業時間数などとは普通言わない。大学の一回の授業の長さは一時間半ぐらいである。それが時間割表の上での一区切りになる。午前中は時間割表で言えば二つの授業が入る。時間表の上での区切りが、映画のフィルムの一コマに似ているせいかどうかは知らないが、いつの間にか、時間割の上の一授業分を一コマ（一小間？）と言うようになった。「あなたは何コマお持ちですか」と言えば、大学関係者には感覚的に大変よくわかる。肉体的疲労度まで実感できるのである。

専門家の集団は、それがホワイト・カラー職であれ、ブルー・カラー職であれ、いつの間にか仲間言葉を作り出すものである。仲間言葉であるから、広い世間で通用している言葉ではおもしろくない。特に専門用語は、今の日本では漢語やカタカナが多いから、それを大和ことばにするというのが一つの有力な方法になっている。それに大和ことばにはぬくもりがある。仲間同士に使うにはもってこいだ。

しかし職人言葉には、「自分たちだけの言葉」という本来の機能がうんと強いから、世間一般で通用する言葉と違っていて、しかも言いやすければ、それでもよい、ということもある。よく鳶職の者が、「ふろく」と言うことがある。「ふろく」と言えば何となく聞きなれた日本語に思われるが、元来は「不陸」である。「陸」をロクと読むのは呉音であるから、おそらく江戸時代以前に揚子江の方から仏教建築とともに渡来したのであろう。「陸」は普通の日本人にとっては「海」や「水」に対する陸地のことであって、それに「平らな」という意味があることを知っている人はよっぽどの漢学者である。それを「不陸《フロク》」という熟語で、字もろくに知らない老鳶職が使い、「地ならしがよくなされず、地面が水平でなく凸凹がある」という状況を指すのである。鳶職仲間以外には通じないから、外来語でも有効な職人言葉になっている。

このように見ると、日本の職人言葉は、英語で言うoccupational jargon（職業隠語、符丁）の部類に属する。日本語の語彙の性質上、あるいは昔の職人の教育水準上、大和ことばのものが多いが、発音しやすいものの場合は、外来のテクニカル・タームがそのままなまって用いられることも少なくないと言えよう。「職人」というと何となく住宅関係の仕事を中心として、手の仕事で物を作る人たちを考えるのが常であるが、その職業の範囲をもっと広げて、スリなどの犯罪や近代的職業に広げてもよいと思う。

こうした言葉の成り立ちに大きな役割を演じているのが、比喩の機能である。また職人たちは洒落・地口を好む傾向が強いから、ユーモラスな感覚のものが多い。つまり昔の中学生が教師の綽名《あだな》をつける場合とはなはだよく似ている。昔の小学校では先生に綽名をつけるということを知らなかったが、旧制中学に入ったとたんにたいていの先生には綽名があることを知った。学生同士で教師に言及する時は綽名以外を用いることはまずなかった。漱石の『坊っちやん』の世界である。わたしの中学には山嵐や赤シャツはいなかったが、坊っちゃんはいた。それにカッパ、カミナリ、カメ、カンバラ、ドンキ、パコロ、チョキ、ウタなどなど、よくもつけたと思われるほどであったが、これがわからないことには、学生生活は成り立たず、また、それを知ることがその地方の名門中学生であることのあかしでもあった。

その綽名のつけ方だが、何らかの比喩性を持ち、さらに滑稽味があり、言いやすく、何となく「きまった」という感じがないとだめなのである。ドンキというのは大きな泥鰌のことであるが、その先生はどう見てもドンキであって、しかも音表象的にもぴったりだった。カメは池の中の亀でなく、出歯亀の亀が語源であるらしかったが（綽名の語源は職人言葉の語源のごとく、しばしば多くの説があった）、まことにその先生は品性陋劣《ろうれつ》、生徒の欠点や落度を、出歯亀があすこをのぞいて回ったようにのぞいて回るという感じがして、ひとたびカメという綽名を上級生から伝えられると、カメ以外のいかなる言葉によっても表現しがたいように思われてくるのであった。だから個々の生徒が勝手に綽名をつけてもはじまらない。誰か天才的な生徒がつけて、それがいつの間にか自然に広まるのである。暉峻《てるおか》康隆氏は、新宿のスシ屋で「本日のネタ」を示す黒い板切れの上に「キス」のことを「接吻」、「アワビ」のことを「片思い」、「エビ」のことを「おどり」、「生イカ」のことを「ぱいぱん」、「シャコ」のことを「ガレージ」と、書いてあるのを見たことがあるそうだ（『すらんぐ』一二頁）。エビはまだ「おどり」と言われているようだし、シャコを「ガレージ」と言うのも聞いたことがある。しかし「ぱいぱん」や「接吻」はどうも消えたらしい。職人言葉も中学の先生の綽名同様、無理して作ってみたところで普及するとは限らないようだ。

比喩という点から言うと「あそび」とか「あそぶ」という職人言葉はまことに興味深い。今でも仕事場で戦力になっていない職人は「あいつは遊んでばかりいやがる」などと言われる。これはその言葉の原義である。この役に立っているべきものが役に立ってないという感じが、建築そのものに向けられると、緊結しているべき材料が離れている時にはその材料は「遊んでいる」と言われるし、また応力を受けるべき材料でその応力を受けてないものは「遊んでいる」ことになる。この「遊ぶ」の名詞形「遊び」は、「（職人や材料の）手配などが遅れて時間を無駄にすること」

という意味になるし、ワイヤーロープなどに余裕が出れば「遊びができた」などと言われる。ここまでは「遊び」は悪い意味である。しかし「余裕」や「すき間」そのものを「遊び」と言うようになると、「そこには遊びがあった方がよい」というように、よい意味にもなる。

堅気の職人の職人言葉は一般に楽しいものが多いが、堅くない職種の人の使うものには品が悪い、あるいは不愉快なものが少なくない。わたしは小学校二年生の時に病気をして急に目が悪くなり銀鏡をかけることになった。さっそく「よつめ」とか「よつまこ」(「まこ」は「まなこ」の略)とからかう連中が出てきた。眼鏡をかけてもそれは目に重なるから目玉が四個あるようには見えないので、下手な綽名だと思っていたが、何となく不愉快であった。それから三十年も経ってから、偶然、警視庁刑事部が作った隠語集を見ていたら、「よつめ」は香具師《やし》仲間の隠語であることを知った。わたしの通っていた小学校は公立であったから、士族の子も農民も、町人も職人も金持ちも貧乏人も、遊郭の子も芸者の卵もみんないた。もちろん香具師の子もいた。わたしの眼鏡を見てただちに「よつめ」と言ったのは、小学生の知恵ではなかったのである。父か兄が香具師かその類の仕事をする家の子であった。香具師やスリを職人とは言わないが、それが彼らの職業上の用語であることには違いない。

元来は職人言葉だったものがそっくり一般用語になってしまったのは「焼きとり」に関する言葉であろう。ここには職人用語の特色であるユーモア、比喩、言いやすさ、一般素人へのわかりにくさなどがみんなそなわっている。舌をタン、胃袋をガツ、肝臓をレバー、心臓をハツ、尻尾をテールというのは、それぞれ tongue, guts, liver, heart, tail のことと思われるが、英語が普及しなかった戦前では符丁としての役目は大きかったであろう。もっとも guts は内臓一般、特に腸を指すのが普通だが別に大腸はオビ、小腸はヒモという比喩が使われガツは胃に限られている。すい臓がシビレと言われるのは、英語で食用のすい臓のことを sweet-bread という、そのなまりであろうと思われる。フグ料理ではあるまいし、食べる時シビレルはずがない。睾丸をタマと言うのは日常語とも通ずるが、子宮をコブクロというのは滑稽である。

しかし世の中の技術の分化が進み、一つ一つの分野が複雑になると、それぞれの職業で使われる職業上の言葉も膨大なものになる。家を建てるにも横文字（カタカナ）が増えて、とても旧来の用語だけでは間に合わなくなる。アースオーガー、アースドリル、アウトレットボックス、アコーデオンドア、アスファルトコンクリート、アスベスト、アランダムタイル、アリダード、アンカースクリュー、アングルドーガーなどなど、「ア」ではじまる単語をちょっと見るだけでもたいへんである。ある意味で、今の学問のテクニカル・タームはすべて昔の職人言葉に相当する。昔、カンナやノミで仕事をしていた人も、白い実験着を着てフラスコを振っている人も、すべてその人たちの職業だけに通ずる言葉の世界にすんでいる。その意味から言えば、人文学や社会学や法学の分野についても同じことが言えるであろう。アメリカの雑誌に、「大学の目的は、ジャーゴンの世界に入ってゆくだけの言語能力をつけてやることである」というふうに割り切った意見が出ていたので感心したことがある。

昔の職人の世界においては修得すべき事項がほぼ有限であったから、それを示すための職人言葉も有限であった。ところが近代的職業においては、ジャーゴン――職業的符丁――が無限に、しかも急速に増大してゆくのである。職人言葉が無限に、しかも急速に増大してゆくところで昔風の職人気質は育ちがたいであろう。二十年前に家を建てた頃に親しかった腕のいい大工がいた。ところが十年ばかりして改造する時、家内は「この下駄箱の戸はワンタッチにして」とか、「ここはアコーデオンドアでどうかしら」とか「カーテンボックスをつけて」とか言いながら相談した。彼は当惑した。半世紀以上も職人をやってきている自分の知らない建築用語を、自分の娘のような素人の客が使っているのだ。「実物を見せてもらえばわかりますから、そういう家を見せて下さい」と言った。家内はそのベテラン大工を連れて、新しい家を建てた方々の知人の家を見せてあるいた。そして実際に見れば彼は理解したようであるが、職人より素人の方が物を知っていた、ということに対する挫折感、あるいはプライドの喪失感は大きかったと思う。そのせいではあるまいが彼は間もなく死んだ。古い職人言葉の世界は古い職人とともに消え、新しいジャーゴンの世界が出現しており、働く人の気質も変ってきているのである。

［日本語／日本論］

文法訳読法を見直す

日本人の癖《へき》

「文法訳読法」というのは、難しく言えばテキストを厳密に読んで、それを母語にすることを目的にする努力である。ドイツ語で言えばフィロローギッシュな心構えで外国語の文献、つまりテキストに向かう態度であると言えよう。この仕事をはなはだしくよくやった文化圏をわたしは少なくとも二つ知っている。一つはゲルマン諸民族であり、一つは日本である。

日本人の外国語に対する態度ははじめから「文法訳読法的」であった。中国の偉大な古典文献に対した時、古代の日本人は、そして江戸時代の日本人は、また部分的には敗戦前の日本人は、徹底的に分析し、それを正確に日本語にすることを「読書」と考えた。この日本人の姿が、隣国の韓国の文人にどのように見えたか紹介してみよう。われわれが意識しないわれわれの姿がよく見えてくる。

金聲翰《キムソンハン》という韓国人の作家がいる。この人が季刊『コリアナ』（一九八九年春季号）の巻頭エッセイとして「日本人の解剖癖」という一文を寄せている。その要点を紹介してみよう。

金氏は香港の知人に頼んで『両朝平攘録』を一冊送ってもらった。この本は豊臣秀吉の朝鮮出兵を明朝側から書いたものである。金氏は香港から送ってもらったこの本を当然のことながら中国版だと思った。ところが開いてみると江戸時代に日本で出版になった木版本をそのまま写真版にしたものであった。そこには日本人が「漢文」として読んだため、返り点や送り仮名がほどこしてある。行間に書き込まれた返り点・送り仮名を眺めながら金氏は日本人特有の癖《へき》について考え込んでしまう。

金氏は中学校の生物の時間に蛙の解剖をやらされたことを思い出す。そして日本人が中国の文献を読むやり方は、生物の体を解剖するのと同じようなものではないか、と考える。つまり返り点・送り仮名で文章を切り刻み、その構造を究めて内容を我が物にする仕組みで、これは蛙の腹を切り開いて心臓の鼓動を検分し、各種の臓器を取り出して、その構造を確かめるのと同じことなのではないか、と。

蛙の解剖でその構造を確かめるのはともかくとして、日本人が漢文を読む時は、その分析に従って、日本語の語順に合わせて読むので、上に飛び上がったり、下に飛び下りたりすることになる。語順のまったく違う外国語を飛び上がり飛び下りしながら、自国語の語順にして読む民族がこの世にまたとあるだろうか、と金氏は頭をかしげる。こうして読めば漢文はもはや外国語でなくて自国語になってしまう。驚くべき解剖癖であると金氏は詠嘆する。

金氏は言及していないが、日本語ではシンタクスの上で飛び上がり飛び下りしているだけでなく、単語を音読み・訓読みと適当にまぜ、しかも接続詞にあたるものも、読んでいるうちに適当に補ってしまう。たとえば、

［服部南郭《はっとりなんがく》講義］

縦横《ジュウオウ》計《ハカリゴト》　不《レドモ》レ就《ナラ》
慷慨《カウガイ》志《ココロザシ》　猶《ナヲ》存《ス》。
杖《ツヒテ》レ策《サクヲ》　謁《シ》二天子《ニ》一、
駆《ハセテ》レ馬《ヲ》出《ヅ》二関門《カンモンヲ》一。

［渡部書き下し］

縦横計《ハカリゴト》　ナラザレドモ
慷慨志《ココロザシ》　ナヲ存《ソン》ス。
策ヲ杖《ツヒ》テ天子ニ謁シ、
馬《ウマ》ヲ駆《ハ》セテ関門ヲイヅ。

右の［渡部書下し］の中のルビをふってない漢字、つまり「縦横」、「慷慨」、「策」、「天子」、「謁」、「関門」だけが音読み、つまり漢音のつもりで読んだ字である。右の引用文二十字のうち十字だけが、つまり半分だけが外国語のつもりで発音され、他の半分は、その漢字に相当する大和ことばで発音している。「不就」は「ナラザレドモ」と英語で言えば譲歩接続詞にあたるものまで補っている。単なる返り点・送り仮名どころではない。これが古来、日本人が「漢文を読む」ということで意味してきたことなのである。

ではコリアではどうするのかと、わたしの家に住んでいたことのある教養あるコリア人に聞いたところ、日本語の音読みに相当する読み方しかなく、もちろん返り点・送り仮名はないとのことである。したがって右の引用文は日本人として音読するならば、

ジュウオウ　ケイ　フシュウ
コウガイ　シ　ユウソン
ジョウサク　エツテンシ

クバ　シュツ　カンモン

としか読めない。コリア人はまったくこれと同じ読み方をする。ただし、コリア風の漢字の発音をするわけである。

この日韓の違いをもう一つ簡単な例で示してみよう。

「傍若無《ぼうじゃくぶ》人《じん》」という漢字の熟語がある。コリア人はこういう日本の音読式の読み方と同じ読み方しかしない。しかし日本では「傍《ニ》若《ゴトク》レ無《キガ》レ人」（傍《かたわら》に人なきがごとく）とも読む。「ぼうじゃくぶじん」は外国語を外国語として読んでいる（発音の不正確は別として）。しかし「傍に人なきがごとく」というのは、外国語を正確に分析して母語にしつつ読んでいることになるが、このような読み方はコリアにはないとのことである。そして金聲翰氏も言うように、世界のどこにもないのではなかろうか。

金氏は日本人のこの分析癖をプラスに見てくれている。日本人はこれによって中国の文物を正確に理解し吸収して自国の文化を豊かなものにしたと解釈しているからである。

さらに金氏は、この日本人の癖《へき》は近代に至って西洋のいろいろな文物が押し寄せてきた時も発揮されたという。日本人は西洋理解を西洋の言葉の解剖からはじめたからである。もっとも一字一語の漢文と異なり、西洋の言葉は返り点・送り仮名になじまない。上下左右に飛びまわりながら読むに適しない。そこで日本人が解剖のメスとして用意したのが文法の本である、というのが金氏の意見である。このあたりをそのまま引用しておきたい。

> どこの国にも外国語の文法を述べた本がない訳ではない。しかし日本ほど微に入り細に入って説明した本、しかも多種多様の本が出ている国は類《たぐい》まれであろう。之等《これら》の文法——英文法、独文法、仏文法——を頼りに、明治以

来、日本人は中学校から大学に至るまで日夜、外国語を解剖して今日に至った。誠に壮観という外ない。日本人がヨーロッパ語の文法を勉強している様子を、隣国の知識人は「壮観」と称してくれているのだ。岡目八目と言うではないか。

金氏はさらに語を継いで、かつて日本は漢文式の中国語研究によって中国の文物を正確に吸収して自国の文化を豊かにしたと同様に、今度は西洋の文物を正確に理解吸収して日本を一流の現代国家に築き上げた、と断定しているのである。

さらに日本における戦後の英語教育の問題について触れている。「十数年間勉強しても口で話せない外国語の勉強は無駄である」という声は金氏の耳にもとどいていた。しかし金氏は次のような感想をもってそのエッセイをしめくくっているのである。

しかし日本をして今日あらしめたのは、口で喋る外国語の能力というより文法のメスで解剖する能力ではなかったろうか。そういう感じがしてならない。

精密なテキスト分析

隣国の知識人が見た日本人の外国語習得の特質——癖《へき》——は右のようなものであった。これを特長と言うべきか特徴と言うべきか。わたしは特長と言うことに躊躇しない。漢文の例で言えば、あの独特なやり方があの高級膨大な漢文学の世界を、少なくともその中枢部のあたりを、広い読者に自国文化のごとく感ぜしめながら、しかも自国語の完全な独立を保持せしめたからである。漢和辞典と言っても、日本人には外国語の辞典という感じは少なく、日本語の難字を引く感じがある。つまり漢字の全語彙は少なくとも潜在的には日本語の語彙であるという感覚がある。仏典の難しい漢字すらも日本文に用いることは『平家物語』の書き出しでも明らかである。そして中国文学を中国語読みにしないで返り点・送り仮名の書き下しにしたため、日本語の文章化は古代から実行された。『古事記』『万葉集』を経て、平安朝ともなれば、漢語をほとんど含まない大河小説さえ生まれたのである。これはそうしなかった朝鮮半島に朝鮮語の文学がなきに等しいままで現代になったのと著しい対比をなす（現代以前の朝鮮半島の文学は醇乎たる漢文学のみであり、ハングルでは文学の名に値するものはなきに等しい）。

これは単に書き現された国語の文学の面だけではない。漢文学の研究そのものにも現れる。朝鮮には李退渓《リタイケイ》のような朱子学の大学者がいて、江戸時代の幕府官学に対する影響も強い。しかし返り点・送り仮名で漢文を読み続けた広汎な日本の学者には、原典を確実に読んだという自信が自然と生じてくる。そこからまた自然とオリジナルな学問も出てくる。朱子学を根本的に受け入れない山鹿素行や伊藤仁斎の学問も生まれるし、原典に対する校勘《こうかん》学でも本場の中国を超え、それに影響を与える業績が出てくる。朝鮮では李退渓のような大学者が出てしまえば、あとは亜流だけになる傾向がある。返り点・送り仮名がないから、大先生の読み方が、正しいかどうかいちいち分析することがはなはだ難しい。しかし返り点・送り仮名だと、すぐに先生の読み方にも異論を立て得る。そして日本語に引きうつして議論ができる。これが原典理解を細やかにし、その水準を高めないはずがない。

中国の文献を返り点・送り仮名で読まねばならぬ、ということは日本の漢文の先生には恐ろしいことであったはずである。「大意はこうだ」などと言って逃げるわけにゆかない。一字一句、弟子にも納得できるように返り点を打ち、送り仮名をふってみせねばならぬ。文法的直訳（返り点）をした上で、意訳（漢字を適当に訓読した上で日本語になる送り仮名をつける）もやってみせなければならないのだ。この行為は、原文に対する厳密な分析と、それを母語にするという二重の仕事を、一行あまさず自分の生徒にやってみせることを意味する。これが漢文教師、つまり語学教師の任務であった。

この心的態度と実践は、明治維新以後の日本の語学教育にも継続される。それは漢文のごとく返り点・送り仮名ではなく、文法研究に変ったことは金聲翰氏の指摘の通りである。教師はテキストを精密に、文法的に分析できなければならない。つまり直訳ができなければならない。その上にその直訳が日本語で言えばどうなるかをも示さなければならない。つまり直訳に近い意訳もできなければならない。これができない英語教師はけっして生徒に尊敬されることはないのである。

注目すべき例に夏目漱石をあげることができよう。彼が五高の教授をしていた時、英語の教師にはアメリカの学士号を持っている日本人もいた。きっと外国人との英会話は漱石より上手だったに違いない。しかし評判はよくなかった。生徒の質問に的確に答えられないからである。そこに漱石が教師としてやってきた。彼は子どもの時から抜群の漢文解読力があり漢詩も作れた。漱石の漢文は今の中国語の勉強の方式ではなく、返り点・送り仮名で鍛えられたものである。英語の理解も、文法的分析による正確なものであった。そうしないと晏如《あんじょ》としないメンタリティができていた。したがって五高の生徒たちの質問には、いかなるものであれ、快刀乱麻を断つがごとく明快に文法的に説明し、的確な和訳を与えることができた。漱石は英語教師として最も人気のあった青年であったのである。

英語はできるらしいが、文法的分析や直訳的和訳ができない先生の授業をわたし自身も体験している。その先生はイギリスの名門大学のマスターであり、名門パブリック・スクールを卒業した日本人であった。人柄のよいジェントルマンであったので、敬愛の念を失ったことはなかったが、大学二年の時の日本人の英語の先生はその方だけだったので、今でもあの一年間の時間がもったいなかったと思っている。先生はわかっているらしいのだが説明がおできにならないのだから授業の意味はないに等しかった。血気にはやる同級生の何人かは、「先生を変えてほしい」と学校当局にかけ合いに行ったが、時間割を担当していたアメリカ人の教授に、「君たちには、あの先生の英語力に文句をつける資格はない」と言って追い返されてきた。この先生の完璧なキングズ・イングリッシュ（この先生の在英就学の時期はジョージ五世）はアメリカ人の先生たちも一目置いていたようであったが、日本人の学生であるわれわれには何にもならない先生であった。英会話の先生としてならよかったろうが、英文学講読の時間には——強い言葉で言ってよければ——デクの坊だったのである。

今でも思うのだ、大学二年生の時に、細江逸記先生のような方に購読の時間を持っていただいたら、どんなに英語力が進歩したことだろうかと（だからわたしは上智大学の英文科一年の全員に毎年、細江先生の『英文法汎論』を使って教えている）。文法的に分析し尽さずに英文をわかった気になるのが怖かった。あの気分は今から考えると漢文教育の名残りだったかも知れない。それを大幅に克服したのは、大学四年の時に独力で細江先生の本を読破してからである。

正しく理解する技術

ドイツ語は大学四年間、毎週一コマの授業をとっただけである。もちろんドイツ語会話や作文をやったわけでない。大学院を出た時もまことに貧弱なドイツ語の知識しかなかった。そんな時に、ドイツに留学することになった。

それこそ十年やった英語でもたいしたことはないのに、ろくにできないドイツ語の世界に飛び込むことになったのだ。一学期目はドイツの学生寮で生活するのに精一杯だった。二学期はレポートを英語で書く許可を得て奨学金を延長することができた。そして二年目に三百頁の学位論文をドイツ語で書くことができた。指導教授であったシュナイダー教授も故ハルトマン教授もわたしのドイツ語作文力の進歩の早さに驚嘆して天才と呼んで下さったが、そうでないことは自分がいちばんよく知っていた。それはある程度まで英文法を徹底的に理解すれば、一年足らずでドイツ語の論文は書けるということである。わたしのドイツ語作文力は英文法の延長上にあった。そんなことはドイツの教授たちはご存じなかったから、ゼロに近いドイツ語の知識でドイツにやって来た日本人が、滞独二年目の終りにドイツ語で本を出せるほどになったことを不思議に思われたのである。

英文法をやって、細江先生の『英文法汎論』を精読するぐらいになれば、誰だってそんなことはできると思う。また現在の日本には、古英語や中英語をやる人が奇妙に多い（ほかのアジア・アフリカ諸国でそんな現象があるだろうか）。今、古・中英語をやっている人々は、文法訳読法で鍛えられているはずである。そういう頭が——法律家が legal mind と言うのにならって grammatical mind と言うことにしよう——できていれば、中英語も古英語も一般的に現代英語よりやさしい。少なくともたいてい注釈があるし、英米人より発音などで劣ると言えないからいい気分になれる。俗語・新語がどんどん出てくるわけでもないから、ある意味でアメリカの小説のペーパーバックよりも気楽である。しかし文法訳読法で鍛える習慣のない国の人々にとっては、古英語や中英語などは、ごく少数の変り者の専門家のやるものになっているに違いない。

ルネサンスの頃の文法の定義で典型的なものは話し言葉重視ということである。スカリゲル（J. C. Scaliger, 1540–1609）の「文法家の唯一の目的は正しく話すことなり」（Grammatici unus finis est rectè loqui）とか、ラムス（P.

Ramus, 1515–72）の「文法は正しく話す技術なり」（Grammatica est ars benè loquendi）というのがあって、「書くこと」は二義的とされている。しかしそのうち書くことも復権され、十八世紀末以来、長く英文法の規範となったマレー（Lindley Murray, 1745–1826）の『英文法』（*English Grammar*, 1795）では、「英文法とは英語を正しく話しかつ書く技術である」（English Grammar is the art of speaking and writing the English language with propriety）となっている。ここでわれわれの注目を引くのは、ルネサンス以来の文法では、「正しく読む」（理解する）という目的が欠けていることである。たしかに十六世紀の文人にとって、ラテン語を理解することに特に意識を向ける必要はなかったに違いない。同様にイギリス居住のアメリカ人マレーにとって、英語を理解するのに文法を意識する必要はなかったに違いない。それは現代の英米人にとっての母語の理解、あるいは英語国の植民地、あるいはその召使いだった国々の人々の、マスター（御主人様）の言葉である英語の理解に、文法が必要でないのと同じことであろう。

しかし古代ギリシャ人が千年も前のホメロスを理解するには文法が必要だった（文法の発生）。ゲルマン人がローマの文化を理解するには文法が必要だった（グラマー・スクールとは元来、ラテン文法を勉強してラテン語の文献を読みほぐすことができるようにする学校の意味だった）。そしてわれわれの先祖が漢文に直面した時、またわれわれが西洋の文献に直面した時に必要なのも、まず文法的に正確に分析し理解する訓練なのである。

したがってわれわれが必要とする文法の定義は、正しく話し、正しく書く技術（ars benè loquendi et benè scribendi）という、その言語の国の人向きの定義のほかに、まずもって「正しく理解する技術」（ars benè comprehendi）という一項目が入れられなければならない。半分条件反射的に外国語を習得する仕方のほかに、内容の高い文献——自国語のものでない文献——を正確に分析的に読もうとして努力する青少年が多くいて、それが「壮観」という印象を異国人に与える風景が教育の中核にあってもよいのではないか。

岡目八目●ファーレフェルトとギランの日本論から

1

外国人の日本分析が、実社会の日本人及び外国人の真面目な注目を引き出したのは、イギリスの『エコノミスト』誌の記者ノーマン・マクレーの『コンシダー・ジャパン』(Norman Macrae, *Consider Japan.* 邦訳『驚くべき日本』)であったように思われる。それ以前にも外国人が日本について書いたものはいろいろあったが、その多くはルース・ベネディクト『菊と刀』に見られるように、戦前・戦中の日本人に関する文化人類学的、あるいは歴史的な分析であり、多分に書斎に属するものであった。つまり、「知識人」以外は読まなくてもどうということのない種類の本であった。

ところが一九六二年に出たマクレーの『驚くべき日本』は、経済的停滞になやむ英国産業界に対する警鐘であり、欧米の官僚・実業人の注目を一挙に日本に向けさせるショック的効果があった。それと同時に、日本人もはじめて脱、イ、デ、オ、ロ、ギー的日本産業特質論に触れたのである。そしてさらに五年後に同じマクレーによって書かれた『ザ・リズン・サン』（*The Risen Sun.* 邦訳『日本は昇った』）が出るに及んで、日本の学者・著述家によっても、イデオロギー抜きに日本の産業の体質を扱う本が続々と書かれるようになってきた。

戦後の日本は経済学の花盛りであった。同じ東大卒でも、法学部卒に対し経済学部卒の地位が戦前に比べて大幅な相対的上昇を示したことは誰の目にも明らかであった。しかしこのように多士済々たる戦後の日本の経済学者の業績もわたしのような素人の目から見るとまるでなってないと言いたいくらいなのである。高名な経済学者の説によれば、ベビー・ブームのくる今年（一九七〇）あたりは破局的な失業者が出るはずであった。貧富の差は悲劇的に広がり、中産階級は消滅しつつあるとの御託宣であった。ところがわれわれの周囲を見ればすぐわかるように、人手不足のために年々賃金は上昇し、新聞の調査によっても九〇パーセントくらいの人が自分を中産階級と考えているらしい。オフィス・ガールでも農民でも外国へ行く。外国へ遊びにゆける勤労階級というのはプロレタリアートというものではないであろう。このような日本の出現を可能ならしめたのは、日本の産業とそれを支える日本人の稟質であるが、このような日本経済の明るい面を指摘した本が、マクレー以前に日本人の経済学者によって書かれなかったことをわたしは日本人として極めて遺憾に思っている。

さすがにマクレー以後は、日本の年功序列の実態、団体精神、官界と経済界との協力、教育の普及、商社の特殊性などが大きく取り上げられ、日本には日本なりの強みと将来があることが意識されてきた。しかしいちばん早くこれらに目をつけなければならなかったはずの日本の経済学者・社会学者が気づかずにいたのは、イデオロギーの色眼鏡をかけていたからではなかろうか。わたしがヨーロッパから帰国する船で乗り合せた日本人経済学者は「毛沢東のイデオロギーが健全であるゆえに、中国経済は健全な基盤の上にあるのに反し、日本経済は腐った土台の上にあるのと同じだ」と断言していた。それから十年ばかり経つ。八億の人口とそれ以上に豊かな国土を持った中国大陸の経済が、この東方の小島の経済規模の半分にとどまっているという事実は、どっちの土台が腐っていたかを示して余すところがない。要するに戦後の日本の経済学者・社会学者は事実を事実として見ることを重んずる人が少なかったように思われる。

その点、マクレーとその読者たちはイデオロギーに関心がなかった。彼らにとって興味あったことは、廃墟の中からたちまち巨人になった日本という事実だったのである。色眼鏡をとれば風景は一瞬に新鮮になる。つまり岡目八目の効果があったのであった。そしてこの新しい視点は定着した。特に日本が米ソに次ぐ経済大国となってからは、欧米の雑誌はこぞって日本特集を出し、またハーマン・カーン（Herman Kahn）のごときは、二十一世紀を日本の世紀とする未来像まで描いてみせてくれた。ここに取り上げるドイツ人ファーレフェルト『一億人のアウトサイダー』（Hans W. Vahlefeld, *100 Millionen Aussenseiter: Die neue Weltmacht Japan*）とフランス人ロベール・ギラン『第三の大国日本』（Robert Guillain, *Japon: Troisième Grand*）もこの一種の流行に乗って出されたものである。そしてマクレーの伝統の線に沿って脱イデオロギーの新鮮な考察のため、独仏においておおいに読まれたのみならず、邦訳されて日本人によっても熱心に読まれている。

ファーレフェルトのものはアプローチがディアクロニーク（通時的）であるのに反し、ギランはシンクロニーク（共時的）、また前者がややアカデミックであるとすれば後者はよりジャーナリスティックである。しかし両者ともその観察にしばしば大きな類似性がある。以下、日本人として参考になりそうな点をいくつか取り上げてみよう。

2

日中共同コミュニケが日本を軍国主義国家ときめつけたことが最近の問題になっている。また日本には暴力的な反戦運動家が相当いる。この点について、両著者はどう言っているだろうか。

二人とも、日本国民の中にパシフィズムが定着し、極右軍国主義復活の恐れはない、と見ている。ギランは日本の軍事費が一九五二年から六二年の十年間、毎年着実に減って、国家予算の一九・三パーセントから八・五パーセントになったという数字をあげている。今日でもGNPの一パーセント以下である上に原爆も持っていない。それでその十倍もの率で軍備し、原爆を持っていることを大きな国民的誇りと公言している国から「軍国主義」と言われると、何だか話が逆ではないかとわれわれは感ずるのだが、脱イデオロギー的に見ればやはり日本は軍国主義国家ではない。

特にギランは、日本人はあらゆる面で世界一になろうと努力しているのに、国の威信を張ることだけには戦後ウェイトを置かなかったと指摘する。したがって日本での宇宙開発は他の部門に比し進歩がゆるやかであり、原爆は製造能力があるのに作ろうとしないと言う。そして日本は通商立国を国是としているために、日本の発展はすべて世界平和を前提としてのみ成り立つ。大きな戦争が起っていちばん困るのは日本政府、日本経済界なのであるから、現政府の平和に対する願いは額面通り受け取ってよいであろう。いな政府の平和希求の方が、街頭で行われる平和運動の多くより、ずっとずっと真剣なものであることがよくわかる。

3

日本政府は対米追従政策をとると言ってよく左翼に批判されているが、これに対するギランとファーレフェルトの見解はどうであろうか。

この二人の意見はここにおいても一致する。つまり、戦後、日本政府ほどアメリカを手だまにとってうまい汁を吸った国はないというのだ。アメリカに対しては関税障壁を高くしたり、投資を巧みに制限したりして自国産業を防衛し、あれよあれよというちに、アメリカとの貿易収支を大幅な黒字にしてしまった。朝鮮戦争以来、アメリカは日本に軍備増強を求めたが、日本はなんだかんだと言って一向に応じない。ベトナム戦争でも手伝わないし、それどころか、今でも北朝鮮や北ベトナムと貿易を続けている。中国大陸との貿易量も非共産圏の国としては第一であると言う。

それに憲法第九条は、外国からの軍事的いざないに対する強力な盾である。日本のような「文法なき国」(ファーレフェルト)では、憲法にどう書いてあろうと勝手な解釈をつけて必要なだけの自衛力は備えてしまうが、義理で海外派兵するように頼まれた時は、この九条を使って簡単に断わることのできる便利なものに見えるらしい。他国としては日本の憲法の明文は尊重せざるを得ないのであるから。考えてみると、日米安保条約なども日本だけにつごうのよいことばかりの条約で、日本の外交的勝利なのだそうである。「戦に敗けても外交で勝つ」と言った故吉田茂がこの二人に尊敬されているのも無理はない。彼及び彼の後を継いだ日本の外務省は、ド・ゴールよりも強力に、ド・ゴールよりも上手にアメリカを利用してきたと見られている。日本の政府要員には中国大陸の戦争に罪のコンプレックスを持っている人はいても、真珠湾に罪の意識を持っている者はいないと外国人記者には見えるようだ。

4

さらに、この二人のジャーナリストは「通商」ということの本質をよく知っている。商行為は強制なき合意を前提とするゆえに、本質的に平和的要因と考えているらしい。だから日本の資本主義も戦争の原因と考えない。ギランは日本は第一次欧州大戦で儲けたように、第二次大戦でも大儲けするチャンスがあったと言う。それには日本の資本家たちは大乗気であったが、通商による繁栄よりも武力征服を短兵急に望んだ軍部が戦いに突入したという見方である。ファーレフェルトは、日本軍部が、日本の資本家を憎んで、満州にナチスやファシスト流の社会主義国家を作ったことが日本の悲劇のはじまりと見ている。そういえば三井や三菱は満州に進出しなかった。しかも満州が今次大戦に日本が参加する遠因となったことは明らかであるから、性急な社会主義が戦争の犯人ということになる。この発想法は日本の戦後の歴史家にはなかったものと思われるが、専門家の十分なる検討をお願いしたいものである。

また日本の植民地について言えば、戦前、日本が植民地に注ぎ込んだ金の方が、収奪したものよりはるかに多かったという発言は、われわれにとってうれしいものである。また韓国の復興は日本の援助なくして不可能であったということもうれしい指摘である。こういうことは日本人が知っていたとしても言いにくいことであり、言っても反感をそそるだけのものであるが、この著者たちのような脱イデオロギー的な国際的ジャーナリストに言ってもらえばありがたい。それに日本の史家たちは、旧日本の暗黒面の指摘には情熱を持っていても、日本がやった多少のよいことにはまったく盲目なのであるから。

5

このほか、日本では「常識」となっていることが逆に言われていることが少なくない。たとえば企業は、あるいは企業家は、貪欲であると思われているのに、この二人のジャーナリストから見ると、日本の企業家はまるで無欲みたいだということになる。日本の企業家は金を儲けることには第一の関心がなく、自分の製品の市場シェアを高めること、工場を最新鋭にすることに、つまり有意義と考えられる事業自体を発展させることにいちばん関心がある。そのため儲けはしばしば犠牲にされる。

また警官の暴力がラディカルな連中に非難されているが、日本の警官ほど忍耐強く暴走しない警官は世界にないから、世界中の警察署長は日本に見学に来るべきだ、ということで二人の意見は一致している。

また、日本に偉大な思想家、哲学者なく、ただ優秀で熱心なマネージャーあるのみ、という点でも二人は同一見解である。しかしこれにはもっといろいろな注釈が必要であるようにわたしには思われる。二人とも認めているように、日本人の欧米研究に比べて、欧州人の日本研究はまだとるに足りないものだから。

最後に宗教について言えば、ギランがほとんど関心を示さないのに反し、ファーレフェルトの関心は深く、発言にもおもしろいのがある。彼が天皇を単に政治的な国家元首として見るより、ローマ法王に近いものとして考えた方がよいというのは正しいであろう。また彼の神道観は正鵠を射ていると思われる。戦前の外国人は、ラフカディオ・ハーンからトマス・ライエルに至るまで神道を重視したが、戦後は禅ブームに創価学会ブームで、外国人の日本の宗教について書くものはこのいずれかが多い。ファーレフェルトの関心は正しい方向にあると言えよう。ただし日本におけるキリスト教の将来についての彼の見方には——あまり詳しく言ってないのだが——悲観的な響きがある。キリスト教がなぜ日本に根をおろしにくいかを、それこそ脱イデオロギー的に公平な観察を下して詳しく論じてもらったならば、日本人に対する外国人の理解を助けてくれるのみならず、日本人の自己理解に貢献するところが大であると思う。

〔日本語／日本論〕

英米文化の吸収について

黒船コンプレックス

黒船の到来をもって日本が開国した。その黒船がアメリカの船であった、ということが日本人と英語とのかかわり合いをまず決定したと言ってよかろう。簡単に言って日本はアメリカの武威に屈したのである。

こういう場合の日本人の反応の仕方はよかれ悪しかれ独特である。アメリカは威圧者として現れたのであるから、それを憎み、反発し、怨念を持ち続けてもおかしくないところである。しかし日本人は妙に素直なところがあって、優越者から学ぼうという情熱を燃やす。このようなメンタリティをイザヤ・ベンダサンは「隣り百姓」の精神と呼んだ。日本の農家は、すぐれた収穫をあげる隣人を徹底的に真似る。幕末から維新にかけて幕府の側も、反幕府の側も、最初は異国に対する反発を示すが、相手が優越した文明を持っていることを知るや、何が何でも真似することになる。そしてアメリカに使節やら留学生が行く。維新後になるとヨーロッパの国々にも留学生が行く。特にドイツは学問と陸軍の先輩として多くの学者や軍人が出かけた。しかし何と言っても政治や経済の面での英語国とのつながりは特別であった。イギリス紳士が手本ということになった。つまり日本人にとって英語とか英文学は、師と仰ぐ国の言語であり、文化であった。

黒船到来は日本人に対してよほど強烈な印象を与えたと見え、日本人はせっせと軍艦を作り出す。そして世界一の軍艦を作った。戦艦大和が徳之島の沖で沈んだ時、明治以来の日本人の黒船コンプレックスの結晶が沈んだ。そしてマッカーサーが厚木飛行場に乗り込んできた時、彼は日本の占領者として来たのであった。そして彼は単に日本を軍事占領するのみならず、日本に新しい憲法を与え、根本から日本人を再教育しようとしたのである。英語（アメリカ語）は今や絶対の優越者の言語になったことになる。

つまり日本は、二度とも英語国に対しては、劣等者という立場で出会ったことになる。それでも維新の頃は、自発的に英語国を先生にして文化を吸収しようとしたのに反して、戦後は、いやおうなしに英語国に指導されなければならなかった。これが日本人が英語国に対する場合の外的な枠である。この枠の中で日本人は英米の文化をいかに吸収したのであろうか。

英語習得における日本文化のパターン

日本人が自らの劣等性を自覚して、優越せる隣国から学ぼうとしたのは、明治時代が最初の体験でもなかった。奈良時代から平安時代にかけて、日本は遣隋使や遣唐使を派遣しておおいに成果を上げた経験がある。個人にしろ民族にしろ、危機的な時には過去の行動のパターンに従いやすいものだ。明治政府も千数百年の先祖にならって、留学生を送り出したのである。

われわれは留学生などというものを普通のことと考えやすいが、国家が秀才を先進国にシステマティックに送り出し、そこの文化を根こそぎ真似しよう、あるいはいちばんいいところを集めて自国に持ち込もうということを考えた国はそんなにないだろう。インドや中国のような文明国でも、圧倒的に優越した西欧国に長い間接触しながら、大量の留学生を欧米に送り出して西欧の優越の根源を習得しようというアイデアは持たなかったのである。第二次大戦後、発展途上国と言われる諸国が、多くの留学生を送ったり、アメリカがそういう国に奨学金を与えて留学を促進したのはたぶん日本がやったことの効果を認めていたからである。いわば日本は国家援助による留学生派遣の草分けなのだ。明治政府はそれをやり、そして成功した。

ここで一つ特記すべきことは、明治政府の送った留学生も、一般日本人も、奈良・平安時代の留学生や日本人と同じ学習パターンを示したという事実である。遣唐使や遣隋使は、当時の中国語をしゃべる練習をしたことであろうし、それに達者な人もいたであろう。しかししゃべることは留学の眼目ではなかった。正確に漢籍や仏典を読むことであった。そしてその留学生に対し、一般の日本人が期待したことも、中国語会話の技能でなく、つまり普通のコミュニケーションの技術でなく、漢籍や仏典をマスターして、それを日本に導入してくれることであった。つまり「本が読める」ということが何より大切なのである。そしてこのパターンが明治維新でも受け継がれたのである。

明治以来の留学生でも、英会話に熟達した人はいるにはいた。しかし会話が下手なのは恥ではない、というのは牢固とした伝統であった。それに反して、正確に本を読めないということは弁解の余地のない恥ずかしいことであるとされた。漢学の伝統で育った学生たちも、一般社会も、会話のできない英語教師を許容した。しかし本を正確に読めない英語教師をけっして許しはしなかったのである。

一つの例をあげてみよう。国文学界の泰斗であられた藤村作博士が五高の学生の頃、アメリカ帰りの日本人の英語の先生が多くいたそうである。その先生たちはいずれもマスターとかバチェラーのタイトルを持っていたが、リーダーを読む段になるとさっぱり駄目だったという。生徒の質問に対しても的確な答えができない。それで学生たちは、アメリカ帰りの先生たちの英語は駄目だ、ということにきめて、「訳さずに読んで下さい」というようなことを要求したという。これが特定の先生の場合なら、例外ということもあろうが、アメリカ帰りの先生はみんな駄目だったというところが重要である。アメリカ帰りの先生たちは、明治の頃にマスターとかバチェラーを取ったという以上、ものすごい苦労をして英語を習得したに違いないのだ。いわば Thinking through English もできるようになり、読んだり書いたり発表できるようになってはいたに違いない。しかしアメリカで修得した英語であるために、正確な日本語に訳してみせたり、そういう訳の出る理由を文法的に説明することができなかったのである。そしてそういうことがみごとにできない限り、学生たちはその先生をけっして尊敬はしない。そのため、アメリカ帰りの先生たちの中には、高等学校をやめて、中学の先生になった人もいたという。何だか気の毒な話である。

そういうところにやって来たのが夏目漱石であった。今度は学生たちがどんな質問をしても明快な答えがかえってきた。それどころか学生の方がしぼられてきりきり舞いするぐあいだった。このために漱石は学生におおいに尊敬されたのである。

これはまことに意味深い話ではないだろうか。というのは、この後に漱石はイギリスに留学するのだが、激しい適応不全を示す。アメリカに行ったとしても、適応不全を起して、つまり外人の師友とのコミュニケーションがうまくゆかなくて、バチェラーもマスターもとれなかったかも知れないのである。これに反して漱石の前任者のアメリカ帰りの先生たちは、みごとに英語社会に適応してバチェラーなりマスターなりをとってきているのだ。ある意味では、こういう先生たちの方が漱石よりも英語国の文化をマスターしていたわけなのである。しかし日本の文化のパターンから言うと、漱石型でないと絶対駄目だったのである。

簡単に言えば、戦前は英語国の文化の吸収は、読書を通じてのものが圧倒的で、ほとんどそれのみ重視されたと言ってよい。英会話を重視し、外国人に直接触れることによって英米文化を吸収するというようなことは、学校では本気で問題にされたことはなかったと言ってよいだろう。英語の教師になる人たちも、訳読さえしっかりしておれば軽蔑される恐れのないことを知っていた。そして平安朝や江戸時代の漢学者の大部分が、中国語会話に無関心であったように、英会話に無関心であり得た。

文化移入でのパターンの変化

敗戦とともにはじまった英語国との接触においては、奈良・平安以来の外国語による外国文化吸収のパターンが大きく揺すぶられたことが画期的なことであった。占領軍が日本の代表的な某大学の視察に行った時、著名な英文学者や英語学者が通訳にかり出されたが、ちっとも話が通じないので、もと外交官をしたことのある仏文学者が出てきて、何とか意思の流通ができた、というような話が巷間に伝えられた。おそらくこの話は虚伝であろうが、敗戦後は英文学者も英語学者も一時、戦々恐々として晏如《あんじょ》たり得なくなったことがあった。いつ進駐軍が来て通訳を頼まれるかわからなかったからである。「俺は英文学をやったんで英会話をやったんでない」などと虚勢を張る人もいたし、奮発して英会話をやったり、米国留学を志す人もいた。しかし進駐軍は去ったので、会話のできない人はできないまま再び晏如としはじめたし、会話のできるようになった人は、あまりその実力を示す場がなくなった。

それでも「会話もできない英語じゃ仕方がないではないか」という批判に対しては、英語でメシを食っている人たちはいずれも弱くなったので、中学校でも英会話みたいなことをやるのに反対しない。それどころか、外国人と英語で話したこともない人が、オーラル・イントロダクションをやったりしている。あれやこれやで英語教育法はいかにあるべきか、は今もって論議百出である。

それとはおかまいなしに、外国の会社と取り引きする必要のある人、外国支社へ長期勤務した人やその家族、その他なんだかんだで外国生活をしたり、のぞいたりしたことのある日本人が膨大に増えてきている。そして難しい英書を読める日本人の数は、戦前より飛躍的に増えたとは思われないが、英語で多少なりとも外国人やその文化に触れて、それを自分の生活に導入できる人間は飛躍的に増えてきている。明らかに日本の文化移入のパターンに重大な変化が出たのである。

英語と国策

英語と日本の関係を、英学史的にでなく概観してみたい。

ジョン万次郎

まず幕末にやってきた黒船はアメリカの船だったという事実がある。三百年近く続いた徳川体制を揺さぶったのは英語国であった。ずっと交易を続けてきたオランダでもなく清国でもなかった。

当然攘夷論は沸騰したが、その難しい時局にあたって、開港方針を選択して、嘉永七年（十一月二十七日に改元して安政元年（一八五四））の三月三日、ペリーと神奈川条約を結んだのは、老中首席阿部伊勢守正弘である。阿部正弘は備後福山藩主で、それまで特に外交の識見があるという話もなかった。しかし今から見ると考え得べき最良の道を選んだことになる。開国の方針に次いで講武所（はじめ講武場）や海軍伝習所を開設して、洋式の兵学を取り入れ、また一方で洋学所（後の蕃書調所、開成所→東京大学）を作って西洋文化研究の道もひらいた。三宅雪嶺も阿部正弘をほめているが、幕末大変動期の首相のごとき役目にあった人として危なげのない政策はたしかに高く評価されるべきものであろう。

ではなぜに阿部正弘は穏当な政策を、しかも断乎としてやり得たのであろうか。ここに幕末開国期の黒子とも言うべきジョン万次郎こと中浜万次郎の重要性が見られる。万次郎は土佐の貧乏漁師の子である。近海の漁に出たところ暴風に遭って無人島に漂着、約半年後にアメリカの捕鯨船に助けられ、船長に認められてニュー・イングランドに連れていってもらった。ここでも才能を示し、その地のアカデミーを優秀な成績で卒業し、後には一等航海士に選出されて、世界をまわって鯨をとって歩いた。日本に帰る前にはカリフォルニアの金山でも働いている。つまりジョン万次郎こそは、ペリーが日本に来た頃、日本人の中で、英語、数学、測量術、航海術を正式に外国の専門の学校で習得し、航海士の経験も、あのゴールド・ラッシュの体験もしたことのある唯一の男であった。ついでに言っておけば、中流の白人女性と正式に結婚した最初の日本人でもある。ジョン万次郎こそは海外の知識については、当時の日本人の中ではまったく類のない権威、超々権威であった。その彼が沖縄を通って帰国し、薩摩藩、長崎奉行、土佐藩と引き継がれ、嘉永六年（一八五三）十一月七日、幕府に普請役格として召し出されるのである（津本陽『椿と花水木』講談社、参照）。

幕府にはオランダを通じて世界の知識が入っていた。鎖国の時代であるから、幕閣ほど世界の情勢に通じていたところはなかったと言ってよいであろう。そこに呼び出されてジョン万次郎は種々の質問を受ける。まず「ペルリはペリーと呼ぶのが正しい」と言われてみんな驚く。何しろ彼はニュー・イングランドのアカデミーの最優秀卒業生でもあり、大洋航海の経験もあり、アメリカ大統領を見たことだってあるのだ。幕閣が出すいかなる質問にも的確明快な答えが返ってくる。つまり幕閣は万次郎の知識に圧倒されたのだ。そして彼の口から、「今のアメリカはカリフォルニアの開発などで手いっぱいで、他国を侵略する意図がまったくなく、開港を求めるのは船に水や食料を得ることと通商だけが目的である」という話を聞く。阿部正弘やその他の幕閣のメンバーはそれにもとづいて対外政策を立てる。それが神奈川条約となった。

しかし万次郎は表面に出されなかった。その一つの理由は水戸の徳川斉昭が、万次郎の知識があまりに博大詳細なので、「アメリカのスパイではないか」と言ってその意見を容れることに反対したからであるという。万次郎はそれで韮山代官江川太郎左衛門に預けられる。表面に名を残したのは江川である。後に万次郎が咸臨丸の通弁主任として残した絶大な功績もあまり表面に出てこない。隔絶した知識のゆえと、身分・出自のために、表に出さなかったのである。幕府が万次郎を表に出し、大学頭に準ずる地位を与えて、諸藩の英才に英語や数学や航海術を公に教授せしめたら、安政の大獄も起らず、井伊大老の政権は長く続き、戊辰戦争なき近代化のコースが開けたかも知れない。

幕府は万次郎を表に出さなかったから変なことをやらねばならなかった。ハリス総領事との交渉や、安政五年（一八五八）の五カ国条約の際には、通訳としてヒュースケンが活躍した。ヒュースケンはその名前 Heusken が示す通りオランダ人で、二十一歳の時にアムステルダムからアメリカに移住した男である。ハリスが英語でしゃべるのをオランダ語に訳し、それを日本のオランダ語通辞が日本語に訳すという二重通訳であった。その時、万次郎を使えば何の苦労もなかったのであろうが、幕府はあくまで万次郎を表面に出さなかった。万次郎はアメリカの高等教育を受け、アメリカの船の一等航海士にも選ばれた人物であるから、アメリカ人の方が敬意を払ってしまう。それが身分制度の時代の日本人には極めて不愉快だったらしい。咸臨丸でも同じことだった。この点については勝海舟も福沢諭吉も語ること少なく、万次郎に対してフェアとは言えないだろう。もし『福翁自伝』の中で万次郎のことを福沢流に生き生きと書き記してくれたらおもしろかったのに。

福沢諭吉

ついで日本と英語の接触について興味あるのは、先に触れた福沢諭吉の場合である。福沢の伝記は今さら言う必要もないが、彼は十九歳の時に蘭学修業のため長崎に行き、翌年、大阪の緒方洪庵の適塾に入り、やがて塾長になった。福沢は言うまでもなく語学の才能がすこぶる豊かであった。漢学をはじめたのは十四、五歳の頃というから、当時の学問する士族に比べるとざっと十年も出発が遅れているが、上達は尋常ならずすみやかで、たちまち漢学者の前座くらいになったと言う。長崎では一年くらい蘭学をやり、その後大阪に出て緒方の塾に入った。ここから本式の蘭学修業がはじまるが、ここでも進歩はすこぶる早かった。そして塾長にもなる。そして安政五年（一八五八）に藩命により江戸藩邸で蘭学塾を開くために江戸に呼び出された。そして江戸の蘭学者たちとつき合っていると、江戸の学者たちもたいしたことがないことがわかる。つまり福沢はその頃の日本では、最もオランダ語の読解力のある人間の一人になっていたのである。

その時に福沢にとって――ある意味で日本にとっても――一生を決定する体験があった。例の五カ国条約が結ばれた安政五年の次の年、つまり安政六年（一八五九）に福沢は横浜見物に行ったのである。もう横浜には外国人がやって来て店を開いていた。横文字の看板もあれば貼紙もある。ところが蘭学自慢の福沢にそれが少しもわからないのである。『福翁自伝』にはこういう述懐がある。

横浜から帰ってわたしは足の疲れではない実に落胆して仕舞った。これはこれはどうも仕方がない。今まで数年の間、死物狂ひになってオランダの書を読むことを勉強した。その勉強したものが今は何もならない、商売人の看板を見て読むことができない。さりとは誠に詰らぬことをしたわいと実に落胆して仕舞った。……

（表記は現代風に一部読みやすくしたところがあります――渡部）

しかしここからが福沢の偉いところである。いつまでも落胆してはいなかった。

……今、世界に英語の普通に行われているということは、かねて知っている。何でもあれは〔看板、貼紙など〕英語に違いない。今、我国は条約を結んで開けかかっている。さすれば此後は英語が必要になるに違いない。洋学者として英語を知らなければとても何にも通じることができない。此後は英語を読むより外に仕方がない。……

落胆からの立ち直りがまことにすばやいのだ。たちまち志を新たに立てて、「それから以来は一切万事英語と覚悟を極め」たのである。そして偶然にも比較言語学的な体験をしたのであった。

詰る処は、最初わたし共が蘭学を捨てて英学に移ろうとするときに、真実に蘭学を捨てて仕舞い、数年勉強の結果を空しゅうして生涯二度の艱難辛苦と思ひしは大間違いの話で、実際を見れば蘭と云い英と云うも、等しく横文にして、その文法もほぼ相同じければ、蘭書読む力は自から英書にも適用して決して無益でない。水を泳ぐと木に登ると全く別のように考えたのは一度の迷いであったということを発明しました。

この時、多くの蘭学者はこの切り換えができなかった。大村益次郎（村田蔵六）なども、英語を学び直すのに反対だったという。このオランダ語から英語への転換は、幕府から明治政府への移行を象徴するものであった。

英語でない分野のマイナス

江戸時代、日本が窓を開いていたヨーロッパの国はオランダだけであった。しかもオランダ語の本を読むようになったのは、八代将軍吉宗の享保五年（一七二〇）に洋書輸入の禁令が緩和されてからであり、その最初の目ざましい成果が杉田玄白らの『解体新書』の出版であった（一七七四）。幕末になると幕府はフランスの助けを借りて軍備の近代化を計った。船も開陽丸などオランダに発注した。

これに対して薩長は、船や武器の購入を主としてイギリスに求めた。結果としては英語国を味方につけた方が新政府を樹立し、フランス語やオランダ語の国を味方にした幕府が敗れたことになる。何と言ってもイギリスは当時の最先進国であり、世界の工業生産の半分くらいを一国で成しとげ、加うるに史上空前絶後の大植民帝国になりつつあった。明治の日本政府が英語を主要外国語として選択したのはまことに妥当でもあり、賢明でもあった。日本が近代化するためには、何にもまして貿易が重要である。その相手はと言えば、何と言ってもイギリスとアメリカ、つまり英語国であったのである。そして中学校、女学校では、ごく少数の例外を除き、外国語としては英語が教えられることになった。旧制高校に進むとドイツ語とフランス語が加わった。陸軍ではロシアがあるために、ロシア語をも選択させた。

つまり日本中が、第一外国語としては英語を学ぶことになった。受験の外国語もしたがって英語となる。ところが、英語以外のヨーロッパ語が勢力のある分野が例外的にあった。その一つが「法律（憲法）」であり、「医学」であり、「陸軍」であった。その分野における業績が日本に貢献した点も少なくないが、今から振り返ってみると意外にマイナスが大きかったように思われる。憲法、医学、陸軍も全部英語でやった方が、日本のためにはよかったのではないかとさえ思われる。

まず「憲法」である。これは伊藤博文が中心になって海外調査し起草したものである。伊藤は欧米を参考にしたがったが、共和国であるアメリカとフランスは駄目で、イギリスには成文憲法がない。伊藤はイギリスを理想的と考えたらしいが日本が判例法の国を急に真似できない。参考になったのはオーストリア゠ハンガリー帝国（ハプスブルク帝国）のシュタイン教授の話と、新興ドイツ帝国のグナイスト教授の話であった。特にグナイストは、当時ヨーロッパ随一の憲法学者と言われ、ローマ法のみならず、イギリス法制史でも世界的権威であった。このグナイストが、日本の話を聞いて、「それならドイツ帝国成立以前のプロシア王国の憲法が参考になるでしょう」と、それを逐条講義してくれた。この講義録は長い間、機密のごとく扱われ、世に出たのは昭和十四年（一九三九）頃であった。今、それと明治憲法と比べて驚くことは、肝心の点がそっくりだ、ということである。第一、内閣制度がない。首相がない。軍は天皇（グナイストではプロシア国王）の統帥になっている。これが昭和五年頃から、統帥権干犯問題を起す土台となり、軍部が国全体を引きまわすもとになった。ドイツ（プロシア）の憲法が日本を敗戦にみちびいた、と言えば春秋の筆法になろうか（拙著『日本史から見た日本人──昭和編』祥伝社、参照）。

戦前はドイツ「医学」が日本を支配した。今でもカルテとかクランケ（患者）という言葉を聞くことがある。たしかにドイツ医学はロベルト・コッホの細菌学など、当時一流であった。しかし医学と医療は違うのである。

日露戦争で脚気患者は約二十一万二千名、そのうち脚気死亡者約二万八千人である。もし日本陸軍に脚気がなかったならば、奉天会戦にもう二十万人近く動員できた勘定に一応はなる。とするとクロパトキン軍の完全包囲も可能だったはずで、その後の歴史も違ったものになったであろう。ではなぜ、こんなに多くの脚気患者が出たか。

それは明治の大学、つまり東大医学部と陸軍軍医関係者がドイツ医学の信奉者だったからである。コッホは病気には病原菌があることを立証したが、その影響を受けて、脚気にも病原菌があるはずだと信じ、脚気菌が発見されるまでは治療法はあるはずがないと思い込んでいたのである。当時、奥大将の第二軍軍医部長だった森鷗外もそう思い込んでいたのである。医学が発達していなかったという弁解は許されない。海軍も脚気に悩まされたが、イギリスで医学を修めた高木兼寛が、周到な実験と観察によって、脚気は食事の改良によって根絶できることを発見した。そのため、日本海軍は、海上滞在が長かったにもかかわらず、日露戦争中に脚気患者はほとんどいなかった。こういう事実をつきつけられても、ドイツ医学に凝り固まった東大医学部と陸軍軍医関係者は、イギリス医学を馬鹿にして耳を傾けなかったのである。

さらに「陸軍」について言えば、日独伊三国同盟、つまり反英米同盟の推進力だった。さらに陸軍はアメリカの研究が足りなかった。主流はドイツを研究し、対ソ戦の作戦をやる人たちだった。そのため、ガダルカナル以降、玉砕が続くことになる。陸軍が米軍の戦法の研究を本格的にはじめたのは昭和十八年（一九四三）の末からであり、その対策が一応でき上がったのは昭和十九年の夏頃である。これ以後、南洋の島での日本陸軍は様変りしたように頑強になる。たとえばペリリュー島の中川連隊はアメリカの二個師団と二カ月以上戦い、最後の小隊は日本敗戦後まで戦い続けていた。硫黄島も敵の死傷の方が多かった。沖縄もアメリカ留学をした参謀の戦略で、一個師団で敵の五個師団と激闘を繰り返し、一カ月後も主力をほとんど無傷で保持し得た。（後に上からの無理な突撃命令で急に戦力を失った。）

戦後はすべて英語の時代となった。振り返ってみると、明治以降すべての分野で英語重視が徹底していたら、と思わざるを得ない。

〔比較文化〕

「青い目」で見た日本人論と日本文化論

近頃はいやになるほどの日本人論ブームである。わたしも少し前までは日本人論関係のものは意識的に集めて読もうと心がけていたのであるが、最近はちょっとつき合いきれないという感じである。明治時代にフェノロサやハーンが日本人に日本を発見させてくれて以来、日本人論や日本文化論の分野における「青い目」の功績は、付加的なものというよりむしろ本質的なものであったという確信を持つのであるが、七〇年代に入ってからの日本人論ブームもイザヤ・ベンダサンの『日本人とユダヤ人』によって火蓋を切って落とされたことは間違いない。それは日本の経済に対する見直しが六〇年代のはじめに『ロンドン・エコノミスト』の記者ノーマン・マクレーによって爆発したのと並行現象をなしていると言ってよかろう。今度南窓社から出た三冊の本、すなわち

『異形の小説』(サイデンステッカー著、安西徹雄編訳)

『日本を知る』(ベイティ他著、別宮貞徳編訳)

『変わらざる民族』(インモース著、尾崎賢治編訳)

も現象的には日本人論ブームに乗って出された本である。しかしこれが『ソフィア』誌の刊行二十周年記念事業の一つとしてそれに所収された論文を中心に編まれたという性格が示すように、それはブームに便乗して急に書かれたものではなく、『ソフィア』二十年間の持続された意志がたまたま機会を得てまとまった形をとって噴出してきたものである。だいたい、大学の定期刊行物に載った論文が、一般的な読者を対象にした本になること自体がわが国では異例なことである。これこそ『ソフィア』誌の特性を示すものとしておおいに注目されてよいと思う。「ほとんど読まれることを前提としないようないわゆる紀要論文と、総合雑誌のジャーナリスティックな記事との間に第三の可能性を求めること」、つまり、内容においては紀要論文に劣ることなく、読みやすさにおいても総合雑誌なみの洗練度を持つ高級誌を作るというのが創刊以来の編集主幹ロゲンドルフ教授の狙いであったと聞くが、これはみごとに結実した。このユニークな雑誌は十分深く根をおろし、二十の年輪を数えるに至ったのである。

この三冊に収録された諸論文は、主として三人の編訳者の手になるものであるが、いずれも上々のできばえである。そしてわたしの知るかぎり、この三人の編訳者たちがその文章のスタイルを実験し錬磨する道場としての『ソフィア』の役割はけっして小さくなかったはずである。この意味で同誌はポスト・グラジュエイト・スクール（大学院修了者の研究コース）という高度の教育機関であったとも言えるのではなかろうか。こういう場合、日本ではこの三冊のいずれにも「ロゲンドルフ監訳」などとつけてもおかしくないところである。以下、その三冊について評す。

『異形の小説』

風景画であれパースペクティブをとるということは、対象との距離が相当あるということである。このように考えれば、一国の文学の基本的性格をデッサンするという仕事がしばしばその国の人でない人間によってなされるのも不思議ではないかも知れない。ドナルド・キーン氏の『日本の文学』が小冊子であるにもかかわらず深甚な影響を日本の読者に与えたのもこの理由からであった。吉田健一氏はキーン氏のこの著作について、「こういう本が西洋人によって書かれたことを残念に思う」と言い、頭の固い一部の日本人国文学者を嘲笑しているのだが、これは必ずしも日本だけのことではない。シェイクスピアなどはイギリス人にとっては国宝以上のものであり、どれくらい研究書があるか計り知れないが、その文学的な価値を世界文学というパースペクティブからあざやかに、そして知的に、大学の講義風にやって見せたのはイギリス人でもアメリカ人でもなく、ドイツ人シュレーゲルだった。それまでもシェイクスピアの研究がイギリスになかったわけではない。多くの全集、無数のエディションがあったのであるが、大学の講壇からはでなシェイクスピア論をぶつということに関しては、ブラッドレーがオックスフォード大学でやったのよりもシュレーゲルがウィーン大学でやった方が一世紀近くも早いのである。シュレーゲルがシェイクスピアのあいう取り扱い方を教えてくれたという先例があるのだから、われわれが日本文学の読み方をアメリカ人に教えられてもおかしいことは何もないのである。外人の日本文学論はそれ自体が広義の比較文学になっているわけだ。

サイデンステッカー氏の今度の本もまさにこういう意味で日本人の目ではなかなか作り得ない新鮮なパースペクティブを提供してくれている。それは、日本の小説は「異形《いぎょう》の小説」であるという、われわれにとっては奇想天外な断定と、それを納得させる論証に最もよく現れている。

「結局日本にはアリストテレスの伝統がなかったのだ」という感想は、アリストテレス的伝統に育ったことのない国文学研究者からはけっして出てこないものであろう。西欧文化の背後にあるアリストテレス的伝統の重みを考えるならば、その伝統のない風土に育ったわが国の小説は「異形の小説」たらざるを得ないのだ。桜ん坊や桃ばかり食べていた日本人にバナナが「異形の果物」であったように。バナナに大きな種子がないからといってバナナが果物でないというわけではない。形と風味が今まで慣れていた果物と違っているだけの話だということになる。

アリストテレス的伝統とはひとくちに言って緊密な構成に対するセンスと言えそうである。つまり何についてもアーキテクトニックのセンスが出てくるのだ。人生論は形而上学になるし、理屈は論理学になるというふうにして、詩の場合は統一性が尊ばれ、これは遂に三一致などという一種のリゴリズムにまで発展する。こういう伝統においてはどこで終ったかわからないような小説は少なくとも傑作ではない。西欧の文学の伝統においてフィクション（小説）つまり「虚構」が尊ばれるのは、「虚構」の「虚」の部分が尊ばれるよりは「構」の部分つまりアーキテクトニックの部分が尊ばれるわけだ。ところが日本の小説は「構」に対するセンスがあまりない。「虚」などはそれ自体として尊ぶ人がいるわけはないのだから、日本文学では「虚」のない文学が純文学としてありがたがられるというわけになる。日本の私小説は「わたし」つまりパーソナルなことを書くから「真」であり、「構」は抜きだ。アリストテレス的伝統に育ったサイデンステッカー氏が日本の私小説を「とうていフィクション（虚構）の名に値しそうもない自伝的覚え書の一形式」と言っているのは正鵠を射たものである。そしてこの見地から見ているので志賀直哉を「もっとも退屈な作家である」と言いきってはばからない。日本人は「構」のセンスを欠くから、志賀を「小説の神様」などと言っているわけだが、西欧的な目で見れば志賀は「日記の神様」か「回想録の神様」にすぎないことになろう。こう考えると近代日本小説の「特徴」は「特欠」である。つまりフィクション抜きという欠如状態が特徴づけになっていることが明らかであろう。フィクション抜きのフィクションというパラドクス！

アリストテレス的構成のセンスを欠いた例として最も典型的なのは川端康成である。彼の『雪国』は昭和十年（一九三五）から十二年にかけて雑誌に掲載された七つの挿話と、これをしめくくるための新稿を加えて十二年に単行本として出版されたのであるから誰でもこれで完結したと思う。ところが十五年にまたつけ加えられた話が何度も書き直され、二十三年に再び完成した形として出された。しかしサイデンステッカー氏はこの小説にはアリストテレス的構成意識がないのだから、いつまた書きつがれるかわからないと洞察している。「続々『雪国』への道は、どうやらさえぎるものなく開けているらしいのである」。これと同じことは『千羽鶴』についても言えるし、『山の音』はさらに構成意識の欠如が著しく、自由連想の赴くままと言ったふうである。同じことは荷風についても谷崎についても言える。元来谷崎は自然主義の私小説に反発し、プロットの構成の巧妙さで売り出したはずであった。しかし晩年の傑作と言われる『細雪』でも構成への意図は放棄されていると言ってよいのだ。病気の話が出てもそれは構造と関係がないので、その病気が小説の他の部分と何かの意味でかかわり合うことはない。結末の文章でも下痢がとまらないのは、実際に、そういうことがあったから書いたにすぎないのだ。「現実がフィクションの領域を侵犯する」という妙なことが起っているとアリストテレスの伝統の人は感じてしまう。『少将滋幹の母』となると説明的であったり、抒情的であったり、物語風であったり、西洋文学の目から見ると変てこなものである。これが新聞に連載されていた頃、学生であったわたしなども随喜の涙を流さんばかりに感激して読んだのだが、その小説としての異形性には気づかなかった。

では日本の近代小説に見られる特質はどこから来たのか。サイデンステッカー氏は十世紀の歌物語以来、連綿と続いてきた伝統であることを指摘する。西鶴でも断片的なフィクションを重々しい解説みたいな、また議論みたいな随筆にはめ込んで提供するのである。特に構成をあらかじめ作ることを徹底的に拒否し、自由連想のハプニングに任せる連歌こそはアリストテレス的伝統と両極的な対立をなすものである。サイデンステッカー氏は、以前は西欧的なものに対する日本的なものとして俳句を考えていたようであるが、今度は連歌を考えているようだ。これはたしかに進歩である。そしてこの連歌の特徴を具体的に摘出したら、川端の小説の本質がさらにはっきり浮き出たかも知れない。つまり連歌の味わい場所は、句と句の「つけ味」、その「ひびき」、あるいは「にほい」のうつり合いにある。まさに川端の小説のいくつかの挿話の関連性は、論理的なものではなく、味覚とか嗅覚とかについて用いられる語彙でしか表現できないものである。日本の読者たちはこのような感覚的な満足がある時、またその洗練度が高い文章に触れた時、フィクションを重要なものとは思わなくなってしまうのである。

アリストテレスと連歌の対立において日本文学の特質を明らかにしようとしたサイデンステッカー氏の試みはたしかに成功している。そこから来る一つの結論――「日本の文学は明治維新を境にして必ずしも根本的な断絶を経験したのではない」――は極めて重大だ。西洋の挑戦は新しい日本文学の形成を助けたかも知れないが、それは日本文学の伝統に対する刺激であったのであり、根本的な日本文学の特質は不変である、というふくみを持つからである。日本文学史だけやっていたのではその流行の相のみが目について不易の相が見えてこない。青い目の日本文学論の貴重な所以である。

「翻訳雑談」は日本文学の翻訳の第一人者の言として聞くべきことを多く示している。訳しにくい単語一つの処理の仕方にも二つの文明圏の相違という重荷がひしひしとかかってくるのであり、一つ一つの所感と実例が比較文明論の貴重な素材となっている。また「黒い目で見たアメリカ」は日本人のアメリカ旅行記を戦前戦後にわたって軽快な筆致で通観しているのだが、そこでもやはりアメリカの見方によって日本人の特質が浮び上がってくるし、観察者の器量も端的にはかりにかけられていることがわかる。福田恆存氏は例によって逆説的でありながら深い洞察を示し、また、中国大陸の文化の権威吉川幸次郎博士は漢文明とアメリカ文明の類似性を指摘することによって、今日から見れば予言的とも言える文章をすでに十年以上も前に書いておられる。そうすると青い目の日本文学論が日本人に啓示的な効果があると同じように、黒い目のアメリカ論もアメリカ人に新しいパースペクティブを示し得るであろう。両者の違いは、日本人は外人の日本論をおおいに読むのに、アメリカ人は日本人のアメリカ論を——サイデンステッカー氏は別として——読むことはまずないだろうということである。

『日本を知る』

この巻は他の二冊と異なり、一人の著者によって書かれたものではなく、数人の筆者の論文を時代的に並べたものである。その根本の姿勢は、「日本人自身が外国人と比較して自分を評価するとか、外国人から直接日本人批判をしてもらうよりも、外国人が外国人に対して日本人のことを何と言っているかを、悪く言えば盗み聞きする方が、われわれのほんとうの姿がむしろわかるのではないか」ということで、結局、「ある程度の距離をわれからもひとからも置」いて、正しいパースペクティブを得ることを目的として編集されている。

まず「戦国時代」の部ではクーパー師によってフロイス、コックス、ロドリゲスが日本について書いたものが紹介されている。「徳川時代」と維新前後についてはベイティが多数の文献を紹介しているし、「明治初年」の部ではこの頃の特殊現象であった「お雇い外国人」の一例としてローハン氏が灯台技師ブラントンについて記述している。また「現代」の部では故人となった青い目の日本学者についての、青い目の日本学者の追憶を集めるという形になっている。

戦国時代の日本を語るフロイスとロドリゲスの記述が抜群なのは、この二人がイエズス会士であったことと重要な関係があると思われる。これは同時代のイギリス商人コックスの記録がほとんど末梢的なことの観察に限られていることと顕著な対照をなしている。

最初の「英国国民史」であるビードの歴史が『英国民の教会史』(*Historia Ecclesiastica Gentis Anglorum*)であったことを思い出さずにはいられない。ビードことヴェネラブル・ビード(Venerable Bede)はイギリス人で、自分の国の歴史を書こうとしたところ、それがたまたま教会史になった。教会史という表題自体がミスリーディングであるほどそれは国民史としてりっぱなものであった。そこで考えるのはビードがどういう意味で教会史という名を用いたかということである。これは簡単に言うと、「ある国民の魂の面や文化の面に注目した歴史」という意味に近いのではないか。つまり今日の精神史・文化史といったものを含む歴史と考えてよいのではないか。そして精神史と言う時、その座標軸となったのはカトリック教会である。つまりカトリック教会史という名の当時の世界史との関連から見たイギリス国民史というのがビードの教会史の意味であったと思う。フロイスが元来意図した日本史は、ビードの意味での日本教会史なのである。彼の書物の史書としての価値が卓抜なのは当然で、それは世界史の座標軸を持った最初の日本史だったのである。

ロドリゲスもやはり日本教会史を書くつもりであった。それは未完であったが、しかし彼は最初の日本文典を書くという名誉をになっている。そして日本の各種の芸道や美術・工芸に対する理解はほかに類がなく、「さび」や「わび」の情緒も共感的にわかったらしいのである。彼は茶の湯などが禅の精神と関係あることも的確に理解し、禅そのものに対する評価も高い。

この二人のイエズス会士の記録が、それ以来、徳川時代を通じて書かれたオランダ人やイギリス人などの手による数多い記録や著述より格段にすぐれていて、日本文化の本質にせまっているのはなぜであろうか。それはやはりイエズス会士の教会史的発想に負うところが少なくないと思う。つまり関心の向けどころがその民族の魂なのであり、その魂の作用の現象化として歴史や文化が把握されるのである。フロイスの歴史が当時の日本人の書いた歴史、つまり戦記物などよりはるかに近代的な歴史であり、ロドリゲスが鈴木大拙や長谷川如是閑《にょぜかん》の仕事の先取りをしているのはそのためである。

これに対して——宗派的でありたくはないが——イエズス会系統以外のヨーロッパ人の記録は、つまりプロテスタント・オランダ系統の記録には日本人の魂に向けられた関心がない。彼らは日本へ通商に来たのである。その観察は皮相的たらざるを得ない。エキゾティシズムにとどまる所以である。

日本人に対する印象批評的なものはこの四百年を通じて変っていないのもおもしろい。親切なこと、礼儀正しいこと、清潔であること、楽しげであることなどである。これは近頃日本へ来た観光客も言うことだから、よその国の人にはどうもこう見えるらしい。また、日本人は一人の時はよいが大勢だと品が悪くなるという批評はまったく「変わらざる民族」だと苦笑させられてしまう。

この本の中でわたしがいちばん好きなのは「現代」の部である。翻訳の鬼才ウェイリーについて、その直接の知遇を得ていたインモース師が彼の才能をリュッケルトと比較して解きほぐしているのは貴重である。われわれはこれによって、シュレーゲルとか、日本では上田敏とかいう、翻訳家としては天馬空を行くような仕事を残しながら、自分自身のものはあまり残さないという種類の天才について少なからぬ洞察を得ることができるからである。

それでもウェイリーには翻訳があり、東洋文学の世界化になしたその功績は知らぬ人とてない。ところが翻訳さえも残さぬ天才がいるのだ。フランク・ホーレーはまさにそのような人であり、その日本学の学識はほとんど活字では残っていない。彼に対するファン・グーリックの追憶は心あたたまるものだ。そしてこのグーリックについてはロゲンドルフ師が追憶を寄せ、この万能の博識家の横顔を生き生きと伝えてくれている。

ウェイリー、ホーレー、グーリックと今は鬼籍に入った日本学者の学問を見ると、一つ重大な共通点に注目せざるを得ない。それはこの人たちが同時にすぐれた中国学者であったということだ。中国文学を知らないで日本文学をやるというのは、大陸文学を知らないで英文学をやり、ドイツ語を知らないで英語学をやるようなものだからである。ところが現在においては、専門化が進んだためか、日本人の日本文学研究者でも中国文学を漱石や露伴のようにこなした人は少なくなってきている。視野の狭隘化現象である。そしてこれは以下にのべるインモース師の業績と本質にかかわってくることなのである。

『変わらざる民族』

わたしが中学の時の図画の先生が、その後、芸術大賞をとるという大画伯になられた。残念ながらわれわれには先生の偉大さがわからなかったので、文字通り手をとってデッサンなど教えていただきながらそれをありがたいことだとも思わなかった。しかし今から考えてみると、その画の先生がただ者でないことは何となく感じてはいたのである。「こんなことなら先生に一枚何か画いてもらっておけばよかった」などと悔やんでいる始末である。

このような個人的な体験があってから、「お前の周囲にはどんな偉い人がいるかも知れないのにお前は今それに気づかないでいるのかも知れないぞ」という声が時々わたしの頭の奥の方から囁きかけてくる。そして松山中学の先生も生徒も夏目という教師の「可能性」には誰一人気づかなかったことを思いあわせるのである。こんなことを並べ立てるのはほかでもない、われわれが同僚として親しんできたインモース師は、後世の人たちが東西比較文化研究の金字塔として仰ぎ見るような仕事を今やっておられるかも知れないという感じがしてきたからである。同師の『変わらざる民族』を読んで――そのいくつかは以前に『ソフィア』誌で拝見しているわけであるが――そこに示された洞察の深さと視野の広さはそうめったにほかでお目にかかれるものではないように思えてならない。

比較文学という学問が盛んになってきている。比較というからには二つ以上の文学に精通していることが前提になるわけだが、一つの文学に通ずることさえ難しいのに二つもできる人がそんなにいるわけはない。したがって対象を極度に制限してリサーチをやる。結果は必ず上がり、その業績自体は貴重であるが、別の次元の比較があってもよいのではないかという気持ちが絶えず残る。つまり特定の作家と作家との文字面に表れた影響関係の実証的研究というものとは違う比較、二つ以上の文明にその総体において通暁して、それが一個の頭脳の中に絶えず共存しているところから生ずる比較、というものである。インモース師の仕事に見られるのはまさにそういった比較である。

師はドイツ語圏のスイスに生まれ、カトリック西欧の伝統的教育を身につけてから、アングロ・サクソン文化の中心ロンドンで中国古典文学を学び、ウェイリーに師事した。日本では岩手県で数年すごし、東北の民俗に触れている。その後一度帰欧、チューリッヒ大学でドイツ文学を研究、「フリードリヒ・リュッケルトの『詩経』理解」で学位論文を書いたが、学術論文のほかに自作の詩集まで出版しておられる。この略歴を見ただけでも、そういう人が地上に何人といるわけのものでないことがわかろうというものである。旧幕時代や明治の頃なら『詩経』を読んだことのある日本人も多かったかも知れない。しかし今の日本ではたしてどれほどの人が『詩経』を読んでいるだろうか。そう考えただけでも、師の東洋理解はたいていの外国文学を教える日本人教授の日本理解より本物であると言えそうである。

まず師の比較が根源的であることを指摘したい。日本人のよくやる比較に、肉食文化と菜食文化、石造文化と木造文化というような項目の立て方がある。しかし丸天井のドーム（dome）と材木のティンバー（timber）が同一語源であることによっても端的に示されるように、ゲルマン人も元来は千木のついた木造の家に住んでいたのである。インモース師が日本と西洋を比較する時は、まずゲルマン人が木造家屋に住んでいた時代から考え、日本に仏教がまだ入ってこない頃のことを考えあわせるのだ。そしてそこに本質的類似性を見ている。キリスト教などのおかげで西欧の古代が理解しにくくなっていることを認め、その点、日本では古代シャーマニズムが生きているので、日本の研究が、西洋古代の理解に役立つという発想法なのである。実は数年前、わたしも『ベオウルフ』の理解には『古事記』が役立つというようなことを骨子にした研究発表を日本英文学会で行ったことがあるが、どうもおもしろがられただけで終ってしまったような気がする。ところがインモース師は演劇を材料にしてこの立場をみごとに説得力のあるものとされた。わたしとしては百万の援軍を得たような気がするのである。

古代ギリシャの戯曲『アンチゴネー』で、アンチゴネーが死んだ兄弟のために、どんな犠牲を払ってでもりっぱな葬いをしてやろうとした義務感は、日本における祖先とその墳墓への崇拝を知った後はずっとよく理解できる気がしたという師の感想は重大である。さらに日本の神楽《かぐら》とその系統の民族舞踊を研究した結果、今ではもとの意味がすっかり忘れられてしまっているスイスの古い謝肉祭の習慣の本質が深く洞察でき、先史時代に遡る共通した文化状況にそれを組み入れることができたということは、西洋との相違を強調することによってのみ日本文化を位置づけようとする多くの研究者にとっては、今まで公理のように思われてきた立場の再検討を要求するはずのものである。ヨガ、タントラ的修行や禅の修行は、ギリシャのオルフィック派やピタゴラス派の運動と同じ起源を有するという指摘は東と西をそう簡単に分かつことを許さなくなるからである。こうして能の「谷行《たにこう》」とギリシャの密儀の比較が成立し、能のかけ声はスイスのヨーデルと同一起源であることが明るみに出される。また一方では二百五十年間、司祭なきカトリックとして史上その例を見ない長崎のキリシタンの忠誠心は、古代ゲルマン伝説のヘリアントとの比較においてその本質的理解が可能にされるといったぐあいである。

神父である師の宗教学の知識はエリアーデ流の方法を難なく駆使せしめるし、さすがユングと同国人だけあって深層心理学の理解も深く、「谷行」の中に再生の儀式を発見する。このため、師の目には日本人の専門家の目に見えなかったものもしばしば別のコンテクストから見えてくるらしい。たとえば山伏の密儀に関してはこの分野の権威和歌森太郎教授さえも見落した資料をキリシタン関係から持ち出してくるし、世阿弥『花伝書』「九位注」にある「新羅、夜半、日頭明かなり」という不思議な表現については、日本中世文学の権威西尾実氏などの注よりははるかに明快に、エレウシス密儀とかクザーヌスの「対立物の一致」(coincidentia oppositorum)の概念を用いて説明するのである。日本文学の研究者にクザーヌスの知識を求めることが無理であることは歴然としている。これを考えただけでもインモース師の学識がいかに貴重なものであるか、一斑以て全豹を推すことができよう。

第二に、インモース師は世界の演劇を普通の意味でも比較できる専門家である。フェノロサ、パウンド、イェーツと、西洋人と能の関係をたどり、さらにイェーツからエリオットとベケットに至る道が示される。これは同時にイェーツやブレイクの芸術の本質に側面から光をあてる役目もしている。特筆すべきは日本でもあまり行われることのない能「谷行」の西欧における運命である。元来切能《きりのう》である「谷行」は前世の宿業と神仏の霊験という宗教的要因を抜きにしては成り立たないものなのである。それがケンブリッジ学派の啓蒙主義者であり、ブルームズベリーの住人であるウェイリーの手にかかると、超自然的要素はバッサリ切り捨てられるのだ。かくして少年の犠牲は必然性の根拠を失い、中心の大法は宙に浮く――つまり不条理劇になってしまうのである。ウェイリーの原理の行きつくところはブレヒトである。ブレヒトがこの能に関心を持ち、学校の教育劇として幾通りかのヴァリエーションを作っているのは実におもしろいことである。切能→ウェイリー→ブレヒトと移動してゆくさまと、その解説に示したインモース師の腕はまことにあざやかだ。ウェイリーの翻訳についてのサイデンステッカー氏の具体的な翻訳批判と、インモース師のこの批判は、ウェイリー研究の二大収穫と言うべきものであろう。特に師のこの論文にはしっかりしたアーキテクトニックがあることを感じさせられる。

われわれは日本人をテーマにした外国の劇と言えば、せいぜい「蝶々夫人」くらいだと思っているのだが、インモース師の郷里の村では日本人を祝祭劇のテーマにしているのだそうである。それにまたイエズス会士を通じて、高山右近や小西行長などをテーマにしたバロック演劇が十七世紀から十九世紀にかけて、スイス、ドイツ、オーストリアなどで数多く上演されていることは驚異である。イエズス会という世界的《グローバル》な組織はスイスの山村にも東洋をテーマにした土俗劇を可能にしたのだ。そしてそのうちの一つはミヒャエル・ハイドンが作曲してオペラになっているらしい。こういう事実がわれわれを喜ばせるのみならず、師の解説はバロック劇あるいはバロックそのものまで理解させてくれるのだ。バロック芸術を物理的な意味でも精神的な意味でも空間芸術と定義し、対峙する両極の間の緊張、丁々発止、あるいは総じて大振りな動きの上に立つ芸術であると説明する。この芸術理念が演劇になった場合、長い呼吸《いき》、はげしい挙措、独特の空間感覚の舞台となるわけだが、これがとりもなおさず、歌舞伎の舞台であることは誰にでもわかる。つまり歌舞伎は生けるバロックであると同時に、リヒャルト・ワーグナーよりもずっと早く、言葉と踊りと音楽とを完全に一致させて、いわゆる総合芸術の理念を実現してきた舞台でもある。歌舞伎と能は生きのびてきた伝統であるとともに、現代の世界の演劇界がそこに志向しているのかも知れないことが暗示される。ここでわれわれは浮世絵と印象派の関係を思い出してもよいかも知れない。

第三にインモース師は日本人の心にある「結晶格子」について語る。これは師の日本人論と日本文化論の結論と言ってよい。つまり結晶学は、個々の結晶体の構造は格子模型によってきまり、この模型自身は目に見えないけれども、物質が全体に組み入れられる時の組み入れ方を決定すると教えているが、日本人の心にはある結晶格子があって、目には見えないけれども、外国のものが日本に取り入れられる時に、微妙な同化作用によってそれを日本風にしてしまうというのである。日本人の好奇心と物真似は定評があるが、それは単なる物真似でなく創造的誤解であると言う。外来物と言えば三種の神器も外来物だし、仏教・儒教も大陸から渡来し、現代ではヘッセやハイデガーやサルトルは本国以上に読まれている。しかし日本文化はそういう外来物の算術的総計以上の何ものかである。いろいろな外来物を自分の結晶型に合わせてしまうのだ。われわれはその例をあげるに事欠かないであろう。サイデンステッカー氏の連歌と現代日本小説との連続性の指摘も、インモース師の日本式結晶格子理論で説明できる。つまり「変わらざる民族」なのである。先史時代から変わらない結晶格子を持ち続けたという点において日本は他の国と比べると変わった国なのである。

一般に比喩が適切なのはインモース師の論文の際立った特徴である。たとえば今日「ニッポン株式会社」という言い方がはやっている。これは去年（一九七一）五月十日号の『タイム』誌のカバー・ストーリーが"Japan, Inc."（日本株式会社）であったことから世界的流行語になってしまった。これに倣って『アメリカ株式会社』などという本が海の向こうで出ているほどである。しかしこの卓抜な比喩をはじめて使ったのはわたしの知るかぎりインモース師である。師はこの比喩を四年前から使っているのであるが、これが海外レポーターの耳に入ったということらしい。また福田恆存氏の『わかってたまるか！』も、現代のアリストファネスだと師に言われるとその本質がよくわかる気がする。そうした比喩のセンスが比較のセンスであることは言うまでもない。

内容とよく似合った装幀の三冊の上製箱入本。そしてそれは日本人であるわれわれの日本認識を根本的に深めてくれるものである。東西文化のかけ橋として創立されたイエズス会経営の上智大学にとって、こういう仕事こそザベリオ以来の建学の精神に何よりふさわしい記念碑となるのではないだろうか。

〔比較文化〕

新語源学の理念

語源に対する研究の最も画期的なものは、十九世紀における比較言語学であったことはよく知られております。グリムの法則、ヴェルナーの法則等々によって、それまではそれほど関係がないとされた諸言語をくる印欧語族という概念が成立し、それまではお互いに関係ないとされた単語が同根であることが法則的に簡単に見つかるようになった。これが一大発見であります。しかしどちらかと言えば比較言語学自体が音声主義つまり「語形」中心でありまして、「意味」はどちらかと言えばつけ足りといった趣が強いのであります。

ところが一九五〇年代になって、偶然ミュンスターにおいて、ゲルマン語学のトリアー教授、英語学のシュナイダー教授などを核と致しまして、新しい語源学への視点が導入されました。それは意義を重視するものであって、その方法論の背後にはその語の持つ基本的なイメージというものがありました。そしてそのイメージというものを中心として考えてゆくと、今までは語形は似ているけれども同根だとは認められなかったような意味の違いの極めて大きいものが容易に結びついたりするようになったわけであります。いちばんわかりやすい例は、シュナイダー教授が解明されたのですが、ring（鳴る）とring（輪）が同根語であるというものです。これは古代ゲルマン人が太陽を「音を立てて回転しながら空を運行してゆく車輪」として表象していたということが解明されなかったらわからなかったものであります。

語根創生ということにあたって最も大きな働きをなしているのはオノマトピア（onomatopoeia）と音象徴（sound symbolism）です。後はそれをもとにして観念連合で単語を結びつけていくという方法があるわけですが、今われわれが考えていることは、そのもとの段階、オノマトピアと音象徴において、人類の脳細胞および五感の器官が本質的に同じであるという見地に立てば、人類あるいは語族（language family）の相違に関係なく語源を探究できるのではないかという発想です。たとえば、ghost（幽霊）は語根 *gheis-（to frighten）から出たとされますが、つまりは「ゲェッとさせるもの」という意味です。古ペルシャ語では zoishnu ですから *ghe- の部分が zoi- になっているわけですが、これは文字通り「ゾーッとする」感じを示しているのではないでしょうか。また漢字の「駭《がい》」や「愕《がく》」もこれと通じるものと思われます。これは偶然ながら比較言語学を作り上げた欧米人からは出ない発想ではないかと思います。

われわれ日本人はまったく欧米の文化圏の外側にいながら、かつての日本人の先輩が仏教を学んで仏教の本国を超え、漢学を学んで漢学の本場である中国を超え、そして明治以来欧米語を学んで欧米の学者のレヴェルに肉薄しているという背景があってこそはじめてこういう発想ができるのだと思うのですが、われわれが持つのは結局基本における人種的平等なのです。これは何でもないことでありながら日本人だけが二十世紀において証明したことなのであります。アメリカが独立した時に独立宣言の中には“All men are created equal.”という言葉があって、すべての人は平等に創られたと言明いたしました。これは理念としては極めて立派なものではありますけれども、それを高らかに謳い上げたいわゆるFounding Fathersたちが家へ帰ればその大部分が大地主であり、数百人数十人の奴隷をかかえていて、その奴隷たちはcreated equalだとは誰も思っていなかったのであります。また、奴隷でなくてもインディアンなどはequalと思わなかった。だからインディアンの土地を奪うこと、抵抗するインディアンを殺すことについては爪の垢ほどの良心の痛みも感じなかったのであります。あるいはさらに詳しく言えば、そのall menの中に入るのははじめのうちはアングロ・サクソンだけだったのかも知れません。イギリスの島にいるアングロ・サクソンと、ここ植民地にいる自分たちは同じなんだというくらいだったかも知れません。しかしそれは容易にヨーロッパの白人には拡大されました。しかしそれが有色人種に拡大されることはなかったのであります。またアメリカのその独立宣言の余波を受けまして、フランス革命が起きて、そこでは自由、平等、博愛がモットーとされました。いずれも立派なものでありますが、その中の平等の中に有色人種が入っていなかったことは、フランスのその後におけるアルジェリアやラオス、ベトナム、カンボジアにおける植民地政策を見れば明らかであります。

このように白人は人種の平等などは毛ほどにも考えたことはありませんでした。それを日本人にわかる形で最初にはっきり表した象徴的な事件は一九〇一年、最初のノーベル賞が発足した年の第一回ノーベル医学賞です。その最終候補にノミネートされたのが北里柴三郎博士です。結局賞はもらえなかったのですが、もらったフォン・ベーリングというドイツの学者は北里博士と同じ研究室にいて、北里博士の後に同じようなことをやった人で、強い言葉で言えば、いわばコピーです。北里博士が賞をもらえなかったということは、この前の戦争が終るまでは有色人種に自然科学の賞をやるという発想がノーベル委員会にはなかったということです。世界の学者にノミネートさせますから、学者は日本人をしばしばノミネートするのです。野口英世もその例で、ノミネートはされたのですが、賞はもらえなかったのです。今年（一九九三）のノーベル物理学賞はアメリカの天文学者ですが、もちろん天文学に対する貴重な発見には違いないですけれども、戦前の木村栄《ひさし》博士のZ項発見みたいな大発見に匹敵するものであるかどうかはやや怪しい。しかし木村博士にはノーベル賞はくれなかった。それから湯川さんもノーベル賞の対象になったのははるか前なのですが、戦争が終った状況でなければくれなかった。

ということは、この前の日本の戦争を契機として世界の人種観が変ったことを示すものです。日露戦争では勝ちましたけれども、たとえばアメリカは頑として人種の平等を認めなかった。たとえば日本からの移民はだんだん削減していって、最後には一九二四年の連邦立法によってただ一人の日本人の移民も入れないということにいたしました。それなのに大西洋からの移民は、それが植民地の人々であっても、あるいは国を失ったような民族であっても、またあるいは軽蔑の的であるような国の人々であっても、それが白人であれば、ポーランド人でもアイルランド人でもイタリア人でもいくらでも受入れたのであります。そのような状況のもとでこの前の戦争ははじまりました。そのはじまった戦争の間われわれは戦争をするのに夢中であまり気づかなかったのですが、世界中の人は暇ですから見ていたわけです。テレビはありませんけども毎日毎日のニュースで聞いていたわけです。そうした時の彼らの印象はどうであったかと言いますと、これはヨーロッパの最も進んだ白人国でもてんで足元にも及ばないことを日本はなしておるという印象だったろうと思うのです。たとえばソ連は、戦後非常に強大な国のように思われた時期が長かったわけですが、これは戦後急にドイツの科学者なんかを持っていって原爆を作ったり、ロケット開発をやったから、強大に見えたのですけれども、この前の戦争中まではソ連は日本にとってはたいして脅威でもなかったのです。海軍があるわけではないし、陸軍は日本に原爆が落ちた頃に火事場泥棒みたいに入ってきただけであって、それは日本にとって本質的な脅威ではなかった。ドイツは陸軍は強かったけれども、海軍はイギリスの足元にも及ばなかった。フランスはどちらもだめだった。イギリスは海軍は相当のものだったけれども、これも日本の足元にも及ばなかったことは、イギリスの東洋艦隊の旗艦のプリンス・オブ・ウェールズやレパルスが簡単に轟沈させられたことでもわかるし、インド洋艦隊が航空母艦ハーミスを含めて全艦撃沈されながら日本の軍艦は一隻も失われていないというようなことにも表れています。そして世界中の人はただ恐れ入ってそういうことを伝える放送を聞いていたと思うのです。しかも戦いの本舞台は太平洋、インド洋、中国大陸、東南アジアなどです。ジャワ沖、スラバヤ沖ではオランダの海軍を全滅させ、アメリカをフィリピンから追い払った。そして戦場はポート・モレスビーやポート・ダーウィンやあるいは南太平洋になった。南半球なんですね。日本から数千キロも離れたところで、珊瑚海海戦だとか南太平洋航空戦などをやって日本は負けていなかった。そういうところを何年間も見せられたのです。日本はミッドウェーで負けてからはいいとこなしに負けたのでありますが、それでも最終戦場であった硫黄島や沖縄においても世界を驚嘆させる激戦がありました。特に硫黄島のごときは吹けば飛ぶような小さい島で、たった一個の川もないという平たい島、そこに一平方メートルに何発も砲弾、爆弾を撃ち込んで、上陸したアメリカ軍が二万五千の死傷者を出す。日本は玉砕したんですけれども二万二千。人員の損害においてはアメリカの方が大きかったなどというようなことが戦争の最終段階にさえもあった。そういうことに世界中の人は舌を巻いたのです。これは自分たちもできないという強い印象です。これが一つありました。

それからこれもしばしば忘れられていることですけれども、日本が東南アジアに入った時は世界無敵の、文字通り無敵の軍隊だったのです。そして日本軍の負けたのを見た人は極めて少ないんです。南太平洋の小さい島では玉砕がありましたけれども、これを見た人はほとんどいませんし、いたとしても数えるほどしかいない。それから満州に火事場泥棒のように入ってきたソ連は別として、後は日本人が白人に負けるところを見たのは、インドに近いビルマの山の村の人とルソン島とレイテ島、特にルソン島のフィリピン人です。ほかのところ、すなわちタイ国、インドネシア、ラオス、カンボジア、ベトナム、マレーシア、シンガポール、香港、中国本土、台湾、朝鮮半島などで日本人の負けた姿を見た人間はいません。ということは、そこの人たちの日本人に対する感情の善し悪しは別として、彼らの頭に残っているのは白人よりも強い日本人ということなんです。一例をあげれば、ベトナムはフランスの植民地でした。ベトナム人にとっては長い間フランス人は絶対手出しのできない神様みたいな存在だったのです。ところがそのフランス人をいとも簡単に日本軍は武装解除をした。そのだらしないフランス軍のありさまを見た青年の一人の中にホーチミンがいた、というようなことが象徴的な事件です。それからインドネシアではスカルノとか、そういう人たちは皆、日本軍の落下傘部隊が天から舞い降りてたちまち油田を占領するところなども見たわけです。ですから彼らの頭の中では白人よりも圧倒的に日本人が強かったという印象なんです。

戦後のアメリカというのはまことに輝ける存在であって、ヨーロッパの諸国や日本なども含めまして、文明国は全部廃墟だった時にも、アメリカ大陸だけは栄えに栄えておりました。爆弾一つ落ちたわけではなく、数年間というもの全産業はフル回転、ピカピカに栄えておりました。そして土地は広く天然資源も豊かです。外国からはノーベル賞級の学者でも誰でもいとも簡単に呼べた。輝くアメリカ大陸。ですから普通のサイズの国は真似できない、お手本にならないんです。隙あらばアメリカの市民権でもとろうというくらいのものですよ。

ところが日本は朝鮮戦争の後、アメリカの対日方針が変化しますと急速に復興いたしました。そしてその復興していく日本はその広さにおいてカリフォルニア州よりも小さいくらいであり、国土の七割は人の住めない山であり、その山の中からは別に石油が出るわけではないし、ダイヤモンドが出るわけではないし、スズが出るわけではない。出るのはお湯と溶岩ばかりですよ。そういう日本がアメリカを越さんばかりになった。しかも造船、鉄鋼のみならず、自動車ですらもアメリカの総生産高を超えるようになった。そして日本のいちばんのアキレスの腱と世界中が思っていた石油、その石油がオイルショックで二度も世界中を揺すぶった時に日本だけは省エネに成功して、気がついてみたら世界のあらゆる工業生産品はこと民需に関する限り百パーセント日本発であった。ウォークマンもテープ・レコーダーもトランジスタ以来のラジオもビデオ・デッキもCDプレーヤーもオートフォーカス・カメラも、全部そうなんですよ。世界中のインダストリアル・デザインも全部日本になったんです。というようなところを見た時に、普通サイズの国が奮い立つわけです。日本は手本になる、と。いちばんはっきり言ったのはマレーシアのマハティール首相で、「ルック・イースト」をモットーにいたしました。アメリカはあれだけ大きい国、大陸ですからそもそもお手本にならないのです。しかもそのアメリカが重要な分野で日本に越されているわけです。そうするとますますお手本にならないわけで、本当のところお手本になるのは日本だけと皆思っているのです。

だからまさになぜフィリピンが復興に遅れたかがわかるわけで、フィリピンの人は気の毒にも日本人が最終的に負けるところを見たのです。最初は勝って、マッカーサーもオーストラリアまで逃げたのですが、後で総反攻があって日本は惨憺たる敗北をしました。それを見た時にフィリピン人は心の中で、ああ日本人は強かったけれどもやっぱり白人にはかなわないなと思ったのです。かなわないなと思った途端に日本人を手本にしないわけです。それが四十数年たって、今もってフィリピンだけはしようがない。手本のない子どもは教育のしようがないのと同じですよ。公平に言えばアメリカの植民地政策は東南アジアでは最もよかった。イギリスやオランダやフランスというのは非人道的で、教育する気などまったくなく、愚民政策をとりました。アメリカはその点は比較的人道的で、教育は割とよかったのですが、そのフィリピンがだめになった。それはお手本がだめだったということなのです。それでもフィリピンもようやく気がついてきまして、どうして自分たちはだめなんだろうと考えはじめたようです。彼らは台湾と自分たちをよく比べるのですが、フィリピンと台湾の間にはバシー海峡という短い海峡一本しかありません。そんなものは零戦が往復していた距離です。そして両方とも亜熱帯です。台湾の方は外交的には非常に恵まれていない。それでも外貨保有高はいつも日本、ドイツと並んで特別に多く、世界一になることさえあります。それなのに自分たちはいつになってもだめである。これはどういうことなんだろうと思って考えてみると、台湾には長いこと日本人がいた、フィリピンには長いことアメリカ人がいた、この差だということですね。

結局東南アジアが全部独立しまして、日本と同じことを日本のようにやろうというわけで、現在は先進国の真似をしようという気を起しているわけです。昔はその気がまったくなかったのです。というよりも、そんなことはできるとも思わなかったのです。ところが日本人を見て同じ顔をしているからやれるのではなかろうかと思って、実際ハイテク製品の工場も作れるようになったわけです。そしてその波が今アフリカまで及んでいるわけです。アフリカは日本から遠くてあまり影響がないから遅れているわけですけれども、東南アジアは日本を身近に見ましたし、顔も似ているものですから非常に発達したわけです。台湾だって韓国だって皆同じです。

そうすると、日本人が世界史に果した役割は何であろうかというと、白人にしかできないと思ったことが有色人種にもできるのだということの実証です。十九世紀後半の、日本がはじめて国を開いた頃の世界の状況を見れば、白人の国の方は遡ってみれば、五百年も前にコペルニクス、ガリレオがいて、ニュートン、ライプニッツがいて、デカルトだ、カントだ、フランス革命だ、ナポレオンだ、産業革命が終りましたというような感じだったのです。その数百年の間、有色人種の方は変っていませんから、もう十九世紀の後半になると、白人の作るような品物、工場からできるようなものは有色人種には絶対にできないと思い込んでいるし、白人が考えるような自然科学は有色人種には絶対にできないと思っていたのです。有色人種もそう思っていた。思わなかったのは日本人だけで、二十世紀が開けたわけです。

そうしますと、日本人の役割はどうかというと、あまり良い比喩でもないのですが、こういうたとえがあります。たしか多摩動物園で、猿に簡単なクルミ割り機でクルミを割ることを教えようとしたのです。一所懸命教えるのですが、どの猿も真似しない。いくら教えても真似しないのです。人間がやることはできないものだと思っているのですね。ところがある人が子猿を自分の家で飼って育てた。小さい時から人間と育ったものだからその猿は自分を人間だと思い込んでいました。それでその子猿にクルミを割ることを教えた。この猿は割りますよ。この猿は人間がやることは皆できると思っているんです。そしてこの猿に多摩動物園でクルミを割らせたら、ほかの猿も割りはじめたのです。日本の役割はこの猿にあたる役割ですよ、情けない比喩ではありますけれども。もっと大きな比喩を言えば、独立宣言やフランス革命に高らかに謳われたことは、良く言えば理念、悪く言えば口先だけの話で、白人だけを対象としていたのですが、これが有色人種にも及ぶのだということを、日本は、良く言えば実際において、露骨に言えば血と汗を流して実証した。だからわれわれは真の意味の人種の平等ということの体現が世界史における日本民族の役割であると思うのです。

その点においてわれわれが今発想していることは、日本語の音表象、漢和辞典を引いて明らかになる中国語の音表象、それからインド・ヨーロッパ諸語の音表象、これに共通点があってもおかしくないという前提なのです。これは骨の髄まで人種平等主義者でないと出ない発想であると思うのです。これこそわれわれが、世界の言語学界において日本人としていちばんなし得るコンジーニアルな分野ではなかろうか、とさえも思っているのです。

（談）

[比較文化]

日米ファカルティ雑感

はじめに

戦後、相当の期間、世界中を観光旅行してあるくのはアメリカ人と相場がきまっていたが、最近ではドル防衛とかでアメリカも自国へ観光客を呼ぶことに熱心になってきている。特に日本から渡米する人の数は飛躍的に増え、アメリカ観光業の最大のおとくいさまの一つになっているということだ。わたしもニューヨークの日本領事館の近くのホテルで朝食をとっている時周囲を見たら、半数くらいの人が日本語を話していた。このような時節に、今さら「アメリカではこうだった」というような見聞をのべることは一種のアナクロニズムと言うべきものではあるまいかとも思われる。

それでも、烘雲托月《こううんたくげつ》ということもある。日本にいた時にいろいろ考えていたこと、あるいは漠然と感じていたことが急にはっきり意識化されたことがないわけでもない。特に十年近く日本の大学の教員をしてから、突然アメリカの教壇、しかも四つの州の六つの大学の教壇に立つと、多少「これは勝手が違うな」と感じさせられることがよくあった。日本の大学とアメリカのそれを比較してどっちがよいかという意味でなく、異なった国を見たため自分の国の姿がよくわかったという、誰でも経験する平凡な事実にすぎない。

1

英語では大学の教員のことを faculty と言う。そのことはもとから知っていたのだが、これが「能力」つまり talent を意味することを実感したのは渡米して三週目くらいだったろうか。タレントという言葉は今では日本語になり、誰でも知っている。特にテレビ・タレントというふうに、ほとんど「芸人」と同意語になっているようだ。アメリカのファカルティはタレントである。地位も給料も日本のように年功で上がることはなく、研究教授のタレントとしての能力のみによってきまると言ってよいだろう。だからアメリカの教授の給料は、給料というよりむしろ日本でいう「ギャラ」に近いような気がした。

日本のタレントは紅白歌合戦に出るとか、ヒットしたレコードを出すことによってギャラが上がる。アメリカの大学の場合、ギャラを上げる手段の第一は学位をとることになるだろう。大学の教員という以上は修士は持っているから、学位と言えば博士（Ph. D.）ということになる。どこの大学でもかなり多くの教員が博士論文を書きながら教えていた（わたしの体験はすべて文学部か社会学部のものである）。各大学によってそれぞれ違うだろうが、ミシガンのある州立大学では、修士の教員の給料は年間九千五百ドルを超えないことになっているそうだ。それに、大学院を教えることが許されないから、学位を持ってない先生は何が何でも学位をとるということになる。それで大学側も、論文作成中の教員の授業時間数は、普通の義務時間数より四分の一くらい減らしてくれているようである。

もちろんこの学位制には批判が多いのだが、日本の入学試験同様、よりよき代案がない以上、仕方がないといったところらしい。わたしもその学位候補生の講師、助教授の何人かと知り合いになったが、害よりは益が多いという印象を受けた。というのは、アメリカで大学教員を志す者は、修士をよい成績でとれば、すぐ教壇に立てる。たいていはもう結婚して生活がかかっているから、論文を完成するにも、教えつつ研究生活をするため、五、六年から十年くらいは費やさねばならない。その間にも、博士の単位をとり、レポートを書き、教授の指導を受けているわけだから、学問が進むことは確実である。つまり修士をとってから三十代のはじめ頃までの数年間、一つのテーマを追求し続けるわけで、その意力と習慣は尊いものと言わざるを得ない。日本では、文学部の学位は若いものにはまず出さないというコモン・ローによって、修士をとったパリパリの頭脳が目先のアテがなくなって、雑論文、雑翻訳、雑アルバイトに追われているのではないだろうか。

これはおそらく文学博士に関する概念が日米では違うことに由来することが大きいと思う（事実、日本では学位をとらぬ人の中にかえって偉物がいたりする）。日本では学位論文を一人の学者の学問生活の総決算、つまりライフ・ワークと考えているのに反し、アメリカでは、これから学者として生活してゆく人の一度は通過すべき煉獄なのであり、ここで鍛えられてはじめて一人前のタレント仲間に入れるわけなのである。ギャラも一人前になる。そしていろいろな大学から、有利な条件で口がかかる。学者としてのモビリティがぐっと高まる。それに、社会人として、つまり大学の教壇に立ちながら数年間、試験、レポート、論文に時をすごすことは、その人の学問の客観性を高め、その人自身に謙遜を教えることになる。日本ですでに大学の講師、助教授になった人が、レポートを書かされて点をつけられたり、落ちる可能性のある試験を受けることに同意するだろうか。

ある大学で知り合った同僚に、朝鮮戦争時代の陸軍中佐だったという人がいた。彼はその頃日本にいてよい印象を受けたらしく、わたしにもたいへん好意的だった。その上、奥さんは上智の国際部に通っていたとかで、家によばれたり、いっしょに旅行したり、ずいぶん親しくつき合った。大学生の子どもが二人もいて年はもう五十に近いと思うが、その彼が論文書きをやっているのである。彼は助教授（associate professor）なのだが、隔週ぐらいに指導教授のところに行って参考書のリストをもらい、一抱えもの本を家に持ちかえっては読み上げ、それについて指導教授にレポートし、また次の参考書のリストをもらってくるというようなことをやっていた。その間もずっとフルタイムの助教授で教えているわけだからさぞ大変だろうに、別に悲壮がっているところもなく、きちんきちんとやっていた。こういう場合に、自分の年とか前歴とかメンツとかにこだわらずにやるべきことはやるのだと割り切って勉強している点、アメリカの国民性のよい面を見た思いがした。

わたしの教えていた大学院のクラスはたいてい、現職の小・中・高の教師が多く、年もわたしよりだいぶ上の人が少なくなかった。この場合も、修士をとるとだいたい年間千ドルぐらい昇給する規定があるとのことである。日本の教員の講習会はわたしも少し知っているが、試験で落すというようなことはない。それに反し、アメリカは修士だから、レポートが悪かったり試験が悪かったりすれば落ちる。小・中・高で四、五年から十年以上も教えた人が、修士コースに入って、四、五年がかりで卒業するのを見るのはこころよいものだった。何といっても、中年になってから落第や試験のあるところに戻ってくる気力だけでも教師としての心構えが立派である。昇給を組合活動によってしか求め得ない日本とは違った弾力性を感じた。こういう生徒の中には、沖縄戦を経験し、本土にも最初に上陸したという勇士や、もと海軍将校などもいたが、やはり少しも年齢とか性などにはこだわらず、自分たちの教師を見る目は、その人の学識だけというふうに割り切っているようだ。四十代の男が三十代のミスに授業を受けたりテストを受けたりする。

要するにアメリカの大学内では日本式のメンツの問題がネグリジブルであることが大きな特色だと思う。メンツという概念はその語が示すように多分に中国的、儒教的である。三宅雪嶺はすでに明治時代に、中国や朝鮮が不振なのは儒教のためだと指摘している。儒教の長所は多くあるにせよ、一般に退嬰的で、現実を直視して割り切る勇気に欠き、無能の高官や老廃の人をあがめて若い人間の能力を封殺したため野郎自大におちいり、中国も朝鮮も植民地化されたことは歴史の厳たる事実である。日本の明治の指導者が若かったことは言うまでもないことだが、学界でも岡倉天心が美術学校校長になったのは三十歳前であり、後藤新平が県立病院長になったのは二十四、五歳の時だった。この若い日本が再び儒教化し、維新の志士が元勲、元老となった時、日本に危機がやってきた。沖縄戦で日本の敗色濃く、連日猛爆のため全土が焼土化しつつあった時、日本の最高戦争指導者会議の老人たちは、和戦いずれをとるかの重大決定を回避して、炭鉱労務者用の米の特配量を熱心に議論していた。先輩のメンツを重んじて年功序列に頼った国の末路はかくのごときものであった。メンツの世界では「生意気」という評言が若い人間の覇気に対する必殺弾になる。この結果は年寄りのカンにさわらないタイプが次代をになうことになる。ところが戦争とか、革命とかの非常時になれば、メンツは突然通用しなくなるわけである。

国際的に鎬《しのぎ》を削って競争している実業界からは、メンツへの配慮とか生意気という評言が次第に消えつつあるようだ。会社では四十づらをさげてもテストを受けないと昇進しなくなっているところが多くなっているし、若い者は生意気だなどと言ったら新製品の開発や新市場の開拓は不可能であることは誰にもわかってきたからだろう。この面でいちばん儒教的であった大学がゲバ棒の試練を受けたのは、百年前頃儒教国が武力侵略を受けたのと一脈通ずるのではないだろうか。また紅衛兵が中国で起ったことはそれこそ造反有理というものだろう。今後のカリキュラムなども、三十歳以下の若い教員か、今なお第一線で自ら新研究をしている学者以外は組めなくなると思う。今思い出しても、アメリカの大学で生意気という英語を聞いたことがない。おそらくそういう概念が不在なのではあるまいか。

2

このような日米の大学の雰囲気の差も、ファカルティをタレントと解釈すればよくわかるような気がする。われわれがケンプのピアノ演奏会に押しかけたのは彼が老人だったからではなく、彼が優秀なピアノ・タレントだったからである。われわれが伊東ゆかりの唄を聞くのは彼女が若いからではない。彼女が聞くに耐える唄のタレントだからである。ファカルティが教壇に立てるのは若いからでも年とっているからでもない。老朽もあれば若朽もあり、少壮もあれば老壮もあって、年齢は本質ではない。それは学生を教えるに足るファカルティ、つまりタレントだからである。

タレントにはマネージャーがいる。これがアメリカでは大学のアドミニストレーションにあたる。その機能が本質においてマネージャーであるから、タレントをスカウトしたり、トレードに出したり、首を切ったり、給料を上げたりする。教授会（ファカルティ・ミーティング）もあるが、教授は自分がタレントであることを心得ているから、アドミニストレーションの領分にはあまり口を出さない。権利と義務は表裏一体のはずだから、口を出せば責任がかかる。タレントがマネージャー、あるいは興業主の責任を負わされてはたまらない。アメリカの学長に対する業績評法はたいへん具体的であり、まず第一に、彼の在職中に教員の給料をいくら上げたかということである。その次が、施設の拡大、充実になる。その学長が学長であった間にどんな学問的業績を上げたか、あるいは学長になる前にどんな偉い学者であったかは問題にならない。一応、学位があるのが望ましいとされている程度である。学長はアドミニストレーション、つまり興業主側なのでタレントではないからだ。われわれがある詩人を尊敬する時、あるいはある音楽家を好む時、その人が詩人協会や音楽家協会の会長であるかどうかは問題にしない。ところが日本では世界的タレント小沢征爾を生意気だと言って騒いだことがあった。

それではアメリカの教授はすべてタレントとして完全に割り切っているかというとそうでもない。キャンパス・ポリティシャンという教授たちがいる。こういう人たちはたいてい、長く一つの大学におり、しかもタレントとしての流動性を喪失したため、学内の政治に興味を持つようになったものである。したがってタレント型の教授とははなはだ折り合いがわるいのだが、アメリカの大学は先生の流動が激しいので、それほど弊害はないようだ。また、学内のことに興味のある人が必要なこともある。

このようなわけで、学期はじめの教授会のいちばん大きい仕事は新任のタレントの紹介だった。たいして大きな大学でもないところの一つの学部で二十人もの新任が、つまりよそからスカウトしたタレントの紹介があったのを見たことがある。

教授会では同僚たちの最近出版された本の紹介をする。みんな拍手で祝福するのである。というのはアメリカではpublish or perish（出版せざれば亡ぶ）というのが通念で、専門書を出版すればギャラが上がる。出版しなければ上がらない。小さいリベラル・アーツ・カレッジだったが、全学教授会で、学長が教授たちの最近の業績を紹介しているのを見て、異様な感じを受けたことがある。しかし考えてみれば、教授会は同僚のタレント諸氏の最近の活動こそ参考になるのであって、すでに点数が出て落ちるときまった学生を救済するための政治折衝をする成績判定会議などの方がむしろ異様と申すべきだろうか。

教授会は一般にアドミニストレーションからのファカルティに対する報告と、それに対する質問という形が多かったようである。議事題目が山のように印刷してあり、何時間かかるのかと思ったら、またたく間にこなしてカッキリ一時間で終ったのを見て驚嘆したことがある。終ってからはカクテル・パーティだった。何か問題があると、すぐ委員を選出してその人たちにまかせる。次の教授会でその委員会から報告があるということですんでしまい、教授会で何十人も討議することは実際にあるかも知れないが、目撃したことはなかった。

しかし黒人問題などが起っている大学ではタレントの集団である教授会にも日本の大学みたいなマネージャー会議的重荷がかかってきてやり切れないという声が出はじめている。結局委員会みたいなものに引っぱり出されて自分のタレントをみがく、つまり学問がしにくくなっているようだ。それで、最もタレント性が高い人、つまり超一流の学者の中には、大学行政（つまりタレントからみれば雑務）からすっかり足を洗う人も出てきている。アメリカにはまたこういう人のための研究機関がいろいろある。中にはドクター・コースしかない大学などもある。このような大学や研究機関のバラエティに富んでいるところがアメリカの強みと言えよう。

アメリカの大学の教授会が昔に比べていろいろの権限を持つようになったことは、いろいろの委員会を作らなければならないことであり、いろいろな雑務をしなければならないことになり、それが一流の学者をして大学を離脱せしめるに至っていることは皮肉である。教授会が強化されて学問を殺すというべきだろうか。もしこの傾向が強まれば、アメリカは適応性の高い国だから、きっと教授を純粋にタレントと遇して雑務（つまりマネージャーの分野の仕事）をさせずに、学問と授業に専心させるタイプの大学がまた増えてくるだろう。これに反し日本の大学は身分意識（つまり年功序列意識）が高くタレント意識が低く、流動性は皆無に近いのだから、ますます教授会の権限が増大し、本来なら理事会や事務当局にまかせておくべきことまで教授会の議事の日程にのせ、委員会の数はやたらに増え、授業や研究時間よりも会議の時間にとられる時間の方が多くなるのではないかと案ずるしだいである。それでもアメリカならサバティカル・イヤーがあって何年に一度かは丸々一年休ませてもらえるし、また国内の流動性も高いし、タレント性だけで生きられる高等研究所も多いのだから いいきがつけるが、日本では大学の学問の自滅ということになりはしないだろうか。

日本中の大学が教授会のために身動きならなくなっている現在、思い切って今まで教授会の扱っていたことを大幅に管理責任機関に返還し、われわれ教員はもっと身軽に学問をさせてもらうわけにはいくまいか。学校を破壊したり、学内で人身傷害沙汰を起した大学生をどうするかについて教授会が討議するというのは無用の手間ではないだろうか。学生を入学させる時の法律的契約を確実なものにしておき、それを破ったものを契約解除するのは「処分」ではない。学長直属の法律家でできることである。

またその他、たいていの問題は「科」の話し合いで解決できることであって、「部」の教授会は必要でないと思われる。某学生は英文科を卒業する能力ありと認むるや――というような問題及びその結論を、哲学・教育・史学・独文などの先生にはかるのは、他の科の先生に時間とエネルギーの空費を強いるものと言えよう。図書、施設の問題も各科の要望はそれぞれ異なり、せいぜい科長レベルの調整くらいですむはずだし、財政の問題は教授会ではどうにもならないことは明らかだ。大勢集まってもいい知恵が出るとは限らないことはパーキンソンの法則を引くまでもない。

大学の教員にとって学問の自由が最も大切な価値であることは言うまでもない。昔はこの自由がしばしば外からおびやかされた。上智大学は戦時中被害者であった。しかし幸いに現在の日本、及び日本の属している自由圏では、研究の自由が政府からおびやかされることは絶無と言ってよい。むしろ学問研究をストップさせるのは、また多くの大学において実際にストップさせたのはラディカルな学生及びいわゆる造反教師という学内者であった。しかしラディカルな分子は、それが目に見えるだけに始末がよいと思う。無法者が暴力をもって封鎖すれば、国家権力がそれを解いて自由な研究の継続を可能にしてくれるからである。

しかしわれわれの最も恐れなければならないのは、教授会であろう。これは魔物のごとくあらゆる面に手をのばし、本来ならば研究と授業に向けられるべきわれわれのエネルギーと時間を蕩尽せしめるような諸活動にわれわれを引きずり込まないではおかないだろう。われわれ大学教員は、学者としてのファカルティ、つまり、タレントで奉職しているのであり、その他の点では平均以下という人が少なくないわけだし、またそれは恥ずべきことでも何でもない。長島選手は巨人軍のマネージメントにはノー・タッチだし、いわんや後楽園の観衆の整理などには手を出さない。そんなことをやっていればバットに球があたらなくなるだろう。運動選手やテレビ・タレントさえ使っている知恵を、われわれが用いないということはない。われわれはファカルティであってアドミニストレーターでないことを自覚したい。アメリカの大学でもタレントとマネージャーの混同が起りつつあるところもあるが、それを矯正する力も強く働いている。しかし日本にはその歯どめがない。これがわたしがアメリカで感じた日本の大学の危機であった。

［比較文化］

ファカルティの憂鬱

1

三、四年前に、大学の教員という意味の英語ファカルティと、芸能人を示す英語タレントは、どちらも「才能」という意味を持っている同意語みたいなものであるところから、大学の教員も、もっとタレント性に徹して（学問を磨き、講義を魅力的なものにする）、マネジメントや劇場整理みたいなことから手を引くべきではないか、と提唱した（本書所収）。当時は学内紛争がまだ鎮まらず、教員がガードマンの手助けをしていた頃である。世の中には同じようなことを考えていた人が多くいたと見えて、筑波大学なども実現しつつある。これは現在、かなり熱い政治問題になっているようだが、この大学の基本構想というのは、結局、大学教員のタレント性の重視という常識的なことであるように思われる。しかしこれに対しては反対の声も相当強いようだ。その政治的な論拠には立ち入らないが、新大学構想におけるタレント性重視という本筋だけは積極的に評価すべきであると思う。

ただ、筑波大学の発足はわたしを不安にする。不安になる理由は、わたしの場合、多くの筑波大学反対派のそれと違っている。それは「またしても国家によって改革が先導されたか」という感慨なのだ。日本の大学の出発が、明治十八年（一八八五）の帝国大学令にあることはよく知られていることである。そして「国家の須要に応ずる学術技芸」を教授することを目的として建てられた帝国大学を大学組織の根幹としてきた。ただ日本の場合は幸いにも、ドイツなどと違って国立一本になることがなく、私学も存在し続けてきたわけである。そして現在（一九七三）、全国の学生約百四十万のうち、私学は約百十万を受け持っている。つまり全国学生の約七七パーセントは私学に学んでいるのである。数の上から見ればまことに私学隆昌を謳歌したいところだが、実際はそうでないことはみんな知っている。約三十三万の国公立の学生を教える教員数と、約百十万の私立の学生を教える教員数がほぼ同じというところに、その問題は端的に現れている。おまけに私学の方の学費の一年分は国立の四年分以上にもなっているのだ。こんなぐあいだから、父兄は安くて質のいい国公立を歓迎する。この世論にこたえて、文部省などは国公立大学の数を大幅に増やしたがっている。筑波はその大学国公立時代の華やかな幕開けとも言えるのである。

そうなれば多くの私学は競争に耐え得ない。そしてついには、大学で教える者の絶対多数が国家公務員か地方公務員になる時代が来るかも知れないのである。大学教授が全部公務員になった場合の危険はナチス時代のドイツを見ればわかる。またいわゆる社会主義国の大学教授の役割を見ればわかるであろう。それは本質的な身分において昔の士官学校教官と同じことなのである。

2

戦前の日本の教育が、国家に必要な学術技芸の教授・研究をその目的としていたことはファカルティの本質と関わってくるので、その語の意味を考えてみよう。

ファカルティ（faculty）の語源は、少し大きな辞書ならどれにでも書いてあるように、facilis（容易に）から出ている。そしてこれから二つの名詞形が派生した。一つはfaculty（能力）であり、もう一つはfacility（容易さ）である。「容易にできる」のは人間の「能力」であるに違いない。それから「能力」にもいろいろ種類があるので複数形も考えられるようになり、中世に大学ができた時、類比によって、大学を構成する諸能力、つまり学問の諸分野をそれぞれファカルティと呼ぶに至った。この大学のファカルティが最初、神学、法学、医学、人文学の四つだったことはよく知られている。ところが、日本の方では、このファカルティの意味のみならず、ファシリティ（容易にできる）の方も、暗黙のうちに大学の本質と考えられてきているのではなかろうか。

秀才は鈍才になかなかできないことが容易にできる。学業の面においてファシリティを示す。先生の言ったことを一度で了解して、きっちりした答案を書くという感じである。明治以降、日本は西欧の文物を急速に輸入する必要があったから、学業においてファシリティのあるものが尊重された。秀才偏重である。そしてファシリティのある者がファカルティになった。これは語源の妙だ、などと言ってはすまされないことである。

ファシリティの尊重は、単なる早熟児をトクさせる。また受験型の勉強の得意な人間をトクさせることになる。田中美知太郎先生によれば、同僚の京大教授たちのある者たちは「自分が高校なり大学なりの入試をパスして来たといふこと以外に、ほんたうの自信のよりどころになるものをもってゐないのではないかと疑はれることがある」（『時代と私』一二三頁）とのことであるが、そういう人たちは、ファシリティによってファカルティになったのだと言うことができよう。

もちろんファシリティのある人間の有用性については疑う余地がない。官僚などはその最たるものである。商人もしかりである。しかし独創的な学者や教育者にはこれはそれほど望ましい特質ではないであろう。ダーウィンやアインシュタインの伝記を見るならば、この人たちが日本の一流校の入試に合格したとはとても思われないのである。国家有為の材を手早く養成することを目的とした日本の学制からはことごとくはみ出たようなタイプ、つまり、異常なファカルティはあるが、日本型入試に適応するようなファシリティに欠けているタイプの人間なのである。それに日本はファシリティの尊重が、そうでないタイプの人間に不当な劣等感を与えて、真の大才を発達させないできているのではないか、と心配させられる面が少なくない。

それでも日本にはまだ私立があって、ファシリティにやや欠陥がある人間に大学教育を与える機会を保持してきた。しかし戦前の日本において私学は一般に学校の中の第二級市民にすぎず、戦後は、数こそ増大したが、その点になると本質的に変ってきていない。私学当局も、どちらかと言えば旧帝大のあり方を理想とするところがあった。しかし価値観とか人生観とかの多様性を重んじ、人間の個性を重んずることを前提とする現代において、国家公務員であるファカルティより、無冠の一市民であるファカルティの方が原理的に望ましいことは言うまでもないのに、再び国家によって、国公立大学の大増設がもくろまれているらしいことはどうしたことであろうか。

3

世界を見わたして私立大学が栄えているところはあまりない。日本をのぞけばアングロ・サクソンの世界、特にアメリカくらいである。つまり危なげのない民主主義国家のみが強大な私立大学を内蔵していることは、示唆するところ重大である。もっともドイツやフランスなどは、高校までの主力が私立だからまだ救いがある。共産主義国は、民主主義国と称しているが、私学を認めるほどの自由はないらしいから、「民主」の意味がわれわれとはだいぶ違うらしいと言わねばなるまい。アメリカではイェール、ハーバード、コロンビア、スタンフォード、プリンストン、ペンシルヴァニアなど、われわれが知っている大学の多くが個人の創意ではじまったことは、この国の民権の淵源の深さを文句なく悟らせてくれる。

ところが最近、アメリカでもよく私立不振が言われる。州立大学のプレステージが上がってきているというのである。これはアメリカの体制一般に出てきた変化に呼応しているもので、ある意味では体制の危機に連なるものであろう。国家がますます大きな予算を動かすようになれば、どうしてもいっさいの組織がそれにおんぶしてくることになるからである。また、教育予算というのは州議会においても比較的抵抗が少ないので、州立の方が容易に拡大充実できるという事情もあるらしい。

しかし何と言っても私学の財政の危機を誘発したのは理工系の予算の激増である。十分な基金のあった私学でも、理工系の金の食い方には追いつけなくなったのである。このことは日本の各私立でも痛いほど知っていることだ。アメリカでは政府や財団からの研究費が、私立・州立に関係なく各研究者に行くのでおおいに救われてはいるものの、学校が負担しなければならない費用も、建物や給料など莫大である。したがって私学の危機の引き金となったのは、アメリカでも理工学部であったと言えよう。ただ最近では風向きが変ってきて、アメリカでも一昔前ほど理工に力を入れなくなってきている。それは宇宙開発計画の縮小、巨大科学一般の頭打ち、軍縮の傾向、環境汚染の恐怖などなどの要因が重なり合って、政府も国民一般もいわゆる科学の進歩に昔ほど熱心でなくなったからである（自然科学の悲観的状況については拙著『文科の時代』ＰＨＰ文庫、一九九四年参照）。核融合とか、公害防止技術などの開発など、残された分野もあるわけだが、それは強弩の末勢といった印象を与えないでもない。

われわれはここに一つの希望を見る。巨大な金を食う理工分野に一応の限界がつけば、少なくともその方面の支出の拡大へのスロー・ダウンの見通しが立つならば、大学が国家におんぶする程度の方にも増大停止の可能性が生ずるからである。人文・法経などは最悪の場合には何とか独立採算にもってゆける。国家のお世話にならない多数の大学があり得たならば、民主主義の将来のために何と心強いことであろうか。

私学の学生も同じ権利を持つ国民である以上、国家の援助は元来、各個人に出されるのが本筋である。学生は自分の好きな学校（公私を問わない）を選んで入り、国家の援助はその個々の学生の学費援助として支出されるならば、国家が私学の会計を監督する手間もおおいにはぶけるであろう。もちろん私学への寄付行為に対する税制面での配慮はもっともっと親切であってよいのだが、そういう法制技術面のことにはここでは立ち入らないことにする。

4

なぜわたしは私学にそれほどこだわるのか。それは前にのべた民主主義ということもあるが、少なくとも人文学においては、国家と手を切っているということが、本質的に重要なことのように思えるからである。手っ取り早い話が、革命後半世紀にもなるのに、文学として読めるほどの作品がソ連でどれほど出ただろうか。話題になるのは秘密出版で出たようなものだけではないか。近頃の中国文学はどうか。いやそんな外国のことはどうでもよい。わが国の江戸時代の学問のあり方をちょっと振り返ってみよう。

慶長八年（一六〇三）、林羅山が『論語』の新注を講じた時に、船橋秀賢は、「昔から朝廷には明経博士がいて古注を講じている。それなのに一匹夫にすぎない者が朱子学など唱えるとは僭上の沙汰である。これは処罰すべきだ」と奏請した。朝廷も家康にその旨を伝えた。当時、羅山は一介の浪人であり、私《わたくし》に儒学を教えていたのである。が、家康は取り上げなかった。そして羅山が出てから日本の儒学が一新したことは言うまでもない。新しい学問は民間から生じたのである。

しかもこの羅山は後に幕府に仕え、羅山流の朱子学が官学になるに及んで、逆に不毛となった。江戸時代を通じて思想家として後世に名を残した人の大部分が官学でなかったことはおもしろいことである。幕府官学の宗家たる羅山が幕府の命で『本朝編年録』を書いた時、日本の皇室を中国の呉太伯の子孫であるとした。これが実証的研究の結果そう言うならそれはそれでよいが、中国の本に書いてあるからそう言ったにすぎない。ここに事大主義みたいなものが見られる。羅山は超凡の記憶力を持ち、子どもの時から「多智なること文殊のごとし」と言われた秀才である。ファシリティの権化でもあった。こういうタイプの秀才だから、幕府四代の将軍に仕えて、一度も当局の非難を受けたことがない。「御立派」と言えば言えるが、思想家として名誉になるかどうか。

近頃はまた荻生徂徠がはやっているとのことである。二つの出版社から全集が出るというのも少し異常である。その流行の原因を考えると、彼が自分を「東夷」と言ったり、「日本国夷人」と言ったからであるらしい。中国ブームのおかげで、中国文化に無条件降伏したような徂徠がもてるというのも、日本人全体が事大主義に傾いてきているからかも知れない。徂徠は一般に天性豪邁で語学の天才だったと言われる。明の太祖の『六諭衍義《りくゆえんぎ》』のうち、朱子学者の室鳩巣《むろきゅうそう》が読み切れなかった約二万五千字を徂徠は十日足らずでみごとに精解したと言うから、その実力については疑う余地がない。しかしその彼もわずか五百石を以て幕府の用人柳沢吉保に感激して仕えた。このへんが、鼻っ柱の強い彼の事大主義的一面である。

完全なる在野の学者にはたとえば中江藤樹がいた。彼は郷里に引きこもって母親に孝行していたわけだが、彼の学問と徳行は一世に高かった。それで当時の日本人たちは、富貴や出世と関係がなくとも、余裕ある堂々たる生活があることを彼によって知ったのである。これが当時の人心にどれほどの影響があったかは計り知れない。

もう一人、京都の伊藤仁斎をあげてもよいだろう。彼の学問は、本場の中国の儒学の流れより約百年も先んじていたと言う専門の学者の研究がある。つまり儒学者としては当時の中国を含めても文句なく世界一だったことになる。しかも人格は深沈不競、世人の尊敬の的であった。その名声を聞いて紀州侯が千石の禄を以て招聘した。人間の身分が固定して立身出世の難しい頃に千石といったら大変なことである。しかも禄は世襲なのである。しかし仁斎はこれを惜し気もなく断っているのだ。君主に仕えれば学問の自由がなくなることを恐れたのである。その長男伊藤東涯《とうがい》もよく家学を継承して名声があったので、紀州侯は彼を五百石で招聘したが、やっぱり固辞している。次男の梅宇《ばいう》は徳山の毛利侯に仕えたが、途中でやめて帰っている。彼は人に接するに寛厚で知られていた。別に喧嘩してやめたのでなく、仕えることは学問に不自由だったからであるらしい。三男の介亭《かいてい》は、高槻の永井侯からのたっての頼みで仕官した。子どもを残さないし養子もとらない。家禄をまもろうというケチな考えがないのである。四男の竹里《ちくり》は久留米侯に仕えた。この人は大変おとなしい人だったので、立派な教師だったのだろう。五男の蘭嵎《らんぐう》については逸話がある。彼がはじめて紀州侯の前で書物を講義することになった時に、本をひろげたまま、いつまでも口を開かない。満座の人は手に汗して、「この人は貧乏儒学の家に育ったので、大名の前に出て畏縮したのだろう」とはらはらしていた。再三促されても口を開かない。そこでとうとう紀州侯自身が「どうしたのか」と尋ねると、蘭嵎ははじめて、「殿様はまだ座ぶとんを敷いていらっしゃる。これでは聖人の書物を講義するわけにいきません」と言った。それで紀州侯はただちに座ぶとんを取り去った。すると蘭嵎は明快なる講義を進め、満座の者、感服せざる者なしだったという。この親にしてこの子ありと言うべきか。

仁斎親子あたりから、日本において学者とか学問の権威が著しく高まったことは明らかである。封建の世において、諸侯より偉いものがあることを世人は自分の目で見たのである。仁斎が士官していたら、おそらく日本人全体はもっと卑屈だったままでいたのではないだろうか。学問の本場の中国に儒学でかなうはずはない、などと言うことを仁斎らは考えない。禄を得るために学問するのでもないことははっきりしている。この影響は後々まで徳川時代のインテリの考え方に深い刻印を残した。幕府の権威が学問に及ばないことはすでに誰の目にも明らかであった。中井竹山や頼山陽《らいさんよう》もけっして士官しようとしなかった。山本北山や亀田鵬斎《かめだほうさい》もけっして官学である朱子学の権威を認めなかった。そして由井正雪という幕府をひっくりかえそうとした浪人が、楠正成公をきわめて尊崇したことにも典型的に見られるように、近代的日本を作る思想の素地は、在野の学者を中心に伸長していったのである。官学の林家が日本の皇室の起源を中国としていた頃、仁斎は「神皇正統億万歳　一姓相伝日月光　市井小臣嘗竊祝　願教文教勝虞唐」という詩を作っていた。その見識においてはまさに天地の差があったと言うべきである。

ここでふと思い出したことがある。それは先に触れた田中美知太郎先生がギリシャ語をはじめられた若い頃、先生は仁斎が古学において中国に勝ったように、西洋哲学において西洋を越そうという野心があられたそうである。これも仁斎の影響の一種ではあるまいか。哲学に限らず、明治以後の日本では、何においても西洋のいちばん強いところを越そうとした形跡がある。陸軍は最初フランスを、後にドイツを、海軍はイギリスを、カメラはドイツを、織物はイギリスを、そして今ではGNPでアメリカを越そうとしている。本場のものも越せば越せるのだという、すべての日本人の持つ平均的自信というのは、その多くを江戸の在野の学者が作り上げたものと言ってもよいかも知れない。

5

人文学において国家、つまり官の保護があると駄目になるらしいことは、徳川時代の仏教を見てもわかる。遠くは聖徳太子や弘法大師伝教の昔から、禅宗や真宗に至るまで、仏教は日本の知的活動の主流であった。ところが徳川時代に、キリシタン対策をかねて、幕府が仏教を保護し、僧侶を優遇したところ、ほとんど偉い人間が出なくなってしまった。多少の頭のあるものは儒学に行ったのである。

さらに幕府が奨励しなかった国学や神道も、徳川時代におおいに発展して、そのイデオロギーは維新の原動力となった。ところが維新になって、政府が神道を保護し、国教として国民に押しつけたところ、神道畑から名のある学者は出なくなり、逆に迫害された仏教の方から思想家が出てきた。そして最も完備した『大蔵経』も大正から昭和の初期にかけて刊行されるほどになった。

国家のバックがあると人文学が駄目になる例として、もう一つ中国の漢の時代の例を思いついたからあげておく。今日、『詩経』の注としては毛長のもの、『春秋』においては左氏のもの、『易』においては費直のものが標準的であるとされている。ところが、これは当時の目で見ればすべて私学のものであり、このほかに時の政府が認めたものがそれぞれあった。たとえば『易経』において施孟梁丘三氏、『詩経』においては斉魯韓三家、『春秋』においては公羊学のように。ところが政府がテコ入れした方のものは滅んでしまい、まったく政府の恩恵を受けなかった方のものが尊重されてきているのである。

6

現代の私学は危機にある。アメリカにおいてすらそうだと言う。世界におけるアメリカの比重の下り方が、私学に対する国家援助の金額と比例しているのは偶然であろうか。わたしはけっしてそう思わない。アメリカの私学は国家の財政援助を得ているために、学力が低くても黒人だというだけで人種的見地から入学させねばならず（これは学問と関係のない政治的配慮である）、教員の男女比率にまで干渉され、学問自体の質の論議が二の次になってきているからである。

日本の私学に関する政府干渉はその意味ではまだないようだ。しかし私学は（少なくとも人文学関係では）長期ヴィジョンとして国家離れを目標とすべきである。国家もまた、学問の興隆を願うならば、このへんのことを理解しなければならない。しかしすでにわれわれの給料の何パーセントかは国家から出ているという。研究費でも私学援助を得ている。しかしこれは望ましい姿ではない。かと言って私学とその教員が今すぐ国家と手を切るわけにもゆくまい。これはどのような方法で是正してゆけるか。これが今の私学の教員の憂鬱であると思われる。

［エッセイ］

言語とわたし

ギリシャの哲人は「驚異の念を起すことが哲学のはじまり」と言ったそうである。ではわたしが言葉に対して「驚異の念」を起したのはどういう時であったろうか。うんと幼い時のことは記憶にない。最初に「文字」に驚異の念を抱いたのは、絵本でない本を生まれてはじめて読み通した時であろう。絵本まではこれという記憶がないが、絵のない本でも読んでいくと筋があって、絵本よりもおもしろいという発見は鮮烈な驚異だった。その最初の本が少年講談の一休和尚であったことを憶えている。挿画は少しあるが、それは絵本ではない。活字の世界に開眼したと言うべきか。したがって後に言語学をやるようになっても、文字や活字を軽視する考え方は、受け入れがたかった。話し言葉が一次的、書き言葉は二次的というのが言語学の定理みたいなものになっているが、「二次的」と言われるものの意味はもっと重いことを指摘したのはドイツ語の関口存男である。彼は「話し言葉だけというのはまことに乏しいもので、書き言葉にこそ人間の精神が本当の姿を現す」という意味のことを言ったが、これに共鳴している。

次に言葉に驚異の念を持ったのは、小学五年生頃に盧僎《ろせん》の「南楼望」（去国三巴遠。登楼万里春……）をたまたま雑誌で読んで、漢詩に目を開かれたことであろう。今に至るも漢字とか漢詩に不思議な愛着を感じる。ルーン文字に関心を持つようになったのもこれに関係があるかも知れない。

敗戦の年は、最初教科書もなかった。国語の先生は『万葉集』の巻一の冒頭から黒板に書いていかれた。それを写して暗誦した。そしてその美しさに骨の髄までしびれる思いをした。大和ことばの世界の不思議さを感じるようになった。この時のわたしの感動を説明し得ないような大和ことば論には賛成すまいと思っている。

戦後、ほとんど英語の力がゼロのところからはじめて、比較的短期間にフランシス・ベーコンの随筆を読んで「わかった」と感じた。これを可能にしてくれた英文法に感激した。大学は英文科に進んだが、こうした英文法がどうして作られたのかはわかっていないことを発見した。これを確かめたい、というのが研究者としての出発点になった。そしてわたしの専門はこのことに連なって今日に及んでいる。

このためにドイツに留学している間、傑出した古英語の学者についた。先生の専門は古英語の最古の部分に関するものであった。今までの学者が読みあぐねたり、読み損ねたりしているものを解読したり、改読したりする作業を見てどぎもを抜かれる思いがした。日本では当時、大学では研究の対象にされなかった語源学が比較言語学の中心であることをあらためて知り、その魅力にとりつかれる。

過去半世紀の人生で言葉に対する「驚異の念」を起す契機がいくつかあった。そしてそのどれもがわたしの中で今も生きているのを感じる。そしてArs longa, vita brevis（学芸は長く、人命は短し）という古人の嘆きを自分の嘆きとして感じるこの頃である。

［エッセイ］

わたしの第二外国語

大学院を出るまで、わたしの第二外国語（ドイツ語）は単なる第二外国語であった。上智という大学がドイツ語と特別に関係の深い大学であったから、夕方にはドイツ語講座があって、それにも出席したという点では、わたしは第二外国語に熱心な学生だったと言えるであろう。しかし奇妙なことに、当時の上智大学は第二外国語に極めて消極的であって、むしろやらないように指導しているような趣さえあった。学生寮舎監であり学生部長であったボッシュ先生は、ご自分がドイツ人であるのに、独文科以外の学生には英語だけとるように指導しておられた。「英語でやさしい会話もできないうちに第二外国語をやるのは滑稽である」ということを公然と口にしておられた。

したがって第二外国語は必修課目でもなく、選択課目でもなかった。「選択でもない」という意味は、第二外国語をとったからといって、その単位を卒業や進級に必要な単位の中に数えてやらない、ということなのである。篤志家のために第二外国語の講座だけは置いてやる、という方針だった。したがって普通の時間割の中にはなく、土曜の午後だった。全校ががらんとした中で、小さいドイツ語のクラスが細々と続いた。第二外国語の先生は先年亡くなられた増田和宣先生お一人であった。一年生のはじめの時はそれでも一応の人数がいるのだが、学校が奨励しないこのクラスはどんどん人数が減り出し、翌年からは数人になり、四年間このクラスに残ったのは四人だったろうか。卒業の時にみんなで増田先生の御自宅をお訪ねしたが、クラスみんなと言っても、当時のきびしい住宅事情の時代に、先生の書斎に入れたくらいの人数である。

　増田先生は教えて倦まざる先生であられた。土曜の午後に残っている学生が二人の時も、ちゃんと遅れないで教室に現れ、きっちり終鈴が鳴るまで教えられた。先生のおかげでシュトルムとかカロッサの文学を嚙った。特にその後のわたしの人生観に大きな影響のあったヒルティを読んでいただいたことはありがたかった。ヒルティのことだけとっても、増田先生はわたしの恩人である。

　徹底的な小クラスだから、四年間も出席すれば、週一回のドイツ語でも多少は身につく。辞書を引けば一時間に一頁くらいは正確に読めるようになった。読書力とは言えないが、英文の中に出てくるドイツ語の引用文くらいならこわくない、といった程度である。大学院に進んでからは第二外国語がなかったので、自分で読み続けることにした。その時にテキストとして選んだのはサミュエル・スマイルズの『自助論《セルフ・ヘルプ》』のドイツ語版である。その時 self-help がドイツ語では Selbst ist der Mann となることを知った。また英語版で三七四頁のものがそれよりも大きい版なのに、ドイツ語では四七四頁と、ちょうど百頁増加することも知った。冠詞や動詞の変化形などで、同じことを言うにもドイツ語ではずいぶんと分量が多くなるものであることが実に明瞭にわかる。ドイツ語で五百頁の本を読むことは、英語で四百頁の本を読むのに内容的に等価ということになる。

　なぜ『自助論』を選んだか、ということになるが、それは英語版の原著がおもしろく、かつためになったからである。読み出したのは大学三年になりたての時である。有名な本だから古本屋で八〇円くらいで買ったのだが、パラパラ見ていたらおもしろいので全部読んでしまった。『自助論』は立身出世の本と言われているようだが、むしろ「安心立命」の書と言うべきものであった。明治初期この翻訳を出した中村敬宇も江戸川聖人になってしまったし、死ぬまでこの書を離さなかった三宅雪嶺も若くして東大助教授をやめてしまった人だ。この本は当時のわたしの求めていたものを与えてくれたのだった。今振りかえってもヒルティとスマイルズはわたしに安心立命の心術を教えてくれるように思われるのである。それで大学院に入学してドイツ語の独習をはじめた時に、たまたま神田で見つけたドイツ語版『自助論』を読むことにしたのである。

実はと言えば、これにはもう一つの動機があった。それは英訳と並べて読んでいけば、辞書を引く時間が浮くだろうということだった。大学を卒業した頃に反省したことは、「自分は英文科にいたが、その間の勉強の時間の七、八割は辞書を引くことに使っていたのではないか」ということであった。辞書を引くことは勉強のためにやることであって、勉強そのものではない。当時は辞書引きを勉強そのものと錯覚していたところがあった。第二外国語まで辞書引きにあまり時間をとられたのでは、この短い人生で勉強する余裕がなくなるのではないか、と考えたのであった。幸いに英文の『自助論』は読了してあり、単語の難しいのもみんな引いてある。これを見ればドイツ語の辞書は引かなくても読めるのではないかと考えたのであった。

しかしこの予想は半分あたり半分あたらなかった。何しろ英語の原文と並べて見ているのだからパラグラフ、あるいは文章の意味がわからないことはない。しかしドイツ文でわからない単語が、英文ではどれにあたるか見当がつかないこともよくあった。表題一つだって Selbst ist der Mann が、Self-help とどう対応するかは明らかでない。共通なのは selbst と self であるが、この対応だけから Selbst ist der Mann が self-help と同じ意味になることがわかるくらいドイツ語ができればそもそも問題はないのだ。(ちなみにこのドイツ語の言い方は諺なので、直訳しただけではself-helpの意味は把握しにくい。）そんなわけで、思ったより辞書のお世話になったり、ドイツ人の先生に尋ねることも少なくなかった。しかし英語を勉強した時ほど辞書は引かず、したがってかなり早く読み上げることができた。

とは言うもののそれがドイツ語の実力と呼べるほどのものでないことはよくわかっていた。どうしても作文ができなければならない。それで大学院の二年目からは関口存男の『独逸語大講座』などを使って、毎日ドイツ語作文をやりはじめた。しかし道は遠く、いつになったら物になるか見通しも立たず、「やめっちまおうか」という気分になったことも何度かあった。何しろ本職の英語もまだすらすら読むというわけにはいかず、辞書と首っぴきだったのだから。「ドイツ語にかける分を英語に振り向けたらよいのではないか」という反省も湧いた。しかしそのたびごとに、「今ドイツ語に向けている時間を英語に足したところで大勢は変らないから、やっぱりドイツ語をやり続けた方がよいだろう」ということで、とにかく続けたのであった。なにしろ千葉勉先生はよく「イギリスの英語学はドイツの英語学より五十年遅れている」と言われていたし、英語史を習った小林智賀平先生も「英語史の本でいちばん権威あるのはカール・リューイックですね」と言われていたし、その著書を通じて尊敬していた中島文雄先生もドイツの文献に精通しておられるようであった。「英語を学問的に勉強しようと思ったらドイツ語を投げてはいけない」と自分に言い聞かせて、毎日毎日ドイツ語作文をやることによって、ドイツ語が正確に理解できるようになることを期待し続けた。

そんなところに降ってわいたように、ドイツ留学の話が生じた。元来は独文科からと、経済学科から行くことになっていたらしいのであるが、去年（一九八二）の暮れに亡くなられたロゲンドルフ先生が、「もう一人の候補者はまだドイツ語の準備ができていないようだから君を先まわしにする」と決めて下さったのである。その時、ロゲンドルフ先生はドイツ語の雑誌をいきなり出されて訳すように言われたのであるが、何とか英語で大意をのべた。何でもその時の indem という接続詞の訳し方がよかったとのことであった。これによってその後のわたしの運命はすっかり変ってしまったと思う。普通ならば英文科助手はアメリカ留学になる時代であった。

ドイツでは類いまれなる大学者に親しく師事するという幸運にめぐまれた。印欧比較言語学の泰斗ヘルマン・ヒルトの晩年唯一人の弟子で、比較言語学で古英語の分野を展開し、ヤーコプ・グリム以来の抜本的研究と言われる仕事をやりとげたばかりの若きカール・シュナイダー先生がわたしの指導教授であり、副指導教授はペーター・ハルトマン先生であった。この両先生からは学校のみでなく、私生活にわたってお世話していただいた。何という贅沢な、また幸運であったことかと、今でも体が震えるような気がする。これらの先生の適切極まりない御指導のおかげで、二年目には三百頁の学位論文をドイツ語で書き上げることができた。こうしてわたしの最初の本はドイツで出ることになった。

二年数カ月のドイツの生活は快適そのものであった。学生寮に住み、個人の家庭に招かれることも多かった。夢の中でもドイツ語でしゃべっていた。そしてドイツ語で洒落《ヴィッツ》を言えるようになり、かつ、人の洒落も相当よくわかるようになった。ドイツ民謡を唄っても実感が伝わり、脚韻が耳にはっきり残るようになった。つまりドイツ語の語感が相当身についたということであろうか。

日本にいた時は、身近なのは現代英語で、その先に中英語があり、さらにその遠い先に古英語がある、という感じだった。ところがドイツにいるうちにそれがちょうど逆になった。ドイツ語が自分の言葉であり、古英語はその方言であり、それが変化して中英語になり、さらにそれが変化して現代英語になった、という感じなのである。なぜ英語学がドイツに起りそこで高度に発展したのか。また、なぜヘルマン・パウルのような学者が『ゲルマン諸方言大系』

というような本を編んで、その中にドイツ語もスウェーデン語も英語もオランダ語も、すべて「ゲルマン語の方言」として扱っているかも、何となく実感としてわかるような気がしてきた。

帰国してからはわたしはずっと英文科の教員である。その後イギリスやアメリカでも勉強しているのに、なつかしさから言うと第二外国語のドイツ語である。帰国後二、三年の短い期間であったが、上智大学の独文の修士課程でゲルマン語学を教える機会を与えられたことがあった。その時、現在ドイツ語の助教授などになっている人に、ドイツ語を教えたことがあるというのが、第二外国語としてドイツ語をやったわたしのたわいない自慢になっている。

英文科でも第二外国語に力を入れることになったことがある。それでロゲンドルフ先生がフランス語を教え、わたしがドイツ語を教えることになった。わたしは関口存男の『独作文教程』を使い、試験はすべて英文独訳にした。文章を暗記できるようにならない限り、第二外国語はものにならないというのがわたしの信念になっていたからである。わたしも若かった頃だし、気魄十分というところだった。英文科の学生で関口存男でしめ上げられたのは当時のわたしのクラスぐらいのものだったのではないだろうか。これによって当時の英文科の学生のかなりの者がドイツ語に自信を持つようになった。

大学院の演習の時、わたしはよくドイツ人の学者の書いた英語学の論文をテキストにして読んだ。その趣旨は、わたしの授業そのものはたとえつまらなくても、少なくともドイツ語の論文が読めるようになるというご利益はあるだろう、ということであった。ある場所でそんなことを言ったら、「それはよいことだ」と故宮部菊男教授が賛成されたことがある。しかし近頃は、ドイツ人の英語学の論文でも英語のものが増えてきているので、以前よりはドイツ語の価値が落ちているかも知れない。しかしドイツ語でなければまだ読めない超重要論文や著作もあるのだ。

毎金曜の午前の大学院の授業の後、有志のものと昼食をともにし、それからヴィルヘルム・ホルンの『ラウト・ウント・レーベン』の輪講会を喫茶店でやる。このホルンの著書も今のところドイツ語でしか読むことができない。英文科で教えているので、今ではわたしの読むものは大部分は英語である。ドイツ語は何と言ってもわたしにとっては依然として第二外国語なのだ。しかし第二外国語のなかったわたしの人生は考えられないし、今後も考えられないと思う。

［エッセイ］

夏休みとわたしの先生

1

「どうして英語を専攻するようになったのですか」というようなことを時々聞かれることがある。質問者は社会人の場合もあるし、学生の場合もある。そういう時、わたしの答えはいつもはっきりしている。「中・高の時の英語の先生がよかったからです」と。わたしの場合、中・高は一つの学校であった。旧制中学がそのまま新制高校に切り換えになったからである。わたしはここですぐれた英語の先生にお会いでき、一生を決定し、それを悔いていない。

中・高で英語ができることと、大学で英文科に進むということは異質のことである。高校までの英語は常に手段としての英語である。身近なところでは大学入試のためということもあろう。やや高遠なところに目的を置いた場合でも、商社員となるとか、英語の外国語文献を読むとかである。ところが英文科に進むことはそれとは違うのである。

それは大学に進学した時、実感としてよくわかった。

当然、悩みが起る。「俺はこんな学科を選んでしまったけれども、それは取り返しのつかない失敗ではなかったか」と。そういう時、最後に落ち着くのは、中・高の時の英語の先生の姿であった。その先生はお名前を佐藤順太と申され、今は亡くなったが、われわれがお習いしていた頃は六十代の、当時のわたしにとってはご老人であった。その佐藤老先生の姿を思い出すと、「あのように老いることができるのなら、英語を専攻してもよいのではないか」というところに落ち着くのであった。

英文科という非実用的な科にいる男子学生には悩みが多い。わたしも繰り返し繰り返し「これでよいのか」という疑念に悩まされたのだが、そのたびごとに、「佐藤先生のように老いることができるならば……」という最後の答えに到達するのであった。そういうことが在学中に何度も何度も繰り返し起った。

2

ではわたしの目にうつった老先生の像はいかなるものであったろうか。それはひとことにして言えば知的生活者であったと思う。それはみせかけやインチキ臭のない本物の知的生活であった。抽象的なことを並べても先生をご存じのない方にはピンとこないと思うので、具体的なことをのべてみる。

まず先生のご趣味の第一のものは鉄砲であった。戦前に英国の本で鉄砲の研究をなさっており、自分でも狩猟をなされていた。いろいろの国の猟銃を使ってみられて、その特色などを語られることがあった。そして英語で書かれた鉄砲の本を読む時、前置詞の微妙な使い方が重大な内容を示すことがあるので、英語を本職にしておいてよかったと思うことがある、とも言われた。その見地から斎藤秀三郎先生の前置詞研究の本や、その辞書を高く評価された。わたしがさっそくそれらの本を古本屋で買ったのはもちろんのことである。事実、先生の英語の読み方の正確さもあって、先生は戦前の猟銃界では第一の権威であられた。その鉄砲関係のコレクションは今、旺文社の赤尾好夫社長のところにあると聞く。

同じく先生は猟犬に詳しかった。英語の小説に出てくる犬一匹から、その犬をとりまく状況や持ち主の身分や財布のぐあいまで推量された。ポインターとかセッターとかテリヤなどの名称の起源も狩猟の点から明快きわまる説明をなされた。今年の春頃ストリーキングが流行し、そうする人をストリーカーと呼ぶことが話題になった。もし先生が今生きておいでなら、「ストリーカーというのはフォックスハウンドとグレイハウンドを交配してできた猟犬で、足の速いこと電光（ストリーク）のごとしというところからその名がある。たとえばこんな話がある……」などと語り出されるのが目に見えるようである。

したがって、狩猟の獲物の動物の一々についてもまことに詳しかった。博物の先生に標本用の鳶をとってくれるように頼まれて一羽撃ち落とされたことがあったという。もう死んでいると思って手をかけたとたんにその鳶の足に手くびをにぎられてしまった。手甲をかけていたにもかかわらず、その握力の強さと痛さで動けなくなり、他の人に助けてもらったとのことである。「猛禽類の爪の力は想像を絶したものだ。鷹が兎のみならず、野犬や狐をたおすのも、背骨あたりの急所をあの力で摑むからだろう」とおっしゃられた。

室内のことになると先生は囲碁がお強かった。あまりお強いので、とてもわれわれは相手にしてもらえなかった。同様に刀剣の鑑定にもすぐれておられた。ちょうどわたしがお伺いしていた時も、数本の刀が持ち込まれてきた。先生は即座に鑑定をはじめられたが、一々の刀の特色などをさらさらと口述されてゆくのを、わたしはただ口を呆然とあけて見ていた。

先生はよく「何か一つわかった人間には、ほかのことも説明しよい」と言われてこんな例を話された。「女は（当時は専門教育を受けた女性など田舎にはまずいなかった）学問はしてないけれども、着物のことはよくわかるものだ。たとえばこの刀などは新しい銘仙だし、あっちの刀は手ずれはしているが大島だ、と言えばピンとわかる。しかし国防服や学生服しか着たことのない君たちにはわからんだろうて、ハハハハ」といった調子であった。

「何につけ、それでメシを食っている連中には通ずるところがあるものだ。本職の猟師などは素人を馬鹿にしているが、わたしなどはすぐに尊敬される。鉄砲と犬がよいから、必ず猟師よりも多くの獲物がとれる。そうすれば向こうも本職だから、あっさりかぶとをぬぐ」と言われた。それに比べると日本の軍人は武器の性能の違いにすぐにかぶとをぬがなかった。ノモンハン事件の日本兵の死者の多かったのを嘆かれたのもそんな話の後だったと思う。

夏休みも終り頃になると、秋祭りが多くある。その祭りの話になった時、わたしはふと、「春日神社っていったい、何の神様かなあ」ともらした。先生はただちに、「そりゃアメノコヤネノミコトさ」とこともなげにこたえられた。わたしどもの周囲には神社はいろいろあったけれどそれまで神体を考えたこともなかったし、考えたことのある人にも出会ったことがなかった。その時はじめて春日神社のカミは、天の岩戸の前で祝詞をのべたカミであることを知り、目から鱗が落ちる思いをしたことを記憶している。「日本では神話が生きているのに、ギリシャでは死んでいた」というのを中心テーマにして、わたしが日本史を書くことになったそもそものはじめは、先生のこのひとことであった。

先生はまた、日本の古典をよく読んでおられた。しかも木版本が主であった。わたしも先生の蔵書をうらやましく思い、賀茂真淵の『古今和歌集打聴《うちぎき》』の木版本二十巻を神田の古本屋で四百円で買い、夏休みに意気揚々と先生に見せに行った。すると先生はそれをパラパラとめくって見られて、にやりとなさった。そしてご自分の『打聴』を取り出されて、「比べてごらんなさい」と言われる。わたしは比べてみてそれこそびっくりもし、がっかりもした。印刷の鮮明度がまるで違うのである。「これが初版と後の版の違いだね。版木はたいてい桜の木だから、刷っているうちに減ってくる。だから初版本が高いわけさ」。わたしはこうして本には版があって、それにはいろいろな意味があることを教えられた。そしてわたしは漱石の初版本を集めようと決心した。

3

今、思いつくまま、まったくアット・ランダムにわたしの中・高時代の先生の想い出を語った。狩猟や猟犬や木版本などに通じていた人というと、それは富裕階級と思われる方もいると思うのでひとことつけ加えておけば、先生は旧制中学では学ばれず、検定で資格をとられてから高等師範に進まれた方である。新時代の波をかぶった士族の子弟のコースであり、むしろ力行型の道をとられた。高師を出られてからはほうぼうの旧制中学で英語を教えられ、郷里に隠退されたのであるが、戦後、英語教師の不足のために再び教壇に招かれ、幸いにもわたしどもに英語を教えて下さったのである。

先生は富者の道をあゆまれたのでもなければ、顕官の道をあゆまれたのでもない。外面的には地方の中学教師であった。しかし、ひとたび先生に接すれば、博大な知識、的確な読解力、精緻な観察をもって、わたしなどの生意気盛りの学生を心服せしめられたのである。その温容は古の君子さながらであった。そこには「あのように老いることができるならば……」とわたしに考えさせ、英文科に残らせたあの温容、あの閑雅な生活態度があった。

このようなわけで、大学四年間、夏休みといえばわたしは佐藤先生にお会いするために郷里に帰っていたと言っても少しも過言でない。それは恋人のいる青年みたいなもので、一日でもお会いしないと無《む》しいような気持ちになるのであった。「夜になって涼しくなったら来なさい」と先生はよく言われた。そして話がはずむと、夜中をすぎることもよくあった。その先生はわたしが大学院に進んだ年に亡くなられた。

今でもわたしは思う、先生の魅力は何だったのかと。そして自答する、「結局、格物致知《かくぶつちち》ということであったのではないか」と。

先生は日常のことにも鋭い興味をお持ちで、正確な知識を持つことに対する関心が死ぬまで衰えることがなかった。知的に常に活発であられた。わたしが石坂洋次郎の『若い人』の正続二冊をお貸ししたら、ほとんど徹夜で読み上げられて、「こういうおもしろい本は、どうしても一息で読んでしまうから、体によくない」などとこぼされたことがあった。このような方であったから、本当に関心のあることに長期間没入できる夏休みのある教職はおあつらえ向きであったと思われる。そして関心を起されたことには全気全念で立ち向かわれるから、よくマスターなさるのである。碁まで強くなられたのである。

先生から学ぶともなく教えられたことは、本当におもしろいと思ったことは、それが趣味的なものであろうと遠慮なく徹底的にやるということであったと思う。そして少なくとも教職にあるものにとっては、勉強と趣味と生活の間にはっきりした切れ目などはないという実感であった。とはいっても、学期中には何だかんだといっても仕事として片づけなければならないものもある。しかしもうすぐ夏休みだ。わたしの時間はわたしを中心としてまわり出す。そうして仕事だか、研究だか、遊びだか、趣味だかわからないことにわたしは夢中になる。そしてこれこそ、佐藤先生の晩年の生活から感得したものであり、そのようにして老いたいと思っている生の形なのである。

［エッセイ］

中島先生の学恩

中島先生との個人的接触は極めて限られたものであったので、追悼号に書くのは他の方に対して失礼な感がなきにしもあらずである。大学院助手になった昭和三十年（一九五五）春に、かねて中島先生と親しかった故ロゲンドルフ先生が、中島先生の東大大学院のＯＥの演習に出るように取り計らって下さった。それでドイツ留学までの三カ月ほど、先生のゼミでスウィートの『アングロ・サクソン・プライマー』の講読授業を受けた。文法の部分を先生一人で読んで訳され、練習文に少し入ったところで夏休みになり、わたしは間もなくドイツに発った。印象に残ったのはbaを「古事記で〝かれ〟というのと同じです」と言われたことである。さすがに「うまい」と思った。

帰国後間もなく、津田塾大学の夏期講習会にお招き下さって、「英語の語源」をやるようにとおっしゃった。夏の暑い時に、わたしの出番にすべて出席されて質問されたり、言葉の足りないところ、不適切なところを訂正して下さったりした。

中島先生との個人的接触は以上の二件だけである。しかし学恩となると巨大だ。故千葉勉先生は常に「イギリスの英語学はドイツより五十年遅れているからドイツ語が読めないと話にならない」と言われ、英語だけでも四苦八苦していたわれわれに絶望感に近いものを与えられた。研究社の『英語学辞典』を見ても、そこに取り上げられている学者はドイツ人がいちばん多い。ドイツ語をよく読める学者は市河三喜博士の門下生が中心のようで、そういう英語学者が一流で、ドイツ語の文献を使わない、あるいは使えない学者は二流らしいということもわかった。その中でも中島先生はひときわ輝いて見えた。研究社から出た『意味論』(一九三九年)は「中島文雄という学者が市河先生の次に日本の英語学の中心になる人だ」という印象をわれわれに与えた。何しろ研究社から単行本を出す学者は、その当時では市河・齋藤といった超弩級の学者であるという通念があったのに、中島先生はまだ三十代半ばの少壮学者だったからである。

この『意味論』の「はしがき」に出てくる参考文献を見ただけでも心が萎えるぐらいのものであった。何しろブレンターノ、フンケ、マーティーなどの文献は全部ドイツ語である。戦後間もない頃にそんな本の入手はできないし、万一入手したとしても読む力がないであろう、ということも明らかであった。それで中島先生の『意味論』と『英語学辞典』の中島先生御執筆と思われるところを、繰返し精読することで間に合わせた。これは後にドイツでハルトマン教授の信用を得る一因につながり、一般言語学教室の副手みたいなものにしていただいた。

帰国後に偶然神田で発見した京城帝国大学の紀要に書かれた中島先生の「英語学とは何か」によってわたしは生涯の研究方針を決めて今日に至っている。この論文は講談社学術文庫に入れてもらい、長文の解説文を書かせていただいた(本書所収)。中島先生はこれを喜ばれ「なにもかもよくわかっておられるのに感服した」とお手紙を下さった。この手紙は家宝として取っておくつもりである。わたしの弟子たちもみな中島先生の「英語学とは何か」から絶大な影響を受けている。先生がベックから発見された「認識されたものの、認識」(Erkennen des Erkannten) はすべてのフィロロジーを志すもののモットーであろう。

［エッセイ］

最終講義のテーマなど

一月二十日は雪になった。この日の午前中、わたしが主査で英語学の博士論文の口述試験があった。午後にはわたしの最終講義がある。わたしのところの博士論文は学科内の審査員のみならず、学外の権威と見なされている学者の参加と、欧米の専門家の「見解」が必要とされる。もちろん論文は英文で、三百頁近いのから八百頁近いのまである。この日のM氏（都内の大学で助教授をしている）の論文はすばらしいでき栄えで、オックスフォードの学者からも「一日も早い出版が望まれる」という最大級の推薦がついていた。その一週間後の、またまた雪の日にT氏（中部地方の教授）の学位論文審査があった。彼の論文も同じく立派なもので、オックスフォードの教授からも「貴重な業績」という推薦状がとどいていた。この二人ともわたしの弟子である。わたしの停年ぎりぎりの時間に間に合ったのであったが、いずれも高い国際的評価を受ける論文である。すべて英語学に関する歴史的研究で、日本人としての立場（日英比較など）が少しも入っていない。

たまたまわたしの最終講義の日とその一週間後の学位論文に一つの共通点があった。二人とも今から七十年くらい前に、つまり第二次欧州大戦が勃発する前に書かれたドイツ語の論文のテーマを発展させたものだった。専門外の人には奇妙に聞こえるかも知れないが、その頃までのドイツの英語学や比較言語学のレベルは世界でも突出しており、東大系の大家たちも、「ドイツの英語学はイギリスのそれよりも五十年は進んでいる」と言っておられたものである（したがって一流の英語学者はドイツ語論文を多く読まねばならないので、日本の英語学界は圧倒的に市河三喜博士の門下生たちであった。私立の英文学者にはそういうタイプはまずいなかった）。英語学関係では大戦前から大戦後でもしばらくの間は、ドイツにすぐれた論文や著書が多かったのであるが、そのテーマはそこで切られてしまって、戦後のアメリカやイギリスで展開された例は稀である。たまたまわたしの最終講義の頃に提出された論文が、戦前のドイツ語圏の業績をさらに発展・展開させたものであり、両者ともそれぞれ別のオックスフォードの先生の高い評価を得たことは感慨深かった。というのは四十三年前のわたしの学位論文（一九五八年）も同じパタンだったからである。

「英文法はどうしてできたのか」という疑問に答えてくれる著書・論文は英語の世界には、つまりイギリスにもアメリカにも一点もなかった。ところがドイツにはそれに関する論文もあり、古い英文典のリプリント版も多く出ていた（英語圏には一点もなかった）。それでわたしもドイツの大学で英文法の起源を実証的に研究することになったのであった。わたしの論文が出てから四十数年後の日本で、同じパタンの論文——それぞれのテーマはまったく違う——が出たことはわたしの感慨をさそうものがあった。

というのは大学院で英語学をやろうという人たちにはわたしはドイツ語の文献を読むことを強制してきたからである。哲学史をやらないで哲学をやる人はいないだろうが、言語学史をまったく知らないで言語学をやる人が大部分であるのはおかしいいし、それではテーマも貧困になりやすい。

つまり学説史は「源《みなもと》へ」(ad fontes)という探究心にとって自然なものだからである。「源へ」と言えば、日本の——というより世界の——学界の流行に関係なく、わたしは言語起源論や語源論をテーマに講義してきた。特に言語の起源は「人間《ホモ・サピエンス》」の発生と切り離しがたく結びついている。そんなことをやりながらいろいろな研究を読んだり考えたりしているうち、言語起源論はつまるところ人間の「脳の起源論」になるが、それに関する考え方は大きくわけて、ダーウィンとウォレスの二筋になることもわかった。ダーウィンの場合は、類人猿の脳と人間の脳は進化論的につらなっておりウォレスの場合は人間の脳にはクォンタム・リープ(量子力学的非連続飛跡)があったとする。そんな単語は彼はまだ知らなかったが。それでわたしはウォレスというすぐれた科学者が、どうしてオカルティストになったかを最終講義(本書所収)のテーマにすることにしたのであった。

[著者略歴]

渡部昇一（わたなべ　しょういち）

1930年山形県鶴岡市生まれ。上智大学修士課程を経て，ミュンスター大学留学（1955-58年），同大学Dr. Phil. オックスフォード大学留学（1958年）。フルブライト教授として，アメリカの各地の大学で講義（1969-70年）。上智大学名誉教授。

著書に『英文法史』（研究社，1965年），『言語と民族の起源について』（大修館書店，1973年）『英語学史』（大修館書店，1975年），『英語教育大論争』（文藝春秋，1975年），『英語の語源』（講談社，1977年），『秘術としての文法』（大修館書店，1977年），『英語の歴史』（大修館書店，1983年），『アングロサクソンと日本人』（新潮社，1987年），『英語語源の素描』（大修館書店，1989年），『イギリス国学史』（研究社，1990年）他多数。

渡部昇一小論集成　上巻

初版発行――2001年7月20日

著者――渡部昇一
発行者――鈴木一行
発行所――株式会社大修館書店
〒101-8466 東京都千代田区神田錦町 3-24
電話 03-3295-6231（販売部）　03-3294-2356（編集部）
振替 00190-7-40504
[出版情報] http://www.taishukan.co.jp

装丁者――井之上聖子
編集協力――(有)メビウス
印刷所――壮光舎印刷
製本所――難波製本

ISBN4-469-24464-3　Printed in Japan